食品安全与国家战略治理系列研究丛书

农产品
电商供应链管理

AGRICULTURAL PRODUCE
E-COMMERCE SUPPLY CHAIN
MANAGEMENT

理论模型和实践创新
THEORETICAL MODEL
AND PRACTICAL INNOVATION

浦徐进　丁军飞　著

社会科学文献出版社
SOCIAL SCIENCES ACADEMIC PRESS (CHINA)

序 一

农产品电商供应链高质量发展是全面推进乡村振兴的重要抓手。2024年中央一号文件提出实施农村电商高质量发展工程，推进县域电商直播基地建设。农产品电商供应链作为数字经济与农业农村深度融合的典型应用场景，充分应用数字技术，改变了传统农业的经营形态，推动了供应链各个主体、各种要素的重组，最终带来价值链的提升和产业的深度升级。农产品电商供应链构建了一种全方位、即时化的供需对接模式，从不同层次上解决了农产品为谁生产、生产什么、生产多少、如何增值等一系列问题，特别是，对于农产品绿色、生态的种植、养殖模式与现代化销售、物流渠道的一体化对接，新型农产品销售市场形态创新以及农产品质量与广大农民收入的进一步提高都具有重要的推动作用与现实意义。

江南大学商学院浦徐进教授和丁军飞副教授所著的《农产品电商供应链管理：理论模型和实践创新》一书，聚焦从农户到消费者的农产品电商供应链全过程及供应链运作的关键节点和核心企业决策，重点研究了农产品电商供应链生产、配送、营销、助农，以及社区支持农业等新模式下的经营策略问题。该研究的意义主要体现在以下四个方面。

（一）丰富了农产品供应链的理论研究。农产品电商供应链是我国新兴的商业业态，形成了农产品直播电商、消费扶贫+农产品保供促销、从田头到餐桌的O2O全供应链电商等新模式。该书针对实践中的多种新模式，从生产商、电商平台、消费者以及政府等多角度对农产品电商供应链开展研究，关注农产品电商供应链的生产决策、配送优化、营销决策等关键问题，全过程地分析电商介入对供应链管理的影响，进一步丰富了农产品供应链的理论研究。

（二）拓展了研究农产品供应链管理的新场景。一方面，针对农产品电商供应链运作的关键节点，构建了包括需求预测、库存管理、运输优化、定价策略和决策支持等场景的模型，为农产品供应链管理提供科学的决策依据。另一方面，通过实时数据的采集和分析，结合数理模型的优化算法，开发更加智能化、高效化的供应链解决方案，推动农产品供应链的数智化发展。

（三）为农产品供应链不同主体的运营决策提供理论支撑。以直播电商、社区团购、生鲜电商、订单农业等农产品电商供应链场景为导向，构建了多主体农产品电商供应链决策模型，分析了新场景与传统电商渠道的差异，刻画了消费者面对不同渠道的农产品选择迁徙的内在逻辑，能够为企业的生产订购决策、物流配送策略、销售和支持体系建设等提供参考。同时，通过对农产品电商供应链中的市场需求、消费者偏好和渠道优势的分析，帮助农民了解市场趋势和需求变化，更好地与电商平台合作，做出更恰当的生产和销售决策。

（四）为政府相关部门制定政策提供参考。系统研究农民、生产企业、电商平台、物流企业不同主体的决策问题，这将有助于政府制定更加精准有效的扶持政策，从而加快建成设施完善、主体活跃、流通顺畅、服务高效的农村电商服务体系，推动农村电商供应链高质量发展。

2024年3月，商务部、中央网信办等九部门联合印发《关于推动农村电商高质量发展的实施意见》，提出用5年时间，在全国培育1万名左右农村电商带头人。越来越多熟悉电商的新农人涌现，将为乡村产业发展注入澎湃活力。《中共中央关于进一步全面深化改革、推进中国式现代化的决定》提出，坚持农业农村优先发展，完善乡村振兴投入机制。壮大县域富民产业，构建多元化食物供给体系，培育乡村新产业新业态。这意味着农产品电商供应链拥有广阔的市场前景。当然，农产品电商供应链不只是把土特产"搬"到网上，还需要通过农产品标准化建设、深加工、树品牌来提升附加值。随着各方协同发力，农产品生产、流通和销售全流程数字化供应链的完善，未来必将有更多农民能体验到数字经济的甜头。

农产品电商供应链的高质量发展，需要政府、农户，以及电商、农产品生产、互联网及物流等企业的通力协同推进，同时，也需要学术界对相关领域的理论与方法进行深入研究，在这方面，江南大学商学院浦徐进教授和丁军飞副教授所著的《农产品电商供应链管理：理论模型和实践创新》一书，做出了非常有意义的学术贡献。

期待本书作者在这一领域继续有新的研究成果面世。

南京大学工程管理学院教授,博士生导师

序 二

习近平总书记指出:"电商,在农副产品的推销方面是非常重要的,是大有可为的。"[1] 随着互联网技术的应用和发展,农产品电商模式逐渐兴起,构建了一个多元化、立体化的营销体系,不仅有效推广了农产品,还助力了农业生产资料的流通,这对发展农业新质生产力,推动农业高质量发展起到了重要作用。然而,这种新型农产品电商供应链的管理机制和内在的影响机理尚不清晰。面对复杂的网络环境和多变的消费需求,如何从理论和实践角度剖析农产品电商供应链的机制和机理,有效提升农产品电商供应链管理水平已经成为亟待研究的重大问题。

江南大学商学院浦徐进教授和丁军飞副教授共同撰写的《农产品电商供应链管理:理论模型和实践创新》一书紧密结合现实背景,详细探讨了农产品电商供应链的生产策略、配送策略、营销策略、支持体系建设,以及社区支持农业模式下的运作策略,并提出了一系列创新的管理建议。书中首先梳理了我国农产品供应链的历史演变,农产品电商的发展现状、政策体系、典型模式和运营特征,并回顾了国内外研究现状。在此基础上,对农产品电商供应链的生产、配送、营销等策略,以及支持体系建设和社区支持农业模式下的运作策略进行了详细的阐述和分析。最后,从农产品供应链上游供应角度、农产品电商发展角度,以及政府扶持农业发展角度提出了相应的管理启示和政策建议,旨在为形成一个更加系统和有效的农产品电商供应链管理体系提供建议。通过这些深入的分析,该书为农产品电商供应链管理的未来发展提供了理论支持和实践指导,并提出了许多值得深思的观点。

第一,提倡农户采用个性化种植方式,并鼓励农场以及农产品供应商提供定

---

[1]《新经济·新引擎丨农村电商开辟出乡村振兴新空间》,澎湃新闻客户端,2020年4月21日。

序 二

制化的农产品。采用个性化种植可以提高农户收入并帮助消费者获得更多的社会福利，个性化种植包括合理安排种植计划、做好病虫害防治、合理使用农业资源等。农场以及农产品供应商通过提供定制化的农产品可以提高消费者的认知度和信任度。

第二，建议农产品电商建立灵活的供应链管理系统，与政府、农户之间建立长期稳定的合作机制。基于供应链管理系统，农产品电商能够发挥自身的优势，与农场建立紧密的合作关系，提供优质的市场渠道、销售支持和技术服务，帮助农户提高产品质量和销售能力，及时关注消费者需求，提高服务质量和用户体验。

第三，强调政府扶持在农产品电商供应链管理中的重要作用，并倡导建立信息透明的监管机构。政府扶持能够推动农业科技创新，从而提高农产品的产量和质量。建立信息透明的监管机构能够加强对土地流转、农产品电商行业的监管，鼓励农场开展个性化种植，确保平台合法运营，实现市场公平竞争和农产品质量安全。

浦徐进教授和丁军飞副教授都是首批江苏省高校哲学社会科学实验室"食品安全与国家战略治理实验室"的骨干成员。实验室承担了包括国家社会科学基金重大项目、国家自然科学基金面上项目、国家社会科学基金一般项目等在内的多项农产品供应链管理领域国家级课题，发表了一系列见解深刻、观点新颖的学术论文，为政府提供了多份具有参考价值的决策咨询报告。相关成果相继获得教育部高等学校科学研究优秀成果奖（人文社会科学）二等奖、江苏省哲学社会科学优秀成果奖一等奖等科研奖励，赢得了学界的广泛关注和好评。

随着农产品电商市场的迅速发展，农产品电商供应链管理面临的挑战也日益严峻。这些挑战不仅涉及供应链运营的问题，还关系到网络经济的健康发展和公众的切身利益。希望浦徐进教授和丁军飞副教授在学术道路上不断开拓，继续探索农产品电商供应链的内在规律，努力解答农产品电商供应链管理的现实困惑，取得更加丰硕的成果。

是为序！

京东集团智能平台部策略系统负责人

目 录

第一章 我国农产品电商：历史、政策与模式 　　1
  第一节 我国农产品供应链的历史演变 　　1
  第二节 我国农产品电商发展现状 　　6
  第三节 我国农产品电商政策支持体系的演进 　　11
  第四节 我国农产品电商供应链的典型模式和运营特征 　　20
  第五节 研究意义与研究框架 　　26

第二章 相关理论与国内外研究现状 　　31
  第一节 相关理论概述 　　31
  第二节 国内外研究现状分析 　　40
  第三节 相关研究领域的文献计量分析与评述 　　59

第三章 农产品电商供应链生产策略 　　62
  第一节 农产品最优生产方式选择研究 　　62
  第二节 农产品生产组织和物流服务的组合策略研究 　　72
  第三节 考虑存在违规认证行为的农产品生产决策研究 　　80
  第四节 考虑存在合谋认证行为的农产品生产决策研究 　　94
  第五节 本章小结 　　106

第四章 农产品电商供应链配送策略 　　108
  第一节 面临失效风险时的农产品配送中心选址和路径优化研究 　　109
  第二节 基于社区团购模式的农产品配送路径优化研究 　　124
  第三节 基于直采直配模式的农产品电商低碳配送路径优化研究 　　147

第四节　基于承诺送达机制的农产品电商物流配送路径规划研究　　160
　　第五节　本章小结　　174

第五章　农产品电商供应链营销策略　　176
　　第一节　消费者生鲜农产品购买渠道选择的影响因素研究　　177
　　第二节　消费者生鲜农产品购买渠道迁徙意愿的实证研究　　192
　　第三节　农产品直播社会临场感对消费者参与度的影响机制研究　　199
　　第四节　农产品直播电商虚拟主播营销策略研究　　208
　　第五节　本章小结　　230

第六章　农产品电商供应链支持体系建设　　232
　　第一节　农产品电商供应链融资模式选择研究　　233
　　第二节　不考虑政府补贴的农产品电商供应链运作分析　　243
　　第三节　考虑政府补贴的农产品电商供应链运作分析　　258
　　第四节　农产品电商供应链的政府最优补贴政策研究　　268
　　第五节　本章小结　　278

第七章　基于社区支持农业（CSA）模式的农产品电商供应链运作策略　　280
　　第一节　基于CSA模式的"采摘—配送"联合决策研究　　281
　　第二节　考虑平台介入的CSA模式运作决策研究　　311
　　第三节　考虑套餐订购的CSA模式运作决策研究　　318
　　第四节　基于共享农场的CSA模式组织经营策略选择研究　　335
　　第五节　本章小结　　348

第八章　结论与展望　　350
　　第一节　研究结论　　350
　　第二节　研究展望　　351

参考文献　　353

后　记　　373

第一章 我国农产品电商：历史、政策与模式

第一节 我国农产品供应链的历史演变

习近平总书记多次强调，"要围绕产业链部署创新链、围绕创新链布局产业链"，"促进产业链创新链深度融合"。[1] 这为加快发展农业新质生产力、引领农业强国建设提供了根本遵循和路径指南。我国农产品种植分布广、品种类别多，农产品供应链的参与者众多、结构复杂。改革开放以来，我国农产品的供应体制发生了重大变革，逐步取消统购统销制度，进入以市场交易为主体的农产品流通阶段。农产品供应链的历史演变不仅反映了我国农业产业的发展历程，同时展现了国家农产品流通体系建设的成果。总体而言，我国农产品供应链从改革开放以来的发展大致经历了三个时期。

（一）农产品流通机制放开搞活时期（1981~1998年）

党的十一届三中全会后，我国开始实行对内改革、对外开放的经济政策。农产品流通体制开始突破以往的计划经济体制，统购统销的制度被逐渐放开。1981年7月，国家物价总局等8个部门联合发布《农副产品议购议销价格暂行管理办法（草案）》，推动农副产品议购议销活动的开展，搞活市场。1983年1月，中共中央在《当前农村经济政策的若干问题》中指出，对重要农副产品实行统购派购是完全必要的，但品种不宜过多；对关系国计民生的少数农产品，继续实行统购派购；对农民完成统购派购任务后的产品和非统购派购产品，应当允许多渠道经营。

1983年10月，《国务院批转商业部关于调整农副产品购销政策组织多渠道经营的报告的通知》中，将商业部主管的一、二类农副产品由46种减为21种，

---

[1] 孙世芳：《如何促进产业链创新链深度融合》，光明网，2022年10月9日。

其余 25 种农产品降为 3 类，实行市场调节。1984 年 7 月，国务院批转国家体改委、商业部、农牧渔业部联合提出的《关于进一步做好农村商品流通工作的报告》，又将 21 种一、二类农副产品减为 12 种；执行派购的 30 种中药材品种减为 24 种；林产品中的小材小料和竹木制品被全部放开，同时开放一部分木材市场；淡水鱼品种全部放开，并规定海水鱼品种也要逐步放开。1985 年 1 月，中共中央、国务院颁布《关于进一步活跃农村经济的十项政策》：除个别品种外，国家不再向农民下达农产品统购、派购任务，按照不同情况分别实行合同定购和市场收购。根据这一政策，国务院各个部门对分别主管的农副产品陆续取消了统购统销制度。1991 年 10 月，国务院发布《关于进一步搞活农产品流通的通知》，除棉花、烟草、蚕茧、四种中药材（麝香、甘草、杜仲、厚朴）、部分林产品、边销茶等小部分农副产品外，大部分农副产品都已基本实现自由购销，全国农副产品收购总额中由市场调节价格的比例达到 81.8%。这一阶段的农产品流通体制改革打破了计划经济体制的限制，农产品流通市场得到了恢复和发展。

20 世纪 90 年代以来，我国进一步对农产品统购统销体制进行了改革。到 1991 年，已有 70% 以上的农副产品的价格实行市场调节，国家定价的农产品由 1978 年的 113 种减少到 1985 年的 38 种，直至 1991 年减少到 9 种。1992 年，"双轨制"被打破，我国初步建立起以市场为主导的农产品流通体制。到 1993 年，在社会农副产品收购总额中，国家直接定价的农副产品不足 10%，其余均实现了市场定价或以市场供应为基础的价格。

基于上述农产品行业的巨大转变，农产品批发市场开始从农贸、集贸市场起步发展，农产品发展出现专业化趋势。第一批农产品行业协会诞生，推动形成全国性的食品行业管理网络。

（二）农产品流通机制深化改革时期（1998~2012 年）

为进一步搞活农产品流通，大力推动农产品流通体系建设，充分发挥农产品流通在农村经济发展中的重要作用，激活农村市场，进而实现农业和农村经济又好又快发展，1998 年 10 月，党的十五届三中全会通过的《中共中央关于农业和农村工作若干重大问题的决定》指出，深化农产品流通体制改革，尽快形成开放、统一、有序的农产品市场体系，加快粮食、棉花流通体制改革，加强农村商业网点建设。

2004 年 6 月，商务部等 8 个部门印发《关于进一步做好农村商品流通工作的意见》，就搞活农产品流通、培育农村消费品市场、发展农业生产资料市场、引导农民进入市场等工作做出部署安排，进一步畅通农村商品流通。2005年6月，国务院发布《关于促进流通业发展的若干意见》，提出加大改革力度、加快创新步伐、加强流通基础设施建设、建立调控和应急机制、支持商业服务业发展、积极培育统一大市场、完善政策法规等七方面促进流通业发展的指导意见。之后，商务部于2006年2月印发的《商务部关于实施"双百市场工程"的通知》指出，着手培育一批面向国内外市场的大型农产品批发市场和流通企业，构建与国际市场接轨的农产品现代流通体系，拓宽保障农产品流通安全、促进农民持续增收的新路子。在提出的具体措施中，一是重点改造100家大型农产品批发市场；二是着力培育100家大型农产品流通企业。到2009年，全国已累计建成41.6万个农家店和1467个配送中心，覆盖了全国85%的县、75%的乡镇和50%的行政村。随着商务部开展的"万村千乡市场工程"和"双百市场工程"不断推进，我国农产品市场化程度逐步提高，基础设施逐步改善，初步形成多层次、多主体、多类型的农产品市场流通新格局，农村流通网络不断完善。

2010年8月，财政部办公厅、商务部办公厅发布《关于开展农产品现代流通试点的通知》，开展农产品现代流通综合试点、肉菜流通追溯系统建设试点两类试点，主要支持试点省份打造农产品产销对接体系，大型连锁超市与农产品生产基地开展"农超对接"，农产品生产基地及农产品销售龙头企业建设改造农产品冷链系统、质量安全检测系统、仓储设施等。同时，鼓励试点省份创新发展方式，探索符合地方特色的现代农产品流通模式。

(三) 农产品流通机制现代化发展时期（2012年至今）

党的十八大以来，党中央、国务院高度重视并大力推动流通发展。2020年9月9日，习近平总书记在中央财经委员会第八次会议上强调，构建新发展格局必须把建设现代流通体系作为一项重要战略任务来抓。农产品流通体系是现代流通体系的重要组成部分，发展农产品现代流通对推动农产品供给侧结构性改革、扩大有效供给、解决供需错配、实现乡村振兴具有重要意义。

2012年9月，国务院办公厅印发《国内贸易发展"十二五"规划》，提出建立和完善现代商品流通体系，着力建设农产品现代流通体系，创新农产品流通方式，鼓励拍卖、网上零售等现代交易方式发展，探索发展农产品流通领域的电子商务。2012年12月，商务部印发《关于加快推进鲜活农产品流通创新指导意见》，聚焦鲜活农产品领域，提出通过集成技术、集约项目、集聚要素，促进交易创新、管理创新、组织制度创新以及其他创新协调发展，探索出一系列具有全国示范意义和推广价值的机制及支持政策。

2014年2月，商务部等13部门联合发布《关于进一步加强农产品市场体系建设的指导意见》，提出通过大力发展农产品电子商务、建设互联互通的信息化体系、提高农产品冷链流通率、提升流通标准化水平推动农产品流通创新。2015年2月，中共中央、国务院印发《关于加大改革创新力度加快农业现代化建设的若干意见》，提出建设现代农业，必须加快转变农业发展方式，创新农产品流通方式，鼓励支持电商、物流、商贸、金融等企业参与涉农电子商务平台建设。2015年3月，中共中央、国务院出台《关于深化供销合作社综合改革的决定》，提出将供销合作社农产品市场建设纳入全国农产品市场发展规划，在集散地建设大型农产品批发市场和现代物流中心，在产地建设农产品收集市场和仓储设施，在城市社区建设生鲜超市等零售终端，形成布局合理、联结产地到消费终端的农产品市场网络。2015年10月，国务院办公厅印发《关于促进农村电子商务加快发展的指导意见》，强调农村电子商务是转变农业发展方式的重要手段，加快农村电子商务发展，重点任务之一在于改善农村电子商务发展环境。不仅要加强农村流通基础设施建设，提高农村宽带普及率，加强农村公路建设，提高农村物流配送能力；还要加强政策扶持，加强人才培养，营造良好市场环境。

2016年1月，农业部办公厅印发《农业电子商务试点方案》，在北京、河北、吉林、黑龙江、江苏、湖南、广东、海南、重庆、宁夏等10个省（区、市）开展农业电子商务试点。2017年8月，商务部、农业部联合发布《关于深化农商协作 大力发展农产品电子商务的通知》，将打造农产品电商供应链、开展农产品电子商务标准化试点作为重点任务，统筹推动农产品电子商务加快发展。2018年5月，商务部印发《关于推进农商互联助力乡村振兴的通知》，强调以供给侧结构性改革为主线，着力构建长期稳定的产销关系，发展新型农业经营主体，培育优质农产品品牌，打造符合现代农产品流通需求的产业链标准体系，加强农产品流通基础设施建设，推动农业农村现代化发展。

党的十九届五中全会以来，农业供给侧结构性改革深入推进，农产品现代流通体系发挥上联生产、下联市场的桥梁作用，进一步提高了我国农业生产和消费的适配性。2021年4月，《农产品电子商务供应链质量管理规范》国家标准正式实施，为实现食用农产品电子商务安全、及时和高效的交易，确保电子商务交易环境下食用农产品质量安全，降低食用农产品损耗、提高供应链效率提供了参考和依据。2021年5月，财政部办公厅、商务部办公厅联合印发《关于进一步加强农产品供应链体系建设的通知》，提出加快构建农产品现代流通体系，需要紧紧围绕畅通国内大循环、助力构建新发展格局，遵循"强节点、建链条、优网络"工作思路，着力完善农产品流通骨干网络，强化长期稳定的产销对接机制，加快建设畅通高效、贯通城乡、安全规范的农产品现代流通体系。重点抓住跨区域农产品批发市场和干线冷链物流，补齐农产品流通设施短板，打通农产品流通"大动脉"；完善产区"最初一公里"初加工设施设备，提升农贸市场、菜市场"最后一公里"惠民功能，畅通农产品流通"微循环"。2023年8月，商务部等9部门办公厅（室）联合印发《县域商业三年行动计划（2023—2025年）》，将加强农产品流通体系建设，完善全国农产品流通骨干网络，提高农产品冷链流通效率，强化农产品产销对接作为工作目标之一。

发展农村电商是创新商业模式、建设农村现代流通体系的重要举措，是转变农业发展方式、带动农民增收的有效抓手，是促进农村消费、满足人民对美好生活向往的有力支撑。为落实2024年中央一号文件部署，推动农村电商高质量发展，2024年3月，商务部等9个部门印发《关于推动农村电商高质量发展的实施意见》，计划用5年时间，基本建成设施完善、主体活跃、流通顺畅、服务高效的农村电商服务体系，加快农村现代物流配送体系建设，培育农村电商供应链服务企业，延长农村电商产业链条。

党的二十大以来，我国农产品流通体系建设进一步加速，农产品市场体系逐渐完善，目前已经形成了由田头市场、批发市场、零售市场、农产品电商、期货市场等组成的多层次的市场体系，形成了全国大市场、大流通的发展格局，农产品流通技术水平和管理水平也得到较大提升。互联网普及、先进物流技术应用、信息化建设使得农产品流通信息化程度大幅提高。冷链物流技术的推广应用更是提高了我国农产品流通效率，降低了农产品流通损耗率。此外，大数据、物联网等技术的应用能够精准预测市场需求，加速农产品流通向智慧化、智能化转型发展，供应链管理能力得到有效提升。

第二节 我国农产品电商发展现状

（一）我国农产品电商总体发展态势

互联网技术的发展，使得人们逐步意识到通过互联网平台可以方便地进行商品交易和信息传递，这也为农产品销售提供了新的机会和方式。一些先行者开始尝试建立农产品专属的网店或农产品电商平台，将农产品（信息和销售渠道）与消费者连接起来。这些初步尝试为农产品电商的发展奠定了基础，并在实践中积累了经验和教训。

国外农产品电商的发展起步较早，美国在 20 世纪 90 年代就出现了许多不同垂直品类的农产品电商平台，如在线食品零售平台 FreshDirect、Peapod 和 Goldbelly，专营牛肉和其他高品质肉类的电商平台 Omaha Steaks，有机农产品在线平台 Farmbox Direct、Green BEAN Delivery 和 Full Circle 等。日本也在同时期开展了农产品电商尝试，出现了主营农产品含有机食品的电商平台 Oisix、提供农产品零售服务的综合性电商平台 Rakuten Ichiba 等。此外，还有一些零售企业开始涉足农产品电商领域，并开设专门的农产品电商平台，如 Aeon Deli 和 AEON Supercenter 等。英国农产品电商的快速发展始于 21 世纪，如 2000 年成立的英国最大的在线食品零售商 Ocado，以及主营有机肉类、蔬菜、水果等产品的在线销售和配送服务的 Eversfield Organic 和 Farmdrop 等。

国内农产品电商起步较晚，大多是全品类平台率先开始尝试。例如，华润万家在 2007 年上线在线农产品销售服务；京东在 2010 年推出农产品专区。移动互联网和智能手机的普及使得农户和消费者能更方便地接入电商平台，实现在线销售和购买，直接促进了我国农产品电商的快速发展，众多农产品电商企业或平台涌现，如京东生鲜（2015 年成立）、美团优选（2020 年成立）、多多买菜（2020 年成立）、淘菜菜（2020 年成立）等。2020 年 4 月，习近平总书记在陕西考察时指出，电商作为新兴业态，既可以推销农副产品、帮助群众脱贫致富，又可以推动乡村振兴，是大有可为的。[1] 如今，越来越多的农产品生产者、经销商和消费者参与其中，农产品电商的网络零售额持续增长，规模不断扩大，电商已经

---

[1]《习近平在金米村直播平台话脱贫》，新华社，2020 年 4 月 21 日。

成为我国农产品销售的重要渠道。

流通中间环节减少，销售渠道增加，销售范围扩大，供应链效率明显提高，形成了对生产要求更为精细、同市场连接更为紧密的农产品电商供应链。农产品电商供应链将网络技术与农产品特性相结合，对原本的农产品供应链进行数字化、网络化改造，加强对农产品的物流、信息流、资金流的控制，协调农业生产资料供应商、生产者、经销者、消费者之间的利益，从农业生产资料开始，完成农产品生产、收购、运输、存储、装卸搬运、流通加工、包装、配送、销售等一系列环节。

目前，我国已经成为世界第一大农村电子商务市场。"十三五"以来，我国农产品流通业蓬勃发展，产销一体化不断深化，新兴业态不断涌现，各类产地流通主体快速发展。[1] 形式多样的农产品电商成为推动农产品流通的新引擎，农产品电商供应链成为保障农产品广泛高效流通的新干线。数据显示，从2016年到2019年，我国农产品电商市场规模呈现爆发式增长，特别是2019年农产品网络零售额增幅最大，达72.45%。之后我国农产品电商市场进入稳步增长期，2023年农产品网络零售额达5870.9亿元，同比增长12.50%[2]，如图1-1所示。2023年，我国现代农业园区建设提档升级，新建50个国家现代农业产业园、40个优势特色产业集群、200个农业产业强镇，创建100个农业现代化示范区。农业社会化服务面积超过19.7亿亩次、服务小农户9100多万户。[3] 发展农产品电商供应链已经成为促进农业发展、提升农业韧性、推动农业创新的重要方式，成为农民稳定增收、助力乡村振兴的主要推手，也为农产品精益生产、认证规范以及品牌建设提供了新的机遇，进一步推动了农业高质量发展。

从业务上来看，电商对于农产品供应链运营有着多重作用。首先，农产品电商供应链成为农产品销售稳定畅通的重要渠道。依托新平台新渠道的展示宣传和物流保障，消费者能够关注到更多的农产品品种和品类，农产品也能跨越地域限制，扩大销路和销量。借助电子商务平台的数据分析和销售保障，农产品销售的

---

[1] 农业农村部：《"十四五"全国农产品产地市场体系发展规划》，2022年3月4日。
[2] 中国食品（农产品）安全电商研究院、北京工商大学商业经济研究所：《2023中国农产品电商发展报告》，2023年3月15日。
[3] 《推动乡村产业新业态不断涌现》，《光明日报》2024年2月6日。

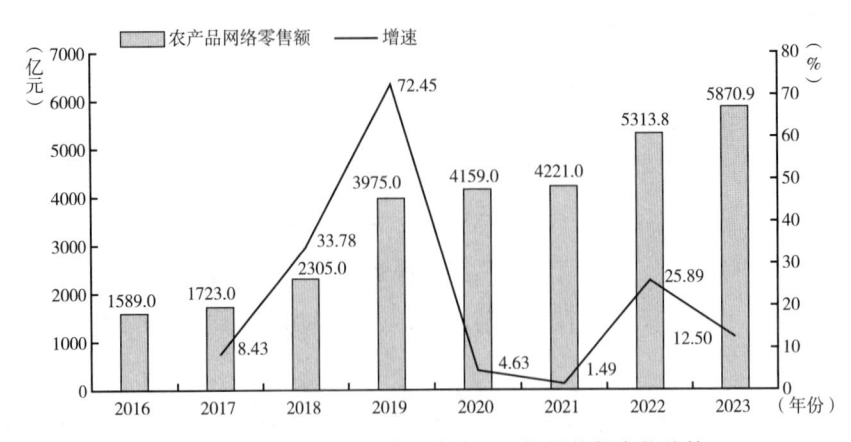

图1-1　2016~2023年我国农产品网络零售额变化趋势

资料来源：笔者整理。

预估准确度得到了系统性的提升[1]，临时毁约情况有了较大程度的缓解[2]，确保了农产品供应链的可靠性。其次，农产品电商供应链成为数字赋能农业的重要平台。电子商务从流通端切入，逐步向农业产业链上游延伸，渗透到农业生产、加工、流通等环节，推进农产品在生产、组织、管理、加工、流通、储运、销售、营销、服务等环节互联网化，提升全要素生产率，节本增效，优化资源配置。电商为农业发展提供了更宽领域、更深程度的转型升级方向。最后，农产品电商供应链成为形成农业新发展格局的重要引擎。农产品电商零售激活农业产业创新发展潜力，直播电商、社区团购、生鲜电商等新业态新模式蓬勃发展，为推动消费增长、打通国内经济大循环提供了有效支撑。

（二）我国农产品电商的区域发展态势

从区域情况来看，我国农产品电商的发展与地区优势产业结合紧密，不同地区在这一领域的地位和增长表现存在差异性。2022年我国农产品网络零售额排名前十的省份中，广东、浙江、辽宁、上海、北京合计占全国农产品网络零售额的比重为47.7%，如图1-2所示；内蒙古、甘肃、青海、天津、宁夏的农产品网络零售额同比增速排名全国前五，如图1-3所示。通过比较可以发现，发达

---

[1] 罗嗣卿、刘璐：《改进K-means算法对大兴安岭蓝莓干销售预测的应用》，《黑龙江大学自然科学学报》2017年第2期。

[2] 李美娆、曲丽丽：《新型农业经营主体融资约束纾解机制的演化博弈研究——基于农业供应链金融视角的讨论》，《金融理论与实践》2023年第9期。

地区经济发展较好、消费能力较强且电商基础设施较为完善，在电商和农产品网络零售方面具有明显优势；部分经济欠发达地区的农产品网络零售额同比增速较快，这与当地注重推动农产品电商发展、加强农产品品牌宣传以及着力提升物流配送能力密切相关。

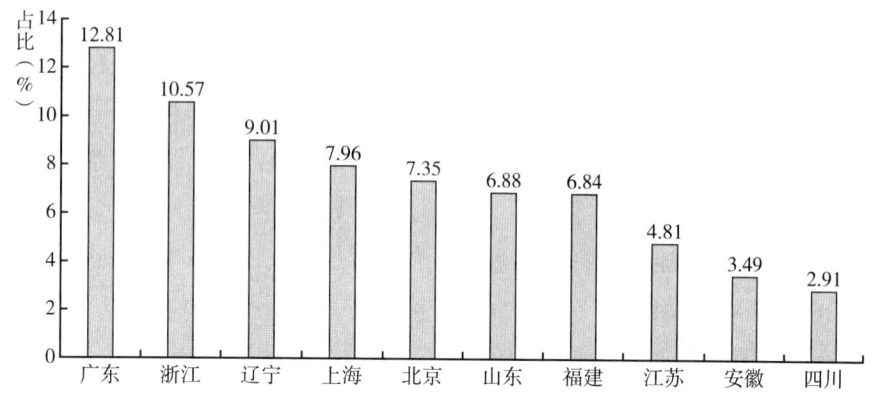

图1-2　2022年我国农产品网络零售额排名前十的省份

资料来源：《中国农村电子商务发展报告（2021—2022）》。

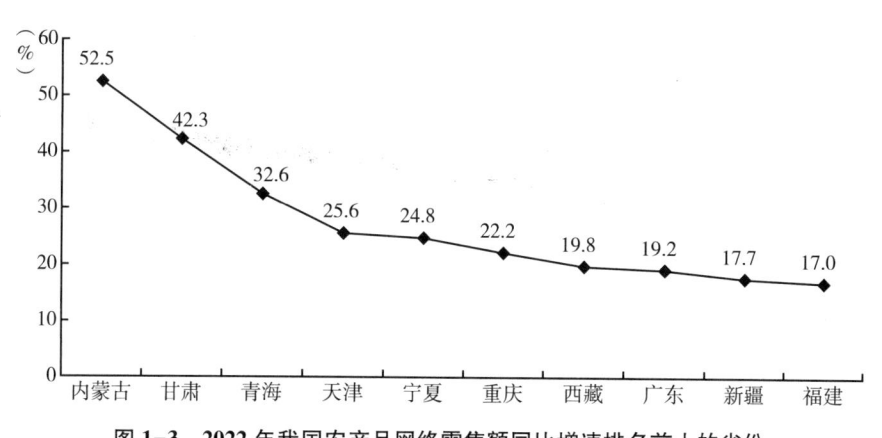

图1-3　2022年我国农产品网络零售额同比增速排名前十的省份

资料来源：《中国农村电子商务发展报告（2021—2022）》。

一方面，我国农产品电商供应链围绕长三角、珠三角地区集聚发展，创新能力强劲，产业链较为完备。浙江是我国农产品电商供应链发展较为成熟的地区之一，农产品网络零售额总量大、增速较快，同时在农产品质量安全追溯方面也走在全国前列。浙江持续推进产业集聚发展，2022年全省新评定电商示范村227

个、农村电商示范服务站点159个,实现全省农村(县域)网络零售额11681.8亿元,占全省网络零售额的比重为43.2%,同比增长8.2%,[1] 同时,在物流保障、公共服务等方面形成可复制、可推广的经验模式。随着电子商务进农村综合示范、"互联网+"农产品出村进城等工作的深入推进,浙江农村电子商务呈现迅猛发展态势,农村网络零售和农产品上行规模不断扩大,农村消费潜力进一步释放,农村商业线上线下融合加快。浙江的电商产业链完善、网商聚集程度高、农产品销售能力强,能更好地组织对接原产地,地区的集聚效应明显。广东作为改革开放的先行地和实验区,其发展数字农业具有产业、市场、科技、环境等多方面优势。2018~2022年,广东农村地区网络零售额从402.9亿元增长至879.3亿元,年均增速20.8%,实现五年倍增。[2] 为充分发挥电商进农村综合示范县的示范引领作用,广东积极组织优秀示范县进行产品和业务对接,不断扩大农产品线上销售渠道,推动一批传统农业企业走进数字经济,一些优质农产品快速"出圈",通过创新农产品的流通渠道和销售方式,为农产品电商供应链提供新思路。[3]

另一方面,一些农业大省着眼于发展特色农产品电商供应链,聚焦树立品牌、提升影响力。2022年,内蒙古积极组织开展线上线下促消费活动,并借助网络销售、直播电商、社交营销等方式打开特色农畜产品销路,全区实物型网络零售额达到430.84亿元[4]。此外,内蒙古着力打造"农产品造"品牌,自2019年起实施地理标志农产品保护工程,大力支持肉羊、肉牛、马铃薯、玉米、向日葵、大米、杂粮、杂豆等农畜产品品牌建设,形成了如"科尔沁""三胖蛋""草原宏宝"等一批有影响力的区域公共品牌。在推动农产品生产消费的同时,内蒙古也正在加快改造和健全农村流通网络和零售网点布局,加大对物流企业补贴力度,鼓励和引导电商示范县(市、区)向快递企业开放公共电商服务中心,支持快递进村,助力全区农村优质农畜产品外销渠道进一步拓宽,电商市场份额加速提升。山东作为农业大省,运用数字化、智能化技术推动农业高质量

---

[1] 中国国际电子商务中心:《中国农村电子商务发展报告(2021—2022)》,2022年9月。
[2] 唐亚冰:《广东农村电商市场规模5年扩大近3倍 有效支撑乡村振兴》,《南方日报》2023年10月28日。
[3] 农业农村部信息中心、中国国际电子商务中心:《2021全国县域数字农业农村电子商务发展报告》,2021年9月。
[4] 内蒙古电子商务促进会:《内蒙古2022年电子商务大数据平台数据通报》,2023年1月23日。

发展，加快北斗导航、卫星遥感、5G 等现代信息技术向生产一线延伸。2023年，山东已投入近 10 万台农机应用数字终端设备，建成智能化玻璃温室 2 万多亩，创建智慧农业应用基地 530 余家，形成一大批全国先进水平的智慧农业解决方案和发展模式。认定智慧畜牧业应用基地 203 个、智能牧场 95 个，大中型畜牧养殖及加工企业普遍完成全链条数字化改造，130 多个国家级与省级海洋牧场全部实现数字化管控。同时，山东推动"好品山东"农业品牌建设数字化，形成"肥城桃""沂源红苹果""纽澜地肉牛"等一大批品牌，建设了一批农产品"产地仓"、绿色智慧物流产业园，构建了生产、流通、销售数字化全链条体系。[1]

第三节 我国农产品电商政策支持体系的演进

（一）国家层面出台的支持政策

党的十八大以来，我国陆续出台多项政策鼓励农产品电商供应链的创新与发展，总体导向以实施乡村振兴战略为总抓手，抓重点、补短板、强基础，围绕"巩固、增强、提升、畅通"，深化农业供给侧结构性改革，持续发力于乡村振兴，相关政策如表 1-1 所示。未来一段时期，在以提振经济、扩大内需为重点发展任务的大环境下，大力发展农产品电商将成为推动乡村产业发展、促进城乡消费的重要政策推手。

表 1-1 有关农产品电商供应链的国家政策汇总（2015~2024 年）

发布时间	发布部门	政策名称	重点内容解读
2015 年 5 月	国务院	《关于大力发展电子商务加快培育经济新动力的意见》	积极发展农村电子商务。加强互联网与农业农村融合发展，引入产业链、价值链、供应链等现代管理理念和方式，研究制定促进农村电子商务发展的意见，出台支持政策措施
2015 年 7 月	国务院	《国务院关于积极推进"互联网+"行动的指导意见》	开展电子商务进农村综合示范，支持新型农业经营主体和农产品、农资批发市场对接电商平台，积极发展以销定产模式。完善农村电子商务配送及综合服务网络，着力解决农副产品标准化、物流标准化、冷链仓储建设等关键问题，发展农产品个性化定制服务等

---

[1]《山东加快农业数字化转型 一季度农产品网络零售额增长 33.2%》，海报新闻，2023 年 4 月 28 日。

续表

发布时间	发布部门	政策名称	重点内容解读
2015年7月	财政部办公厅、商务部办公厅	《关于开展2015年电子商务进农村综合示范工作的通知》	以农村流通现代化为目标,以电子商务示范县建设为抓手,充分发挥市场与政府合力,重点依托邮政、大型龙头流通、供销合作社、电商企业,建设完善农村电子商务配送及综合服务网络
2015年10月	国务院办公厅	《关于促进农村电子商务加快发展的指导意见》	到2020年,初步建成统一开放、竞争有序、诚信守法、安全可靠、绿色环保的农村电子商务市场体系,农村电子商务与农村一二三产业深度融合
2016年7月	财政部办公厅、商务部办公厅、国务院扶贫办行政人事司	《关于开展2016年电子商务进农村综合示范工作的通知》	以农村流通现代化为目标,以示范县建设为抓手,积极推进农村电子商务发展,有效发挥电商扶贫作用
2016年9月	农业部	《"十三五"全国农业农村信息化发展规划》	加快发展农业农村电子商务,创新流通方式,打造新业态,培育新经济,重构农业农村经济产业链、供应链、价值链,促进农村一二三产业融合发展
2016年9月	商务部办公厅、农业部办公厅	《关于开展"农商互联"工作的通知》	推动电商企业与新型农业经营主体、农产品加工流通企业合作,培育优秀农产品供应商及电商队伍,打造以电商企业为纽带,以消费需求为导向,以互联网、物联网等现代信息技术为支撑,以线下产品和物流资源为基础的一体化农产品供应链
2017年2月	中共中央、国务院	《关于深入推进农业供给侧结构性改革 加快培育农业农村发展新动能的若干意见》	促进新型农业经营主体、加工流通企业与电商企业全面对接融合;加快建立健全适应农产品电商发展的标准体系;支持农产品电商平台和乡村电商服务站点建设;深入实施电子商务进农村综合示范;鼓励地方规范发展电商产业园;完善全国农产品流通骨干网络;加强农产品产地预冷等冷链物流基础设施网络建设,完善鲜活农产品直供直销体系
2017年3月	商务部、中国农业发展银行	《关于共同推进农产品和农村市场体系建设的通知》	支持农产品电商平台和乡村电商服务站点建设,深入实施电子商务进农村综合示范工程。推动农村市场体系转型升级,支持涉农电子商务创业孵化园、公共服务中心、快递仓储物流配送设施建设
2017年5月	财政部办公厅、商务部办公厅、国务院扶贫办综合司	《关于开展2017年电子商务进农村综合示范工作的通知》	在总结前一阶段工作的基础上,深入建设和完善农村电商公共服务体系,进一步打牢农村产品"上行"基础,培育市场主体,构建农村现代市场体系
2017年8月	商务部、农业部	《关于深化农商协作 大力发展农产品电子商务的通知》	顺应互联网和电子商务发展趋势,充分发挥商务、农业部门协作协同作用,以市场需求为导向,着力突破制约农产品电子商务发展的瓶颈和问题,加快建立线上线下融合、生产流通消费高效衔接的新型农产品供应链体系

第一章 我国农产品电商：历史、政策与模式

续表

发布时间	发布部门	政策名称	重点内容解读
2017年8月	农业部、国家发展改革委、财政部	《关于加快发展农业生产性服务业的指导意见》	积极发展农产品电子商务，鼓励网上购销对接等多种交易方式，促进农产品流通线上线下有机结合
2018年5月	财政部办公厅、商务部办公厅、国务院扶贫办综合司	《关于开展2018年电子商务进农村综合示范工作的通知》	深入建设和完善农村电子商务公共服务体系，培育农村电子商务供应链，促进产销对接，加强电商培训，带动贫困人口稳定脱贫，推动农村电子商务成为农业农村现代化的新动能、新引擎
2018年11月	商务部办公厅	《关于进一步突出扶贫导向全力抓好电商扶贫政策贯彻落实的通知》	认真落实全国农村电子商务精准扶贫经验交流会、全国电商扶贫工作会等重要会议部署和有关文件要求，围绕脱贫攻坚，以电子商务进农村综合示范为抓手，扎实推进电商扶贫各项工作
2019年1月	商务部等10部门	《多渠道拓宽贫困地区农产品营销渠道实施方案》	推动批发市场、电商企业、大型超市等农产品流通企业深入贫困地区，开展多种形式的产销对接活动
2019年2月	中共中央、国务院	《关于坚持农业农村优先发展做好"三农"工作的若干意见》	推进重要农产品全产业链大数据建设，加强国家数字农业农村系统建设；继续开展电子商务进农村综合示范，实施"互联网+"农产品出村进城工程。全面推进信息进村入户，依托"互联网+"推动公共服务向农村延伸
2019年2月	中共中央办公厅、国务院办公厅	《关于促进小农户和现代农业发展有机衔接的意见》	发展农村电子商务，鼓励小农户开展网络购销对接；深化电商扶贫频道建设，开展电商扶贫品牌推介活动，推动贫困地区农特产品与知名电商企业对接
2019年4月	中共中央、国务院	《关于建立健全城乡融合发展体制机制和政策体系的意见》	完善农村电子商务支持政策，实现城乡生产与消费多层次对接
2019年5月	财政部办公厅、商务部办公厅、国务院扶贫办综合司	《关于开展2019年电子商务进农村综合示范工作的通知》	以电子商务进农村综合示范为抓手，加强农村流通设施建设，提升公共服务水平，促进产销对接，探索数据驱动，打造综合示范"升级版"，构建普惠共享、线上线下融合、工业品下乡和农产品进城畅通的农村现代流通体系

13

续表

发布时间	发布部门	政策名称	重点内容解读
2019年6月	国务院	《关于促进乡村产业振兴的指导意见》	深入推进"互联网+"现代农业,实施"互联网+"农产品出村进城工程,推动农村电子商务公共服务中心和快递物流园区发展
2019年12月	农业农村部、国家发展改革委、财政部、商务部	《关于实施"互联网+"农产品出村进城工程的指导意见》	建立完善适应农产品网络销售的供应链体系、运营服务体系和支撑保障体系,促进农产品产销顺畅衔接优质优价,带动农业转型升级、提质增效,拓宽农民就业增收渠道,以市场为导向推动构建现代农业产业体系、生产体系、经营体系,助力脱贫攻坚和农业农村现代化
2020年1月	农业农村部、中央网络安全和信息化委员会办公室	《数字农业农村发展规划(2019—2025年)》	深化电子商务进农村综合示范,实施"互联网+"农产品出村进城工程,推动人工智能、大数据赋能农村实体店,全面打通农产品线上线下营销通道
2020年3月	中央网信办、国家发展改革委、国务院扶贫办、工业和信息化部	《2020年网络扶贫工作要点》	深入推进电子商务进农村综合示范,推动消费扶贫线上线下相结合,推进"互联网+"农产品出村进城工程,提升农村物流服务覆盖面和服务质量
2020年3月	国家发展改革委	《消费扶贫助力决战决胜脱贫攻坚2020年行动方案》	大力发展农村电子商务,鼓励京东、阿里巴巴、抖音、美团、拼多多、携程等互联网企业继续发挥流量优势,为贫困地区农畜产品和服务搭建网络交易平台
2020年4月	农业农村部、财政部	《关于做好2020年农业生产发展等项目实施工作的通知》	提升便民服务、电子商务、培训体验服务水平,推进"互联网+"农产品出村进城,将益农信息社打造成为农服务的一站式窗口
2020年5月	农业农村部	《"互联网+"农产品出村进城工程试点工作方案》	发挥"互联网+"在推进农产品生产、加工、储运、销售各环节高效协同和产业化运营中的作用,培育出一批具有较强竞争力的县级农产品产业化运营主体,建立完善适应农产品网络销售的供应链体系、运营服务体系和支撑保障体系
2020年5月	中央网信办、农业农村部、国家发展改革委、工业和信息化部	《2020年数字乡村发展工作要点》	畅通农村电商物流体系,实施"互联网+"农产品出村进城工程,深入推进电子商务进农村。培育壮大乡村新业态,注重新模式、新业态对农村地区消费的拉动作用
2020年5月	财政部办公厅、商务部办公厅、国务院扶贫办综合司	《关于做好2020年电子商务进农村综合示范工作的通知》	深入开展电子商务进农村综合示范,夯实农村物流基础设施,健全农村电商公共服务体系,培育壮大农村市场主体,畅通农产品进城和工业品下乡

第一章　我国农产品电商：历史、政策与模式

续表

发布时间	发布部门	政策名称	重点内容解读
2020年6月	商务部办公厅、财政部办公厅	《关于设立农村电商公开课的通知》	在商务部电商扶贫频道、商务培训网，财政部网站以及其他有关应用中设立"农村电商公开课"平台
2020年7月	中央网信办等7部门	《关于开展国家数字乡村试点工作的通知》	大力培育一批信息化程度高、示范带动作用强的生产经营组织，培育形成一批叫得响、质量优、特色显的农村电商品牌，因地制宜培育创意农业、认养农业、观光农业、都市农业等新业态
2020年7月	农业农村部	《全国乡村产业发展规划（2020—2025年）》	培育农村电子商务主体。扩大农村电子商务应用。改善农村电子商务环境
2020年7月	国家发展改革委等13部门	《关于支持新业态新模式健康发展激活消费市场带动扩大就业的意见》	扩大电子商务进农村覆盖面，促进农产品进城和工业品下乡
2021年5月	农业农村部	《农业农村部关于加快农业全产业链培育发展的指导意见》	加强农村电商主体培训培育，引导农业生产基地、农产品加工企业、农资配送企业、物流企业应用电子商务
2021年5月	财政部办公厅	《关于进一步做好农村综合性改革试点试验工作的通知》	依托绿水青山、田园风光，发挥农村资源和生态优势，发展休闲农业、生态旅游、农村电商等多村新产业、新业态、新模式，促进产业深度交叉融合，推动乡村自然资源加快增值
2021年6月	商务部等17部门	《关于加强县域商业体系建设促进农村消费的意见》	依托国家电子商务示范基地、全国电子商务公共服务平台，加快建立农村电商人才培养载体和师资、标准、认证体系，培育农村新型商业带头人
2021年9月	商务部办公厅、国家发展改革委办公厅、中华全国供销、合作总社办公厅	《关于进一步推动农商互联助力乡村振兴的通知》	建设区域电商兴农助农频道，省级主管部门要结合本地实际开通本地电商兴农助农频道，选取符合条件的电商平台、直播电商、社区电商等企业加入，联合频道企业定期开展公益帮扶活动
2021年11月	农业农村部	《农业农村部关于拓展农业多种功能促进乡村产业高质量发展的指导意见》	发挥农村电商在对接科工贸的结合点作用，实施"互联网+"农产品出村进城工程，利用5G、云计算、物联网、区块链等技术，加快网络体系、前端仓库和物流设施建设，把现代信息技术引入农业产加销各个环节，建立县域农产品大数据，培育农村电商实体及网络直播等业态

续表

发布时间	发布部门	政策名称	重点内容解读
2022年2月	国务院	《"十四五"推进农业农村现代化规划》	实施"数商兴农",推动农村电商基础设施数字化改造、智能化升级,打造农产品网络品牌
2022年3月	国务院	《国务院关于落实〈政府工作报告〉重点工作分工的意见》	加强县域商业体系建设,发展农村电商和快递物流配送
2022年4月	中央网信办、农业农村部、国家发展改革委、工业和信息化部、国家乡村振兴局	《2022年数字乡村发展工作要点》	到2022年底,数字乡村建设取得新的更大进展。数字技术有力支撑农业基本盘更加稳固,脱贫攻坚成果进一步夯实。乡村数字经济加速发展,农业生产信息化水平稳步提升,农产品电商网络零售额突破4300亿元
2022年4月	农业农村部、财政部、国家发展改革委	《关于开展2022年农业现代化示范区创建工作的通知》	2022年分区分类创建100个左右农业现代化示范区。聚焦农业多种功能和乡村多元价值,做优乡村特色产业。围绕拓展农业多种功能、挖掘乡村多元价值,重点发展农产品加工、乡村休闲旅游、农村电商等产业
2023年2月	中共中央、国务院	《关于做好2023年全面推进乡村振兴重点工作的意见》	深入实施"数商兴农"和"互联网+"农产品出村进城工程,鼓励发展农产品电商直采、定制生产等模式,建设农副产品直播电商基地
2023年4月	中央网信办、农业农村部等5部门	《2023年数字乡村发展工作要点》	多措并举发展县域数字经济,包括推进农村电子商务提档升级、培育壮大乡村新业态新模式、深化农村数字金融普惠服务
2023年6月	中国人民银行等5部门	《关于金融支持全面推进乡村振兴 加快建设农业强国的指导意见》	从专项信贷、产业扶持等方向为农村电商提供支持,以金融"活水"助力乡村振兴事业的发展
2023年7月	商务部等9部门办公厅(室)	《县域商业三年行动计划(2023—2025年)》	提及电商高质量发展、繁荣农村消费市场等内容,强调通过设施建设、物流配送、直播带货等手段提升县域电商的竞争力、传播力、影响力
2024年2月	中共中央、国务院	《关于学习运用"千村示范、万村整治"工程经验有力有效推进乡村全面振兴的意见》	首次提出"实施农村电商高质量发展工程",明确推进县域电商直播基地建设,发展乡村土特产网络销售。提到优化农产品冷链物流体系建设,加快建设骨干冷链物流基地,布局建设县域产地公共冷链物流设施

续表

发布时间	发布部门	政策名称	重点内容解读
2024年3月	商务部等9部门	《关于推动农村电商高质量发展的实施意见》	提出将加快农村现代物流配送体系建设,提高农村物流设施现代化水平,提高农村物流配送集约化水平,推动农村商贸物流创新发展作为工作目标之一

（二）地方政府出台的支持政策

除了国家政策的支持外,各地方政府因地制宜地出台相关政策来支持农产品电商供应链的发展,如表1-2所示。在江苏、浙江和广东等东部沿海省份,由于经济发达、电商基础较强,农产品电商供应链的政策主要集中在农产品上行方面。这些省份大力推广电商平台和物流网络,鼓励农业企业拓展线上业务,开发高附加值的农产品以及配套的农业服务,满足消费市场的多样化需求,帮助农产品从农村地区直接销售到城市,提高农民收入。在湖南等中部省份,农产品电商政策则更加注重基础设施建设和示范区建设。当地政府致力于提供电子支付、物流配送和网络覆盖等基础设施,并设立农产品电商示范区或示范县,通过试点示范和经验总结,带动周边地区的农产品电商发展。在云南、陕西等西部省份,农产品电商政策注重电商助农和人才培养。当地政府通过发展电商项目,开通电商渠道为当地农产品提供更广的销售范围,帮助贫困地区的农民增加收入。此外,当地政府也注重培养农产品电商领域的人才,提供技能培训、创业支持和财税政策优惠。

通过比较发现,各省份的政策侧重点虽然存在差异,但总体目标都是促进农产品电商的发展,提升农民收入和促进农村经济发展。政策内容均关注了基础设施建设、农产品上行、电商扶贫、人才培养与支持以及示范区建设等方面。各省份致力于提供电子支付、物流配送、网络覆盖等基础设施支持,推动农产品通过电商平台销售和流通,并结合助农工作开展电商助农项目。此外,一些省份设立示范区或示范县,通过试点示范和经验总结推动周边地区的农产品电商发展。通过这些政策措施,中央和各级地方政府能够协同推动农产品电商的健康发展,助力农村经济的繁荣。

表 1-2 我国部分省份农产品电商供应链政策

省份	发布时间	政策名称	主要内容
山西省	2022年9月	《山西省"十四五"推进农业农村现代化规划》	充分发挥农村电商作用,不断完善脱贫地区互联网基础设施和平台建设,逐步加大冷链、物流、仓储、场租等销售流通环节支持力度,全面提升41个脱贫县国家电商扶贫示范建设水平,通过开展直播带货、网上主题销售、鲜活农产品走出山西网上行等活动,进一步推进消费帮扶与电商帮扶深度融合,增强农村电商带动能力
黑龙江省	2023年4月	《黑龙江省农产品供应链体系建设试点市(地)、县(市)建设任务》	通过试点项目建设,推动农产品冷链物流设施更加完善,重要集散地和销地农产品批发市场、加工配送中心及零售终端冷链流通能力显著提升,调节农产品跨季供需、支撑农产品跨区域冷链流通的能力和效率继续提升,为农产品现代流通体系建设奠定坚实基础
江苏省	2023年10月	《关于印发加快推进农产品电子商务高质量发展的实施意见的通知》	目标任务。到2025年,农业生产经营数字化转型成效明显,培育一批具有较大影响力的农业电商主体和品牌,形成一批具有江苏特色的电商发展模式,实现农产品电商高质量发展,全省农产品网络销售额超过1600亿元
天津市	2021年5月	《天津市推进农业农村现代化"十四五"规划》	大力发展农村电子商务,加快农村电子商务基础设施建设
云南省	2022年6月	《云南省促进内外贸一体化发展若干措施》	培育孵化一批跨境电商企业,鼓励传统内贸企业、农村电商服务企业拓展跨境电商业务,开展网商产业园试点,引入内外贸优质网商入驻,壮大线上市场主体
宁夏回族自治区	2022年3月	《加快全区农村寄递物流体系建设实施方案》	鼓励邮政、快递企业服务农村电商,拓展区域特色农产品产地直销、定制配送、直配专线等配送新模式。支持具备条件的县(市、区)申报"全国农村电商快递协同发展示范区",提升寄递物流对农村电商的定制化服务能力
四川省	2022年9月	《四川省人民政府办公厅关于加快发展油茶产业的实施意见》	利用直采直供、农村电商、网络营销等现代物流和新型营销方式,推动生产者融入现代销售物流体系,建立稳定的产销联接机制

第一章 我国农产品电商：历史、政策与模式

续表

省份	发布时间	政策名称	主要内容
北京市	2021年8月	《北京市"十四五"时期商业服务业发展规划》	引导品牌连锁企业将服务网点和服务功能向农村延伸，鼓励电子商务企业与农村便民商业网点合作，合理布局农村末端配送服务网点，针对农村消费需求精准匹配商品和服务等
吉林省	2021年1月	《吉林省人民政府办公厅关于激发各类市场主体活力的意见》	深入推进"互联网+"现代农业，加快重要农产品全产业链大数据建设，加强数字农业农村系统建设。推动农村电子商务公共服务中心和快递物流园区发展
内蒙古自治区	2021年9月	《内蒙古自治区"十四五"服务业发展规划》	建成一批农村牧区电子商务应用平台、综合服务站点、服务中心和配送网络，推动农村牧区电子商务网购网销快速发展
辽宁省	2020年3月	《辽宁省农业农村厅关于确定家庭农场示范县的通知》	支持发展"互联网+"家庭农场。支持家庭农场发展农村电子商务
浙江省	2021年7月	《浙江省农业农村现代化"十四五"规划》	重点发展农村电商、信息设施装备、应用系统集成开发、数字应用服务等，打造千亿级乡村信息产业；加快建立健全农村电商人才培养载体及师资、标准、认证体系；鼓励对依法登记的宅基地等农村建设用地进行复合利用，发展农村电商
江西省	2021年12月	《江西省人民政府办公厅关于加快农村寄递物流体系建设的实施意见》	支持邮政企业公平参与农村寄递服务市场竞争，以市场化方式为农村电商提供寄递、仓储、金融一体化服务；推动关联产业协同发展。强化农村寄递物流与农村电商、交通运输等融合发展；打造农村电商快递协同发展示范区，扩大农村电商覆盖面
湖南省	2021年9月	《湖南省"十四五"商务和开放型经济发展规划》	推进电子商务与乡村振兴有效衔接，推动农村电商和跨境电商融合发展，巩固拓展电商扶贫成果
广东省	2019年11月	《关于进一步加强我省农村电商培训推动创业就业的工作方案》	大力推进我省农村电商发展，聚焦人员培训、创业就业、品牌打造等关键环节，着力打通农村电商发展全链条，激发释放农村电商在扶持创业、吸纳就业、脱贫增收等方面的重要作用，全面深化农村改革和加强农业现代化建设，助力精准扶贫和乡村振兴战略深入实施结出丰硕成果
海南省	2021年12月	《海南省建设高标准市场体系实施方案》	发展农村电商新基建，完善县乡村三级物流配送体系，加强到村物流站点建设，推动县级物流配送中心建设

续表

省份	发布时间	政策名称	主要内容
广西壮族自治区	2021年5月	《关于实现巩固拓展脱贫攻坚成果同乡村振兴有效衔接的实施意见》	积极发展休闲农业、乡村旅游、生态康养、农村电商、乡村新型服务业等新产业新业态
贵州省	2019年12月	《关于加快构建农村电商一体化运营体系助推脱贫攻坚的通知》	培育"一码贵州"生态，推动"一码贵州"平台融入全国电商体系，引进培育农村电商、物流配送等上下游配套企业
西藏自治区	2020年11月	《西藏自治区电子商务进农村综合示范整体推进项目资金管理办法》	规范合理使用中央财政专项资金，扎实有效开展电子商务进农村综合示范整体推进工作
陕西省	2022年1月	《关于加快推进乡村人才振兴的实施意见》	培育农村电商人才，完善农村电商公共服务体系，支持建设和改造县级物流配送中心、镇村快递服务站点，扩大农村电商服务覆盖面

第四节 我国农产品电商供应链的典型模式和运营特征

（一）农产品电商供应链的典型模式

移动互联网的普及和人工智能技术的发展，丰富了电商平台的功能，也为更高效、全面的供应链管理提供了技术保障。农产品消费作为刚性需求，线上市场潜力巨大，因此农产品电商已经成为近年来电商发展的新热点，催生了许多各具特色的新业态，例如直播电商、社区团购、生鲜电商、电商直采、社区支持农业（Community Supported Agriculture，CSA）等。

1. 直播电商

直播电商是以网络直播为手段，主播通过直播展示商品，并与用户实时互动的一种商业模式，如图1-4所示。对于标准难以确定、原本难以在线上销售的农产品，直播电商利用丰富的视频信息推介，让大棚、果园、田间地头摇身变成直播间，让消费者能直观地看到农产品原产地种植状况，直播展示比起平面图片更加真实，实时冲击力远超静态展示和事后浏览。同时通过直播能实现与主播的互动，用户能更了解产品特点，购物的体验性更强、信任度更高。2021年以来，直播电商发展迎来爆发式增长期。商务部监测数据显示，2023年上半年，重点监测电商平台累计直播销售额达1.27万亿元，直播场次数超1.1亿，直播商品数超7000万个。[1] 2023年，我国直播电商市场规模达4.9万亿元，同比增速为35.2%，行业仍旧保持高速增长。电商平台以及新媒体平台均加快布局直播电商，如快手2016年开始电商直播，抖音2018年推出"抖音直播"功能，京东2019年开始大力发展明星电商直播，淘宝直播2021年更名为点淘，成为独立直播电商应用等。

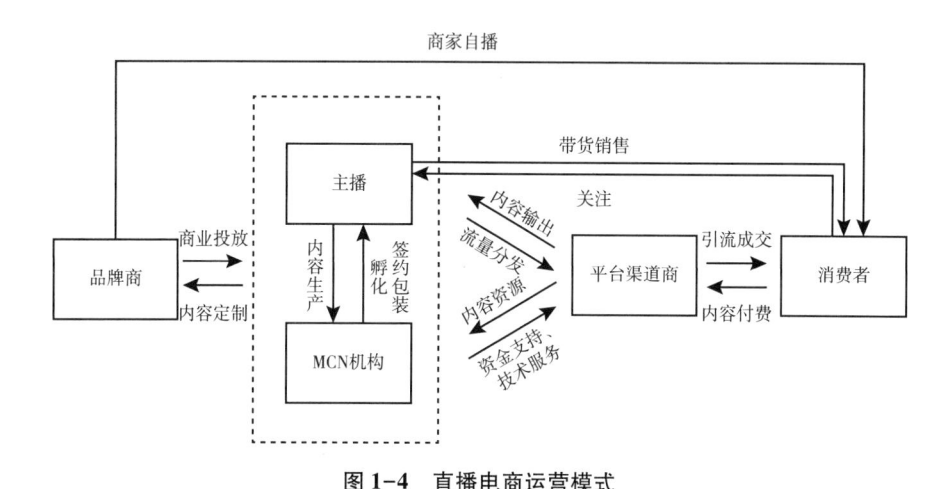

图1-4　直播电商运营模式

2. 社区团购

社区团购是以社区为中心，以团长为分发节点，社区居民通过微信群、小程序等团购生鲜等农副产品以及日化美妆等日用品的供应链模式，如图1-5所示。社区团购的团长基于信任建立邻里社群，成员会主动传播优质产品，销售产品的信任度较高、获客容易。同时，社区团购多由团长统一开团，以预售形式销售，有助于商家优化库存增加利润。由于具有运营成本低、模式复制相对简单的特点，社区团购已经成为农产品电商供应链发展的新突破口。网经社"电数宝"电商大数据显示，2021年社区团购交易规模达1205.1亿元，用户规模达6.46

---

[1] 中国计量科学研究院、中国海关科学技术研究中心等：《直播电商行业高质量发展报告（2022—2023年度）》，2023年9月。

亿人，人均年消费额为206元，社区团购的增速整体放缓。[1] 一些全国性的社区团购平台，依托其技术、运营经验、用户基础和供应链优势，具有较强的品牌影响力并占据较大市场份额。当前，许多社区团购平台都在积极打造独特的运营优势。例如，美团优选强化履约时效，优化采购范围和标准，确保其供应链稳定；多多买菜借助源头直采的供应链优势，保障产品低价优质。与之相比，一些区域性的社区团购平台更有地缘优势、更适合精细化发展，也更容易与消费者建立信任，因此发展潜力巨大。例如，湖南社区团购平台知花知果业务覆盖湖南、湖北、江西等地，2022年累计入驻商家超6500家，年销售额超过5亿元。[2]

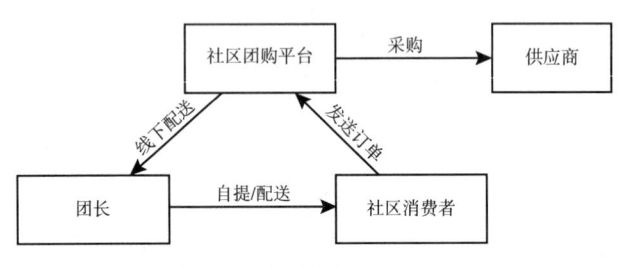

图1-5 社区团购运营模式

3. 生鲜电商

生鲜电商是以蔬菜、水果、肉禽蛋类等生鲜品作为核心商品，通过电商仓库配送到消费者手中的农产品供应链新业态，如图1-6所示。生鲜电商通过供应链整合、冷链物流技术的应用以及数据驱动的精准营销，为消费者提供优质的服务体验和多样的产品选择，满足消费者对新鲜食品的需求。2023年生鲜电商交易规模达到6424.9亿元，同比增长14.7%。[3] 自2019年生鲜电商发展进入爆发期以来，行业涌现了众多的新兴企业，如fudi仓储会员店、谊品生鲜、盒马奥莱、洪九果品、中百罗森生鲜便利店等。这些企业采取的模式大多是以经济发达、人口集中的城市为核心，通过中心城区外的区镇级全覆盖，实现品牌效应，增加客户黏性。为了进一步提升竞争力，开展生鲜电商新业态的企业也重金投入

---

[1] 网经社电子商务研究中心：《2021年度中国社区团购市场数据报告》，2022年3月1日。
[2] 李治：《坚守在"社区团购宇宙中心"——社区团购品牌知花知果创始人蔡世龙专访》，《湖南日报》2022年10月13日。
[3] 网经社电子商务研究中心：《2023年度中国生鲜电商&社区团购市场数据报告》，2024年4月23日。

基建。例如，盒马奥莱在 2022 年 8 月建立并启用了位于成都、武汉的两大供应链运营中心，还引入了数字化解决方案以提升效率，实现全流程可追溯。未来，盒马将逐步形成辐射全国的供应链网络。

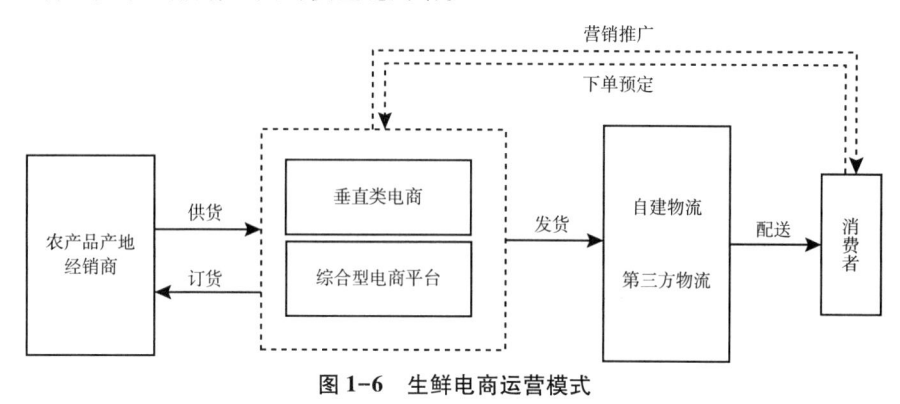

图 1-6　生鲜电商运营模式

4. 电商直采

电商直采是指电商平台通过直接与生产商或供应商合作，实现商品的直接采购和销售的模式。在电商直采模式下，农产品电商不再依赖传统的批发商或经销商，而是直接与生产商建立合作关系，从源头采购农产品，并通过电商平台直接销售给消费者。相较于传统采购模式，农产品电商直采去除了传统采购中的中间商环节，减少了供应链中多层级的成本和时间，提高了效率。同时，电商直采模式有助于农产品电商确保商品的品质和可追溯性，增强消费者信任；也有助于农产品电商根据市场需求及时调整供应策略，提升供应链效率。2023 年中央一号文件提出，深入实施"数商兴农"和"互联网+"农产品出村进城工程，鼓励发展农产品电商直采、定制生产等模式，进一步促进农产品电商发展。盒马、京东、拼多多等电商企业在多地建设农业直采基地，通过数字化助力农产品品种研发、生产过程优化以及农产品标准制定，拉动和引导农业产业链资源优化配置，实现产业协同创新。截至 2023 年 5 月，全国共建有 185 个"盒马村"[1]，其中"有机盒马村" 41 个，惠及上下游产业链企业 110 家，"盒马村"在盒马销售的产品共计 699 个，带动 4 万余名农民就业。截至 2023 年，京东超市已在全国对接超千个农特产地及产业带，直连超过 500 个大型的优质蔬菜基地，建设了 70

---

[1]《首届"盒马村"大会召开 日喀则青稞盒马村等 6 家盒马村授牌成立》，中国经济网，2023 年 7 月 20 日。

余个京东农场，推动数百种农产品向产业化、规模化、品质化和品牌化发展。[1]

5. 社区支持农业（CSA）模式

社区支持农业（CSA）模式是一种农产品电商服务，通过建立电商平台和社区组织的方式，农户生产各种农产品，平台以社区为单位进行配送，将消费者和农民直接连接起来，如图1-7所示。CSA模式在CSA农场的基础上，通过就近采购，在保证农产品的新鲜度的同时降低交易成本；充分发挥电商平台的数据优势，提升产品认证和溯源水平，缓解消费者信任危机。此外，部分电商平台（如Local Harvest）也使用了时下流行的O2O（线上+线下）模式，既提供线上购买，又组织线下农场体验活动等，将消费者和农场连接在了一起。2019年，中共中央办公厅、国务院办公厅印发了《数字乡村发展战略纲要》[2]，提出助力CSA实现农业生产全过程的信息感知、精准还原、智能控制。CSA模式也在实践中逐渐发展出短链条模式，进一步缩减供应链层级。虽有政策支持，但在实际生产实践中仍存在制约CSA模式发展的瓶颈，主要是消费者信任问题。CSA模式主营有机农产品，目前国际上主流的有机标准众多，如美国农业部有机认证（United States Department of Agriculture Organic，USDA Organic）、欧盟有机认证（European Union Organic，EU Organic）、英国土壤协会有机认证（Soil Association Certification）等，虽然CSA模式能够为消费者展示更多的产品信息，但认证制度的不统一仍在限制CSA模式的推广。

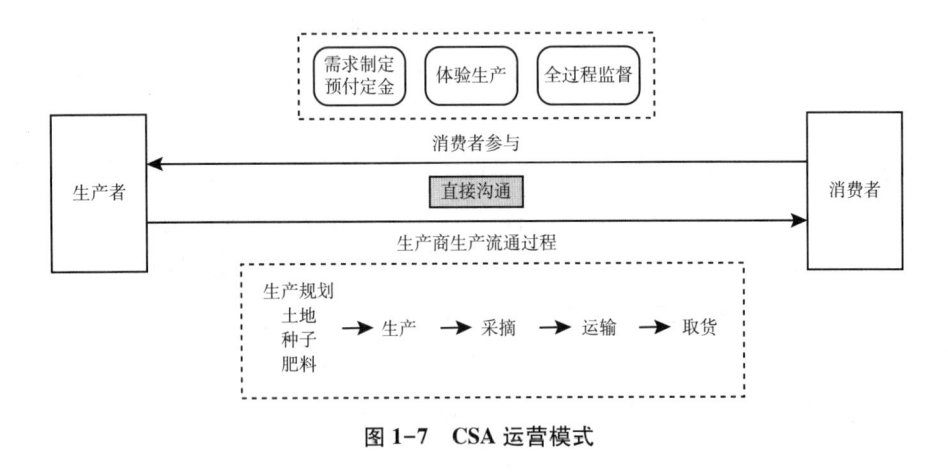

图1-7 CSA运营模式

---

[1] 《京东荣获2022国家发改委乡村振兴优秀典型案例》，新华财经，2023年1月6日。
[2] 中共中央办公厅、国务院办公厅：《数字乡村发展战略纲要》，2019年5月16日。

(二) 农产品电商供应链的运营特征

同传统农产品供应链相比,农产品电商供应链在结构模式、运营效率两方面都存在明显优势,具体呈现以下特征。

1. 供应链层级少

相比于传统农产品供应链,农产品电商供应链最显著的特征就是直接连接农产品生产者和消费者,省去了传统的多级批发环节。这种直供模式可以减少农产品流通环节的损耗和成本,提升供应链整体的库存管理效率,提升供应链的利润水平。

2. 线上线下结合紧密

农产品电商供应链融合了线上和线下销售渠道。借助信息技术和各类社交媒体以及物流业配套服务,消费者可以在线上浏览农产品信息并购买,并在线下完成交付。此外,一些农产品电商平台也提供线下的农产品体验店或农贸市场,让消费者能够线下选择和购买产品。

3. 信息透明度高

农产品电商供应链通过信息技术的应用提高了信息的透明度。消费者可以通过电商平台获得农产品的详细信息,包括产地、生产过程、质量检测等,从而提高对产品的信任度。

4. 供应链协同度强

农产品电商供应链需要实现各环节的协同合作。农产品生产者、电商平台、物流配送企业等各方需要紧密合作,共同协调农产品的供应和配送,保障农产品的及时供应和品质。

5. 消费者参与度高

农产品电商供应链鼓励消费者的参与和互动。消费者可以通过电商平台与农产品生产者进行沟通和交流,了解产品信息、提出需求、得到反馈,从而提升产品的认同感和忠诚度。

6. 供应链短链化

由于农产品保鲜的要求,以及消费者对快速响应和新鲜度的需求,农产品电商供应链逐渐发展出了就近采购和就近建仓的模式,以减少长途运输和中间环节。这种模式能够有效缩短供应时间并降低成本,确保农产品的品质,并满足消费者对快速配送的需求。

7. 定制化服务丰富

农产品电商供应链提供了更多的定制化服务。消费者可以根据自身需求选择产品的规格、产地、品种等，满足个性化的消费需求。电商平台也可以根据消费者的购买记录和偏好，提供个性化的推荐和定制化的服务，增强消费者的购物体验和满意度。

8. 跨区域销售和农产品流通平衡

农产品电商供应链打破了地域限制，实现了农产品的跨区域销售。通过电商平台，农产品可以迅速覆盖更广泛的市场，促进农产品的流通平衡，解决了部分地区供需不平衡的问题。

9. 倡导并践行可持续发展理念

农产品电商供应链积极倡导并践行环境保护和可持续发展。许多农产品电商平台注重推广有机农业和绿色生产方式，提倡环保包装和可持续物流，促进农产品的绿色供应，满足消费者对环保产品的需求。

第五节　研究意义与研究框架

（一）研究意义

农产品电商供应链是促进农业现代化发展、发展电子商务的重要结合点，也是促进农业、物流业转型升级的主流方向。因此，系统研究农产品电商供应链的运作策略，并给出优化升级的对策建议已经成为学术界和产业界的共同关注。基于此，本书将努力综合农业经济、生产运作管理、政策优化、数学建模、仿真优化等知识，采用博弈论、数据分析、模型仿真等多种理论工具，开发相应的模型和工具研究农产品电商供应链运营管理及其优化决策的机理，系统设计激励农产品电商助农的机制和政策，最终提出农产品电商供应链未来发展的创新方向。

1. 理论意义

首先，进一步丰富农产品供应链研究成果。现有研究更多关注农产品的生产策略、营销和配送策略，或关注影响价格、质量等的单一产品因素。本书结合电商运营模式，从生产商、电商平台、消费者、政府等多角度对农产品电商供应链开展研究，关注农产品电商供应链的生产决策、配送优化、营销决策等问题，构建研究理论模型,分析电商介入对供应链运作的影响机理,进一步丰富农产品电商供应链管理理论。

其次,拓展数理模型应用于农产品供应链管理的新场景。针对农产品电商供应链运作的关键节点,运用数学、统计学和运筹优化方法,构建应用于诸如需求预测、库存管理、配送优化、定价策略和决策支持等方面的模型,为农产品供应链管理提供科学的决策依据。此外,通过实时数据的采集和分析,结合数理模型的优化算法,可以实现供应链的实时监控和调整,以适应市场需求的变化。针对新场景的模型构建将为农业提供更加智能化、高效化的供应链解决方案,推动农产品供应链的现代化发展。

最后,准确提炼我国农产品电商供应链的发展经验。本书结合多个农产品电商供应链实际案例,研究供应链运营模式选择、定价决策、契约设计等问题,通过对一些农产品电商供应链管理模式的实践案例进行分析,深入研究供应链的管理实践效果,准确提炼可供借鉴的发展经验。

2. 实践意义

首先,为农产品电商企业的运营决策提供理论支撑。面对直播电商、社区团购、生鲜电商、订单农业等农产品电商供应链的新业态,构建多主体决策的农产品电商供应链模型,对比分析新业态与传统电商渠道的差异,分析消费者面对不同销售渠道的选择迁徙逻辑,研究新业态下供应链上下游的决策变化,为农产品电商供应链企业的生产决策、配送决策、销售决策等运作问题提供参考。

其次,为农户生产决策提供行动指南。通过分析农产品电商供应链中的市场需求、消费者偏好和渠道优势,有助于农户了解市场趋势和需求变化,从而调整其生产策略,选择适宜的农产品种植或养殖方式。此外,研究物流配送、库存管理和销售决策等问题,有助于农户优化生产决策,合理制定生产计划,同时有助于农户更好地与电商平台合作,提高农产品销量和市场竞争力。

最后,为政府相关部门制定政策提供决策参考。一方面,研究结论能助力政府相关部门优化农产品电商发展政策,完善农产品电商平台标准和规范,促进电商直采直送发展,优化农产品物流体系。另一方面,研究结论也能够为政府部门制定保护消费者权益政策提供借鉴,包括规范电商平台经营行为、加强农产品电商供应链市场监管、完善投诉处理机制等。

（二）研究框架

本书遵循习近平总书记关于"三农"工作的重要论述精神，聚焦农产品电商供应链运营优化的重要问题，关注供应链运作的关键环节和核心企业决策，主要研究农产品电商供应链生产、配送、营销、支持体系建设以及 CSA 模式下的运作策略。首先，分别对生产、配送、营销等环节的运营决策问题进行研究；然后，研究农产品电商供应链支持体系建设中的融资和补贴策略；最后，探讨 CSA 这一新型模式下的农产品电商供应链运作策略问题。本书以农产品电商供应链运作为主线，深入研究供应链各成员之间的交易与协作关系，力争提出能够实现农产品电商供应链整体优化的方案。

第一章，我国农产品电商：历史、政策与模式。本章主要介绍我国农产品供应链的历史演变、农产品电商供应链的发展现状、农产品电商政策支持体系的演进过程以及农产品电商的典型模式和运营特征；并明确本书的研究意义，对本书的主要内容进行简要介绍。

第二章，相关理论与国内外研究现状。本章对与农产品电商供应链相关的理论进行重点阐释，并对相关研究领域的文献进行系统性梳理，总结农产品电商供应链生产策略、配送优化、营销策略、支持体系建设以及新兴业态等方面的研究进展。

第三章，农产品电商供应链生产策略。本章针对不同模式下的农产品电商供应链生产策略问题，首先，研究农产品电商供应链的最优生产方式，重点研究不同生产方式下的定价策略并对各自的均衡决策展开对比分析。其次，研究产出不确定下农产品电商供应链生产组织策略，探讨农产品电商在不同条件下的组合策略选择情况。最后，分别探究违规认证行为和合谋认证行为对农产品供应商生产决策的影响，分析改善认证市场失灵过程中的适用条件以及作用机理。

第四章，农产品电商供应链配送策略。本章针对不同情境下的农产品配送中心选址和路径优化难点问题，首先，研究失效风险下农产品配送中心的选址和路径优化问题，当配送中心出现故障时，利用弹复性指标来衡量配送效率。其次，研究社区团购模型下生鲜农产品配送路径优化问题，建立关于生鲜电商企业、用户和社会三方面的物流配送模型。然后，研究生鲜电商直采直配模式下的低碳物流配送路径问题，构建存在消费者的收货时间限制的包含多个生产基地的直采直配低碳物流配送路径规划模型，探讨农产品电商供应链物流配送的优化策略。最后，研究物流服务水平不确定下农产品电商供应链生产组织策略，分析四种典型组合策略下农产品电商的利润水平,刻画生产组织和物流服务策略选择之间的互动机理。

第五章,农产品电商供应链营销策略。本章首先分析消费者在购买生鲜农产品时渠道选择的影响因素,采用问卷分析进行实证分析,识别影响消费者决策的关键因素。其次,分析消费者对双渠道供应链下的生鲜农产品购买渠道的选择偏好与迁徙意愿,刻画消费者购买渠道迁徙的内在逻辑。然后,研究直播社会临场感在农产品电商直播中对消费者参与度的影响机理。最后,研究农产品直播电商虚拟主播营销策略,探讨结合产品产地的文化属性的农产品虚拟主播的形象设计,验证具有文化一致性的虚拟主播对消费者购买意愿(感知品牌质量)的影响。

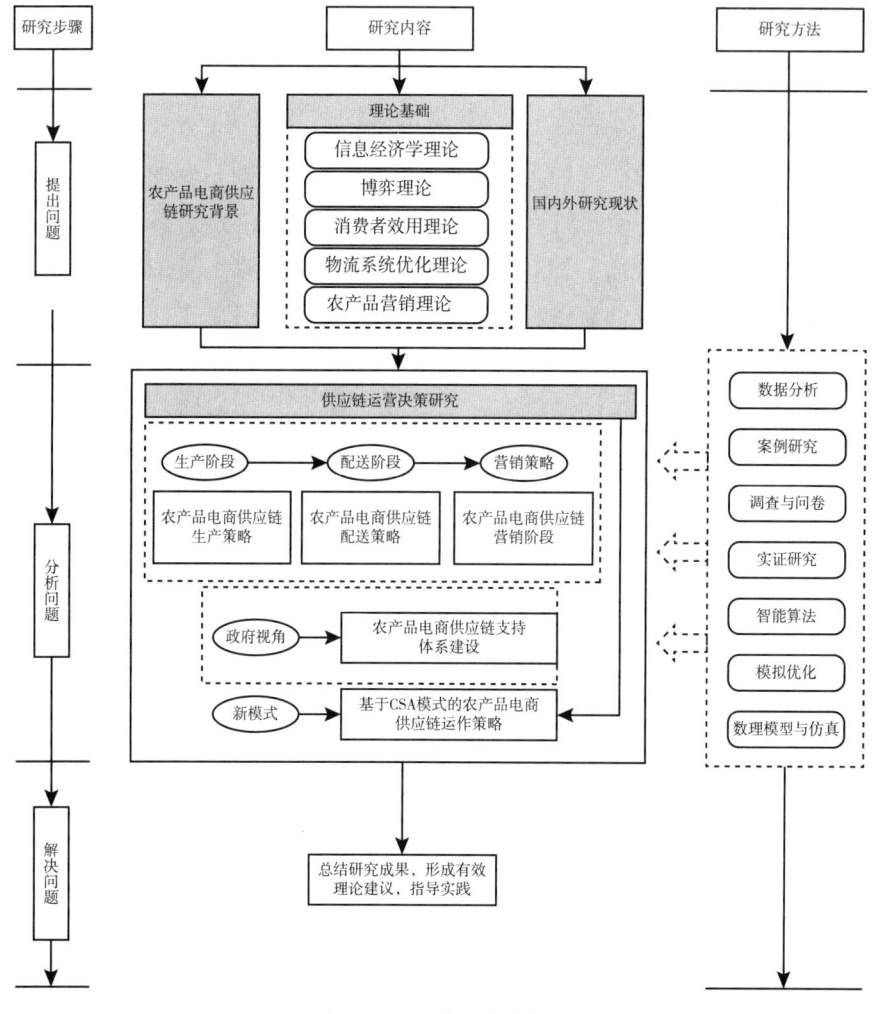

图 1-8 本书研究框架

第六章，农产品电商供应链支持体系建设。在电商助农背景下，本章首先构建由政府、企业和合作社组成的三级农产品供应链博弈模型，选取两种典型的电商助农供应链融资模式——银行融资和电商融资，分析不同融资模式的运作机理，提出农户和电商对于不同融资模式的偏好条件，研究农产品供应链融资模式选择问题。然后，研究基于"电商+农户"模式的农产品供应链定价决策问题，分析政府补贴对供应链运作决策的影响。最后，研究政府最优补贴政策以及考虑政府补贴对于农户选择不同模式的市场条件的影响机理。

第七章，基于社区支持农业（CSA）模式的农产品电商供应链运作策略。本章首先考虑不同种类生鲜农产品的新鲜度对时间的敏感程度具有差异性、不同采摘团队的采摘能力异质化等现实情形，构建CSA农场农产品"采摘—配送"联合决策模型。其次，针对直接对接模式和平台连接模式两种主流的运营模式，研究平台介入的农产品电商供应链运作决策问题，构建消费者、电商平台和农场三方的博弈模型，研究基于CSA模式的农产品供应链运营模式选择的运作机理。然后，研究基于套餐订购的农产品电商供应链运作决策问题，分析价格折扣契约、信任因素、电商平台物流成本等因素对基于CSA模式的农产品电商供应链运作的影响机理。最后，运用权变理论构建共享农场运营的VTES分析框架，研究CSA模式的组织经营模式选择问题，分析造成经营模式差异化的原因。

第八章，结论与展望。本章总结本书的主要研究结论，并指出未来进一步研究的可能方向。

第二章　相关理论与国内外研究现状

第一节　相关理论概述

(一) 信息经济学理论

信息经济学是研究信息在经济活动中的产生、传递、利用和影响的学科，其关注的核心问题是信息的不对称性和不完全性如何影响市场的运作和经济决策。[1] 信息经济学理论主要关注在信息不完全的情况下，市场参与者如何获取、评估和利用信息来做出决策，以及信息的获取和传递对市场效率、资源配置和产业结构的影响。信息经济学旨在揭示信息对经济行为和市场结果的影响，提供理论和工具，帮助市场参与者在信息不完全的环境中做出更好的决策，优化资源配置和提高市场效率。研究内容主要包括委托—代理理论、信息披露理论以及激励理论，其中委托—代理理论模型作为信息经济学的基本模型，被广泛应用于公司治理、金融机构、公共部门、非营利组织的研究中。

委托—代理理论主要研究委托人（principal）与代理人（agent）之间的代理关系，其中委托人委托代理人代表其利益行事。供应链中的各个成员（供应商、制造商和分销商）可以被视为代理人，他们代表着不同的利益方。委托—代理理论模型可以帮助设计合适的奖励机制和合作协议，从而促进供应链各方的合作，解决信息不对称问题。

信息披露理论主要研究市场参与者如何通过筛选、披露信息来减少信息不对称造成的影响，其研究内容主要包括信息披露的动机、策略和效果，以及信息披露对市场效率和经济结果的影响。在非对称信息的情况下，代理人拥有私人信

---

[1] Stigler G J, "The Economics of Information," *Journal of Political Economy* 69 (1961): 213-225.

息，而委托人不拥有私人信息。代理人通过隐藏自身的信息，使得委托人无法区分"高质量"代理人与"低质量"代理人，从而导致"高质量"代理人逐渐被"低质量"代理人驱逐出市场，最终产生逆向选择（Adverse Selection）问题。通过信号传递与信息甄别，可以有效减少逆向选择问题的产生，降低对市场运行的不良干预，提升或至少能够保持市场的效率。在供应链中，零售商或电商平台可以要求生产商披露质量管理体系、产品认证等相关信息，以评估产品的可靠性，从而优化供应链成员的选择。

激励理论主要研究如何通过激励机制来影响个体的行为和决策，探讨如何设计激励机制，从而使个体在追求自身利益的同时，也能为整体利益做出贡献。在供应链中，激励理论的应用可以帮助解决代理问题、促进合作，并提高供应链的效率和绩效。例如，供应链各方可以在合同中设定奖惩条款，根据合同履行情况给予奖励或处罚，以激励各方遵守合同约定和履行责任；或是约定各方应达到的绩效指标，并设定与绩效指标相关的激励机制（如提供额外的奖励、重用晋升等）。

信息经济学理论在农产品电商供应链运营领域具有广泛的应用场景。由于农产品的生产周期长、价格波动频繁、产品标准化程度低，农户和市场的信息不对称现象非常普遍。改革开放以来，我国实行家庭联产承包责任制并将其作为农村的一项基本经济制度，并在2019年发布相关文件强调保持土地承包关系稳定并长久不变，确保绝大多数农户原有承包地继续保持稳定。[1] 我国的农户也因此呈现明显的"小农特征"——规模小且分散、获取信息渠道有限或者滞后、多为家庭经营等。因此，农户在进行生产决策和销售决策时能利用的信息往往较少。而电商企业可以实时监测市场需求和价格趋势、能够做出更准确的决策，农户和电商企业间存在明显的信息不对称现象，这种信息不对称可能导致市场交易风险，以及供应链利润分配失衡。信息经济学理论提出了一些解决信息不对称问题的机制，常见的解决方案有信息披露和评价机制。电商平台可以提供农产品的详细文字描述、图片和用户评价，帮助买家获取更多的产品信息。这样的机制有助于降低信息不对称带来的风险，增加市场的透明度和信任，提高供应链效率。

---

[1]《中共中央 国务院关于保持土地承包关系稳定并长久不变的意见》，《经济日报》2019年11月29日。

（二）博弈理论

博弈论（Game Theory）又称对策论，或赛局理论，是一些个人、队组或其他组织面对一定的环境条件，在一定的规则下，同时或先后，一次或多次，从各自允许选择的行为或策略中进行选择并加以实施，进而取得相应结果的过程。具有竞争或者对抗性的行为都可称为博弈行为，在这类行为中，参与方具有不同的目标或者利益。为了达到各自的目标或者利益，参与方必须考虑对手各种可能的行动方案，并据此选取对自己最有利或者最合理的方案。因此，博弈论也就是研究博弈行为中争斗各方是否存在最合理的行动方案，以及如何找到这个合理行动方案的数学理论和方法。博弈论是现代数学的一个新分支，也是运筹学的一个重要学科，已经成为一种标准分析工具，在经济、金融、国际关系、计算机科学、军事战略等领域具有广泛的应用。

对于一个确定的博弈，需要设定如下要素：①局中人（Players），指在一局博弈中，每一个有决策权的参与方；②策略（Strategies），也称战略，指一局博弈中，规定每个参与人进行决策时，可以选择的方法、做法或经济活动水平等；③得益（Payoffs），也称支付，指一局博弈结局对应的各参与方的每组可能的决策选择，都应有一个结果表示该策略组合下各参与方的所得或者所失；④次序（Sequences），指在博弈中，当存在多个独立决策方进行决策时，有时候是这些参与方同时做决策选择，而有时候各参与方的决策选择有先后次序之分（参与方的决策有先后次序的博弈又称为序贯博弈）。

纳什均衡（Nash Equilibrium）是指在一个策略组合中，所有参与方面临这样一种情况，当其他参与方不改变策略时，他此时的策略是最优的策略。在纳什均衡点上，每个理性参与方都不会有单独改变策略的冲动。这个均衡点可以是产量的均衡点，也可以是价格的均衡点，还可以是时间的均衡点，或其他方面的均衡点。

博弈理论是用于研究参与方在相互影响的环境中进行决策的分析方法。供应链管理覆盖从原材料采购到产成品消费整个过程，在此过程中有众多的参与方。博弈论作为一种分析企业间相互竞争及相互合作的工具被广泛应用，常见的应用模型有斯坦克伯格博弈模型、伯川德博弈模型和演化博弈模型，主要用于解决供应链管理中的库存决策、产量/价格博弈、多决策分析及供应链网络的均衡等问题。

斯塔克尔伯格博弈模型（Stackelberg Game Model）是一种序贯博弈模型，一方作为领导者先行动，而另一方作为追随者后行动。领导者通过预先制定策略来影响追随者的决策。该模型基于领导者和追随者之间的不对称信息和能力，探讨了不同角色之间的决策互动。一般情况下，供应链中的制造商通常扮演领导者的角色，而零售商（如电商平台企业）则扮演追随者的角色。制造商可以通过设定价格、生产量或其他策略来影响零售商的决策。例如，制造商先确定价格，零售商再根据制造商的定价来决定其销售策略。

伯川德博弈模型（Bertrand Game Model）是一种价格竞争博弈模型，有两个或多个企业在市场上以价格为竞争手段。在该模型中，企业之间假设具有相同的成本结构，且它们同时制定价格策略。消费者会根据价格购买产品。在供应链中，电商可以使用伯川德博弈模型来决定最优的价格策略。它们需要考虑竞争对手的定价行为，以确定自己的最优价格水平，从而吸引更多的消费者。

演化博弈模型（Evolutionary Game Model）是一种描述动态决策和进化过程的博弈模型。主要研究在重复博弈过程中，不同策略之间的相对成功如何影响策略的演化。该模型考虑了演化的时间因素，重点关注策略的稳定性和可持续性。在供应链中，供应商和零售商之间的长期合作可以被视为演化博弈的一个例子。合作的成功与否将影响双方的利益和长期关系的持续性。通过演化博弈模型，可以分析不同策略的演化路径，评估合作的稳定性和可持续性。

在农产品电商供应链中，涉及多个参与方，如农民、电商平台、物流服务提供商和消费者等，每个参与方都追求自身的利益最大化。对博弈均衡进行分析可以深入了解供应链中各方的决策行为和策略选择，这有助于揭示供应链中的潜在冲突、合作和协调机制。例如，电商和供应商之间可能存在价格谈判的冲突，供应商可能希望获得更高的价格，而电商可能希望以更低的价格采购产品以保持市场竞争力，这可能导致双方在价格上产生分歧。或者，由于存在天气、交通路况等不确定因素，物流服务提供商会降低准时送达率，但是电商会从优化消费者体验的角度要求物流服务提供商保证时效，这可能导致供应链内部冲突。此外，供应商可能不愿意透露真实的产品信息或库存情况，而电商需要准确的信息进行销售和推广，这种信息不对称可能导致供应链合作破裂。

然而，尽管存在可能的冲突，农产品电商供应链成员之间也有广泛的合作空间。例如，电商平台提供了销售渠道和市场推广服务，帮助供应商扩大销售范围；而供应商提供优质产品和服务，帮助电商平台满足消费者需求，这样的互惠关系是供应链达成协调的基础。同时，双方可以通过建立信任、共享信息和资源，以及制定明确的合作协议来减少冲突，提高效率并促进合作。此外，利润共享也是农产品电商供应链中达成合作的常见方式。

博弈均衡点提供了一种分析供应链中各方行为和结果的框架。博弈均衡分析可以预测供应链中可能出现的策略选择和结果，包括价格水平、市场份额、合作程度等，这有助于评估供应链的稳定性、效率和竞争力。博弈均衡点通常对应于一种相对稳定但不一定是最优的策略选择，通过对博弈均衡点的分析，可以评价供应链运作绩效，并寻找改进和优化的方向。例如，通过调整定价策略、合作机制或协调机制，可以实现更优的供应链均衡。

（三）消费者效用理论

消费者效用理论是经济学中研究消费者决策和消费行为的理论框架，核心概念是消费者效用，即消费者对商品或服务的满意程度或享受程度，主要包括总效用、边际效用、效用最大化三个概念。

（1）总效用（Total Utility）。总效用是指消费者从消费一定数量的商品或服务中获得的总满足感或享受程度。总效用是主观的，无法直接衡量，但可以通过消费者的行为和选择来间接推测。总效用随着消费数量的增加而增加，但增加的速度可能会递减。

（2）边际效用（Marginal Utility）。边际效用是指消费者从消费一个额外单位商品或服务中获得的额外满足感或享受程度。边际效用可以通过消费一单位商品后总效用的变化来衡量。边际效用递减规律表明，随着消费数量的增加，每多消费一单位商品带来的边际效用逐渐减少。

（3）效用最大化（Utility Maximization）。消费者效用最大化是指消费者在有限的预算约束下，通过合理的选择和分配消费，追求总效用最大化的目标。消费者会将其有限的收入或预算分配给不同的商品，以达到最有价值的效用组合。

消费者效用理论有助于理解消费者的决策过程和购买行为。它可以广泛应用于产品定价、产品优化、市场细分以及广告和促销策略等研究领域，帮助企业更好地了解消费者需求，提供有价值的产品和服务。建立消费者的效用函数，从而得到产品、渠道或者参与者的需求函数，并开展供应链渠道研究，是消费者效用理论在供应链管理中的主要应用场景。一般形式的效用函数可以表示为 $U(x_1,$

x_2, …, x_n），其中 x_1，x_2，…，x_n 表示不同商品或服务的数量或消费水平。效用函数的具体形式取决于消费者的偏好和特定的情境，常见的两种消费者效用函数如下。

线性效用函数：$U(x_1, x_2) = ax_1 + bx_2$，其中 a 和 b 为大于零的常数。这种效用函数表示消费者对两种商品的偏好是线性的，边际效用不随消费水平而变化。两种商品能够完全替代。例如，如果 a 代表红笔的效用，b 代表黑笔的效用，那么消费者可以用红笔完全替代黑笔。

柯布—道格拉斯效用函数（Cobb-Douglas Preferences）：$U(x_1, x_2) = Ax_1^{\alpha} \cdot x_2^{\beta}$，$\alpha+\beta=1$，其中 A、α 和 β 为大于零的常数。这种效用函数通常用于表示两种商品之间是相互独立但不完全替代的关系。消费者在消费这两种商品时，会根据自己的偏好和收入在两种商品之间进行分配，以达到效用最大化。参数 α 和 β 分别表示消费者对商品 x_1 和 x_2 的偏好程度。数值越大，表明消费者对该商品的重视程度越高。例如，如果 α 代表消费者对食物的偏好程度，β 代表消费者对衣物的偏好程度，当食物价格下降时，消费者会增加食物的消费量，同时可能会适当减少衣物的消费量，但不会完全放弃其中一种商品而只消费另一种商品。

消费者对不同渠道偏好差异较大，导致不同渠道的消费者效用也不同。具体用来刻画消费者效用的因素往往包括价格、时间、服务、机会成本、距离、不确定性风险以及消费者偏好等。

边际效用是指消费者对额外一单位商品或服务的满意度变化，边际替代率则表示消费者愿意用一种商品或服务来替代另一种商品或服务的程度。消费者选择行为包括购买决策、需求曲线的形成以及消费者剩余的测度等。消费者效用理论的研究有助于理解消费者的偏好和行为模式，预测市场需求的变化，评估商品定价和营销策略的效果，并为政策制定者提供参考，促进资源的有效配置和市场的稳定发展。

消费者效用理论是研究消费者行为的重要方法，将消费者效用理论与农产品电商的大数据分析技术相结合，能够更全面地刻画消费者的偏好和效用，构建消费者购买决策模型，分析影响消费者购买决策的因素和机制。此外，消费者效用理论也能为研究消费者从传统的线下销售转向线上电子商务平台的决策机制提供理论依据和指导方法。基于消费者效用理论，农产品电商企业可以更好地理解消费者的偏好，构建更为科学的购买决策分析模型，进而优化产品推荐和定价决策，提高消费者的满意度和忠诚度。

(四) 物流系统优化理论

物流系统优化理论是研究如何通过优化物流流程和资源配置，提高物流系统效率和降低成本的理论框架。[1] 该理论关注如何合理组织和管理物流活动，以实现物流运输、仓储、库存管理等方面的最优化。物流系统优化理论的主要研究内容包括网络设计与规划、运输路径选择、仓储与配送策略、库存管理、供应链协调等。物流系统优化理论的研究对于提高物流效率、降低成本、优化资源配置、提升供应链竞争力具有重要意义，尤其在复杂的供应链网络和全球化物流环境下，可以为企业和组织提供决策支持和优化方案。

网络设计与规划关注如何设计和规划物流网络，包括物流中心的选址、配送中心的布局、运输路线的规划等，以实现高效的货物流通。借助数学模型和优化算法，考虑运输距离、设施位置、需求分布等各种因素，可以确定最佳的设施位置、运输路径和货物流动方案，降低物流成本、提高运输效率，并满足不同地区的需求。

运输路径选择旨在选择最佳的运输路径，以最大限度地减少时间、成本和资源的浪费。借助数学模型和优化算法，考虑交通网络、货物特性、交通拥堵情况等因素，可以降低运输成本、减少运输时间，并提高物流的可靠性。

仓储与配送策略关注如何有效地管理仓储和配送过程，包括仓库布局优化、装卸操作优化、订单批量划分等方面。通过仓储与配送策略的优化，可以提高物流效率、降低仓储成本，满足客户的需求。

库存管理涉及如何合理管理库存，以实现供需平衡并减少库存成本，包括库存水平的确定、补货策略的制定、订单管理等方面。通过库存管理的优化，可以降低库存成本、减少库存风险，提升供应链的响应能力。

供应链协调关注如何实现供应链各环节之间的协调与合作，以提高整体供应链的效率和效益，包括信息共享、合作协调机制的建立、供应链协同规划等方面。通过供应链协调的优化，可以降低供应链成本、缩短供应链周期，提高供应链的灵活性和竞争力。

从路径规划到库存优化，从运输调度到订单配送，都离不开各种各样的算法

---

[1] 丁立言、张铎主编《物流系统工程》，清华大学出版社，2000。

应用，常用的有启发式算法、遗传算法和模拟退火算法等。其中，启发式算法是一种基于经验和启发性规则的问题求解方法。它通过不完全的、近似的解决方案来寻求最优解。启发式算法常常用于在大规模问题中快速找到较好的解决方案，如在货物配送问题中用于确定最佳配送路线，以最小化总行驶距离或最小化总成本。遗传算法是一种模拟自然进化过程的优化算法。它通过模拟遗传操作（如选择、交叉和变异）来搜索最优解空间，并通过适应度评估来指导搜索过程。遗传算法适用于复杂的优化问题，尤其是在搜索空间较大且没有明确的问题结构时。例如，在仓库布局优化中，遗传算法可以用于确定最佳的货物存放位置和仓库布局，以最小化货物处理时间和提高仓库运营效率。模拟退火算法是一种启发式优化算法，灵感来源于金属退火过程。它通过模拟固体物质在退火过程中的分子热运动，以一定的概率接受更差的解，并逐渐降低温度，从而逐步接近最优解。例如，在货物装载优化中，模拟退火算法可以用于确定最佳的货物装载方案，以最大化运载量或最小化装载空间的利用率。

此外，还有一些运用于配送优化领域的算法，如鲁棒优化算法（Robust Optimization）用于考虑供应链网络设计中的不确定因素（如需求波动、供应中断等），以寻找一个鲁棒性较高的供应链设计方案；蒙特卡洛模拟算法（Monte Carlo Simulation）用于评估库存管理中不同库存策略的性能和风险，以寻找最佳的库存水平和补货策略；线性规划算法（Linear Programming，LP）用于资源分配问题中确定分配方案，如货物调度、车辆调度等，以最大化资源利用率或最小化总成本。

农产品电商供应链运营模式不断创新，消费市场与供应链内部对物流配送服务均提出了更高的要求，例如考虑农产品配送的季节性需求波动，以确保在需求高峰期能够及时供应足够的产品，同时在需求低谷期减少库存和资源浪费；考虑多种农产品混合配送的不同包装、储存和运输条件等配送要求，并制定相应的配送策略和流程；考虑农产品产地和消费地之间的区域性差异，为长途跨区域运输制定合适的配送策略。此外，配送优化还追求时效性增强、农产品保鲜程度提高等，为满足这些配送需求都需要运用物流系统优化理论开展研究。

（五）农产品营销理论

市场营销理论是把企业市场营销活动作为研究对象的一门应用科学，研究把适当的产品（Product），以适当的价格（Price），以适当的渠道（Place），用适当的促销方法（Promotion），最大限度地满足市场需要。[1] 营销组合理论（也称营销 4P 理论）强调了市场营销中的关键要素，并提供了一个框架，帮助企业制定和实施市场营销策略。在供应链整合发展过程中，零售商（或电商平台）运用营销理论通过产品、价格、渠道和促销的有机组合，满足客户需求、提高市场占有率并实现商业目标。营销组合理论的要素主要包括以下几方面。

产品（Product）。产品包括设计、功能、品质、包装等方面的特征。在 4P 理论中，产品要素涉及企业的产品策略、产品定位、产品开发和产品管理等方面。可以通过在市场中确定产品的独特定位来突出其特点；通过差异化战略，可以突出某条供应链在产品设计、物流服务、售后服务等方面的特点，增加客户黏性。

价格（Price）。定价策略涉及确定产品的价格水平，包括定价策略的定位（如高端、中端、低端）和定价方法（如成本导向、市场导向、竞争导向等）。供应链中，生产商可以采取价值定价的方式，即根据产品提供的价值而不仅是基于成本来确定定价策略。通过量化和展示供应链解决方案在降低成本、提高效率、减少库存等方面的价值来支持其定价策略。

渠道（Place）。渠道要素涉及企业将产品或服务传递给目标市场的方式和途径，包括选择合适的销售渠道、建立分销网络和物流管理等。随着电商的快速发展，多渠道分销成为主流，生产商同物流公司、供应商、零售商和电商平台深度合作，实现更广泛更全面的市场渗透。

促销（Promotion）。促销要素包括广告、销售推广、公关、个人销售和直销等，旨在提高产品或服务的知名度、吸引目标市场的注意力并推动销量增长。此外，开展社交媒体营销可以建立产品与消费者的紧密联系，并促进供应链的协作和信息共享。通过在社交媒体平台上发布产品相关内容，与消费者进行互动和交流，可提高品牌知名度。

农产品营销理论是指在农产品供应链中，针对农产品的市场销售和推广活动，以及相关的策略和方法的理论研究。该理论关注农产品的定价、推广、分销和市场策略等方面，研究如何促进农产品的有效销售、提升市场竞争力以及提高农民收入。农产品营销理论的市场需求、市场定位、产品定价、市场推广和渠道

---

[1] Jerome McCarthy, *Basic Marketing: Applications in Basic Marketing* (Richard D Irwin, 1985).

管理等方面研究，有助于优化创新营销策略，促进农产品流通。此外，相关研究也为政府制定农产品市场政策、农业产业发展规划和农产品国际贸易提供理论和实践指导。

随着农产品电商供应链的不断发展，农业产业逐渐向集约化、现代化发展，销售模式也不断迭代，电商平台、直播销售、农家乐体验、社区团购、社区农业等农产品销售新模式纷纷涌现，也促进了农产品营销理论的创新发展。结合销售新模式，农产品营销理论越来越关注农产品溯源、农产品品牌建设、农产品附加值和差异化战略、农产品销售渠道选择以及农产品促销策略等新问题。

第二节　国内外研究现状分析

近年来，国内外许多学者对农产品电商供应链开展了卓有成效的研究，主要包括农产品供应链生产策略、农产品配送优化、农产品供应链渠道选择、农产品电商供应链支持体系建设以及农产品电商供应链新兴业态等领域。

（一）农产品供应链生产策略研究

1. 随机因素对农产品生产影响的研究

农产品生产过程中常常受到自然环境的影响，这也导致了农产品产出具有很大的随机性。农产品产出的随机性会导致价格发生波动，对农业生产决策造成很大影响。考虑到农产品供应链存在多重不确定因素，国外学者对农产品供应链生产决策进行了研究。例如，Kazaz 和 Webster 分析了在农产品产出不确定的情况下，交易成本对农业供应链生产决策的影响。研究发现，风险厌恶的企业反而会租赁更多的土地用于农产品种植。[1]

一些学者提出，农户可以通过多周期生产或多种农作物轮流种植来抵御农产品供应链的不确定性风险。例如，Livingston 等研究农产品价格和肥料价格的随机性对农产品种植决策的影响，并为此构建了一个多周期的农户种植决策模型。

---

[1] Kazaz B, Webster S, "The impact of yield-dependent trading costs on pricing and production planning under supply uncertainty," *Manufacturing & Service Operations Management* 13 (2011): 404-417.

研究发现，农作物轮换种植的方式可以提高农产品的产量以及农户收益。[1] Boyabatli 等考虑农户在一个生产季节里同时开展多种农作物的种植计划，探讨了最优的农地分配策略来优化生产决策以实现农户收益最大化。[2]

农产品产出随机性很大程度上是受自然环境变化的影响，很多学者针对自然环境与农业的关系展开研究。例如，Anderson 和 Monjardino 设计了一个由肥料供应商、农户、农业企业组成的农产品供应链，假设产量既取决于肥料的投入水平，也取决于与天气有关的随机因素，分析了产量、肥料使用和天气之间的关系。[3] Zhang 等意识到农产品的种植也具有较强的季节性，农户很难根据市场需求来改变生产计划。为此，他们针对非洲大陆降雨不确定性的特点，提出一种新的生产播种计划来增加当地农户收益，从而提高当地农户的生活水平。[4] Chen 和 Chen 研究了多个产出不确定的农户生产高价值农产品的问题；研究发现，如果高价值农产品的生产成本较低，那么农产品产出率较低的农户选择订单合同农业可以有效提升收益，并缩小相互之间的收入差异。[5] Wang 和 Sun 分析了面临天气风险下制造商和多个农民之间的契约农业最优决策，发现制造商设定较低的合同价格以保证农民在特殊天气条件下能够履行合同，可以获得更大的利润。[6]

2. 农产品生产认证制度研究

农产品质量认证通过向消费者披露产品信息，能缓解消费者与供应链企业之间的信息不对称，进而帮助企业建立消费者信任、提升供应链效率以及保障供应链的有效运行，在制定农产品供应链生产策略中具有重要作用。张立胜等对认证

---

[1] Livingston M, Roberts M J, Zhang Y, "Optimal sequential plantings of corn and soybeans under price uncertainty," *American Journal of Agricultural Economics* 97 (2015): 855-878.

[2] Boyabatli O, Nguyen J, Wang T, "Capacity management in agricultural commodity processing and application in the palm industry," *Manufacturing & Service Operations Management* 19 (2017): 551-567.

[3] Anderson E, Monjardino M, "Contract design in agriculture supply chains with random yield," *European Journal of Operational Research* 277 (2019): 1072-1082.

[4] Zhang Y, You L, Lee D, "Integrating climate prediction and regionalization into an agro-economic model to guide agricultural planning," *Climatic Change* 158 (2020): 435-451.

[5] Chen J, Chen Y-J, "The impact of contract farming on agricultural product supply in developing economies," *Production and Operations Management* 30 (2021): 2395-2419.

[6] Wang X, Sun S, "Optimal decisions for contract farming under weather risk," *Discrete Dynamics in Nature and Society* 1 (2022).

标识影响农产品品牌信任及其各维度路径进行实证分析，结果表明认证标识可有效提升农产品品牌能力信任和善意信任，并且认证标识对于农产品品牌能力信任的提升作用大于对品牌善意信任的。[1]

基于农产品认证制度的独特作用，学者们研究了农产品企业自愿性认证的动机和内在逻辑。Auriol 和 Schilizzi 研究发现，在农产品种子认证的市场中，产品的信任特征将会导致发展中国家市场失衡，而在寡头垄断市场中，认证成本提升导致的高价格产品反而能保障消费者权益。[2] Iyer 等描述了企业寻求自愿性产品安全认证的诱因，调查分析了消费者道德风险的角色，研究表明当产品固有的安全属性和努力程度可以相互替代时，就会产生更大的认证激励，而如果两者互补，则认证激励相对较小，同时还发现在存在消费者道德风险的情况下，认证机制可以提升社会福利。[3]

尽管认证制度对于解决农产品市场失灵问题有着积极作用，但部分研究文献发现，农产品认证在现实执行过程中依然会出现失效的现象。Anders 等对 2000~2007 年世界蔬果食品数据进行采集、整理和分析。结果发现，认证过程的客观性受多重因素的影响，其中认证机构数量的增加以及认证市场集中度的降低都有可能导致认证制度失效。[4] Baksi 和 Bose 研究表明，消费者愿意为披露产品的信任属性信息支付额外价格，而生产者一旦为追求更大利益，对产品进行违规贴标处理，政府机构为弥补认证漏洞，就需要付出高昂的监管成本。[5] 认证制度的失效可能对市场结构和社会福利产生不利影响。王常伟和顾海英研究了绿色农产品认证制度的运作机理。研究发现，在信息不对称市场环境下，农产品市场会出现逆向选择现象，此时对绿色食品进行认证，将能有效地传递信息。但是，现实中的绿色食品认证不规范、消费者认知的局限性将制约认证制度的客观性，影

---

[1] 张立胜、陆娟、吴芳、孟悦：《认证标识对农产品品牌信任的影响路径分析》，《技术经济》2010年第4期。

[2] Auriol E, Schilizzi S G M, "Quality signaling through certification in developing countries," *Journal of Development Economics* 116 (2015): 105-121.

[3] Iyer G, Singh S, "Voluntary product safety certification," *Management Science* 64 (2017): 695-714.

[4] Anders S M, Souza Monteiro D M, Rouviere E: Objectiveness in the Market for Third-Party Certification: Does market structure matter? (paper represented at the International Marketing and International Trade of Quality Food Products, Bologna, Italy, March 2007), pp. 651-663.

[5] Baksi S, Bose P, "Credence goods, efficient labelling policies, and regulatory enforcement," *Environmental & Resource Economics* 37 (2007): 411-430.

响认证标识的认可度。[1]

随着信息技术的发展，认证制度也在不断创新，部分学者从多角度研究了认证制度对于企业生产决策的影响。Zhai 和 Chen 研究发现，经验调节信任在关系纽带和用户参与之间存在中介效应。因此，运营商应该投资于建立关系纽带和用户信任，以提高用户在电子商务直播中的参与度。[2] Huang 基于文化差异和消费者信任因素，建立了包括企业偿债能力和偿还意愿的跨境电子商务消费者信任评价模型。实验检验分析结果表明，消费者信任是跨境电商发展的关键因素，应当分阶段建立消费者信任。[3]

3. 农产品契约协调研究

供应链的上下游合作生产广泛存在于契约协调中。Niu 等研究了批发价格契约和成本分担契约下企业定价和农户努力投资决策，发现在成本分担模式下，企业获得了更高的利润。[4] An 等考虑古诺竞争中一个农户选择形成一个集体与其他农户个体竞争的模式，发现只有当这个群体的规模低于某阈值时，农户才会加入这个群体。[5] 兰建义等研究在两种不同契约（批发价格契约和收益共享契约）下，生鲜农产品供应商单独承担企业社会责任或者供应链成员承担社会责任的四种策略组合，分析企业承担社会责任行为对供应链成员的影响，并进一步探讨供应链成员的社会责任分担策略选择问题。研究发现，供应链成员联合承担企业社会责任且实行收益共享契约策略，在一定条件下既能提高保鲜努力水平又能实现供应链成员利润的帕累托改善，但此时生鲜农产品供应商不应盲目追求高收益分成。[6]

---

[1] 王常伟、顾海英：《逆向选择、信号发送与我国绿色食品认证机制的效果分析》，《软科学》2012 年第 10 期。

[2] Zhai M, Chen Y, "How do relational bonds affect user engagement in e-commerce livestreaming? The mediating role of trust," *Journal of Retailing and Consumer Services* 71（2023）: 103239.

[3] Huang Y, "Influence of cultural differences on the establishment of consumer trust in a socialized cross-border E-Commerce," *Mobile Information Systems*, 5（2022）: 9952335.

[4] Niu B, Jin D, Pu X, "Coordination of channel members' efforts and utilities in contract farming operations," *European Journal of Operational Research* 255（2016）: 869–883.

[5] An J, Cho S-H, Tang C S, "Aggregating Smallholder Farmers in Emerging Economies," *Production and Operations Management* 24（2015）: 1414–1429.

[6] 兰建义、时启超、冯中伟、赫蒙蒙：《生鲜电商供应链企业社会责任分担策略选择研究》，《中国管理科学》2022 年第 1 期。

（二）农产品配送优化研究

随着电商行业的快速发展，配套的物流运输业也在进行快速的升级迭代。最开始普通车辆配送生鲜农产品，为满足消费者对农产品新鲜度的需求，行业逐步尝试在配送过程中加入冷链技术开展冷链运输。同时，消费者对于环境的关注度也在逐渐提升，联合国环境规划署发布的《可持续交通，可持续发展》报告指出，交通运输环节温室气体排放量约占全球的24%，尤其是公路运输，更是占交通运输环节二氧化碳排放量的七成。[1] 在政策指导下，物流运输业也更关注服务过程中产生的碳排放。

1. 常温下的车辆路径研究

在远距离物流运输发展初期，企业普遍采用普通的常温车辆进行配送运输。Hsu 等对常温下生鲜农产品的车辆路径问题展开研究，他将软时间窗约束纳入车辆路径问题（vehicle routing problem with time windows，VRPTW）考虑范围，关注配送过程中的随机性问题，以总配送成本最小构建 VRPTW 模型目标函数，根据此模型的特点设计了一种启发式的算法求解。[2] 马歆在模型中以使用的车辆数目最少为目标函数，建立了具有时间窗的生鲜农产品物流配送 VRP 模型，并且在解决该问题时设计了基于细菌群体趋药性算法的智能仿生方法。[3] 何有世和马腾飞在 B2C 的背景下，利用遗传算法解决以成本最小和用户满意度最高为目标的 VRP 模型，并采用生鲜电商的企业数据进行实证研究，得出了模型和算法的可行性与有效性。[4] 汪涛等不仅考虑到生鲜农产品配送阶段的固定成本和车辆运输成本，而且将生鲜农产品配送的时间价格成本函数引入设计违约惩罚成本，根据实际问题和模型设计了人工蜂群算法。[5] 冀巨海和张璇考虑了生鲜农产品物流配送环节的硬时间窗和软时间窗，在双向作业模式的约束条件下，以配送的固定成本、配送路费和违约惩罚成本最小化为目标函数设计改进的遗传算法

---

[1] 联合国环境规划署：《可持续交通，可持续发展》，2021年10月。
[2] Hsu C-I, Hung S-F, Li H-C, "Vehicle routing problem with time-windows for perishable food delivery," *Journal of Food Engineering* 80 (2007): 465-475.
[3] 马歆：《细菌群体趋药性算法在农产品配送车辆调度中的应用》，《安徽农业科学》2011年第36期。
[4] 何有世、马腾飞：《B2C 环境下生鲜农产品物流配送路径优化研究》，《商业经济研究》2017年第5期。
[5] 汪涛、潘郁、潘芳、朱晓峰：《基于改进人工蜂群算法的生鲜农产品配送路径优化》，《广东农业科学》2018年第10期。

来解决 VRP 模型。[1] 贾兆红等融合了车机协同配送模型和并行配送模型，针对远离仓库中心、交通限制客户的需求，在车机并行配送模型中引入车载无人机，建立了以最小化交付时间为优化目标的混合整数规划模型，通过知识学习策略的多算子遗传算法来提高搜索效率。[2] 陈妮根据客户预期服务时间需求，选取混合时间窗约束函数确定时间窗、物流配送车辆最大载重、配送路径长度与物流配送车辆约束条件，设计改进遗传算法模型，获得农产品物流配送路径优化结果。[3]

2. 冷链条件下车辆路径研究

农产品电商的发展促进了农产品配送冷链技术的应用和推广。孙明明等分析生鲜农产品冷链运输过程中的时间成本、温度控制成本、货损成本特性，构建以配送总成本最低为目标的冷链物流配送模型，设计基于时间窗的改进节约成本法来求解模型。研究结果表明，优化后的配送路径能够满足节约成本、满足客户时效需求的要求。[4] 范厚明等针对现有单中心独立配送模式的不足，提出有时间窗影响的生鲜品多中心联合配送模式下的半开放式车辆路径问题，以包含配送成本、派遣成本、时间惩罚成本及货损成本的总和最小为目标建立了数学模型，并设计了蚁群算法对其进行求解。[5] 通过对算例进行多次求解并与单配送中心独立配送模式优化方案进行对比，验证了算法及模型的有效性。陈淑童和王长军对于冷链运输过程中生鲜农产品之间存在互斥的 VRP 问题进行了深入研究，并以运输成本、时间惩罚成本与能耗成本最小化为目标建立了 VRP 模型，同时用 ILOG CPLEX 编程来实现求解。[6] 夏文汇等将协同机制引入冷链配送模式中，分析了生鲜电商冷链制约因素，提出了第三方物流和共同配送的模型解决方案。[7] 丁秋雷等针对冷链物流配

---

[1] 冀巨海、张璇：《考虑取送作业的生鲜农产品配送路径优化模型与算法》，《系统科学学报》2019 年第 1 期。

[2] 贾兆红、王少贵、刘闯：《多模式下的车辆和无人机联合配送模型与优化算法》，《控制与决策》2024 年第 7 期。

[3] 陈妮：《时间窗约束下农产品物流配送路径优化研究》，《自动化技术与应用》2024 年第 2 期。

[4] 孙明明、张辰彦、林国龙、丁一：《生鲜农产品冷链物流配送问题及其路径优化》，《江苏农业科学》2017 年第 11 期。

[5] 范厚明、杨翔、李荡、李阳、刘鹏程、吴嘉鑫：《基于生鲜品多中心联合配送的半开放式车辆路径问题》，《计算机集成制造系统》2019 年第 1 期。

[6] 陈淑童、王长军：《考虑产品互斥和时效的多冷链产品车辆路径建模与仿真》，《东华大学学报》（自然科学版）2018 年第 6 期。

[7] 夏文汇、张霞、夏乾尹：《城市生鲜农产品电商冷链物流配送模式及协同机制》，《江苏农业科学》2019 年第 4 期。

送过程中可能存在的干扰事件，建立了农产品新鲜度和配送服务时间度量下的农产品冷链物流配送干扰恢复模型。[1] Theophilus 等利用指数函数来描述易腐物品在物流过程中的质量衰减情况，提出了一个用于冷链越库终端（Cross-docking Terminals）车辆调度优化的混合整数规划模型。[2] Tsang 等构建了一种考虑物联网技术、多目标优化和模糊参数的动态多温度冷链运输管理模型，目标函数包括最小化运输时间、最小化车辆数量以及最大化客户满意度。[3] Hamdan 和 Diabat 设计了一个双目标鲁棒优化模型，旨在最大限度地减少灾难发生后向医院输送血液的时间和成本，同时考虑血液设施和运输路线可能受到的干扰，提出了拉格朗日松弛求解算法。[4] 王玖河等根据冷链产品和电动冷藏车的特性，引入多模糊时间约束及配送车辆电量约束，建立时变路网下考虑充电站的多时间窗约束的电动冷藏车路径优化模型，并采用改进的遗传算法对模型进行求解，验证其可行性。[5] Tiwari 和 Sharma 研究具有最大容量约束和无时间约束的多个车辆配送问题，使用多个优化算法对构建的最后一公里易腐货物配送路径优化模型进行求解和比较，最后得出禁忌搜索算法优于其他方法的结论。[6] 李春发等考虑客户需求量、车辆最大承载量和客户时间窗要求等影响因素，对冷链配送问题进行研究，并设计了一种基于双曲正切函数改进的蚁群算法。研究发现，改进后的蚁群算法既保持了迭代初期优秀的全局搜索能力，又可以在迭代末期实现快速收敛，总体性能更加优越。[7]

3. 绿色低碳配送研究

当前政府和学者广泛关注燃料消耗产生的碳排放相关问题，并结合配送的实

---

[1] 丁秋雷、胡祥培、姜洋、阮俊虎：《考虑新鲜度的农产品冷链物流配送受扰恢复模型》，《系统工程理论与实践》2021 年第 3 期。

[2] Theophilus O, Dulebenets M A, Pasha J, Lau Y, Fathollahi-Fard A M, Mazaheri A, "Truck scheduling optimization at a cold-chain cross-docking terminal with product perishability considerations," *Computers & Industrial Engineering* 156（2021）: 107240.

[3] Tsang Y P, Wu C H, Lam H Y, "Integrating Internet of things and multi-temperature delivery planning for perishable food E-commerce logistics: A model and application," *International Journal of Production Research* 59（2021）: 1534–1556.

[4] Hamdan B, Diabat A, "Robust design of blood supply chains under risk of disruptions using Lagrangian relaxation," *Transportation Research Part E-Logistics and Transportation Review* 134（2020）: 101764.

[5] 王玖河、安聪琢、郭田宇：《时变路网下电动冷藏车配送路径优化研究》，《工业工程》2022 年第 4 期。

[6] Tiwari K V, Sharma S K, "An optimization model for vehicle routing problem in last-mile delivery," *Expert Systems with Applications* 222（2023）: 119781.

[7] 李春发、米新新、崔鑫：《基于双曲正切函数改进蚁群算法的冷链物流配送路径优化》，《公路交通科技》2023 年第 12 期。

际应用场景开展绿色低碳配送研究。农产品电商运用大数据分析，量化配送过程的碳排放，使得考虑碳排放的配送问题的研究成为热点。Jabali 等对在交通运输过程中对燃料消耗和碳排放起决定性作用的相关因素进行了分析研究，研究发现行驶距离是最大的影响因素。[1] 饶卫振等将路途坡度大小纳入研究范畴，研究低碳车辆路径问题（low-carbon vehicle routing problem，LCVRP），为实现车辆能耗最低化建立了 LCVRP 模型，提出了求解途中坡度大小不一环境下 LCVRP 的双目标算法。[2] 李进等同时考虑租车的固定费用、能耗和碳排放，建立了车辆燃料消耗对于负载与速度的函数模型，并在考虑第三方运输服务的背景下求解了低碳车辆路径问题。[3] Jabir 等以经济成本、整合配送成本以及碳排放成本这三个目标函数来构建相关模型，对目标和配送路线之间的关系进行了研究，同时分别采用 LINGO 和蚁群—变领域搜索算法对不同规模下的问题进行求解。[4] Niu 等构建绿色低碳配送模型，采用北京市区的配送数据进行仿真。研究结果表明，开环配送相比于闭环配送总成本节约 20%，燃料排放成本和二氧化碳排放成本降低近 30%。[5] 李军涛等考虑交通拥堵和节能环保政策，构建多车型带有时间窗的路径优化模型，以包含碳排放在内的总成本最小和客户满意度最大为目标，并采用自适应遗传模拟退火算法进行求解。[6] 宾厚等构建考虑需求不确定和碳排放约束的农村物流配送路径优化模型，并提出了适用于多车型的改进多目标遗传算法，结合农村物流配送数据，运用 Matlab 软件进行仿真试验。研究发现，在需求不确定和碳排放约束下，改进多目标遗传算法能够有效降低农村物流配送成本，提高需求覆盖率。另外，与单车型配送方案相比，多车型配送方案在农村

---

[1] Jabali O, Van Woensel T, de Kok A G, "Analysis of travel times and CO_2 emissions in time-dependent vehicle routing," *Production and Operations Management* 21 (2012): 1060-1074.

[2] 饶卫振、金淳、王新华、刘锋:《考虑道路坡度因素的低碳 VRP 问题模型与求解策略》,《系统工程理论与实践》2014 年第 8 期。

[3] 李进、傅培华、李修琳等:《低碳环境下的车辆路径问题及禁忌搜索算法研究》,《中国管理科学》2015 年第 10 期。

[4] Jabir E, Panicker V V, Sridharan R, "Design and development of a hybrid ant colony-variable neighbourhood search algorithm for a multi-depot green vehicle routing problem," *Transportation Research Part D-Transport and Environment* 57 (2017): 422-457.

[5] Niu Y, Yang Z, Chen P, Xiao J, "Optimizing the green open vehicle routing problem with time windows by minimizing comprehensive routing cost," *Journal of Cleaner Production* 171 (2018): 962-971.

[6] 李军涛、刘明月、刘朋飞:《生鲜农产品多车型冷链物流车辆路径优化》,《中国农业大学学报》2021 年第 7 期。

物流配送中更具优越性。[1]

在研究运输车辆的碳排放以及进行碳减排决策优化的过程中，部分学者开始研究运输车碳排放对环境的破坏，即污染路径问题（pollution routing problem，PRP）。葛显龙等探讨能耗与碳排放两者的相互影响，为配送车碳排放的计算提出了新的解决方案，将车辆使用数量最低、碳排放量最低和总行驶距离最短作为最终目标，利用遗传算法求解多目标带有车辆载重和配送人员工作时间约束的开环PRP模型。然后，基于实证分析方法对节能减排的影响因素进行了研究，为我国相关行业政策和标准制定提供了决策参考。[2] Kumar等针对同时考虑生产和污染路线问题的带时间窗的VRP问题，构建了以总运营成本最小化和总排放最小化为多目标的模型，提出了一种多目标框架下的混合自学习粒子群优化（SLPSO）算法。[3] Poonthalir和Nadarajan对运送途中配送车辆的燃料续航问题进行了研究，建立了双目标混合整数规划模型，采用具有贪婪变异算子和时变加速系数的粒子群优化算法求解模型。研究发现，相比于恒速环境，算法设计的变速环境的路径规划效果更优。[4] Pan基于低碳视角建立了冷链物流路径优化模型，并利用狼群算法和蚁群算法求解模型。[5] Liu等构建了一个低碳冷链物流配送优化模型，同时考虑惩罚成本、碳排放成本、配送成本、损坏成本和制冷成本，并提出了一种改进遗传算法求解模型。[6] 安璐等引入碳税机制，考虑需求情况及卸货时间构建成本最小的农产品冷链物流配送路径优化模型，并提出改

---

[1] 宾厚、张路行、王素杰、王欢芳：《基于改进多目标遗传算法的农村低碳物流配送路径优化》，《中国农业大学学报》2023年第7期。

[2] 葛显龙、苗国庆、谭柏川：《开放式污染路径问题优化建模与算法研究》，《工业工程与管理》2015年第4期。

[3] Kumar R S, Kondapaneni K, Dixit V, et al., "Multi-objective modeling of production and pollution routing problem with time window: A self-learning particle swarm optimization approach," *Computers & Industrial Engineering* 99 (2016): 29-40.

[4] Poonthalir G, Nadarajan R, "A fuel efficient green vehicle routing problem with varying speed constraint (F-GVRP)," *Expert Systems with Applications* 100 (2018): 131-144.

[5] Pan Y, "Optimization model of cold chain logistics common distribution path for fresh agricultural products under the perspective of low carbon," *Fresenius Environmental Bulletin* 30 (2021): 3445-3455.

[6] Liu L, Su B, Liu Y, "Distribution route optimization model based on multi-objective for food cold chain logistics from a low-carbon perspective," *Fresenius Environmental Bulletin* 30 (2021): 1538-1549.

进量子蚁群算法进行求解。[1] 邓红星等构建了生鲜农产品冷链物流配送路径优化模型，分别计算不考虑碳排放和考虑碳排放的生鲜农产品冷链物流路径优化方案，研究发现考虑碳排放因素不仅有效控制和提升生鲜农产品的流通率，而且可以降低生鲜农产品的货损率，同时减少冷链物流企业的碳排放量。[2] 江雨燕等针对冷链物流服务的成本、质量以及运输产生的碳排放等问题，构建多中心半开放式冷链物流路径优化模型，并将各种动态变化融入该模型中，提出了一种改进的NSGA-II算法。[3]

（三）农产品供应链渠道选择研究

1. 农产品电商销售渠道研究

电商开辟了新的农产品流通渠道，形成了农产品线上线下渠道共存与融合的新业态。丁正平根据网络渠道开辟主体的不同，将双渠道结构分为垂直集中双渠道、部分集中双渠道、分散双渠道、水平集中双渠道四类。[4] 浦徐进和金德龙通过比较单渠道农产品模式和双渠道模式的运作效率，发现双渠道模式下的利润水平会提高。[5] 唐润等以合作社采用"农超对接"的实体渠道和网络直销的双渠道供应链为研究对象，分析渠道市场份额、价格敏感度、交叉价格弹性系数等变量，得出不打折、单次折扣以及多次折扣情形下市场出清策略。[6] 岳柳青等利用微分博弈方法，比较分析了在零售商主导的生鲜双渠道供应链中，批发价格契约和收益共享契约对电商平台和零售商的定价和质量投入水平的影响，得出提升供应链利润水平的动态策略。[7] 胡颖研究了农产品双渠道供应链中利益

---

[1] 安璐、宁涛、宋旭东、王佳玉：《碳税机制下的生鲜农产品冷链配送路径优化研究》，《大连交通大学学报》2022年第1期。

[2] 邓红星、周洁、胡翼：《考虑碳排放的生鲜农产品冷链物流配送路径优化模型》，《重庆理工大学学报》（自然科学）2023年第2期。

[3] 江雨燕、尹莉、王付宇：《多配送中心半开放式冷链物流配送路径优化》，《复杂系统与复杂性科学》2024年第2期。

[4] 丁正平：《双渠道供应链线上线下定价策略及协调契约研究》，博士学位论文，合肥工业大学，2015。

[5] 浦徐进、金德龙：《生鲜农产品供应链的运作效率比较：单一"农超对接"vs.双渠道》，《中国管理科学》2017年第1期。

[6] 唐润、李倩倩、彭洋洋：《考虑质量损失的生鲜农产品双渠道市场出清策略研究》，《系统工程理论与实践》2018年第10期。

[7] 岳柳青、刘咏梅、朱桂菊：《零售商主导的生鲜双渠道供应链协调契约研究》，《软科学》2016年第8期。

主体的博弈行为,通过构建共享契约模型实现了农产品流通主体利益的有效分配。[1]

2. 农产品电商销售新模式研究

随着电商兴起和物流技术的提升,农产品销售渠道不断丰富,出现了直销模式、多级零售模式、O2O模式等新模式。薛丽柯等认为我国农产品供应链可以分为三种模式:农户经营为主的传统农产品供应链、大型商超为主的农产品供应链以及以专业大型批发市场为主体的农产品供应链。[2] 汪旭晖和张其林提出单一的线上模式或线下模式已经无法满足生鲜农产品流通的需要,而线上线下融合的O2O模式可以有效提高农产品流通效率和质量。[3] 王虹和孙玉玲基于消费者效用理论,构建超市自营电商平台和超市提供服务并与合作社分成的两种渠道运营模式,研究结果表明,后者无论对双方还是供应链总体都是较优的选择。[4] 孙梅等对有机农产品供应链现存问题进行研究,提出了"农户+餐饮企业"的模式,并将其与农超对接模式、农户直销模式进行比较。研究发现,这种新模式可以使农户与餐饮企业共同获益。[5]

3. 销售渠道特征对农产品电商的影响研究

许多学者也关注到不同渠道的特征因素会影响消费者购买渠道的选择。王建华等基于江苏省4个城市及地区的调研数据,构建结构方程模型,研究消费者个人、产品特征、渠道特征等因素对渠道迁徙意愿的影响。研究发现,消费者的渠道迁徙意愿会受到推力、拉力因素的正向影响,以及锚定因素的负向影响。[6] 刘遗志等基于刺激—机体—反应(stimuli-organism-response,SOR)的视角,构建消费者渠道迁徙意愿模型。研究结果表明,零售商努力、在线渠道吸引力两个外部因素正向影响消费者向线上渠道迁徙的意愿,内在体验中渠道自我效能感受

---

[1] 胡颖:《利益共享契约下农产品双渠道供应链博弈分析》,《商业经济研究》2018年第3期。
[2] 薛丽柯、姚雨辰、姜方桃:《我国农产品供应链存在的问题及对策》,《当代经济》2014年第1期。
[3] 汪旭晖、张其林:《基于线上线下融合的农产品流通模式研究——农产品O2O框架及趋势》,《北京工商大学学报》(社会科学版)2014年第3期。
[4] 王虹、孙玉玲:《生鲜农产品供应链全渠道运营模式分析》,《工业工程》2019年第6期。
[5] 孙梅、张敏新、李广水:《"农户+餐饮企业"有机农产品供应链模式构建研究》,《中国管理科学》2020年第9期。
[6] 王建华、布玉婷、王舒:《消费者生鲜农产品购买渠道迁徙意愿及其影响机理》,《南京农业大学学报》(社会科学版)2022年第2期。

正向影响消费者向线上渠道迁徙意愿,渠道变化成本的感知负向影响消费者迁徙线上渠道的意愿。另外,感知渠道变化成本在渠道自我效能感受、零售商努力、在线渠道吸引力与消费者向线上渠道迁徙的意愿之间起部分中介作用。[1]

4. 农产品电商多渠道销售的研究

Wang 等研究了由零售商主导的多渠道供应链中的渠道选择和定价策略,研究结果表明,直接渠道和零售渠道运营成本之间的差距对零售商选择渠道策略至关重要,只有当线上渠道和线下渠道的运营成本差距足够小时,多渠道销售才是最佳选择,而增加直销渠道始终是制造商的最优决策。[2] Bhatnagar 和 Syam 通过建立整数规划模型,分析了双渠道零售商的产品销售渠道策略。研究结果表明,库存成本对产品选择有重要影响,低库存成本产品应在两种渠道销售,而高库存成本产品应只在线上渠道销售。[3] 舒琨和邵晓峰考虑了多渠道零售商主导的供应链系统,分析了渠道运营成本的差异对零售商产品投放渠道策略的影响。[4] 林强等建立质量—价格竞争下的两阶段博弈模型,探讨生鲜农产品质量差异下的销售模式选择。研究发现,不同质量生鲜农产品的竞争情况和佣金率会影响供应商和零售商的销售模式选择。[5] 林志炳等针对双渠道供应链环境下的销售策略选择问题,构建了由供应商、零售商和主播三方组成的双渠道供应链博弈模型,探讨各渠道成员最优的销售策略。研究结果表明,主播的存在会导致双渠道的销售价格均提高,当主播直播营销的溢出效应较大时,供应商和零售商都偏好直播销售方式。[6]

(四) 农产品电商供应链支持体系建设研究

1. 企业社会责任研究

源自 20 世纪 90 年代的"血汗工厂运动"引起了社会各界对供应链社会责

---

[1] 刘遗志、胡争艳、汤定娜:《多渠道零售环境下消费者在线渠道迁徙意愿研究——基于 SOR 理论模型视角》,《大连理工大学学报》(社会科学版) 2022 年第 1 期。

[2] Wang W, Li G, Cheng T, "Channel selection in a supply chain with a multi-channel retailer: The role of channel operating costs," *International Journal of Production Economics* 173 (2016): 54-65.

[3] Bhatnagar A, Syam S S, "Allocating a hybrid retailer's assortment across retail stores: Bricks-and-mortar vs online," *Journal of Business Research* 67 (2014): 1293-1302.

[4] 舒琨、邵晓峰:《多渠道零售商的产品投放渠道策略研究》,《上海管理科学》2020 年第 6 期。

[5] 林强、陈亮君、林晓刚:《"质量-价格"竞争下生鲜电商销售模式选择研究》,《运筹与管理》2023 年第 2 期。

[6] 林志炳、李钰雯、陈莫凡:《双渠道供应链中的直播营销策略研究》,《系统科学与数学》2023 年第 10 期。

任的普遍关注，供应链社会责任问题逐渐成为研究热点。Lee 和 Tang 研究发现，供应链社会责任不仅能提升供应链效益水平，还对社会发展产生积极影响。[1] Liao 等研究了发展中国家政府向农户提供信息的最优策略，发现政府提供信息给所有农户并不能实现社会福利最大化。[2] Xiao 等分析了具有社会责任感的非政府组织为发展中国家的农户提供知识共享平台的策略，认为非政府组织应构建一种激励机制，激励农户提高知识共享水平。[3] Hsu 等研究了一种乳制品供应链创新模式，奶牛在成熟期由农户饲养，在产奶期由具有社会责任感的企业代为饲养。研究发现，当企业的市场规模处于中等水平时，这种创新模式更受青睐。[4] Gui 等研究了发展中国家农村小型零售商的两种新型补货策略——农户组建合作社补货和从具有社会责任感的非营利批发商处补货，指出两种策略都可实现供应链的帕累托改进。[5] Kraft 等研究了公司应该如何激励供应商的企业社会责任实践，指出供应商的社会责任实践较差（较好）时，公司应该对供应商进行高（低）投入。[6] Kang 等研究了由农户和承担社会责任的核心企业组成的供应链的决策与协调问题，研究发现，在一定条件下，"成本分担+收益共享"可以实现供应链的帕累托改进。[7] 刘鲁浩等构建了"社会企业+农户"的契约农业合作模式，研究农业社会企业对农户绩效的影响。通过将土地改良、品种改良等农业生产性服务引入双渠道供应链中，强化

---

[1] Lee H L, Tang C S, "Socially and environmentally responsible value chain innovations: new operations management research opportunities," *Management Science* 64 (2018): 983-996.

[2] Liao C, Chen Y, Tang C S, "Information provision policies for improving farmer welfare in developing countries: Heterogeneous farmers and market selection," *Manufacturing & Service Operations Management* 21 (2019): 254-270.

[3] Xiao S, Chen Y, Tang C, "Knowledge sharing and learning among smallholders in developing economies: implications, incentives, and reward mechanisms," *Operations Research* 68 (2020): 435-452.

[4] Hsu V N, Lai G, Liang G, "Agricultural partnership for dairy farming," *Production and Operations Management* 28 (2019): 3042-3059.

[5] Gui L., Tang C.S., Yin S, "Improving microretailer and consumer welfare in developing economies: Replenishment strategies and market entries," *Manufacturing & Service Operations Management* 21 (2019): 231-250.

[6] Kraft T, Valdes L, Zheng Y, "Motivating supplier social responsibility under incomplete visibility," *Manufacturing & Service Operations Management* 22 (2020): 1268-1286.

[7] Kang K, Wang M, Luan X, "Decision-making and coordination with government subsidies and fairness concerns in the poverty alleviation supply chain," *Computers & Industrial Engineering* 152 (2021): 107058.

了研究农产品双渠道供应链中企业和农户定价策略的现实意义。[1]

2. 政府补贴农产品电商供应链研究

考虑到农业产业先天的脆弱性，世界各国往往会通过向农业生产提供补贴以助推农业发展。Akkaya 等研究了政府通过补贴政策干预农业生产的可行途径，发现补贴农业生产能够提高农户的种植面积，促进农户有效增收，实现更高的回报率。[2] 余星等构建了公司、零售商和政府组成的三级农产品供应链博弈模型。研究发现，公司、零售商的利润水平以及社会整体福利水平随着政府补贴率的提高而提高。[3] Alizamir 等探讨了美国两种典型的补贴农户形式——价格损失保险计划和农业风险覆盖计划，研究发现，在一定条件下，政府补贴会导致社会福利水平下降。[4] Peng 和 Pang 研究了政府对农户提供补贴对于农产品供应链运作的影响，结果表明，政府提供补贴后，农户利润可能不会提高。[5] 叶飞等研究发现，双向补贴价格机制能够弥补按"固定价格"收购策略和按"市场价格"收购策略的缺陷，保证农户和企业获得相对稳定的收入。[6] 黄建辉和林强基于农户资金有限以及政府提供补贴的实际背景，研究政府、银行、公司及农户之间的四级动态博弈问题，结果表明，政府应根据农产品价格敏感系数制定补贴策略。[7] 万骁乐等从电商助农角度出发，研究了在不同模式下政府的补贴决策和供应链的分散决策，发现农户、批发商和合作社的利润水平均与消费者的助农偏好系数呈正相关关系。[8]

---

[1] 刘鲁浩、谢家平、梁玲、张广思：《基于品种和土地改良的"社会企业+农户"契约农业合作机制及定价决策研究》，《管理评论》2021 年第 8 期。

[2] Akkaya D, Bimpikis K, Lee H, "Government interventions to promote agricultural innovation," *Manufacturing & Service Operations Management* 23（2021）：437-452.

[3] 余星、张卫国、刘勇军：《基于农业保险的农产品供应链补贴机制研究》，《管理学报》2017 年第 10 期。

[4] Alizamir S, Iravani F, Mamani F, "An analysis of price vs. revenue protection: Government subsidies in the agriculture industry," *Management Science* 65（2019）：32-49.

[5] Peng H, Pang T, "Optimal strategies for a three-level contract-farming supply chain with subsidy," *International Journal of Production Economics* 216（2019）：274-286.

[6] 叶飞、林强、李怡娜：《基于 CVaR 的"公司+农户"型订单农业供应链协调契约机制》，《系统工程理论与实践》2011 年第 3 期。

[7] 黄建辉、林强：《保证保险和产出不确定下订单农业供应链融资中的政府补贴机制》，《中国管理科学》2019 年第 3 期。

[8] 万骁乐、王茜、孟庆春、杜元伟：《生产规模不经济性条件下考虑消费者偏好的智慧供应链扶贫模型研究》，《中国管理科学》2020 年第 2 期。

3. 农产品电商供应链融资研究

农业生产周期长，前期机械、肥料等生产资料的投入大，回款慢，极易造成农民生产资金短缺，限制了农业的生产能力和生产规模，可能导致农业产量下降和收入减少。融资是帮助农民顺利生产、保障农产品供应链稳定运行的重要手段。Yi 等基于由一个资金受限的小农和一个中介平台组成的农产品供应链，研究银行融资、直接融资、担保人融资三种模式下的农户生产决策及融资模式选择，发现当生产成本较低但单位手续费较高时，农户倾向于进行直接融资；当生产成本较高但单位手续费较低时，中介平台将鼓励农户向银行融资；只有当平台也受到资本约束时才会采用担保人融资。[1] Qian 和 Oisen 研究了农业合作社的财务与风险管理问题，指出设计有效的风险管理政策的重要性。[2] Tang 和 Yang 研究了受资金约束的生鲜农产品零售商在银行贷款、延迟支付和双重融资三种模式中的选择，其中零售商通过线上和线下渠道进行销售，研究发现，当供应商利率低于银行利率时，延迟支付模式下的农产品新鲜度最高，而双重融资模式下的供应链利润水平最高。[3] 徐鹏以农产品电子订单质押为例，运用委托—代理理论探讨银行与 B2B 平台间的激励契约设计问题。[4] 史立刚等研究了银行贷款融资和带有价格折扣的预付款两种融资模式，分析农户的生产决策和公司的收购价格决策，研究发现，相比银行贷款融资模式，预付款融资无法实现农户与公司双方的帕累托改进。[5] 林强等探讨了定向（生产农资、技术支持与培训）融资和非定向（预付款/定金）融资方式，研究发现，当农户不存在破产风险而公司提供无息的非定向融资，或是当农户存在破产风险而公司收取适当的非定向融资利息时，双方的最优决策、期望收益与无资金约束时相同。[6]

---

[1] Yi Z, Wang Y, Chen Y-J, "Financing an agricultural supply chain with a capital-constrained smallholder farmer in developing economies," *Production and Operations Management* 30 (2021): 2102–2121.

[2] Qian X, Oisen T L, "Operational and financial decisions within proportional investment cooperatives," *Manufacturing & Service Operations Management* 22 (2022): 546–561.

[3] Tang R, Yang L, "Financing strategy in fresh product supply chains under e-commerce environment," *Electronic Commerce Research and Applications* 39 (2020): 100911.

[4] 徐鹏：《过度自信视角下线上农产品供应链金融激励契约研究》，《管理工程学报》2020 年第 4 期。

[5] 史立刚、彭红军、丛静：《资金约束下订单农业供应链内外部融资策略研究》，《运筹与管理》2020 年第 4 期。

[6] 林强、付文慧、王永健：《"公司+农户"型订单农业供应链内部融资决策》，《系统工程理论与实践》2021 年第 5 期。

（五）农产品电商供应链新兴业态研究

1. 直播电商供应链研究

近年来，许多学者开始研究直播电商供应链这一领域，主要从定价决策、协调契约选择、与主播/平台的合作模式、进入策略等方面开展研究。熊浩等研究了主播特征与均衡定价的关系。研究发现，均衡直播价格与主播流量效应和主播展示效应均呈现正相关关系。[1] 彭良军等构建一个制造商和一个直播平台组成的两级供应链博弈模型，分析了成本分担、收益共享两种契约对供应链最优决策及利润影响的差异。研究发现，收益共享契约总是优于成本分担契约。[2] 邢鹏等考虑主播是否签约对供应链成员的最优质量努力策略和利润水平的影响。研究发现，主播佣金比例和直播服务平台抽成比例具有重要影响。[3] Yang 等从直播和交易行为是否同属于一个平台的视角出发，研究了供应链中各主体如何选择具有消费者回报的销售模式。[4] Zhang 等研究一个同时拥有海外在线零售部门和第三方电子零售渠道的跨国公司是否有必要开设直播购物渠道的问题。研究发现，开辟直播带货渠道可以提高跨国公司的总销量和利润水平，并且可以通过调整线上渠道结构来获得更高利润。[5]

2. 社区团购供应链研究

由于社区团购并不具备牢固的竞争壁垒，并且平台与团长之间存在一定的信息不对称，社区团购模式的稳定性受到一定影响。目前，国内外研究关注点主要集中于消费者购买意愿、供应商评价和选址等方面。李琪等讨论了社区特性和团购特性的重要性，验证了信任、满意度和关系承诺在社区团购中的作用。[6] 易海燕和章圳琰研究了考虑新鲜度损耗的社区团购电商配送中心

---

[1] 熊浩、陈锦怡、鄢慧丽、郭昊颖：《考虑主播特征的直播带货双渠道供应链定价与协调》，《管理工程学报》2023年第4期。

[2] 彭良军、刘亚威、邹梓琛、刘名武：《考虑主播声望的直播供应链协调契约选择研究》，《计算机工程与应用》2023年第11期。

[3] 邢鹏、尤浩宇、樊玉臣：《考虑平台营销努力的直播电商服务供应链质量努力策略》，《控制与决策》2022年第1期。

[4] Yang L, Zheng C, Hao C, "Optimal platform sales mode in live streaming commerce supply chains," *Electronic Commerce Research* 24 (2024): 1017-1070.

[5] Zhang T, Tang Z, Han Z, "Optimal online channel structure for multinational firms considering live streaming shopping," *Electronic Commerce Research and Applications* 56 (2022): 101198.

[6] 李琪、李欣、魏修建：《整合SOR和承诺信任理论的消费者社区团购研究》，《西安交通大学学报》（社会科学版）2020年第2期。

的选址问题，建立了混合整数规划模型，并运用蚁群算法进行求解。[1] 沈皓月应用比较静态和动态分析方法，研究了社区团购经济模型的均衡问题。[2] 武小旭等基于 AHP-TOPSIS 模型构建了社区团购供应商的评价指标体系。[3] 胡振华和舒行钢基于知识图谱方法，采用 Python 爬取的数据，研究了媒体舆论对社区团购的情感倾向。研究结果表明，不正当竞争、价格混乱、缺乏售后服务等问题，将导致媒体舆论对社区团购的情感倾向以"消极"为主。[4] Zhu 等通过构建在线动态社交网络模型，研究社区居民随时间推移团购行为的变化，并提取这些买家的主要人口统计特征。[5]

3. 订单农业供应链研究

针对农产品产量波动、农户分散、质量参差不齐等问题，发达国家广泛采用订单农业。目前，该模式在发展中国家也日渐流行起来。余星等研究发现，订单农业的最优生产规模、农户和公司的收益受到政府补贴、不同质量产品价格波动幅度、自然条件风险的影响。[6] 崔玉泉等研究发现，"公司+合作社+农户"的新型订单模式解决了农户和农产品与市场衔接的相关问题，提升了农户的参与积极性。[7] 叶飞和王吉璞研究由风险规避农户和风险中性公司组成"公司+农户"型农产品供应链，发现最优农产品产出量是关于农户风险规避度的单调增函数，最优的订单价格是关于农户风险规避度的单调减函数。[8] 冯颖等研究发现，不同收购价格机制对于不同组织模式下的订单农业农产品供应链运作会产生不同的

---

[1] 易海燕、章圳琰：《基于新鲜度损耗的社区团购电商配送中心选址研究》，《交通运输工程与信息息学报》2020 年第 2 期。

[2] 沈皓月：《基于社区团购经济模型的经济均衡分析》，《中国产经》2020 年第 7 期。

[3] 武小旭、兰洪杰、时开萍、宋雨珊：《蚁群启发的社区团购买手推荐制的供应商优化》，《物流技术》2020 年第 3 期。

[4] 胡振华、舒行钢：《基于知识图谱的社区团购媒体舆论情感倾向分析》，《财经理论与实践》2021 年第 2 期。

[5] Zhu Q, Zuo R, Liu S, Zhang F, "Online dynamic group-buying community analysis based on high frequency time series simulation," *Electronic Commerce Research* 20（2020）：81-118.

[6] 余星、张卫国、刘勇军：《基于相对浮动价和政府补贴的订单农业协调机制研究》，《管理工程学报》2020 年第 3 期。

[7] 崔玉泉、刘冰洁、刘聪、曲晶晶：《新型订单农业合作模式的优化模型分析》，《中国管理科学》2020 年第 12 期。

[8] 叶飞、王吉璞：《产出不确定条件下"公司+农户"型订单农业供应链协商模型研究》，《运筹与管理》2017 年第 7 期。

影响。[1] 林强和叶飞构建"公司+农户"型订单农业农产品供应链模型，研究产出与需求双重不确定性情形下农产品的定价策略，对比分析了供应链集中决策与分散决策下公司和农户的最优决策行为。研究结果表明，基于 Nash 协商的收益共享契约机制能完美协调公司与农户之间的利益，增加社会福利。[2] Peng 和 Pang 针对一条三级承包农产品供应链，其中包括风险厌恶的农民、风险中性的供应商和风险中性的分销商，农民面临产量波动，政府向农民提供农业补贴的情形，提出了供应链的最优策略，并对政府补贴等因素进行了敏感性分析。[3]

4. 社区支持农业（CSA）模式供应链研究

与传统农产品供应链模式相比，CSA 模式更强调健康、生态和社会互动的功能。[4] 一方面，国内外学者对 CSA 的本质特征进行了定性理论探讨。Brown 和 Miller 认为，在 CSA 模式中，消费者与农户互相支持并且共同承担生产风险、共享收获利益，整个过程没有中间商操纵农产品价格。[5] 石嫣等指出，城市中等收入群体是 CSA 兴起的重要支撑和基础。另一方面，学者们运用调查实证方法探讨了消费者对于 CSA 的认知程度。[6] 杨波基于郑州市居民的调查数据，对城市居民加入 CSA 的动机与影响因素进行了实证研究。研究发现，居民加入的动机按重要程度依次是能够获取绿色农产品、可以体验种植快乐以及较低价格。[7] Curtis 等对肯塔基州列克星敦附近的三家 CSA 农场进行问卷调查，采用多元回归分析方法来研究消费者参与 CSA 行为与饮食生活方式和健康结果变化的关联性。

---

[1] 冯颖、高龙天、陈苏雨、张炎治：《收购价格机制对不同组织模式下订单农业供应链运作的影响》，《系统工程》2021 年第 6 期。

[2] 林强、叶飞：《"公司+农户"型订单农业供应链的 Nash 协商模型》，《系统工程理论与实践》2014 年第 7 期。

[3] Peng H, Pang T, "Optimal strategies for a three-level contract-farming supply chain with subsidy," *International Journal of Production Economics* 216 (2019): 274-286.

[4] Curtis K, Ward R, Allen K, Slocum S, "Impacts of community supported agriculture program participation on consumer food purchases and dietary choice," *Journal of Food Distribution Research* 44 (2013): 42-51.

[5] Brown C, S Miller, "The impact of local markets: A review of research on farmers' markets and community supported agriculture," *The American Journal of Agricultural Economics* 90 (2008): 1296-1302.

[6] 石嫣、程存旺、雷鹏等：《生态型都市农业发展与城市中等收入群体兴起相关性分析——基于"小毛驴市民农园"社区支持农业（CSA）运作的参与式研究》，《贵州社会科学》2011 年第 2 期。

[7] 杨波：《我国城市居民加入"社区支持农业"的动机与影响因素的实证研究——基于中西方国家对比的视角》，《中国农村观察》2014 年第 2 期。

研究发现，CSA 对消费者的饮食生活方式和健康水平有积极影响。[1]

目前有关 CSA 共享平台的研究相对稀缺，已有研究大都采用实证研究方法。例如，Butler 等对 838 个美国 CSA 农户进行调查后发现，83.5%的农户是通过共享平台维系和消费者的交易。[2] 陈卫平依据服务主导逻辑和信任理论，构建了 CSA 情景下消费者的社交媒体参与对生产者信任建立的影响机制，选用我国 7 个 CSA 农场的 336 位消费者的样本数据进行分析。研究发现，消费者的社交媒体参与不仅对消费者信任有显著的直接正向影响，而且通过产品满意度的提高和社会联结的创造，对消费者信任还会产生显著的间接正向影响。[3] 沈文薏和孙江明以美国 Farmigo 网站为具体案例，基于订购、采购、配送等流程来阐释基于共享平台的 CSA 模式的运作流程和特色优势。[4] 谭思和陈卫平基于信任建立过程和信任发展的阶段性理论，以惠州四季分享 CSA 农场作为案例，探讨如何构建社区支持农业中的消费者信任。[5] 邵腾伟和吕秀梅构建了社区化消费者与组织化生产者通过电商平台进行点对点的基于 CSA 模式的农产品供应链决策模型。研究发现，众筹预售与众包生产联合决策有助于扩大网购需求，提高供应链收益。[6] 伏红勇建立了社区支持农业中生产者与消费者双方信任博弈模型，设计了能够提高消费者信任的"信息化数据档案"约束机制。[7] 毛彩菊和王丽稳提出生产者和消费者之间形成的紧密信任关系是 CSA 产生和发展的基础和动力。因此，生产者和消费者参与 CSA 是基于彼此的相互信任。[8]

---

[1] Curtis K, Ward R, Allen K, "Impacts of community supported agriculture program participation on consumer food purchases and dietary choice," *Journal of Food Distribution Research* 44 (2013): 42-51.

[2] Butler B S, Travis D, Riding C: Community or market? The implications of alternative institutional logics for IT use in CSA programs, (paper represented at the 20th Americas conference on information systems, Savannah, Georgia, 2014).

[3] 陈卫平：《社区支持农业（CSA）消费者对生产者信任的建立：消费者社交媒体参与的作用》，《中国农村经济》2015 年第 6 期。

[4] 沈文薏、孙江明：《基于 CSA 平台的美国农产品电子商务模式》，《世界农业》2016 年第 4 期。

[5] 谭思、陈卫平：《如何建立社区支持农业中的消费者信任——惠州四季分享有机农场的个案研究》，《中国农业大学学报》（社会科学版）2018 年第 4 期。

[6] 邵腾伟、吕秀梅：《基于消费者主权的生鲜电商消费体验设置》，《中国管理科学》2018 年第 8 期。

[7] 伏红勇：《社区支持农业"产—销"互动中的信任问题——基于信任博弈的分析》，《西南政法大学学报》2017 年第 5 期。

[8] 毛彩菊、王丽稳：《社区支持农业中的信任机制探赜》，《决策与信息》2023 年第 2 期。

第二章　相关理论与国内外研究现状

第三节　相关研究领域的文献计量分析与评述

（一）农产品电商供应链研究领域的文献计量分析

为进一步清晰展示相关研究领域的热点，本部分以文献计量可视化软件（Visualization of Similarities，VOS）作为分析工具，选取中国知网平台下的中国学术期刊网络出版总库作为中文期刊数据源，选取 Web of Science 为外文期刊数据源，以"农产品电商供应链""农产品供应链""农产品电商"，以及"Agricultural product e-commerce supply chain""Agricultural product supply chain""Agricultural product e-commerce"为关键词对 1995~2024 年的文献进行检索。首先，对搜索到的文献全面扫描，初步判断论文标题，去掉明显不相关的论文，最终筛选出中国学术期刊全文数据库中文文献 472 篇，Web of Science 数据库英文文献 382 篇。其次，将 472 篇中文论文的文献著录数据和 382 篇英文论文的文献著录数据分别导入 VOS 中，设置关键词的阈值为"在论文中至少出现 25 次"，共筛选出 42 个中文关键词和 56 个英文关键词。然后，分别将中英文关键词以数 CSV 格式导出，并进行机械压缩去重，去除无意义的词汇。最后，利用 Python 中词云生成库相关功能画出词云图，得到农产品电商供应链相关领域的研究热点词云图。

统计中文文献关键词词云发现，"农产品"和"电商"这两个关键词在所统计的文献中出现频率最高，其次是"协调""信息共享""供应链管理""电子商务"；相比之下，"绿色""演化"这两个关键词在所统计的文献中出现频率较低。因此，有关农产品电商供应链的协调管理、信息共享以及电商对供应链的作用是国内学术界研究的热点，而绿色供应链、供应链演化等主题所涉及的研究较少，并未获得太多关注。此外，值得注意的是，"农村""政府补贴"的出现频率也较高，表明助农补贴和融资策略是国内学术界的研究热点。

统计英文文献关键词词云发现，"agricultural supply chain"（农产品供应链）和"e-commerce"（电商）这两个关键词在所统计的文献中出现频率最高；其次是"logistics"（物流）、"traceability"（可追溯性）、"blockchain"（区块链）、"food safety"（食品安全）这几个关键词在所统计的文献中出现频率较高；相比之下，"fairness concern"（公平关切）、"government subsidies"（政府补贴）这两个关键词在所统计的文献中出现频率较低。因此，农产品电商供应链的新技术影响、物流优化和食品安全仍然是国外学术界研究的热点,而有关供应链中公平关切、政府对农产品供应链的补贴等的研究较少。

国内外学者对于农产品电商供应链的研究虽各有侧重,但也共同关注了部分话题,如供应链的整合与协调、信息共享与追溯、质量安全与保鲜努力、协调机制与决策制定等。但对于农产品电商供应链管理中新出现的一些问题,例如,生产环节中的认证问题及其作用机理、配送环节中的算法优化,以及销售环节中的消费者渠道选择等,尚未展开深入研究。

(二) 文献述评

针对农产品电商供应链生产策略的研究,现有文献主要集中在根据农产品特点进行合理定价、设计契约促进供应链协调等领域。针对农产品质量管理的研究,现有文献集中在认证制度对农产品市场的有效性以及分析认证制度失效的原因两个方面,主要呈现以下三个特点。首先,现有文献主要集中在消费者行为或者对供应商造假行为的研究,对违规认证和合谋认证如何影响农产品供应商和认证机构的行为选择的研究关注不足。其次,在政府规制方面,以往的研究虽然强调了政府规制的重要性,但是对政府规制如何改善市场环境,政府规制的应用条件以及政府规制的具体实施手段等的研究相对较少。最后,从动态角度进行农产品认证制度有效性分析的文献较少。现阶段大部分的研究都假设认证制度的使用可以立刻改变企业和认证机构的行为选择,但事实上行为的改变是一个动态演化的过程。因此,构建演化博弈模型对市场认证影响下农产品生产决策行为的分析,将有助于更深入探讨认证失效的原因以及认证机制的作用机理。

针对农产品电商供应链配送策略的研究,学者主要关注四类车辆路径优化问题。首先是常温下的车辆路径问题,以往许多学者关注启发式算法,并取得了良好的结果。其次,冷链运输的车辆路径优化研究不仅考虑了冷链运输因素,还加入了时间窗约束、惩罚成本进行算法优化,形成了多种算法组合,进一步降低了农产品运输中的损耗。然后,多区域联动、调动不同区域之间的配送服务是物流配送发展的必经之路,多中心车辆路径研究为相关的算法模拟和优化提供更加贴近现实生活的参考范围。最后,随着绿色低碳配送方式的推广与发展,已有研究大多围绕降低碳排放和减少燃料消耗成本展开,为生鲜电商企业在降低经济成本和承担社会责任层面上提供了理论支撑。随着农产品电商供应链的不断发展,电商企业对配送服务提出了新的要求,因此研究农产品电商供应链中的配送问题也

第二章 相关理论与国内外研究现状

需要结合新场景，例如考虑供应链韧性的配送失效风险，考虑农产品电商供应链新业态的社区团购配送优化，以及生鲜电商直采直配等。

针对农产品电商供应链渠道选择的研究，现有研究可以概括为三个方面。第一，在生鲜农产品购买渠道选择或迁徙领域，研究文献大多围绕消费者在单一渠道的购买行为开展分析，较少聚焦于消费者线下线上渠道迁徙行为的研究；第二，在双渠道供应链零售背景下，许多学者围绕商家定价策略、销售策略、供应链优化策略等进行研究，较少关注到双渠道供应链下的消费者购买渠道选择和渠道迁徙行为；第三，在消费者购买渠道选择行为的研究中，消费者特征、感知因素等如何作用于消费者生鲜流通渠道选择意愿受到较多关注，而鲜有研究关注到感知质量来源和线上线下购买体验等对于生鲜农产品购买渠道选择或迁徙的影响。因此，探究消费者渠道选择和迁徙意愿的影响因素，有助于为生鲜农产品生产经营者的销售营销决策提供理论参考。

针对农产品电商供应链支持体系建设的研究，现有文献仅关注企业社会责任与政府补贴对农户直接与电商对接这一模式的影响，并未将以上因素纳入对合作社影响的研究，也缺乏对合作社在农产品电商供应链中的作用的相关研究。此外，现有的大多数研究将政府补贴视为外生变量，并未将补贴作为政府决策变量纳入研究，对于探究政府补贴对电商助农运作机制影响的文献相对较少，还未深入展开研究。因此，进行政府补贴对电商助农运作机制影响的研究是当前农产品供应链领域亟待开展的重要课题。

针对农产品电商供应链新兴业态的研究，现有文献大多是宏观性、描述性的概念阐释和经验总结，或者是结合具体案例的实证研究，通过构建数理模型开展的定量研究相对较少，尚未针对创新系统机制开展深入的研究。

发展农村电商，加强农产品供应链体系建设，是创新商业模式、建设农村现代流通体系的重要举措，是转变农业发展方式、带动农民增收的有效抓手，是促进农村消费、满足人民对美好生活向往的有力支撑。[1] 因此，本书力争及时总结我国农产品电商供应链的实践经验，系统思考农产品电商供应链发展的未来趋势。

---

[1] 商务部：《商务部等9部门关于推动农村电商高质量发展的实施意见》，2024年3月5日。

第三章　农产品电商供应链生产策略

农产品生产是以土地、水资源和劳动力为主要投入,通过种植和养殖等活动获得农产品的过程。这种以物质为核心的生产方式决定了农业具有明显的生产波动性和经济性。农产品的生产过程深受自然条件的制约,展现出鲜明的地域性特征。不同地区的土壤、气候、水源等自然条件千差万别,使得农产品在品种、结构和数量上呈现显著的地域差异,也增加了农产品电商供应链中产品多样化的可能性。更为复杂的是,农产品的产量极易受到气候变化、病虫害侵袭等不可控因素的干扰,波动较大。即便是同种农产品,由于不同农户在种植技术、肥料使用等方面的差异,产量也会呈现较大的差异。同时,农产品的生产过程并非仅仅追求数量上的满足,更重要的是对质量和安全的严格把控。农产品作为日常饮食的重要组成部分,其质量和安全直接关系到人们的身体健康和生命安全。因此,农产品电商始终要将质量和安全放在首位,督促农民采用科学的种植方法、合理使用肥料以及严格产品认证措施等,确保农产品的品质和安全。

农产品生产面临着质量难以控制、外部认证失效等一系列挑战,将直接影响其整体品质。因此,深入研究农产品生产策略,探寻提升农产品质量和供给能力的有效路径,对于更好地满足消费者需求,推动电商行业发展具有重要意义。

第一节　农产品最优生产方式选择研究

(一) 问题描述

通过电商平台,实现农产品直接与消费者对接,省掉了中间环节,提高了销售收入。截至2023年底,我国已累计建设2600余个县级电商公共服务中心和物流配送中心,超过15万个乡村电商和快递服务站点。[1] 在产量方面,农产品电商与农场合作,通过提供科学的种植方式指导以及生产过程监管,从而保障农产品产量的稳定性。例如,阿里巴巴与极飞科技合作的"盒马村"智慧农场通过搭建农田环境监测系统,实时监测土壤湿度、温度、光照等因素,帮助农民精确调控种植环境。具体来说,在农事执行上,各项指标均有量化数据。农业无人机、机器人的作业轨迹可定位至厘米级精度;杀虫喷洒的雾化颗粒在85~550微米任意可控,以实现精细均匀的喷洒效果;生产管理上,数据作为最重要的生产资料,为管理决策提供依据。杨梅基地的温度、湿度等生长环境信息,小程序上一键可查。通过智能化的农业数据采集、分析与应用,结合精准的作业方式,实现生产过程的可量化、可追溯,杜绝农药、化肥的滥用。[2]

计划种植和个性化种植是农场经营中所采用的主要的种植方式。计划种植方式是指农场事先决定农产品的种植种类,然后向消费者提供订购服务,农场每周向消费者提供若干次农产品配送服务,消费者不参与农场的种植及生产过程,农产品的产出风险完全由农场承担;个性化种植方式是指农场将土地按照一定比例份额出租给消费者,消费者可以在该土地上按照自己的喜好自行种植农产品,农场提供必要的技术指导,收获后的农产品完全归属于消费者,典型案例如表3-1所示。

表3-1 农场不同种植方式的典型案例

模式	典型案例	基本描述
计划种植方式	北京小毛驴市民农园、无锡有机大使、日本Ma Farm等	农场成员支付下一季农产品订单,不需要参与农场种植活动,农场每周提供一次蔬菜包的配送到家服务
个性化种植方式	无锡万家田园、无锡无为自然农园、北京市顺义区月亮湾开心农场、德国公主花园等	消费者认购农场的土地,参与农产品的种植与收获过程,农场提供技术指导,收获的蔬菜全部归属消费者并由其自行采摘带回

那么,农场在计划种植方式与个性化种植方式下的定价策略有何不同?消费者需求量的变动会对农场的预留土地规模产生怎样的影响?在农产品单位成本存

---

[1]《商务部介绍10月我国电子商务发展情况》,中国政府网,2023年11月18日。
[2]《阿里巴巴与极飞科技在"盒马村"里做了啥?》,网易新闻,2020年5月27日。

在波动情况下，农场应该选择计划种植方式还是个性化种植方式？这些问题需要深入探讨。

(二) 模型构建

对于农场而言，为了进行农业作业，每单位土地需要一定的成本 c 用于购买农产品生产资料（种子、化肥、雇佣农户的工资等）。假设在没有产出波动的情况下，农场每单位土地可以产出的农产品数量为 q 个单位。在实际种植生产过程中，农产品的产出是存在波动的，波动因子为 ε，其均匀分布在 $[1-\sigma, 1+\sigma]$。其中，1 是波动因子的期望；$\sigma \in [0, 1]$，代表波动因子的标准差；当 $\sigma = 0$ 时，其代表产量很稳定、毫无波动；$\sigma = 1$ 表示农产品无产量，如冰雹等极端天气造成农产品大规模毁坏。因此，单位土地规模所对应的实际农产品产出为 $q\varepsilon$。

在计划种植方式下，农场向消费者提供订单 $O(P_{pl}, Q_0)$，其中 P_{pl} 是农场计划种植模式的订单价格，Q_0 是单个周期内（如一个月、一个季度或者一年）单个消费者农产品需求量。例如，2024 年北京小毛驴市民农园计划种植方式的订单定价为 15600 元/份，蔬菜份额是 96 斤/每季。[1] 在个性化种植方式下，企业向消费者提供预订订单 $O\left(P_{pe}, \dfrac{Q_0}{q}\right)$，其中 P_{pe} 是农场个性化种植方式的订单价格，$\dfrac{Q_0}{q}$ 是提供的土地规模。例如，2023 年无锡万家田园 1 平方米的种植面积的租赁费用为 60 元/年。[2] 在个性化种植方式下，假设每个消费者最多只预约一份订单，一份订单中农场所提供的土地规模能够在不考虑产出波动下恰好满足消费者单个周期需求。企业根据订单预购的数量以及单个消费者单个周期内的总需求量来规划农业生产的土地规模（如订单数量为 D 时，无论是计划种植方式还是个性化种植方式，所需的土地规模均为 $\dfrac{DQ_0}{q}$）。

在个性化种植方式下，农场承担产出波动风险，当实际农产品产出不足以满足消费者订单所需时，农场需要为每单位缺失的农产品支付成本 f，可以理解为

---

[1]《2024 小毛驴农场冬季温室暖棚菜地认养，等你来当"地主"！》，北京小毛驴菜园微信公众号，2024 年 9 月 11 日。

[2]《由 1 万元增至 5 万元，无锡这片"金地"挖掘多元价值开拓乡村新业态》，无锡新传媒，2023 年 4 月 24 日。

农场未满足消费者订单的单位惩罚成本或农场外部采购相同质量农产品以满足消费者订单所需的单位采购成本。假设 $f > \frac{c}{q}$，则表示单位外部采购成本要大于农场单位自产成本；当实际农产品产出多于消费者订单所需时，农场剩余农产品的价值为 $P_{pe}\eta$，$\eta \in (0, 1)$。在个性化种植方式下，若共享土地农产品产出多于消费者需求，消费者可以选择将剩余农产品送给亲朋好友或出售给小摊贩，每单位农产品的回收价值为 s；若农产品产出未满足消费者的需求，则消费者需要从外部市场购买农产品补足需求量，价格为 p_0。假设 $s < p_0 < c$，表示消费者自行出售，无法从剩余共享农产品中回收成本，甚至是产出成本。

在计划种植方式下，消费者最大意愿支付价格为 $v - t$，其中 v 代表农产品完全满足消费者口味时的最大意愿支付价格，$v \sim U[0, 1]$，表示消费者是异质的，t 代表口味偏离、订单农产品配比不满意等带来的负效用；在个性化种植方式下，消费者有效的最大意愿支付价格为 $v + e$，每个订购订单的消费者都可以按照自己的喜好进行农作物种类的种植安排，所以最终产出的相应农产品种类配比一定是该消费者最满意的。此外，个性化种植方式会产生正外部效应 e。例如，消费者能深度体验丰富多彩的田间活动（亲手采摘新鲜水果、参与果树修剪和施肥等农事劳作），这些活动不仅让消费者感受田园生活的乐趣，而且能增进其对农产品生长过程的了解。

上标 $*$ 表示对应参数的最优值，下标 pl、pe 分别代表计划种植方式和个性化种植方式。

本节模型所涉及的参数及变量如表3-2所示。

表3-2 模型参数及变量

符号	含义
Q_0	单个消费者单个周期内农产品总需求量
p_0	外部市场中普通农产品售价
q	没有产出波动时，单位土地规模的农产品产出量
$\varepsilon \sim G, g$	产出波动因子(均值为1,标准差为 σ); $G(1-\sigma) = 0$ 和 $G(1+\sigma) = 0$
c	农场单位土地规模上农产品产出所需总成本(人力、种子、机械等)
$\eta \in (0,1)$	个性化种植方式下,农场剩余农产品价值与订单价格的比例
s	个性化种植方式下,消费者剩余农产品的回收价值
f	个性化种植方式下,为满足订单需求,农场的单位外部采购成本

续表

符号	含义
t	计划种植方式下,未能完全匹配消费者喜好所带来的负效用,$t>0$
e	个性化种植方式下,农事体验等活动带来的正外部效用,$e>0$
$v \sim U[0,1]$	农产品完全匹配消费者喜好时,消费者的最大意愿支付价格
D_{pl}, D_{pe}	分别代表计划种植方式和个性化种植方式下的消费者数量
K_{pl}, K_{pe}	分别代表计划种植方式和个性化种植方式下农场所需的土地规模
P_{pl}, P_{pe}	分别代表计划种植方式和个性化种植方式的订单价格

农场通过电商平台招募消费者,农场与消费者的决策顺序为:

(1) 农场在计划种植方式和个性化种植方式中做出经营选择;

(2) 农场确定相应的订单信息 $O(P_{pl}, Q_0)$ 或者 $O\left(P_{pe}, \dfrac{Q_0}{q}\right)$,此时农场决定不同种植方式下的订单价格 P_{pl} 和 P_{pe};

(3) 消费者决定是否参与农场所选择的种植方式;

(4) 部分消费者参与农场所选择的种植方式,农场履行消费者订单。

1. 计划种植方式

在计划种植方式下,单个消费者的期望效用函数为

$$U = v - t - P_{pl}$$

当 $U \geq 0$,即 $v \geq t + P_{pl}$ 时,消费者愿意接受订单。因此,选择此订单的消费者数量为 $D_{pl} = 1 - t - P_{pl}$。此外,由于此时农场不提供个性化种植订单,所以 $D_{pe} = 0$。因此,在计划种植方式下,农场需要安排的土地规模为 $\dfrac{Q_0(1 - t - P_{pl})}{q}$。

农场的期望利润函数为

$$\begin{aligned}\pi_{pl} &= P_{pl}(1 - t - P_{pl}) - c\dfrac{Q_0(1 - t - P_{pl})}{q} + \eta\dfrac{P_{pl}}{Q_0}E[Q_0(1 - t - P_{pl})\varepsilon \\ &\quad - Q_0(1 - t - P_{pl})]^+ - fE[Q_0(1 - t - P_{pl}) - Q_0(1 - t - P_{pl})\varepsilon]^+ \\ &= (1 - t - P_{pl})\left\{[1 + \eta E(\varepsilon - 1)^+]P_{pl} - Q_0\left[\dfrac{c}{q} + fE(1 - \varepsilon)^+\right]\right\}\end{aligned}$$

其中,$\dfrac{P_{pl}}{Q_0}$ 为每单位农产品的正常订单价格。

求解 $\frac{\partial \pi_{pl}}{\partial P_{pl}} = 0$，可得命题 3-1。

命题 3-1　在计划种植方式下，农场的最优订单价格为

$$P_{pl}^* = \frac{1-t}{2} + \frac{Q_0[c + fqE(1-\varepsilon)^+]}{2q[1 + \eta E(\varepsilon - 1)^+]}$$

2. 个性化种植方式

在个性化种植方式下，单个消费者的期望效用函数为

$$\begin{aligned} U &= v + e - P_{pe} + sE(Q_0\varepsilon - Q_0)^+ - P_0E(Q_0 - Q_0\varepsilon)^+ \\ &= v + e - Q_0[P_0E(1-\varepsilon)^+ - sE(\varepsilon - 1)^+] - P_{pe} \end{aligned}$$

当 $U \geq 0$，即 $v \geq Q_0[P_0E(1-\varepsilon)^+ - sE(\varepsilon - 1)^+] + P_{pe} - e$ 时，消费者愿意接受订单。因此，选择该方式订单的消费者数量为 $D_{pe} = 1 + e - Q_0[P_0E(1-\varepsilon)^+ - sE(\varepsilon - 1)^+] - P_{pe}$。此外，由于此时农场不提供计划种植订单，所以 $D_{pl} = 0$。因此，农场需要安排的土地规模为 $\frac{Q_0\{1 + e - Q_0[P_0E(1-\varepsilon)^+ - sE(\varepsilon - 1)^+] - P_{pe}\}}{q}$。

农场的期望利润函数为

$$\begin{aligned} \pi_{pe} &= \{1 + e - Q_0[P_0E(1-\varepsilon)^+ - sE(\varepsilon - 1)^+] - P_{pe}\}P_{pe} \\ &\quad - c\frac{Q_0\{1 + e - Q_0[P_0E(1-\varepsilon)^+ - sE(\varepsilon - 1)^+] - P_{pe}\}}{q} \\ &= \{1 + e - Q_0[P_0E(1-\varepsilon)^+ - sE(\varepsilon - 1)^+] - P_{pe}\}\left(P_{pe} - \frac{Q_0 c}{q}\right) \end{aligned}$$

求解 $\frac{\partial \pi_{pe}}{\partial P_{pe}} = 0$，可得命题 3-2。

命题 3-2　在个性化种植方式下，农场的最优订单价格为

$$P_{pe}^* = \frac{1 + e - Q_0[P_0E(1-\varepsilon)^+ - sE(\varepsilon - 1)^+]}{2} + \frac{Q_0 c}{2q}$$

(三) 均衡结果分析

基于设定的约束条件，对各参数进行如下取值：

$$Q_0 = 1, t = e = 1, \eta = 0.8, f = \frac{1.5c}{q}, P_0 = \frac{0.8c}{q}, s = 0,$$

$$E(1-\varepsilon)^+ = E(\varepsilon - 1)^+ = \frac{\sigma}{4}。$$

67

此外，令 $K_{pl}^* = \dfrac{Q_0(1-t-P_{pl}^*)}{q}$ 和 $K_{pe}^* = \dfrac{Q_0\{1+e-Q_0[P_0E(1-\varepsilon)^+ - sE(\varepsilon-1)^+] - P_{pe}^*\}}{q}$，分别代表计划种植方式和个性化种植方式下的土地规模；$TCS_{pl}^* = \displaystyle\int_{t+P_{pl}^*}^{1}(v-t-P_{pl}^*)dv$ 和 $TCS_{pe}^* = \displaystyle\int_{-e+Q_0[P_0E(1-\varepsilon)^+ - sE(\varepsilon-1)^+] + P_{pe}^*}^{1}\{v+e-Q_0[P_0E(1-\varepsilon)^+ - sE(\varepsilon-1)^+] + P_{pe}^*\}dv$ 分别代表计划种植方式和个性化种植方式下预约订单消费者的总剩余。

1. 最优订单价格的比较

通过比较分析计划种植方式和个性化种植方式下最优订单价格（P_{pl}^* 和 P_{pe}^*），可得图3-1。图3-1表明，当农产品单位产出成本低于某一阈值时，个性化种植方式下的最优订单价格高于计划种植方式下的最优订单价格。而当农产品单位产出成本高于该阈值时，需要综合考虑产出波动因子的标准差 σ，才能确定不同方式下最优订单价格的大小关系。在农产品产出成本较低时，个性化种植方式需要承担额外的人工成本（如农事指导、采摘和监管等），而计划种植方式没有这些成本。因此，个性化种植方式的总成本高于计划种植方式，导致个性化种植方式的最优订单价格大于计划种植方式。然而，当单位产出成本高于某一阈值时，产出波动因子的标准差 σ 也较高，使计划种植方式的产出风险增加。同时，个性化种植

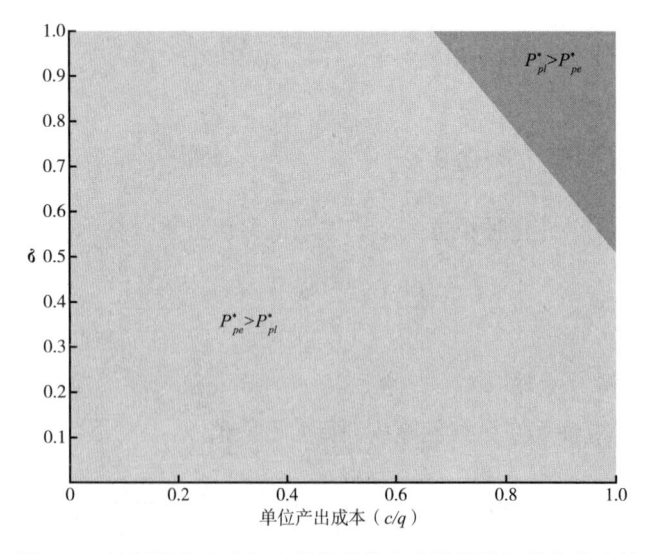

图3-1　计划种植方式与个性化种植方式的最优订单价格比较

方式只需提供土地而非农产品,农场无须承担产出不足的风险,但需要额外支出外部采购成本来满足消费者订单。因此,农场只能制定更高的价格来维持正常收益,导致计划种植方式的订单价格高于个性化种植方式的情况发生。

2. 农场土地规模的比较

通过比较分析计划种植方式和个性化种植方式下所需土地规模(K_{pl}^* 和 K_{pe}^*),可得图3-2。图3-2表明,在均衡条件下,农场满足个性化种植方式订单所需要的土地规模大于满足计划种植方式订单的土地规模。这也与现实生活中的场景相符,一方面,农场具备专业的农业技术和器械,计划种植方式下单位土地的总产出相对于个性化种植方式下由消费者种植生产要高得多,生产同等数量的农产品时,单位产出越少意味着需要的土地规模越大,单位产出越大则意味着需要的土地规模越小;另一方面,在个性化种植方式下,农场需要留足土地用作消费者公共资源的建设(如不同消费者租赁土地间的道路),而在计划种植方式下,农场不需要过多留置土地用于农场建设。因此,个性化种植方式下的农场所需土地规模始终大于计划种植方式。

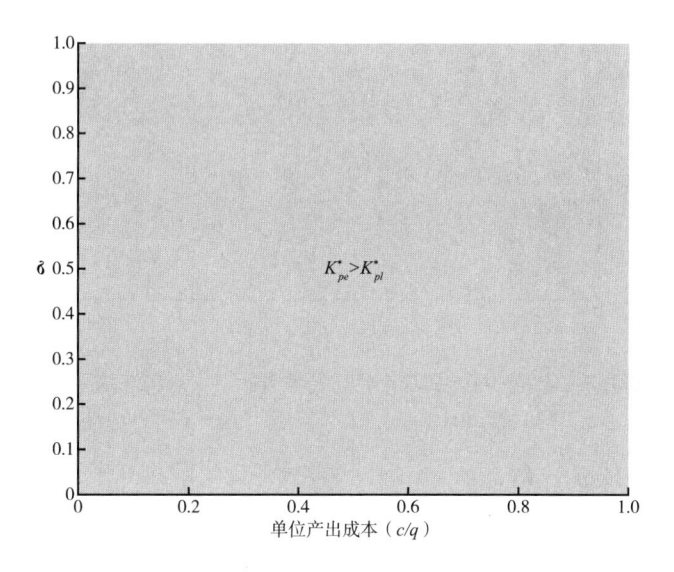

图3-2 计划种植方式与个性化种植方式下农场所需土地规模比较

3. 农场最优利润的比较

通过比较分析计划种植方式和个性化种植方式下农场最优利润(π_{pl}^* 和 π_{pe}^*),可得图3-3。图3-3表明,当农产品的单位产出成本低于某一阈值时,个性化种植方式下农场的最优利润水平要高于计划种植方式下农场的最优利润水平。当农产品的单位产出成本高于某一阈值（即单位产出成本 c/q 趋近于 1 时），计划种植方式反而会给农场带来更高的利润水平。这是因为，当单位产出成本较低时，个性化种植方式下的订单价格高于计划种植方式的订单价格，外部环境稳定，产出正常时，个性化种植方式的农场利润高于计划种植方式。当单位产出成本较高时，市场上的农产品往往供小于求，农产品的市场价格处于较高的水平且远大于单位产出成本，此时在个性化种植方式下，由于农场将土地种植权转移给消费者，不具备通过售卖农产品获得高额收益的条件，而在计划种植方式下，农产品的产能支配权归属于农场，该情形下销售农产品会使得农场实现比计划种植方式更高的利润水平。

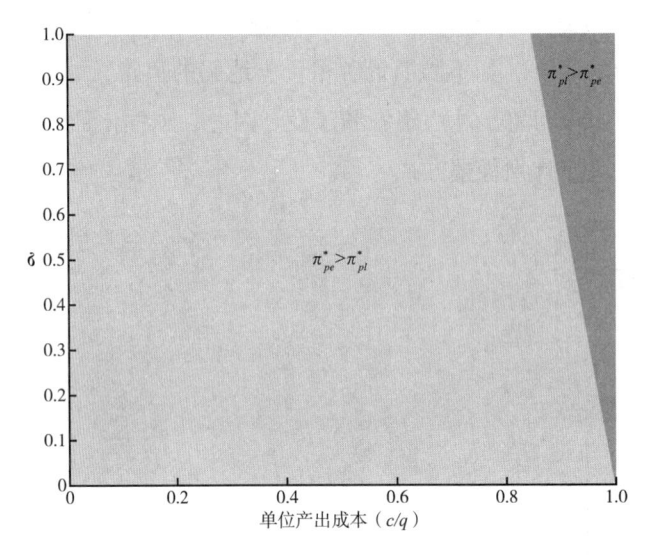

图 3-3　计划种植方式与个性化种植方式下农场利润水平比较

4. 消费者剩余的比较

通过比较分析计划种植方式和个性化种植方式下消费者剩余（TCS_{pl}^* 和 TCS_{pe}^*），可得图 3-4。图 3-4 表明，当农产品的单位产出成本低于某一阈值时，个性化种植方式下的消费者剩余多于计划种植方式下的消费者剩余。当农产品的单位产出成本高于某一阈值（即单位产出成本 c/q 趋近于 1 时），计划种植方式下消费者剩余反而更高。因为在个性化种植方式下，消费者通过土地租赁可以获得农事体验、采摘收获等活动带来的额外消费者效用，消费者此时更加愿意为个性化种植方式的订单支付更高的价格；而当农产品的产出成本较高时，如果消费者付出很大的劳动成本而收获却远低于期望，此时，消费者更愿意参与计划种植方式来获取可以满足需求的农产品数量，因此会得到多于个性化种植方式的消费者剩余。

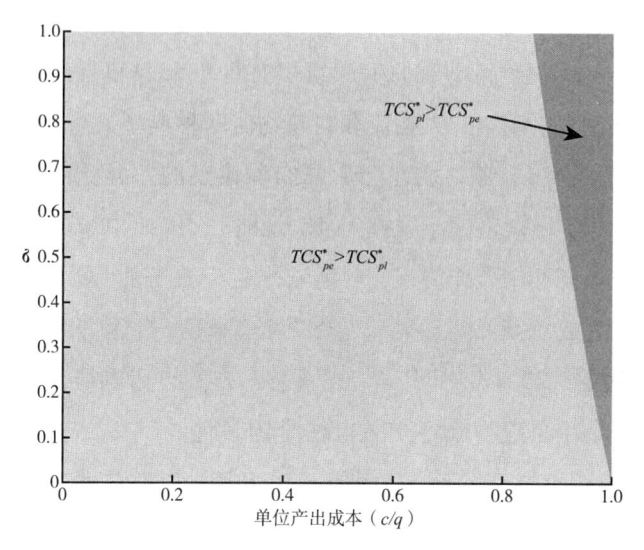

图 3-4　计划种植方式与个性化种植方式下消费者剩余比较

本节研究了农场与电商平台对接时的两种典型种植方式，比较了不同种植方式下的最优定价水平，分析单位产出成本的变动对不同种植方式下的订单价格、土地规模、农场利润及消费者剩余的影响，得到的主要研究结论如下。

（1）当农产品的单位产出成本低于某一阈值时，农场个性化种植方式下的最优利润水平总是高于计划种植方式下的最优利润水平，农场将始终选择个性化种植方式。

（2）个性化种植方式下的最优订单价格并不是总高于计划种植方式的最优订单价格，当农产品的单位产出成本大于某一阈值且产出波动标准差较大时，个性化种植方式下的最优订单价格低于计划种植方式。

（3）对于消费者而言，当农产品单位产出成本低于某一阈值时，个性化种植方式所带来的消费者剩余总是多于计划种植方式，此时消费者更偏好于参与个性化种植方式。

第二节　农产品生产组织和物流服务的组合策略研究

（一）问题描述

农产品电商可以通过布局供应链上游生产、优化物流服务来提升自己的竞争力。在产业实践中，农产品电商的生产组织有订单采购和自建基地两种典型策略，而物流服务也有采用第三方物流和自建物流两种典型策略。农产品电商选择不同的生产组织与物流服务，往往会形成四种典型的差异化组合策略。①"订单采购+第三方物流"策略（下文简称 FT 策略）。例如，2020 年，益农电商与潮州市多个农户签订购销合作协议，收购农户生产的杨桃、枇杷等农产品，并且采用第三方物流完成农产品运输。[1] ②"订单采购+自建物流"策略（下文简称 FE 策略）。例如，2019 年，苏宁与五峰县农户签订采购协议，收购农户生产的所有土豆，并利用自建物流将产品售往全国各地。[2] ③"自建基地+第三方物流"策略（下文简称 ST 策略）。例如，2021 年，叮咚买菜在上海金山区廊下镇建立约 200 亩自营蔬菜基地，基地的育种、播种、收割环节均由叮咚买菜管控。为了提升配送效率，叮咚买菜引入第三方物流公司补充运力[3]。④"自建基地+自建物流"策略（下文简称 SE 策略）。例如，2018 年，京东在北京通州自建蔬菜基地，并通过京东物流完成蔬菜运输。[4]

农业生产容易受到气候变化、自然灾害等的影响，干旱、洪涝、冻害等极端天气可能导致农作物减产或受损。这些自然因素的变化难以预测和控制，给农产品的产量带来波动风险。例如，2023 年 7 月，华北、东北等地区遭受连续强降雨的影响，农田渍涝、作物倒伏以及畜禽水产养殖受灾，设施大棚和农田损坏。[5] 农产品在生产过程中存在产出波动，这会给农户的收益以及农产品电商的经营模式选择带来影响。特别是我国中西部和南部地区，多属

---

[1]《农村电商平台签约包销，农产品再也不用烂地里》，新快网，2020 年 4 月 27 日。
[2]《电商平台联动农户，打造苏宁特色扶贫模式》，中国经济网，2019 年 5 月 27 日。
[3]《从"卖菜"到"种菜"叮咚买菜深入源头推动绿色农业发展》，头条南阳，2021 年 3 月 2 日。
[4]《为一口好菜建一座工厂！京东自建植物工厂，开创国内电商先河》，新华社客户端，2018 年 12 月 6 日。
[5]《全力以赴抗灾夺丰收——农业农村系统抓好灾后农业恢复生产综述》，《农民日报》2023 年 9 月 11 日。

于农业生产受天气影响严重区域,农产品电商的生产经营决策面临着更大的不确定性。因此,在产出不确定情形下,农产品电商如何选择不同生产组织和物流服务组合策略,是一个值得研究的问题。

(二)模型构建

在生产组织策略中,当选择订单采购时,农产品电商事先确定收购价 w,承诺收购农户生产的所有农产品,农户决定产量 Q,农产品电商以零售价 p 出售给消费者,需要承担由产出波动带来的风险;当自建基地时,农产品电商自己决定产量 Q,并以零售价 p 出售给消费者。自建生产基地可以从源头上提高产量稳定性,但需要投入较大的建设成本 $F(F>0)$。

在物流服务策略中,成本分为投资成本与可变成本。自建物流的固定投资成本为 $c(s)=(\frac{k}{2})s^2$,k 表示物流服务弹性,k 越高,自建物流投入资金越多,意味着投资效率低下;k 越低,自建物流投入资金越少,意味着投资越有效。不失一般性,假设自建物流和第三方物流的物流服务弹性相同。为确保决策变量和利润均大于零,存在约束 $k > \frac{\beta^2}{2+c_e+2\theta\sigma^2}$。

在可变成本中,自建物流可变成本大于第三方物流的可变成本。假设自建物流可变成本为 t,第三方物流可变成本为 0,$t>0$。

当选择第三方物流时,农产品电商需要支付单位服务价格 v。为确保物流服务获得的收益高于购买物流服务投入的成本,假设 $\beta > v$。

假设1:参考叶飞等[1]的假设,由于天气、农户生产技术水平等因素的影响产出存在波动,假设波动因子 x_1 为连续非负的随机变量,期望为1,方差为 σ^2,农户的实际产出为 Qx_1。参考 Alizamir 的研究[2],假设农户的生产成本函数为 $\frac{1}{2}c_f Q^2$,采用非线性成本形式是因为农业生产具有规模不经济的特点。c_f 是农户的生产效率系数。

假设2:由于生产技术和市场信息掌握程度优于个体农户,农产品电商能够

---

[1] 叶飞、王吉璞:《产出不确定条件下"公司+农户"型订单农业供应链协商模型研究》,《运筹与管理》2017年第7期。

[2] Alizamir S, Iravani F, Mamani F, "An analysis of price vs. revenue protection: Government subsidies in the agriculture industry," *Management Science* 65 (2019): 32-49.

更好地应对生产风险。例如，京东在北京通州的自建基地，采用先进的太阳光和人工光结合技术进行生产，蔬菜常年处于最适宜的生产环境中，以此来稳定产量。本文假设农产品电商自建生产基地时的产出波动因子为 x_2，期望值为 1，方差为 $\theta\sigma^2$，$\theta \in (0,1)$。农产品电商的生产成本为 $\frac{1}{2}c_e Q^2$，c_e 是农产品电商的生产效率系数，$c_e < c_f$。

表 3-3 模型参数及决策变量

项目	符号	含义
参数	p	农产品销售价格
	x_1, x_2	农户/农产品电商产出波动因子
	σ^2	产出波动方差
	θ	产出波动方差系数
	c_f / c_e	农户/电商的生产效率系数
	F	农产品电商自建生产基地的固定成本
	v	农产品电商支付给第三方物流商的基本价格
	k	物流服务弹性
	t	自建物流可变成本
	β	消费者对物流水平的价格敏感系数
决策变量	w	农产品收购价格
	Q_f^j / Q_e^j	j 策略下农户的产量/农产品电商的产量
	s_e / s_{3PL}	农产品电商/第三方物流商物流服务水平

(三) 模型分析

1. "订单采购+第三方物流"策略（FT 策略）

FT 策略的决策顺序为：农产品电商首先决定农产品收购价格 w，然后农户决定产量 Q，最后农产品电商采用第三方物流进行运输，第三方物流提供物流服务，决定物流服务水平 s_{3PL}。农产品的反需求函数为

$$p^{FT} = 1 - Q_f^{FT} x_1 + \beta s_{3PL}$$

农户利润为农产品电商支付的收购费用减去农户的生产成本，农产品电商利润为农产品的销售收入减去收购农产品和采用第三方物流付出的成本，第三方物流的利润为服务收益减去自建物流成本。因此，农户、农产品电商和第三方物流的利润函数分别为

$$\pi_f^{FT} = w^{FT} Q_f^{FT} x_1 - \frac{1}{2} c_f (Q_f^{FT})^2$$

$$\pi_e^{FT} = (p^{FT} - w^{FT} - v s_{3PL}) Q_f^{FT} x_1$$

$$\pi_{3PL} = v s_{3PL} Q_f^{FT} x_1 - (\frac{k}{2}) s_{3PL}^2$$

经过计算可得:

$$w^{FT*} = \frac{c_f k}{(2\sigma^2 + 2c_f + 2) k + 2v(v - \beta)}$$

$$Q_f^{FT*} = \frac{k}{(2\sigma^2 + 2c_f + 2) k + 2v(v - \beta)}$$

$$s_{3PL}^{FT*} = \frac{v}{(2\sigma^2 + 2c_f + 2) k + 2v(v - \beta)}$$

$$p^{FT*} = \frac{(2\sigma^2 + 2c_f + 1) k + 2v^2 - \beta v}{(2\sigma^2 + 2c_f + 2) k + 2v(v - \beta)}$$

$$\pi_f^{FT*} = \frac{c_f k^2}{8[(\sigma^2 + c_f + 1) k + v(v - \beta)]^2}$$

$$\pi_e^{FT*} = \frac{k}{(4\sigma^2 + 4c_f + 4) k + 4v(v - \beta)}$$

$$\pi_{3PL}^{FT*} = \frac{v^2 k}{8[(\sigma^2 + c_f + 1) k + v(v - \beta)]^2}$$

2. "订单采购+自建物流"策略（FE策略）

FE策略的决策顺序为：农产品电商首先决定农产品收购价格w，然后农户决定产量Q，最后农产品电商采用自建物流进行运输，农产品电商决定物流服务水平s_e。农产品的反需求函数为

$$p^{FE} = 1 - Q_f^{FE} x_1 + \beta s_e$$

农户利润为农产品电商支付的收购费用减去农户的生产成本，农产品电商利润为农产品销售收入减去收购费用、自建物流运营成本和自建物流固定成本。因此，农户和农产品电商的利润函数分别为

$$\pi_f^{FE} = w^{FE} Q_f^{FE} x_1 - \frac{1}{2} c_f (Q_f^{FE})^2$$

$$\pi_e^{\mathrm{FE}} = (p^{\mathrm{FE}} - w^{\mathrm{FE}} - t) Q_f^{\mathrm{FE}} x_1 - \left(\frac{k}{2}\right) s_e^2$$

经过计算可得：

$$w^{\mathrm{FE}*} = \frac{(1-t) c_f k}{2k(\sigma^2 + c_f + 1) - \beta^2}$$

$$Q_f^{\mathrm{FE}*} = \frac{(1-t) k}{2k(\sigma^2 + c_f + 1) - \beta^2}$$

$$s_e^{\mathrm{FE}*} = \frac{(1-t) \beta}{2k(\sigma^2 + c_f + 1) - \beta^2}$$

$$p^{\mathrm{FE}*} = \frac{(2\sigma^2 + 2c_f + t + 1) k - \beta^2 t}{(2\sigma^2 + 2c_f + 2) k - \beta^2}$$

$$\pi_f^{\mathrm{FE}*} = \frac{(1-t)^2 c_f k^2}{2(2k\sigma^2 + 2c_f k + 2k - \beta^2)^2}$$

$$\pi_e^{\mathrm{FE}*} = \frac{k(1-t)^2}{(4\sigma^2 + 4c_f + 4) k - 2\beta^2}$$

3. "自建基地+第三方物流"策略（ST策略）

ST策略的决策顺序为：农产品电商通过自建基地来决定农产品产量，然后采用第三方物流完成运输，第三方物流商决定物流服务水平。农产品的反需求函数为

$$p^{\mathrm{ST}} = 1 - Q_e^{\mathrm{ST}} x_2 + \beta s_{3PL}$$

农产品电商的利润为产品售卖的收入减去采用第三方物流需要支付的费用、生产成本和自建生产基地的固定成本，第三方物流的利润为服务收益减去自建物流成本。因此，农产品电商和第三方物流的利润函数分别为

$$\pi_e^{\mathrm{ST}} = (p^{\mathrm{ST}} - v s_{3PL}) Q_e^{\mathrm{ST}} x_2 - \frac{1}{2} c_e (Q_e^{\mathrm{ST}})^2 - F$$

$$\pi_{3PL} = v s_{3PL} Q_e^{\mathrm{ST}} x_1 - \left(\frac{k}{2}\right) s_{3PL}^2$$

经过计算可得：

$$Q_e^{\mathrm{ST}*} = = \frac{k}{(2\theta\sigma^2 + c_e + 2) k + 2v(v - \beta)}$$

$$s_{3PL}^{ST*} = \frac{v}{(2\theta\sigma^2 + c_e + 2)k + 2v(v-\beta)}$$

$$p^{ST*} = \frac{(2\theta\sigma^2 + c_e + 1)k + 2v^2 - \beta v}{(2\theta\sigma^2 + c_e + 2)k + 2v(v-\beta)}$$

$$\pi_e^{ST*} = \frac{[1-(4\theta\sigma^2 + 2c_e + 4)F]k - 4vF(v-\beta)}{(4\theta\sigma^2 + 2c_e + 4)k + 4v(v-\beta)}$$

$$\pi_{3PL}^{ST*} = \frac{v^2 k}{2[(2\theta\sigma^2 + c_e + 2)k + 2v(v-\beta)]^2}$$

4. "自建基地+自建物流" 策略（SE 策略）

SE 策略的决策顺序为：农产品电商自建生产基地，决定农产品产量，然后自建物流完成运输，决定物流服务水平。农产品的反需求函数为：

$$p^{SE} = 1 - Q_e^{SE} x_2 + \beta s_e$$

农产品电商的利润为农产品销售的收入减去生产成本、自建基地固定成本、自建物流运营成本和自建物流固定成本。因此，农产品电商的利润函数为

$$\pi_e^{SE} = (p^{SE} - t)Q_s^{SE} x_2 - \frac{1}{2}c_e (Q_s^{SE})^2 - F_S - (\frac{k}{2})s_e^2$$

经过计算可得：

$$Q_s^{SE*} = \frac{(1-t)k}{(2\theta\sigma^2 + c_e + 2)k - \beta^2}$$

$$s_e^{SE*} = \frac{(1-t)\beta}{(2\theta\sigma^2 + c_e + 2)k - \beta^2}$$

$$p^{SE*} = \frac{(2\theta\sigma^2 + c_e + t + 1)k - \beta^2 t}{(2\theta\sigma^2 + c_e + 2)k - \beta^2}$$

$$\pi_e^{SE*} = \frac{[(-4\theta\sigma^2 - 2c_e - 4)F + (1-t)^2]k + 2F\beta^2}{(4\theta\sigma^2 + 2c_e + 4)k - 2\beta^2}$$

（四）均衡结果分析

1. 影响因素分析

通过分析四种组合策略与产出波动系数的关系，可得命题 4-1。

命题 4-1 $\frac{\partial Q_m^{j*}}{\partial \sigma^2} < 0, \frac{\partial s_n^{j*}}{\partial \sigma^2} < 0, \frac{\partial \pi_e^{j*}}{\partial \sigma^2} < 0, j =$ FT、FE、ST、SE，$m = f$、

e，$n = e$、$3PL$。

命题 4-1 表明，随着农产品产出波动增加，产量降低，物流提供者的物流服务水平降低，农产品电商的利润也随之降低。这是因为产出波动会影响生产者的生产意愿，导致产量减少，产量的减少影响农产品电商的销售量和物流商的运输量，进而导致农产品销售价格上升，但是此时销售价格的上升无法对冲产出波动带来的风险，农产品电商的利润水平有所下降。

通过分析四种组合策略与物流服务弹性系数的关系，可得命题 4-2。

命题 4-2 $\dfrac{\partial Q_m^{j*}}{\partial k} < 0$，$\dfrac{\partial s_n^{j*}}{\partial k} < 0$，$\dfrac{\partial \pi_e^{j*}}{\partial k} < 0$，$j =$ FT、FE、ST、SE，$m = f$、e，$n = e$、$3PL$。

命题 4-2 表明，物流服务弹性降低，意味着物流投资效率提升，物流投资更有效，此时会促进物流服务水平的提升，物流服务水平的提升激励农产品电商增加产量或者提升收购价格以激励农户增加产量，有利于农产品电商获得更高的收入。

通过比较相同物流服务策略下四种组合策略的产量大小，可以得到命题 4-3。

命题 4-3 $Q_f^{FT*} < Q_e^{ST*}$，$Q_f^{FE*} < Q_e^{SE*}$。

命题 4-3 表明，在相同的物流服务策略下，自建生产基地策略的产量始终高于订单采购策略的产量。这是因为采用自建生产基地时，农产品电商掌握生产的主动权，可以自行决定产量；另外，农产品电商的生产技术和生产能力都优于农户，应对物流服务水平波动带来风险的能力也更强，所以自建基地时的产量会更高。但在实践过程中，农产品电商还需要综合分析自建基地的固定成本和物流服务水平波动的大小，从而做出合理的选择。

2. 电商的均衡利润比较

通过分析 FT 策略与 FE 策略下的农产品电商利润水平，可得命题 4-4。

命题 4-4 当 $0 < \sigma^2 < \sigma_1^2$ 时，$\pi_e^{FT*} < \pi_e^{FE*}$；当 $\sigma^2 \geq \sigma_1^2$ 时，$\pi_e^{FT*} \geq \pi_e^{FE*}$。

命题 4-4 表明，当产出波动较小时，农产品电商选择 FE 策略；当产出波动较大时，农产品电商选择 FT 策略。这表明，当电商选择向农户采购农产品时，若产出波动较小，农产品电商会选择自建物流；若生产波动较大，农产品电商选择第三方物流提供服务。这是因为，在生产组织策略中选择订单采购时，生产是由农户控制，农户的生产技术和生产信息掌握弱于农产品电商，如果遇到较大的生产波动，农户无法很好地应对，农产品电商需要承担部分由产出波动风险带来的损失，此时自建物流对于农产品电商来说并不合理，而当产出波动较大时，农产品电商需要应对的风险较小，此时自建物流具有更大的优势。

通过分析 FT 策略与 ST 策略下的农产品电商利润水平，可得命题 4-5。

命题 4-5 若 $0 < F < min(F_5, F_6)$，当 $0 < \sigma^2 < \sigma_2^2$ 时，$\pi_e^{FT*} < \pi_e^{ST*}$；当 $\sigma^2 \geq \sigma_2^2$ 时，$\pi_e^{FT*} \geq \pi_e^{ST*}$；若 $max(F_5, F_6) \leq F < 1$，$\pi_e^{FT*} \geq \pi_e^{ST*}$。

命题 4-5 表明，当自建生产基地固定成本较低，同时产出波动较小时，农产品电商会选择 ST 策略，若此时产出波动较大，农产品电商会选择 FT 策略；当自建生产基地固定成本较高时，农产品电商选择 FT 策略。这表明，当农产品电商选择第三方物流提供服务时，自建生产基地的固定成本和产出波动风险共同影响农产品电商的策略选择。当自建生产基地固定成本较高时，农产品电商则不会选择自建生产基地，这是因为农产品电商销售利润无法覆盖过高的自建基地成本；当自建生产基地固定成本较低时，农产品电商需要观察产出波动的情况，如果产出波动较小，风险在可以接受的范围内，则自建生产基地获得的收益会高于向农户收购，农产品电商可以通过提升产量来对冲产出波动带来的风险；若此时产出波动较大，生产风险给农产品电商带来的收益损失也会比较严重。

通过分析 FE 策略与 SE 策略下的农产品电商利润水平，可得命题 4-6。

命题 4-6 若 $0 < F < min(F_3, F_4)$，当 $0 < \sigma^2 < \sigma_3^2$ 时，$\pi_e^{FE*} < \pi_e^{SE*}$；当 $\sigma^2 \geq \sigma_3^2$ 时，$\pi_e^{FE*} \geq \pi_e^{SE*}$；若 $max(F_3, F_4) \leq F < 1$，$\pi_e^{FE*} \geq \pi_e^{SE*}$。

命题 4-6 表明，当自建基地固定成本较低时，若产出波动也较小，农产品电商选择 SE 策略，若产出波动较大，农产品电商选择 FE 策略；如果自建基地固定成本较高，农产品电商选择 FE 策略。这意味着，当农产品电商自建物流时，如果自建基地固定成本过高，则农产品电商不会选择自建基地，因为过高的自建成本会导致农产品电商的利润降低。如果自建基地的固定成本较低，农产品电商需要关注产出波动情况，若产出波动也较小，此时选择自建基地获得的收益会高于订单采购，因为 SE 策略会给农产品电商带来生产组织和物流服务优势，提升服务水平的同时还可以提升收益；若此时产出波动较大，农产品电商自建基地所需要承担的风险也较高，就会影响农产品电商的利润水平。

通过分析 ST 策略与 SE 策略下的农产品电商利润水平大小，可得命题 4-7。

命题 4-7 当 $0 < \sigma^2 < \sigma_4^2$ 时，$\pi_e^{ST*} < \pi_e^{SE*}$，当 $\sigma^2 \geq \sigma_4^2$ 时，$\pi_e^{ST*} \geq \pi_e^{SE*}$。

命题 4-7 表明，当产出波动较小时，农产品电商选择 SE 策略，当产出波动较大时，农产品电商选择 ST 策略。在农产品电商选择自建基地时，产出波动影响农产品电商是否自建物流。当产出波动较小时，农产品电商在生产端不需要承担过高的风险，此时有利于产量的提升，自建物流有助于提升农产品电商的服务水平，以获取更高的收益；当产出波动较大时，农产品电商自建物流会带来更大的成本压力，并且无法形成优势，影响更大利润的获得。

本节通过构建产出波动情形下，农户、农产品电商、第三方物流之间的博弈模型，分析不同模式的运作机理，探讨农产品电商在不同条件下的组合策略选择情况，得到的主要研究结论如下。

（1）随着农产品产出波动增加，产量降低，物流提供者的物流服务水平降低，农产品电商的利润也随之降低。当农产品电商选择订单采购时，若产出波动较小，农产品电商选择"订单采购"+"自建物流"策略；若产出波动较大，农产品电商选择"订单采购+第三方物流"策略。

（2）当农产品电商选择第三方物流提供服务时，自建生产基地固定成本较低，同时产出波动较小，农产品电商会选择"自建基地+第三方物流"策略，若此时产出波动较大，农产品电商会选择"订单采购+第三方物流"策略；当自建生产基地固定成本较高时，农产品电商选择"订单采购+第三方物流"策略。

（3）在农产品电商自建物流时，当自建生产基地固定成本较低，若产出波动也较低，农产品电商选择"自建基地+自建物流"策略，若产出波动较高，农产品电商选择"订单采购+自建物流"策略；如果自建生产基地固定成本较高，农产品电商选择"订单采购+自建物流"策略。

第三节　考虑存在违规认证行为的农产品生产决策研究

（一）问题描述

认证是一种权威和专业的评价，获得质量认证的农产品更容易获得消费者的信任和认可。20 世纪 90 年代初，我国开始构建符合我国国情的农产品认证体系。我国现行的对农产品的认证主要是"三品一标"，所谓"三品一标"是指无公害农产品、绿色食品、有机农产品和农产品地理标志。认证制度为农产品电商提供了一种可靠的方式来验证所选产品质量和安全性。云南武定县农产品电商就是一个典型例证[1]，该县依托电子商务进农村项目，严格品控，建立了农产品数据库，注册了县域公共品牌，并依托追溯信息平台，对关键农产品实施深度溯源，建立了实时追溯系统。同时，武定县还建设了农残快检室和产品 SC 认证中心，保障外销农产品的质量和安全，从而赢得了消费者的高度信赖，推动当地农产品走向全国市场。认证制度的引入不仅提高了消费者对产品的信任度，也建立了品牌形象，赢得了消费者的长期信任。

农产品作为信任品的一种，消费者很难了解其真实质量，因此会造成农产品电商、认证机构、消费者之间的信息不对称。认证机构通过对农产品生产过程、质量标准、认证标识和溯源体系的审核和认定，提供了一种可靠的第三方验证机制。但是部分认证机构在认证过程中会利用这种信息不对称进行违规认证。违规认证一般指认证过程中收取认证费用，却不履行认证职责，不对产品进行审核即颁发认证标识的一种不作为行为。认证机构是追求利益最大化的营利性机构，认证机构进行违规认证所获得的利润往往大于进行严格认证的利润。

那么，在什么样的市场条件下，认证机构会选择违规认证？此时农产品供应商的生产决策是否发生改变？若认证机构进行违规认证，农产品供应商是否一定会选择生产伪劣农产品？解答上述问题，需要综合各种因素进行分析。

（二）模型构建

演化博弈是研究群体与群体之间博弈的方法，它假设了博弈的参与主体是不完全理性的，同时强调了群体成员的学习能力。[2] 运用演化博弈的方法对农产品供应商群体和认证机构群体进行研究具有可行性。同时，对于学习速度缓慢的大群体来说，行为的改变是一个长期缓慢的反复博弈过程，可以采用复制动态机制进行分析。因此，本节将运用演化博弈的方法，对认证机构群体和农产品供应商群体之间的行为博弈进行考察。

假设市场上存在农产品供应商和认证机构两大群体，每个群体都拥有各自的行动集。农产品供应商群体的行动集为（提供合格农产品，提供伪劣农产品），认证机构群体的行动集为（严格认证，违规认证）。假设在市场进行交易的最初

---

[1]《云南武定：搭建农产品电商供应链 多举措推动农产品出滇——武定县电子商务进农村助力农产品上行典型案例》，楚雄彝族自治州商务局官网，2022 年 5 月 27 日。
[2] 谢识予编著《经济博弈论（第三版）》，复旦大学出版社，2007。

阶段，市场上提供合格农产品的供应商群体比例为 x，提供伪劣农产品的供应商群体比例为 $(1-x)$；而市场上选择进行严格认证的认证机构群体比例为 y，选择进行违规认证的认证机构群体比例为 $(1-y)$。

农产品供应商生产合格农产品的生产成本为 c_h，生产伪劣农产品的生产成本为 c_l（$c_l < c_h$），农产品一旦获得认证标识，其在市场上的销售价格为 p。农产品进行认证过程中需要缴纳认证费用 c_e，主要包括认证申请费、产品审核费、证书费、年度管理费等。

合格农产品一定可以通过认证，但是伪劣农产品要想获取认证，将需要投入一笔伪装成本 c_p 对伪劣农产品进行伪装，期望能够"蒙混过关"。如果认证机构采取严格认证行为，经过伪装的伪劣农产品将有 λ（$0<\lambda<1$）的概率通过认证，有 $1-\lambda$ 的概率通不过认证，λ 的大小与认证技术精确度等因素相关；如果认证机构采取违规认证行为，经过伪装的伪劣农产品则一定能够通过认证，获得认证标识。

同时，认证机构如果采取严格认证行为，将因为履行社会责任而获得良好的品牌效应、信誉和较高的知名度，从而获得正向激励 s。同时，采取严格认证行为的认证机构则需要承担认证成本 φ，φ 表示在文件审查、现场审核等环节中所花费的人力与物力成本。

一旦获得认证标识的伪劣农产品进入市场，将有 α（$0<\alpha<1$）的概率被媒体曝光，事故曝光将给提供伪劣农产品供应商带来声誉损失 r_s，而提供认证标识的认证机构也将遭受声誉损失 r_c。根据上述假设，可以得出农产品供应商和认证机构在不同情形下的收益函数。

（1）无论认证机构采取严格认证行为还是违规认证行为，提供合格农产品供应商的收益函数均为 $p-c_h-c_e$，而认证机构采取严格认证行为时的收益函数为 $c_e+s-\varphi$，采取违规认证行为时的收益函数为 c_e。

（2）当认证机构采取严格认证行为时，提供伪劣农产品供应商的收益函数为 $\lambda p-c_l-c_e-c_p-\alpha r_s$，认证机构的收益函数为 $c_e+s-\varphi-\lambda\alpha r_c$。当认证机构采取违规认证行为时，提供伪劣农产品供应商的收益函数为 $p-c_l-c_e-c_p-\alpha r_s$，认证机构的收益函数为 $c_e-\alpha r_c$。

农产品供应商和认证机构的支付矩阵如表3-4所示。

表 3-4 农产品供应商和认证机构的支付矩阵

供应商（A）	认证机构（B）	
	严格认证（y）	违规认证（$1-y$）
提供合格农产品（x）	$(p-c_h-c_e, c_e+s-\varphi)$	$(p-c_h-c_e, c_e)$
提供伪劣农产品（$1-x$）	$\begin{pmatrix}\lambda p-c_l-c_p-c_e-\alpha r_s,\\ c_e+s-\varphi-\lambda\alpha r_c\end{pmatrix}$	$\begin{pmatrix}p-c_l-c_p-c_e-\alpha r_s,\\ c_e-\alpha r_c\end{pmatrix}$

（三）模型分析

1. 演化均衡点的计算

演化稳定策略是指在当前策略下，系统处于一种稳定状态，即对于微小的偏离扰动具有稳健性的均衡状态，此时稳定状态所处的点称为演化均衡点（ESS）。作为演化均衡点除了本身必须是均衡状态外，如果某些博弈方由于偶然性因素状态出现轻微的偏离，复制动态仍然会使之回到均衡点，即在当前条件下，系统处于稳定状态。

假设农产品供应商提供合格农产品时的期望收益为 u_a^1，提供伪劣农产品时的期望收益为 u_a^2，以及群体平均收益为 $\bar{u}_a$，则 u_a^1、u_a^2、$\bar{u}_a$ 分别为

$$u_a^1 = y(p-c_h-c_e) + (1-y)(p-c_h-c_e) = p-c_h-c_e$$

$$\begin{aligned}u_a^2 &= y(\lambda p-c_l-c_e-c_p-\alpha r_s) + (1-y)(p-c_l-c_e-c_p-\alpha r_s)\\ &= [1-(1-\lambda)y]p-c_l-c_e-c_p-\alpha r_s\end{aligned}$$

$$\begin{aligned}\bar{u}_a &= xu_a^1 + (1-x)u_a^2\\ &= x(p-c_h-c_e) + (1-x)\{[1-(1-\lambda)y]p-c_l-c_e-c_p-\alpha r_s\}\end{aligned}$$

根据 Malthusian 动态方程，策略的增长率等于它的相对适应度，只要采取该策略的个体适应度高于群体的平均适应度，那么该策略就会增长。由此可以得到农产品供应商的复制动态方程：

$$\dot{x} = \frac{dx}{dt} = x(u_a^1 - \bar{u}_a) = x(1-x)[y(1-\lambda)p + c_l + c_p + \alpha r_s - c_h]$$

同理，假设认证机构采取严格认证行为时的期望收益为 u_b^1，采取违规认证行为时的期望收益为 u_b^2，以及群体平均收益为 $\bar{u}_b$，则 u_b^1、u_b^2、$\bar{u}_b$ 分别为

$$u_b^1 = x(c_e+s-\varphi) + (1-x)(c_e+s-\varphi-\lambda\alpha r_c) = c_e+s-\varphi-(1-x)\lambda\alpha r_c$$

$$u_b^2 = xc_e + (1-x)(c_e-\alpha r_c) = c_e-(1-x)\alpha r_c$$

$$\bar{u}_b = yu_b^1 + (1-y)u_b^2 = y[c_e + x(s-\varphi)] + (1-y)\{c_e + x(s-\varphi) - [1-(1-\lambda)x]\alpha r_c\}$$
$$\dot{y} = 0$$

由此可以得到认证机构的复制动态方程

$$\dot{y} = \frac{dy}{dt} = y(u_b^1 - \bar{u}_b) = y(1-y)[s - \varphi + (1-x)(1-\lambda)\alpha r_c]$$

当 $\dot{x} = 0$ 且 $\dot{y} = 0$ 时,可以求得系统的 5 个局部平衡点分别为 (0, 0)、(0, 1)、(1, 0)、(1, 1) 和 (x^*, y^*)。其中,$x^* = \frac{s-\varphi}{(1-\lambda)\alpha r_c} + 1$,$y^* = \frac{c_h - c_l - c_p - \alpha r_s}{(1-\lambda)p}$。

2. 局部平衡点的稳定性分析

根据复制动态方程求出的平衡点不一定是系统的演化稳定策略(ESS),按照 Friedman 采用的方法,微分方程系统的演化稳定策略可以从该系统的 Jacobian 矩阵(记为 J)的局部稳定分析导出。

$$J = \begin{bmatrix} \frac{\partial \dot{x}}{\partial x} & \frac{\partial \dot{x}}{\partial y} \\ \frac{\partial \dot{y}}{\partial x} & \frac{\partial \dot{y}}{\partial y} \end{bmatrix} = \begin{bmatrix} a_{11} & a_{12} \\ a_{21} & a_{22} \end{bmatrix}$$

其中,

$a_{11} = (1-2x)[(c_l + c_p + \alpha r_s - c_h) + y(1-\lambda)p]$;

$a_{12} = x(1-x)(1-\lambda)p$;

$a_{21} = y(1-y)(\lambda-1)\alpha r_c$;

$a_{22} = (1-2y)[s - \varphi + (1-\lambda)\alpha r_c - x(1-\lambda)\alpha r_c]$。

当满足以下两个条件时,复制动态方程的平衡点就是演化稳定策略(ESS):

(1) $trJ = a_{11} + a_{22} < 0$(迹条件,其值记为 trJ)。

(2) $detJ = \begin{vmatrix} a_{11} & a_{12} \\ a_{21} & a_{22} \end{vmatrix} = a_{11}a_{22} - a_{12}a_{21} > 0$(Jacobian 行列式条件,其值为 $detJ$)。

根据 Jacobian 矩阵的条件,经计算可以得到系统 5 个局部平衡点处的 a_{11}、a_{12}、a_{21}、a_{22} 具体取值,如表 3-5 所示。

表 3-5　局部平衡点处 a_{11}、a_{12}、a_{21}、a_{22} 具体取值

平衡点	a_{11}	a_{12}	a_{21}	a_{22}
(0,0)	$-c_h+c_l+c_p+\alpha r_s$	0	0	$s-\varphi+(1-\lambda)\alpha r_c$
(0,1)	$(1-\lambda)p+c_l+c_p+\alpha r_s-c_h$	0	0	$-[s-\varphi+(1-\lambda)\alpha r_c]$
(1,0)	$-(-c_h+c_l+c_p+\alpha r_s)$	0	0	$s-\varphi$
(1,1)	$-[(1-\lambda)p+c_l+c_p+\alpha r_s-c_h]$	0	0	$-(s-\varphi)$
(x^*,y^*)	0	Φ	Ω	0

其中，$\Phi = -\left[\dfrac{s-\varphi}{(1-\lambda)\alpha r_c}+1\right]\dfrac{(s-\varphi)p}{\alpha r_c}$，

$\Omega = \left[1-\dfrac{c_h-c_l-c_p-\alpha r_s}{(1-\lambda)p}\right]\dfrac{(c_l+c_p+\alpha r_s-c_h)\alpha r_c}{p}$。

由表 3-5 可知，当局部平衡点为 (x^*,y^*) 时，$trJ=a_{11}+a_{22}=0$ 成立，因此 (x^*,y^*) 不是 ESS。对于其他四个局部平衡点，因为 $a_{12}=a_{21}=0$，所以其条件主要由 a_{11} 和 a_{22} 取值决定。

通过分析可知，a_{11} 的正负有如下三种情况。

(1) 当 $c_p<c_h-c_l-\alpha r_s-(1-\lambda)p$ 时，在 (0, 0) 和 (0, 1) 处，$a_{11}<0$；在 (1, 0) 和 (1, 1) 处，$a_{11}>0$。

(2) 当 $c_h-c_l-\alpha r_s-(1-\lambda)p<c_p<c_h-c_l-\alpha r_s$ 时，在 (0, 0) 和 (1, 1) 处，$a_{11}<0$；在 (0, 1) 和 (1, 0) 处，$a_{11}>0$。

(3) 当 $c_p>c_h-c_l-\alpha r_s$ 时，在 (1, 0) 和 (1, 1) 处，$a_{11}<0$；在 (0, 0) 和 (0, 1) 处，$a_{11}>0$。

同理，a_{22} 的正负也有如下三种情况。

(1) 当 $\varphi<s$ 时，在 (0, 1) 和 (1, 1) 处，$a_{22}<0$；在 (0, 0) 和 (1, 0) 处，$a_{22}>0$。

(2) 当 $s<\varphi<s+(1-\lambda)\alpha r_c$ 时，在 (0, 1) 和 (1, 0) 处，$a_{22}<0$；在 (0, 0) 和 (1, 1) 处，$a_{22}>0$。

(3) 当 $\varphi>s+(1-\lambda)\alpha r_c$ 时，在 (0, 0) 和 (1, 0) 处，$a_{22}<0$；在 (0, 1) 和 (1, 1) 处，$a_{22}>0$。

（四）算例分析

情形1：当 $c_p < c_h - c_l - \alpha r_s - (1-\lambda)p$ 且 $\varphi > s + (1-\lambda)\alpha r_c$ 时，(0,0) 为 ESS，如表3-6和图3-5所示。

表3-6 当 $c_p < c_h - c_l - \alpha r_s - (1-\lambda)p$ 且 $\varphi > s + (1-\lambda)\alpha r_c$ 时的局部稳定性分析

均衡点 (x,y)	det$J$	tr$J$	局部稳定性
(0,0)	+	−	ESS
(0,1)	−		鞍点
(1,0)	−		鞍点
(1,1)	+	+	不稳定点

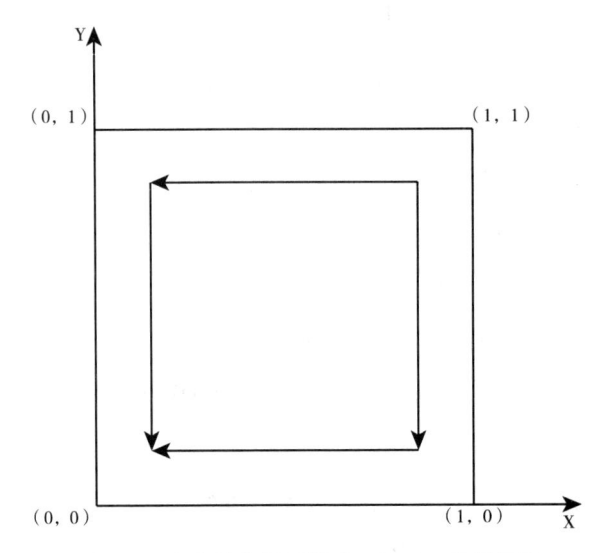

图3-5 农产品市场 ESS 为 (0, 0) 的相位图

情形2：当 $c_h - c_l - \alpha r_s - (1-\lambda)p < c_p < c_h - c_l - \alpha r_s$ 且 $\varphi > s + (1-\lambda)\alpha r_c$ 时，(0,0) 为 ESS，如表3-7和图3-6所示。

表3-7 当 $c_h - c_l - \alpha r_s - (1-\lambda)p < c_p < c_h - c_l - \alpha r_s$ 且 $\varphi > s + (1-\lambda)\alpha r_c$ 时的局部稳定性分析

均衡点 (x,y)	det$J$	tr$J$	局部稳定性
(0,0)	+	−	ESS
(0,1)	+	+	不稳定点
(1,0)	−		鞍点
(1,1)	−		鞍点

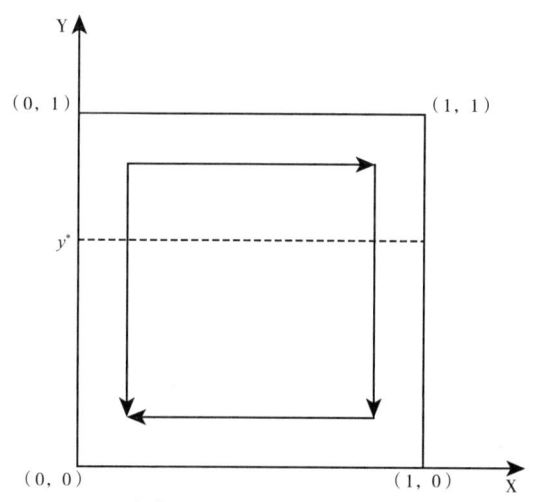

图 3-6　农产品市场 ESS 为 (0, 0) 的相位图

情形 3：当 $c_p < c_h - c_l - \alpha r_s - (1-\lambda) p$ 且 $s < \varphi < s + (1-\lambda) \alpha r_c$ 时，(0, 1) 为 ESS，如表 3-8 和图 3-7 所示。

表 3-8　当 $c_p < c_h - c_l - \alpha r_s - (1-\lambda) p$ 且 $s < \varphi < s + (1-\lambda) \alpha r_c$ 时的局部稳定性分析

均衡点 (x,y)	$\det J$	$\mathrm{tr} J$	局部稳定性
(0,0)	−		鞍点
(0,1)	+	−	ESS
(1,0)	−		鞍点
(1,1)	+	+	不稳定点

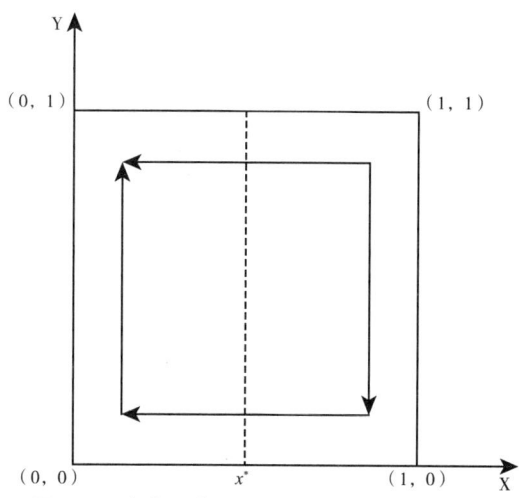

图 3-7　农产品市场 ESS 为 (0, 1) 的相位图

情形 4：当 $c_p < c_h - c_l - \alpha r_s - (1-\lambda)p$ 且 $\varphi < s$ 时，(0, 1) 为 ESS，如表 3-9 和图 3-8 所示。

表 3-9　当 $c_p < c_h - c_l - \alpha r_s - (1-\lambda)p$ 且 $\varphi < s$ 时的局部稳定性分析

均衡点 (x,y)	$\det J$	$\mathrm{tr} J$	局部稳定性
(0,0)	−		鞍点
(0,1)	+	−	ESS
(1,0)	+	+	不稳定点
(1,1)	−		鞍点

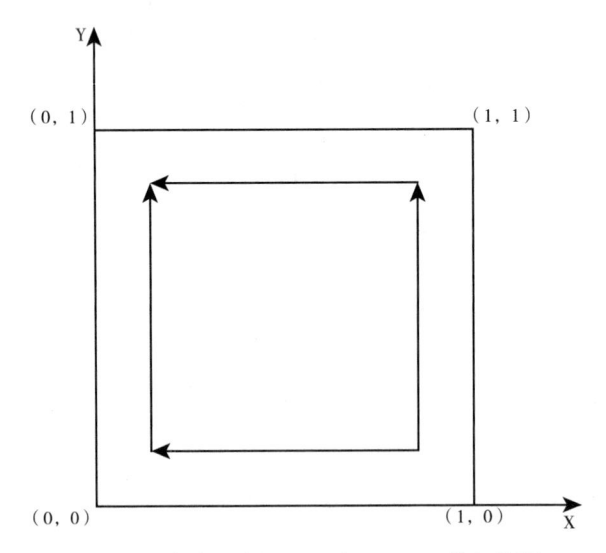

图 3-8　农产品市场 ESS 为 (0, 1) 的相位图

情形 5：当 $c_p > c_h - c_l - \alpha r_s$ 且 $\varphi > s + (1-\lambda)\alpha r_c$ 时，(1, 0) 为 ESS，如表 3-10 和图 3-9 所示。

表 3-10　当 $c_p > c_h - c_l - \alpha r_s$ 且 $\varphi > s + (1-\lambda)\alpha r_c$ 时的局部稳定性分析

均衡点 (x,y)	$\det J$	$\mathrm{tr} J$	局部稳定性
(0,0)	−		鞍点
(0,1)	+	+	不稳定点
(1,0)	+	−	ESS
(1,1)	−		鞍点

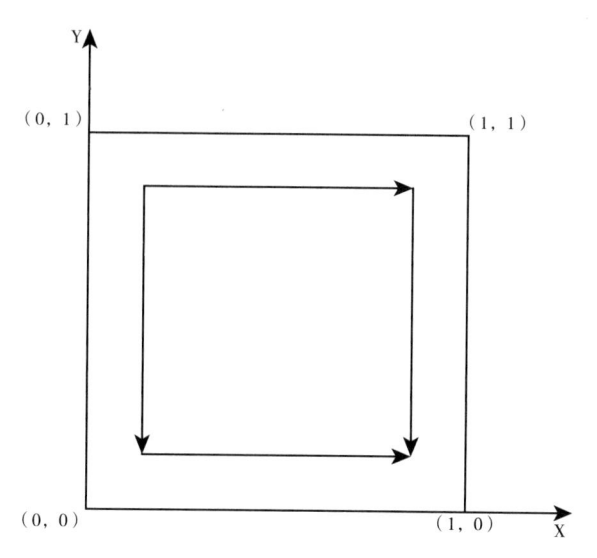

图 3-9 农产品市场 ESS 为 (1, 0) 的相位图

情形 6：当 $c_p > c_h - c_l - \alpha r_s$ 且 $s < \varphi < s + (1-\lambda)\alpha r_c$ 时，(1, 0) 为 ESS，如表 3-11 和图 3-10 所示。

表 3-11　当 $c_p > c_h - c_l - \alpha r_s$ 且 $s < \varphi < s + (1-\lambda)\alpha r_c$ 时的局部稳定性分析

均衡点 (x,y)	$\det J$	$tr J$	局部稳定性
(0,0)	+	+	不稳定点
(0,1)	−		鞍点
(1,0)	+	−	ESS
(1,1)	−		鞍点

情形 7：当 $c_h - c_l - \alpha r_s - (1-\lambda)p < c_p < c_h - c_l - \alpha r_s$ 且 $\varphi < s$ 时，(1, 1) 为 ESS，如表 3-12 和图 3-11 所示。

表 3-12　当 $c_h - c_l - \alpha r_s - (1-\lambda)p < c_p < c_h - c_l - \alpha r_s$ 且 $\varphi < s$ 时的局部稳定性分析

均衡点 (x,y)	$\det J$	$tr J$	局部稳定性
(0,0)	−		鞍点
(0,1)	−		鞍点
(1,0)	+	+	不稳定点
(1,1)	+	−	ESS

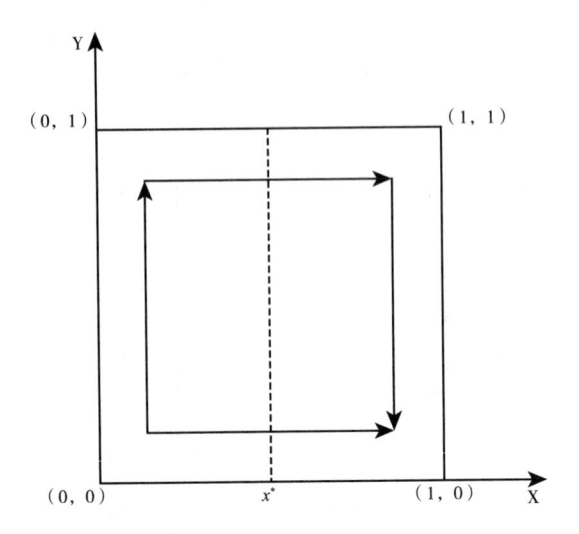

图 3-10　农产品市场 ESS 为 (1, 0) 的相位图

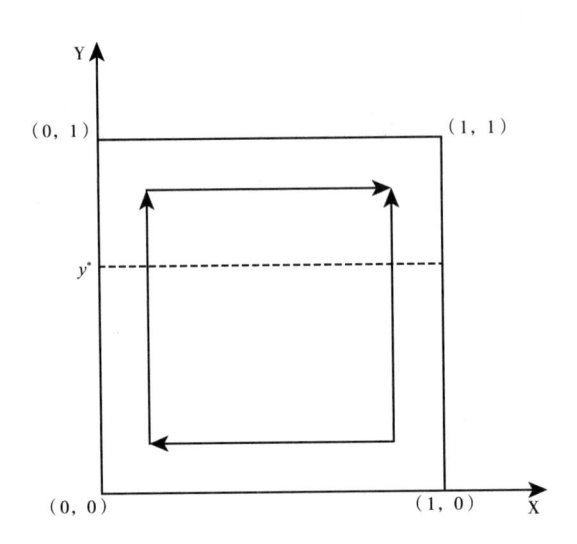

图 3-11　农产品市场 ESS 为 (1, 1) 的相位图

情形 8：当 $c_p > c_h - c_l - \alpha r_s$ 且 $\varphi < s$ 时，(1, 1) 为 ESS，如表 3-13 和图 3-12 所示。

表 3-13 当 $c_p > c_h - c_l - \alpha r_s$ 且 $\varphi < s$ 时的局部稳定性分析

均衡点 (x,y)	det$J$	tr$J$	局部稳定性
(0,0)	+	+	不稳定点
(0,1)	−		鞍点
(1,0)	−		鞍点
(1,1)	+	−	ESS

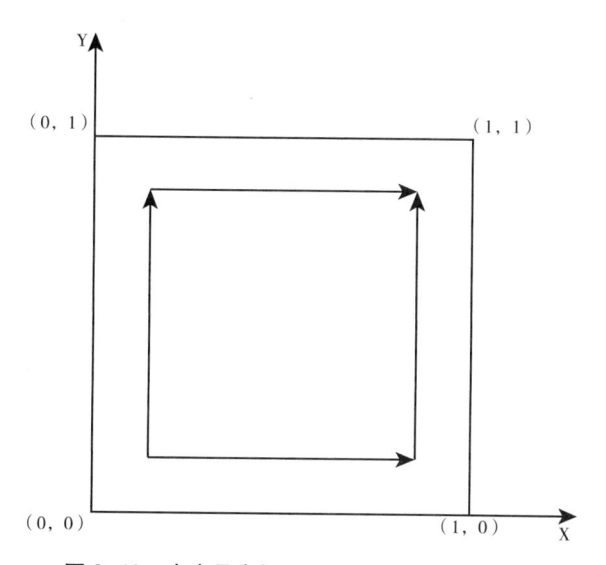

图 3-12 农产品市场 ESS 为 (1, 1) 的相位图

情形 9：当 $c_h - c_l - \alpha r_s - (1-\lambda)p < c_p < c_h - c_l - \alpha r_s$ 且 $s < \varphi < s + (1-\lambda)\alpha r_c$ 时，系统不存在 ESS，如表 3-14 和图 3-13 所示。

表 3-14 当 $c_h - c_l - \alpha r_s - (1-\lambda)p < c_p < c_h - c_l - \alpha r_s$ 且 $s < \varphi < s + (1-\lambda)\alpha r_c$ 时的局部稳定性分析

均衡点 (x,y)	det$J$	tr$J$	局部稳定性
(0,0)	−	+	鞍点
(0,1)	−		鞍点
(1,0)	−		鞍点
(1,1)	−	−	鞍点

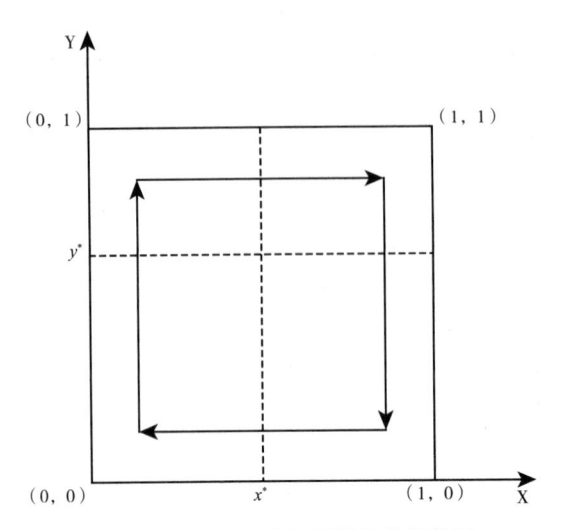

图 3-13 农产品市场周期振荡相位图

综合情形 1 至情形 9 的分析结果，可以得到不同条件下的农产品市场 ESS，如图 3-14 所示。研究发现，当伪劣农产品在认证过程中所需要支付的伪装成本相对较小（$c_p < c_h - c_l - \alpha r_s$），且认证机构采取严格认证行为时所承担的审核成本较大 [$\varphi > s + (1-\lambda)\alpha r_c$] 时，农产品市场的 ESS 为 (0, 0)，这意味着此时全体认证机构将选择采取违规认证行为，全体供应商也将提供伪劣农产品；当伪劣农产品在认证过程中所需要支付的伪装成本进一步降低 [$c_p < c_h - c_l - \alpha r_s - (1-\lambda)p$]，认证机构采取严格认证行为所承担的审核成本相对较小 [$\varphi < s + (1-\lambda)\alpha r_c$] 时，农产品认证市场的 ESS 为 (0, 1)，这意味着此时即便全体认证机构因为较低的审核成本采取严格认证行为，全体供应商最终也会选择提供伪劣农产品；当伪劣农产品在认证过程中所需要支付的伪装成本相对较大（$c_p > c_h - c_l - \alpha r_s$），认证机构采取严格认证行为所承担的审核成本也较大（$\varphi > s$）时，农产品认证市场的 ESS 为 (1, 0)，这意味着此时即使全体认证机构因审核成本过高而采取违规认证行为，但是全体供应商依然会因为高昂的伪装成本而选择提供合格农产品；当伪劣农产品在认证过程中所需要支付的伪装成本相对较大 [$c_p > c_h - c_l - \alpha r_s - (1-\lambda)p$]，且认证机构采取严格认证行为所承担的审核成本偏低（$\varphi < s$）时，此时农产品市场的 ESS 为 (1, 1)，这意味着此时全体认证机构将选择采取严格认证行为，全体供应商也会选择生产合格产品，这是市场能够达到的最优状态，此时市场上各主体都将各司其职，消费者也可以放心购买农

产品；而当伪劣农产品在认证过程中所需要支付的伪装成本处于中等水平 [$c_h - c_l - \alpha r_s - (1-\lambda)p < c_p < c_h - c_l - \alpha r_s$]，且认证机构采取严格认证行为时所承担的审核成本也处于中等水平 [$s < \varphi < s + (1-\lambda)\alpha r_c$] 时，农产品市场将呈现周期振荡的状态。

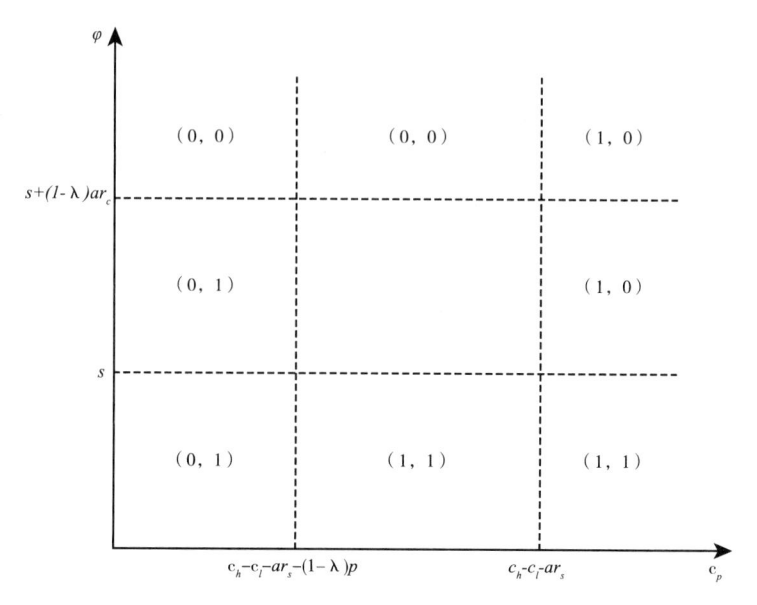

图 3-14　不同条件下的农产品市场 ESS

本节在农产品供应商和认证机构均面临道德风险的假设下，构建演化博弈模型，分析了农产品供应商的生产行为决策，从动态角度对农产品认证市场均衡的演化路径进行了刻画，并分析认证制度实施效果的差异性，得到的主要研究结论如下。

（1）当伪劣农产品在认证过程中所需要承担的伪装成本较低时，即便认证机构选择采取严格认证行为，农产品供应商也将选择生产伪劣农产品。

（2）当伪劣农产品在认证过程中所需要承担的伪装成本处于中等水平时，若认证机构选择采取严格认证行为，农产品供应商将选择生产合格农产品；而认证机构若选择采取违规认证行为，农产品供应商将选择生产伪劣农产品。

（3）当伪劣农产品在认证过程中所需要承担的伪装成本较高时，即便认证机构选择采取违规认证行为，农产品供应商也将选择提供合格农产品。

第四节　考虑存在合谋认证行为的农产品生产决策研究

（一）问题描述

合谋是指两个或多个个体或组织为了共同的目的而秘密合作的行为，这种行为通常是为了达到不正当的目的。[1] 本节将合谋认证定义为认证机构在认证过程中，因为与企业存在相关的利益输送而未合法履责，对认证产品出具虚假证明的一种不合法行为。[2]

在农产品电商供应链中，消费者往往无法直接接触和了解农产品的生产过程、质量标准和来源等关键信息，而农产品本身具有信任属性，这就导致了农产品市场中的信息不对称问题。消费者对农产品的质量和安全性有较高要求，但由于存在信息不对称，购买决策变得困难。

认证机构在解决这一问题中具有重要作用。通过审核和认定农产品生产过程、质量标准和认证标识，认证机构提供了一种可靠的第三方验证机制。消费者通过第三方认证可以获得关于农产品的可靠信息，从而做出最优的购买决策。然而，部分认证机构可能与企业合谋，使得消费者难以准确判断产品的质量好坏，导致购买低质量或不安全的农产品。同时，企业可以通过虚假的认证结果获得不正当的竞争优势，使其他诚实经营的农产品供应商面临市场竞争的压力，导致优质农产品的销售额下降，利润减少。

在商业实践中，除了认证机构在认证过程中存在违规认证行为外，认证机构的合谋认证行为也会导致认证制度失效。而认证机构进行合谋认证的市场条件，以及合谋认证行为对农产品供应商生产决策的影响机理尚不清晰，需要进一步探究。

（二）模型构建

假设市场上存在农产品供应商和认证机构两大群体，每个群体都拥有各自的行动集。农产品供应商群体的行动集为（提供合格农产品，提供伪劣农产品），

---

[1] Strausz R, "Honest certification and the threat of capture," *International Journal of Industrial Organization* 23 (2005): 45-62.

[2] Peyrache E, Quesada L, Intermediaries, "Credibilivy and incentives to collude," *Journal of Economics and Management Strategy* 20 (2011): 234-250.

认证机构群体的行动集为（合谋认证，不合谋认证）。在市场进行交易的最初阶段，市场上提供合格农产品的供应商群体比例为 x，提供伪劣农产品的供应商群体比例为 $(1-x)$；而市场上选择采取合谋认证行为的认证机构群体比例为 y，选择采取不合谋认证行为的认证机构群体比例为 $(1-y)$。

农产品供应商生产合格农产品的生产成本为 c_h，生产伪劣农产品的生产成本为 $c_l(c_l < c_h)$，不失一般性，这里假设 $c_l = 0$。农产品一旦获得认证标识，其在市场上的销售价格为 p。农产品在认证过程中需要缴纳认证费用 c_e，主要包括认证申请费、产品审核费、证书费、年度管理费等。

企业在进行认证的过程中，因为当前认证技术的局限性，伪劣农产品有 λ $(0 < \lambda < 1)$ 的概率通过认证，有 $(1-\lambda)$ 的概率无法通过认证，λ 的大小与认证技术的精确度等因素相关；假设合格农产品一定能够通过认证。伪劣农产品若未通过认证，则为了获得认证标识，将会向认证机构进行利益输送 b，希望能获得认证机构的认证标识。如果认证机构选择合谋，伪劣农产品获得认证标识；如果认证机构选择不合谋，伪劣农产品将被禁止出售。

获得认证标识的伪劣农产品进入市场后，后期也有可能出现事故曝光，假设事故曝光的可能性为 α。一旦农产品安全事故曝光，认证机构与农产品供应商都将面临着声誉损失，供应商承受的事故声誉成本为 r_s，认证机构需要支付的声誉成本为 r_c。

认证机构在向农产品供应商授予认证标识的过程中，如果采取不合谋认证行为，认证机构就会获得正向激励 s，这种正向激励来自认证机构工作人员在合法履行自身职责时而收获的一种自我满足感。在认证过程中，如果认证机构采取不合谋行为，则需要支付一定的认证成本 $\varphi = w + m$，w 表示在文件审查、现场审核等环节中所花费的人力与物力成本，m 表示颁发认证标识后对认证产品的监督成本，比如2015年生效的《中华人民共和国食品安全法》规定，相关部门在对产品进行认证的过程中，除了前期的产品检测外，还需要对产品进行事后的监督、不定期的抽检。若认证机构选择合谋认证，则不需要支付成本 m。即使认证机构选择采取合谋认证行为，也必须获得伪劣农产品的信息后，才可以对利益输送 b 的大小进行谈判。

根据上述假设，可以得出农产品供应商和认证机构在不同情形下的收益函数。

(1) 无论认证机构选择采取合谋认证行为还是不合谋认证行为，农产品供应商提供合格农产品的收益函数均为 $p - c_h - c_e$，而认证机构选择采取合谋认证行为时的收益函数为 $c_e - w$，采取不合谋认证行为时的收益函数为 $c_e + s - \varphi$。

(2) 当认证机构采取合谋认证行为时，农产品供应商选择提供伪劣农产品的收益函数为 $p - c_e - (1-\lambda)b - \alpha r_s$，此时认证机构的收益函数为 $c_e + (1-\lambda)b - w - \lambda m - \alpha r_c$。当认证机构选择采取不合谋认证时，收益函数为 $\lambda p - c_e - \lambda\alpha r_s$，认证机构的收益函数为 $c_e + s - \varphi - \lambda\alpha r_c$。

农产品供应商和认证机构的支付矩阵如表 3-15 所示。

表 3-15　农产品供应商和认证机构的支付矩阵

供应商(A)	认证机构(B)	
	合谋认证 (y)	不合谋认证 ($1-y$)
提供合格农产品 (x)	$(p - c_h - c_e, c_e - w)$	$(p - c_h - c_e, c_e + s - \varphi)$
提供伪劣农产品 ($1-x$)	$\begin{bmatrix} p - c_e - (1-\lambda)b - \alpha r_s \\ c_e + (1-\lambda)b - w - \lambda m - \alpha r_c \end{bmatrix}$	$\begin{pmatrix} \lambda p - c_e - \lambda\alpha r_s \\ c_e + s - \varphi - \lambda\alpha r_c \end{pmatrix}$

（三）模型分析

1. 演化均衡点的计算

假设农产品供应商提供合格农产品时的期望收益为 u_a^1，提供伪劣农产品时的期望收益为 u_a^2，以及群体平均收益为 $\bar{u}_a$，则 u_a^1、u_a^2、$\bar{u}_a$ 分别为

$$u_a^1 = y(p - c_h - c_e) + (1-y)(p - c_h - c_e) = p - c_h - c_e$$

$$\begin{aligned}u_a^2 &= y(p - c_e - (1-\lambda)b - \alpha r_s) + (1-y)(\lambda p - c_e - \lambda\alpha r_s)\\ &= y(1-\lambda)(p - \alpha r_s - b) + \lambda(p - \alpha r_s) - c_e\end{aligned}$$

$$\bar{u}_a = xu_a^1 + (1-x)u_a^2 = x(p - c_h - c_e) + (1-x)\{y(1-\lambda)(p - \alpha r_s - b) + \lambda(p - \alpha r_s) - c_e\}$$

根据 Malthusian 动态方程，策略的增长率等于它的相对适应度，只要采取该策略的个体适应度比群体的平均适应度高，那么这个策略就会增长。由此可以得到农产品供应商的复制动态方程：

$$\dot{x} = \frac{dx}{dt} = x(u_a^1 - \bar{u}_a) = x(1-x)(u_a^1 - u_a^2)$$

$$= x(1-x)[(1-\lambda)p - c_h + \lambda\alpha r_s - y(1-\lambda)(p - \alpha r_s - b)]$$

同理,假设认证机构选择采取合谋认证行为时的期望收益为 u_b^1,选择采取不合谋认证行为时的期望收益为 u_b^2,以及群体平均收益为 $\bar{u}_b$,则 u_b^1、u_b^2、$\bar{u}_b$ 分别为

$$u_b^1 = x(c_e - w) + (1-x)[c_e - w + (1-\lambda)b - \lambda m - \alpha r_c]$$
$$= c_e - w + (1-x)[(1-\lambda)b - \lambda m - \alpha r_c]$$

$$u_b^2 = x(c_e + s - \varphi) + (1-x)(c_e + s - \varphi - \lambda\alpha r_c)$$
$$= c_e + s - \varphi - (1-x)\lambda\alpha r_c$$

$$\bar{u}_b = y u_b^1 + (1-y) u_b^2$$
$$= y\{c_e - w + (1-x)[(1-\lambda)b - \lambda m - \alpha r_c]\} + (1-y)[c_e + s - \varphi - (1-x)\lambda\alpha r_c]$$

由此可以得到认证机构的复制动态方程:

$$\dot{y} = \frac{dy}{dt} = y(u_b^1 - \bar{u}_b) = y(1-y)(u_b^1 - u_b^2)$$
$$= y(1-y)\{(1-x)[(1-\lambda)(b - \alpha r_c) - \lambda m] + m - s\}$$

当 $\dot{x} = 0$ 且 $\dot{y} = 0$ 时,可以求得系统的 5 个局部平衡点分别为 $(0, 0)$、$(0, 1)$、$(1, 0)$、$(1, 1)$ 和 (x^*, y^*),其中,

$$x^* = 1 - \frac{s - m}{(1-\lambda)(b - \alpha r_c) - \lambda m}、y^* = \frac{(1-\lambda)p - c_h + \lambda\alpha r_s}{(1-\lambda)(p - \alpha r_s - b)}。$$

2. 局部平衡点的稳定性分析

按照复制动态方程求出的平衡点不一定是系统的演化稳定策略(ESS),根据 Friedman 提出的方法,求微分方程系统的演化稳定策略可以从该系统的 Jacobian 矩阵(记为 J)的局部稳定分析导出。

$$J = \begin{bmatrix} \frac{\partial \dot{x}}{\partial x} & \frac{\partial \dot{x}}{\partial y} \\ \frac{\partial \dot{y}}{\partial x} & \frac{\partial \dot{y}}{\partial y} \end{bmatrix} = \begin{bmatrix} a_{11} & a_{12} \\ a_{21} & a_{22} \end{bmatrix}$$

其中,

$$a_{11} = (1 - 2x)[(1-\lambda)p - c_h + \lambda\alpha r_s - y(1-\lambda)(p - \alpha r_s - b)]$$

$$a_{12} = -x(1-x)(1-\lambda)(p - \alpha r_s - b)$$

$$a_{21} = -y(1-y)[(1-\lambda)(b - \alpha r_c) - \lambda m]$$

$a_{22} = (1 - 2y) \{(1 - x) [(1 - \lambda) (b - \alpha r_c) - \lambda m] + m - s\}$

当满足以下两个条件时，复制动态方程的平衡点就是演化稳定策略（ESS）：

(1) $trJ = a_{11} + a_{22} < 0$（迹条件，其值记为 trJ）。

(2) $\det J = \begin{vmatrix} a_{11} & a_{12} \\ a_{21} & a_{22} \end{vmatrix} = a_{11}a_{22} - a_{12}a_{21} > 0$（Jacobian 行列式条件，其值为 $\det J$）。

根据 Jacobian 矩阵的条件，经计算可以得到系统 5 个局部平衡点处的 a_{11}、a_{12}、a_{21}、a_{22} 具体取值，如表 3-16 所示。

表 3-16 局部平衡点处 a_{11}、a_{12}、a_{21}、a_{22} 的具体取值

平衡点	a_{11}	a_{12}	a_{21}	a_{22}
(0,0)	$(1 - \lambda) p - c_h + \lambda \alpha r_s$	0	0	$(1 - \lambda)(b + m - \alpha r_c) - s$
(0,1)	$\alpha r_s + (1 - \lambda) b - c_h$	0	0	$-[(1 - \lambda)(b + m - \alpha r_c) - s]$
(1,0)	$-[(1 - \lambda) p - c_h + \lambda \alpha r_s]$	0	0	$m - s$
(1,1)	$-[\alpha r_s + (1 - \lambda) b - c_h]$	0	0	$s - m$
(x^*, y^*)	0	Φ	Ω	0

其中，$\Phi = \dfrac{[s - (1 - \lambda)(b - \alpha r_c + m)](s - m)(p - \alpha r_s - b)}{[(1 - \lambda)(b - \alpha r_c) - \lambda m][(b - \alpha r_c) - \lambda m]}$，

$\Omega = \dfrac{[(1 - \lambda) p - c_h + \lambda \alpha r_s][\alpha r_s + (1 - \lambda) b - c_h][(1 - \lambda)(b - \alpha r_c) - \lambda m]}{[(1 - \lambda)(p - \alpha r_s - b)]^2}$。

由表 3-16 可知，当局部平衡点为 (x^*, y^*) 时，$trJ = a_{11} + a_{22} = 0$ 成立，因此根据迹条件，(x^*, y^*) 肯定不是 ESS。对于其他四个局部平衡点，因为 $a_{12} = a_{21} = 0$，所以其条件主要由 a_{11} 和 a_{22} 取值决定。

通过分析可以得到，a_{11} 的正负有如下三种情况。

(1) 当 $\dfrac{c_h - (1 - \lambda) b}{\alpha} < r_s < \dfrac{p - b}{\alpha}$ 时，在 (1, 0) 和 (1, 1) 处，$a_{11} < 0$；在 (0, 0) 和 (0, 1) 处，$a_{11} > 0$。

(2) 当 $\dfrac{c_h - (1 - \lambda) p}{\lambda \alpha} < r_s < \dfrac{c_h - (1 - \lambda) b}{\alpha}$ 时，在 (0, 1) 和 (1, 0) 处，

$a_{11} < 0$; 在 (0, 0) 和 (1, 1) 处, $a_{11} > 0$。

(3) 当 $r_s < \dfrac{c_h - (1-\lambda)p}{\lambda\alpha}$ 时, 在 (0, 0) 和 (0, 1) 处, $a_{11} < 0$; 在 (1, 0) 和 (1, 1) 处, $a_{11} > 0$。

同理, a_{22} 的正负也有如下三种情况。

(1) 当 $m > \dfrac{s}{1-\lambda} - b + \alpha r_c$ 时, 在 (0, 1) 和 (1, 1) 处, $a_{22} < 0$; 在 (0, 0) 和 (1, 0) 处, $a_{22} > 0$。

(2) 当 $s < m < \dfrac{s}{1-\lambda} - b + \alpha r_c$ 时, 在 (0, 0) 和 (1, 1) 处, $a_{22} < 0$; 在 (0, 1) 和 (1, 0) 处, $a_{22} > 0$。

(3) 当 $\dfrac{1-\lambda}{\lambda}(b - \alpha r_c) < m < s$ 时, 在 (0, 0) 和 (1, 0) 处, $a_{22} < 0$; 在 (0, 1) 和 (1, 1) 处, $a_{22} > 0$。

(四) 算例分析

情形 1: 当 $r_s < \dfrac{c_h - (1-\lambda)p}{\lambda\alpha}$ 且 $\dfrac{1-\lambda}{\lambda}(b - \alpha r_c) < m < s$ 时, (0, 0) 为 ESS, 如表 3-17 和图 3-15 所示。

表 3-17 当 $r_s < \dfrac{c_h - (1-\lambda)p}{\lambda\alpha}$ 且 $\dfrac{1-\lambda}{\lambda}(b - \alpha r_c) < m < s$ 时的局部稳定性分析

均衡点 (x,y)	$\det J$	$tr J$	局部稳定性
(0,0)	+	−	ESS
(0,1)	−		鞍点
(1,0)	−		鞍点
(1,1)	+	+	不稳定点

情形 2: 当 $r_s < \dfrac{c_h - (1-\lambda)p}{\lambda\alpha}$ 且 $s < m < \dfrac{s}{1-\lambda} - b + \alpha r_c$ 时, (0, 0) 为 ESS, 如表 3-18 和图 3-15 所示。

表 3-18 当 $r_s < \dfrac{c_h-(1-\lambda)p}{\lambda\alpha}$ 且 $s < m < \dfrac{s}{1-\lambda} - b + \alpha r_c$ 时的局部稳定性分析

均衡点 (x,y)	detJ	trJ	局部稳定性
(0,0)	+	−	ESS
(0,1)	−		鞍点
(1,0)	+	+	不稳定点
(1,1)	−		鞍点

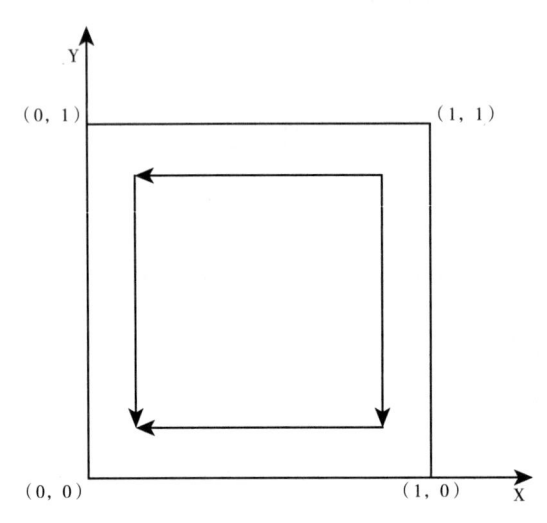

图 3-15 农产品市场 ESS 为 (0, 0) 的相位图

情形 3：当 $r_s < \dfrac{c_h-(1-\lambda)p}{\lambda\alpha}$ 且 $m > \dfrac{s}{1-\lambda} - b + \alpha r_c$ 时，(0, 1) 为 ESS，如表 3-19 和图 3-16 所示。

表 3-19 当 $r_s < \dfrac{c_h-(1-\lambda)p}{\lambda\alpha}$ 且 $m > \dfrac{s}{1-\lambda} - b + \alpha r_c$ 时的局部稳定性分析

均衡点 (x,y)	detJ	trJ	局部稳定性
(0,0)	−		鞍点
(0,1)	+	−	ESS
(1,0)	+	+	不稳定点
(1,1)	−		鞍点

情形 4：当 $\dfrac{c_h-(1-\lambda)p}{\lambda\alpha} < r_s < \dfrac{c_h-(1-\lambda)b}{\alpha}$ 且 $m > \dfrac{s}{1-\lambda} - b + \alpha r_c$ 时，(0, 1) 为 ESS，如表 3-20 和图 3-16 所示。

表 3-20 当 $\dfrac{c_h-(1-\lambda)p}{\lambda\alpha}<r_s<\dfrac{c_h-(1-\lambda)b}{\alpha}$ 且 $m>\dfrac{s}{1-\lambda}-b+\alpha r_c$ 时的局部稳定性分析

均衡点 (x,y)	$\det J$	trJ	局部稳定性
(0,0)	+	+	不稳定点
(0,1)	+	−	ESS
(1,0)	−		鞍点
(1,1)	−		鞍点

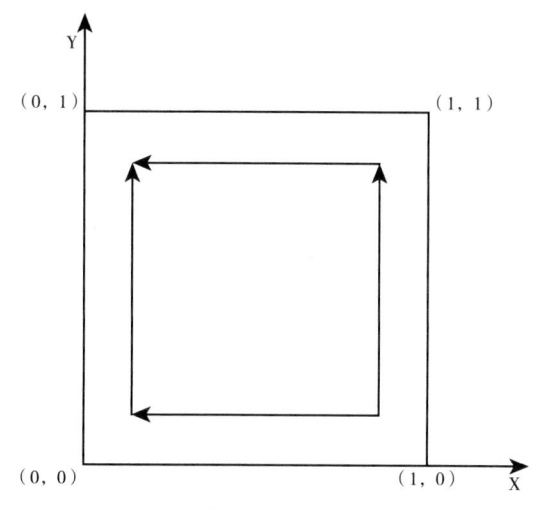

图 3-16 农产品市场 ESS 为 (0, 1) 的相位图

情形 5：当 $\dfrac{c_h-(1-\lambda)p}{\lambda\alpha}<r_s<\dfrac{c_h-(1-\lambda)b}{\alpha}$ 且 $\dfrac{1-\lambda}{\lambda}(b-\alpha r_c)<m<s$ 时，(1, 0) 为 ESS，如表 3-21 和图 3-17 所示。

表 3-21 当 $\dfrac{c_h-(1-\lambda)p}{\lambda\alpha}<r_s<\dfrac{c_h-(1-\lambda)b}{\alpha}$ 且 $\dfrac{1-\lambda}{\lambda}(b-\alpha r_c)<m<s$ 时的局部稳定性分析

均衡点 (x,y)	$\det J$	trJ	局部稳定性
(0,0)	−		鞍点
(0,1)	−		鞍点
(1,0)	+	−	ESS
(1,1)	+	+	不稳定点

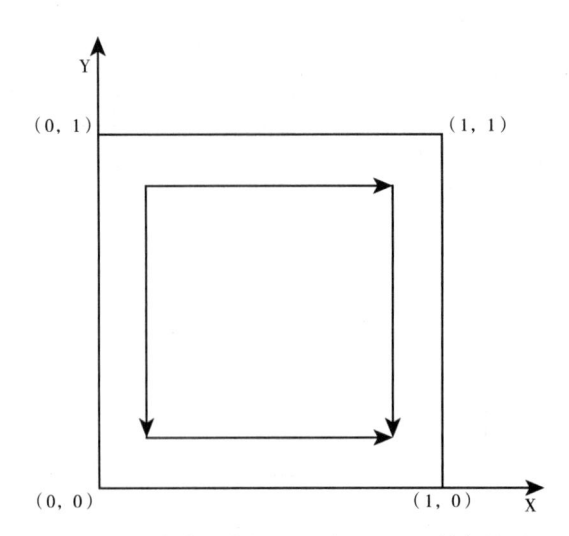

图3-17 农产品市场ESS为(1, 0)的相位图

情形6：当 $\dfrac{c_h - (1-\lambda)b}{\alpha} < r_s < \dfrac{p-b}{\alpha}$ 且 $\dfrac{1-\lambda}{\lambda}(b-\alpha r_c) < m < s$ 时，(1, 0)为ESS，如表3-22和图3-17所示。

表3-22 当 $\dfrac{c_h - (1-\lambda)b}{\alpha} < r_s < \dfrac{p-b}{\alpha}$ 且 $\dfrac{1-\lambda}{\lambda}(b-\alpha r_c) < m < s$ 时的局部稳定性分析

均衡点 (x,y)	$\det J$	$\operatorname{tr} J$	局部稳定性
(0,0)	−		鞍点
(0,1)	+	+	不稳定点
(1,0)	+	−	ESS
(1,1)	−		鞍点

情形7：当 $\dfrac{c_h - (1-\lambda)b}{\alpha} < r_s < \dfrac{p-b}{\alpha}$ 且 $s < m < \dfrac{s}{1-\lambda} - b + \alpha r_c$ 时，(1, 1)为ESS，如表3-23和图3-18所示。

表3-23 当 $\dfrac{c_h - (1-\lambda)b}{\alpha} < r_s < \dfrac{p-b}{\alpha}$ 且 $s < m < \dfrac{s}{1-\lambda} - b + \alpha r_c$ 时的局部稳定性分析

均衡点 (x,y)	$\det J$	$\operatorname{tr} J$	局部稳定性
(0,0)	−		鞍点
(0,1)	+	+	不稳定点

续表

均衡点 (x,y)	$\det J$	trJ	局部稳定性
(1,0)	−		鞍点
(1,1)	+	−	ESS

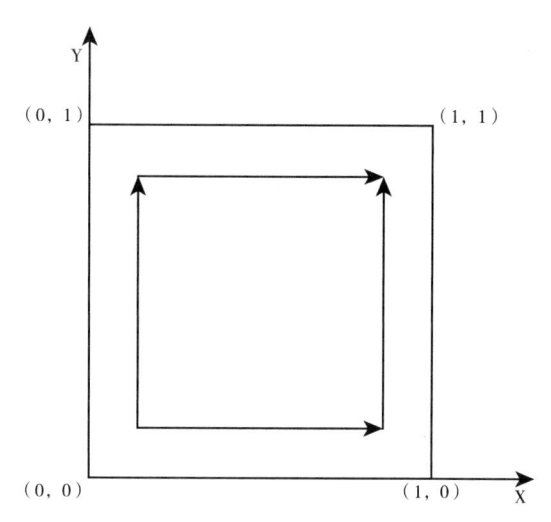

图 3-18　农产品市场 ESS 为 (1, 1) 的相位图

情形 8：当 $\dfrac{c_h-(1-\lambda)b}{\alpha}<r_s<\dfrac{p-b}{\alpha}$ 且 $m>\dfrac{s}{1-\lambda}-b+\alpha r_c$ 时，(1, 1) 为 ESS，如表 3-24 和图 3-18 所示。

表 3-24　当 $\dfrac{c_h-(1-\lambda)b}{\alpha}<r_s<\dfrac{p-b}{\alpha}$ 且 $m>\dfrac{s}{1-\lambda}-b+\alpha r_c$ 时的局部稳定性分析

均衡点 (x,y)	$\det J$	trJ	局部稳定性
(0,0)	+	+	不稳定点
(0,1)	−		鞍点
(1,0)	−		鞍点
(1,1)	+	−	ESS

情形 9：当 $\dfrac{c_h-(1-\lambda)p}{\lambda\alpha}<r_s<\dfrac{c_h-(1-\lambda)b}{\alpha}$ 且 $s<m<\dfrac{s}{1-\lambda}-b+\alpha r_c$ 时，系统不存在 ESS，如表 3-25 和图 3-19 所示。

103

表 3-25 当 $\dfrac{c_h-(1-\lambda)p}{\lambda\alpha}<r_s<\dfrac{c_h-(1-\lambda)b}{\alpha}$ 且 $s<m<\dfrac{s}{1-\lambda}-b+\alpha r_c$ 时的局部稳定性分析

均衡点 (x,y)	$\det J$	$\mathrm{tr} J$	局部稳定性
(0,0)	-		鞍点
(0,1)	-		鞍点
(1,0)	-		鞍点
(1,1)	-		鞍点

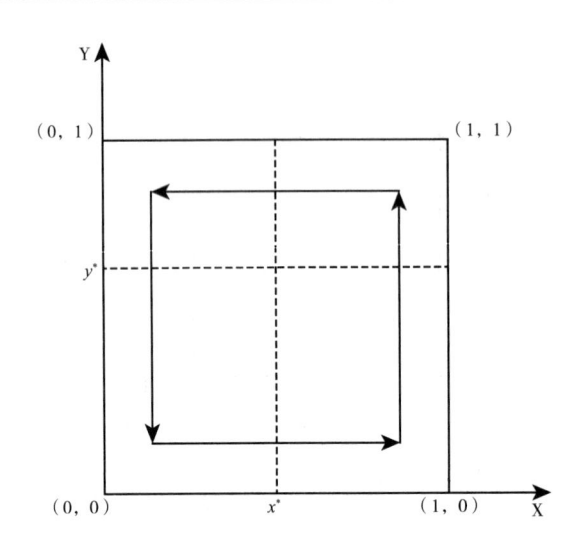

图 3-19 农产品市场周期振荡相位图

综合情形 1 至情形 9 的分析结果，可以得到不同条件下的市场 ESS 归纳，如图 3-20 所示。研究发现，若事故曝光后，生产伪劣农产品的供应商所面临的声誉损失相对较小 $\left[r_s<\dfrac{c_h-(1-\lambda)p}{\lambda\alpha}\right]$，且认证机构进行不合谋认证后期所付出的监督成本相对较小 $\left[\dfrac{1-\lambda}{\lambda}(b-\alpha r_c)<m<\dfrac{s}{1-\lambda}-b+\alpha r_c\right]$ 时，农产品市场的 ESS 为 (0,0)。这意味着，当认证机构后期监督成本相对较小时，即使全体认证机构选择采取不合谋认证行为，农产品供应商也会因为只需承担较低的声誉损失而选择生产伪劣农产品。当农产品供应商选择生产伪劣农产品时所面临的声誉损失相对较小 $\left[r_s<\dfrac{c_h-(1-\lambda)p}{\lambda\alpha}\right]$ 时，且认证机构进行不合谋认证后期所付出的监督成本相对较大 $\left(m>\dfrac{s}{1-\lambda}-b+\alpha r_c\right)$ 时，农产品市场的 ESS 为 (0,1)，这意味着此时认证机构将选择采取合谋认证行为，全体农产品供应商将选择生产伪劣农产品，此时市场上将充斥着伪劣农产品。当生产伪劣农产品的供应商所面临的声誉损失相对较大 $\left[\dfrac{c_h-(1-\lambda)p}{\lambda\alpha}<r_s<\dfrac{p-b}{\alpha}\right]$ 时，且认证机构进行不合谋认证后期所付出的监督成本相对较低 $\left[\dfrac{1-\lambda}{\lambda}(b-\alpha r_c)<m<s\right]$ 时，农产品市场的 ESS 为 (1, 0)，这说明此时认证机构选择不合谋认证，且农产品供应商选择生产合格农产品，这是市场的理想状态。当生产伪劣农产品的供应商所面临的声誉损失相对较大 $\left[\dfrac{c_h-(1-\lambda)b}{\alpha}<r_s<\dfrac{p-b}{\alpha}\right]$ 时，且认证机构进行不合谋认证后期所付出的监督成本相对较大（$m>s$）时，农产品市场的 ESS 为 (1, 1)，这意味着此时全体认证机构因为较高的监督成本会选择合谋认证，而农产品供应商却会因为面临较高声誉损失风险而选择生产合格农产品，这是市场的次优状态。当生产伪劣农产品的供应商所面临的声誉损失处于中等水平 $\left[\dfrac{c_h-(1-\lambda)p}{\lambda\alpha}<r_s<\dfrac{c_h-(1-\lambda)b}{\alpha}\right]$ 时，且认证机构进行不合谋认证后期所付出的监督成本也处于中等水平（$s<m<\dfrac{s}{1-\lambda}-b+\alpha r_c$）时，农产品市场将呈现周期振荡的状态。

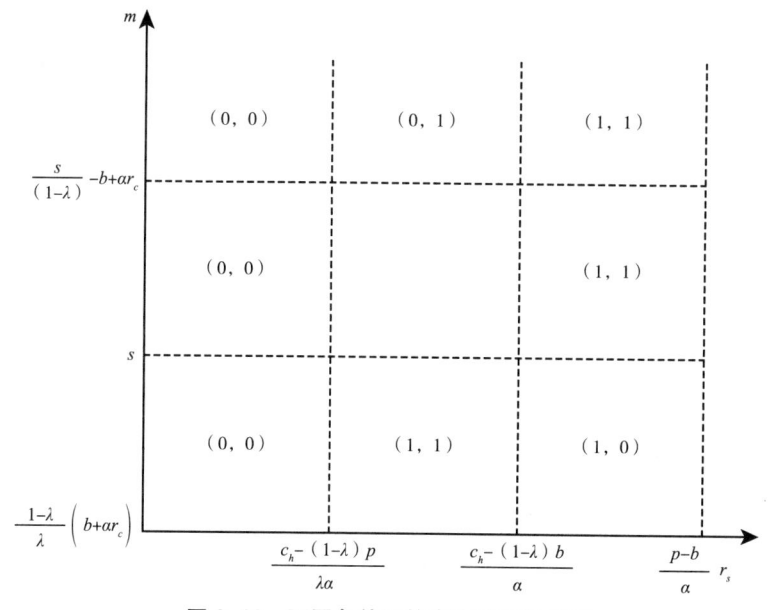

图 3-20　不同条件下的农产品市场 ESS

本节在认证机构认证过程中可能会采取合谋行为的假设下，构建演化博弈模型，从动态角度对农产品认证市场均衡的演化路径进行了刻画，并分析认证制度实施效果的差异性，得到主要研究结论如下。

（1）认证机构是否采取合谋行为，取决于后期所付出的监督成本大小，农产品供应商是否与认证机构进行合谋主要取决于事故曝光导致企业声誉损失大小。

（2）当监督成本不高，且企业可能承受的声誉损失较大时，市场处于稳定状态，因为认证机构没有采取合谋认证的动机，而农产品供应商也不愿承担太大的期望风险。

（3）当认证机构后期监督成本高昂，农产品供应商声誉损失较小时，认证机构和农产品供应商就会进行合谋，此时市场失灵最为严重，认证机构不履责，伪劣农产品充斥市场。

第五节　本章小结

本章重点研究农产品电商供应链生产策略。首先，探究了基于农场的农产品电商供应链运作机制，研究不同种植方式的选择问题。其次，针对农产品产出不确定的情况，研究在不同的生产组织和物流服务组合策略下，农产品电商的利润水平差异和最优生产组合策略选择。最后，针对认证机构存在违规认证和合谋认证的现象，通过构建演化博弈模型，动态分析了违规认证和合谋认证产生的原因及形成条件，刻画了农产品供应商生产决策行为路径。

根据本章的研究结论，可以得到以下管理启示。

第一，农产品电商应积极推广现代农业技术，如精准农业、设施农业、温室种植等，以提高生产效率和产量。推广高效的耕作技术、科学的施肥和灌溉方法，优化作物种植结构，最大限度地利用土地和资源，保障农产品安全供给。

第二，依据《中华人民共和国农产品质量安全法》《绿色食品标志管理办法》等法律法规，农产品电商应选择那些获得绿色食品标志、有机产品认证的供应商作为合作伙伴。这不仅符合国家对于农产品质量和安全的要求，也可以更好地满足消费者对健康生活方式的需求。

第三，农产品电商应利用国家推广的认证体系，如 GAP（良好农业规范）

和 HACCP（危害分析与关键控制点）等，引导农民和企业参与认证，从而为农产品的质量提供保障。这将有助于提高产品在市场上的认可度，并为消费者提供更大的信心。

第四，我国提出加强农业供应链管理，推动供应链的整合和优化。因此，农产品电商可以与农产品生产者建立长期合作关系以保障农产品的稳定供应。

第四章　农产品电商供应链配送策略

随着消费者对配送时间、信息共享程度、农产品绿色程度等要素的要求日益多样化，高效配送变得更加重要。农产品易腐性强、需要特殊保鲜等特征，对配送效率和成本控制提出了更高要求。此外，受天气等因素影响，农产品供给不确定性大，物流系统需要具备更强柔性和应变能力。同时，农产品的品质对消费者体验至关重要，要求物流各环节严格控制温度和湿度，保证产品质量。高效物流配送可以提高消费者满意度，降低运营成本，提高企业竞争力。因此，研究农产品供应链配送策略可以帮助农产品电商寻找更合适的物流渠道，优化配送路线，确保及时供应并满足消费者需求。

2024年中央一号文件强调，深化"数商兴农"战略与"互联网+"农产品行动计划，全面加速推进农产品出村进城工程的第二个三年周期，旨在构建更加高效、智能的农产品供应链体系。[1] 文件同时也指出，要大力扶持农产品电商直采、个性化定制生产等创新模式，促进农产品上行渠道拓宽与增值。加强农副产品直播电商基地的规范化、专业化建设，利用数字技术赋能传统农业，打造一批具有示范引领作用的电商直播基地，推动农产品品牌化、标准化、网络化发展，让优质农产品更便捷地触达广大消费者，促进农民增收与乡村振兴战略的深入实施。在农产品电商供应链的运营中，配送扮演着越来越重要的角色。一方面，配送可以保障农产品的及时送达，满足消费者的需求，提高客户满意度，从而促进销售额的增长。另一方面，优化配送方式和提高配送效率，可以降低物流成本，从而提高企业的利润水平。例如，阿里巴巴旗下的农村淘宝就建立了自己

---

[1] 新华社：《中共中央 国务院关于学习运用"千村示范、万村整治"工程经验有力有效推进乡村全面振兴的意见》，2024年2月3日。

的物流系统，依托农村电商物流配送中心和仓储物流中心，实现农产品的集中收发和配送，为农产品电商提供了强有力的支持。[1] 京东也建立了自己的农产品物流系统，通过与农户和农产品生产企业的合作，实现直采直配，保证农产品的新鲜度和品质。这些大型农产品电商物流系统的建设，为农产品电商的快速发展提供了重要的支撑和保障。[2]

农产品供给不确定性大，季节性波动明显，产品品质要求高，信息跟踪与追溯重要，这些都增加了农产品电商供应链的不稳定性。因此，韧性在农产品电商供应链运作中的重要性越发凸显。在外部环境不断变化下，供应链韧性提升能够帮助农产品电商更加灵活地应对市场变化。本章研究了面临失效风险时的农产品配送中心选址和配送路径优化问题，并重点分析了两种特殊的配送场景问题：基于社区团购模式的农产品配送路径优化和基于直采直配模式的农产品电商低碳物流配送。最后，本章还探讨了基于承诺送达机制的农产品电商配送路径规划。上述问题的研究，可为农产品电商选择合适的配送策略提供指导。

第一节　面临失效风险时的农产品配送中心选址和路径优化研究

（一）问题描述

在农产品配送过程中，由于受天气等不可控因素的影响，可能会出现配送失效的情况，从而导致顾客的不满和投诉。这不仅会影响电商企业的信誉，还会损害农产品供应链的可持续发展能力。因此，在考虑农产品配送的优化方案时，必须充分考虑失效风险，并制定相应的应对措施。实践中客户需求未满足会导致企业损失，当某个或多个配送中心失效时，其对应的客户需求应分配给其余未失效的配送中心来负责，尽可能地满足客户需求，如图4-1所示。未满足客户需求会产生一定的损失，未失效的配送中心需要支付额外的费用，通过租赁、调用车辆等方式来提高配送能力。因此，农产品配送中心选址时，应考虑失效风险，保证面临失效风险时的配送效率并控制成本。本节将系统弹复性定义为配送中心失

---

[1]《农村淘宝是什么快递公司？是物流配送的吗？》，开淘网，2021年10月14日。
[2]《京东物流的乡村实践》，第一财经，2021年12月29日。

效后对客户需求的满足率,并以此为约束设计一个农产品配送中心选址和路径模型。

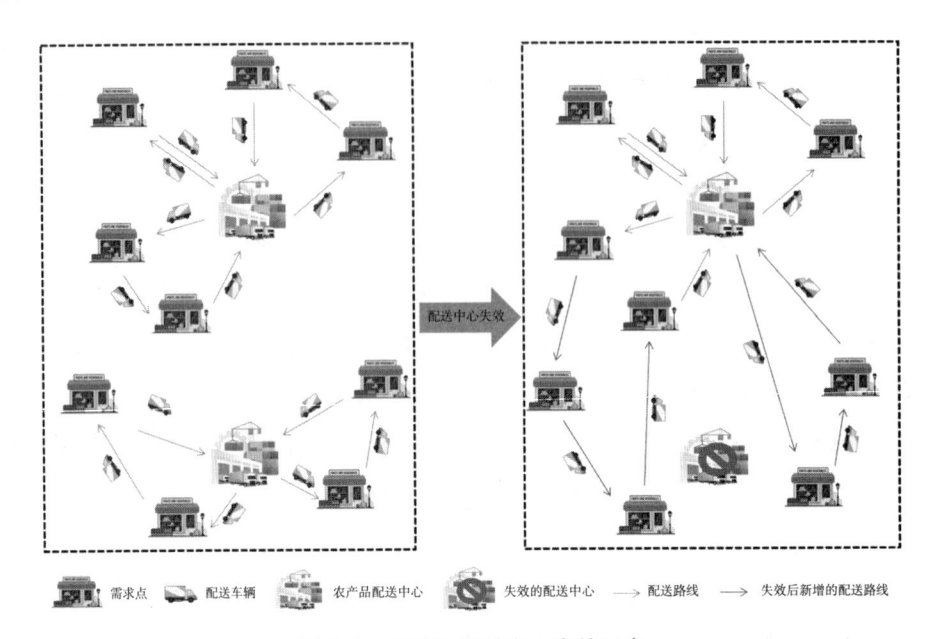

图 4-1 农产品配送中心失效示意

结合实际情况考虑以下假设:

(1) 备选配送中心和需求点的地理位置都已知;
(2) 需求点的需求量已知,并且在一段时间内不存在波动;
(3) 农产品具有易腐特点;
(4) 所有配送车辆车型相同,且只服务一条路径并最终回到出发点;
(5) 一个需求点有且只有一个配送中心和一辆车为其服务;
(6) 配送中心之间不存在路径;
(7) 在配送过程中配送时间是固定的(不考虑道路、天气等因素的影响)。

本节用到的符号与变量说明如下:

I:农产品配送中心的备选设施点集合,$I = \{1, 2, 3, \cdots, \gamma\}$,$\gamma$ 为备选设施点数量;

J:所有需求点的集合,$J = \{\gamma + 1, \gamma + 2, \cdots, \gamma + \varphi\}$,$\varphi$ 为需求点数量;

A:配送中心和需求点的集合;

K:车辆集合,$k \in K$;

R：系统弹复性指标；

C_i^θ：在场景 θ 下配送中心 i 的配送能力增值，$i \in I$；

C_{imax}：配送中心 i 配送能力增值上限，$i \in I$；

F_i：设立配送中心 i 的固定成本，$i \in I$；

n：车辆的额定装载量；

O^θ：在场景 θ 下车辆的使用数量；

v：车辆行驶的速度；

d_{ij}：配送中心 i 到需求点 j 的距离；

M_i：设立的配送中心 i 的最大配送能力，$i \in I$；

p_1：农产品的需求未被满足时的单位惩罚系数；

p_2：配送中心配送能力扩大的单位成本；

q_j：需求点 j 对农产品的需求量，$j \in J$；

ζ_{ij}：配送中心 i 到需求点 j 过程中农产品变质程度；

s：农产品的单位价值；

l_{ij}^θ：在场景 θ 下点 i 到点 j 农产品的运输量；

w_j^θ：需求点 j 的需求未被满足的农产品短缺量，$j \in J$；

c：车辆的每公里运输成本个配送中心失效的概率；

P_θ：场景 θ 发生的概率；

u_{ik}^θ：辅助变量，用于消除配送阶段的子回路；

x_{ij}^θ：0，1 变量，若需求点 j 由配送中心 i 负责配送，则值为 1，否则为 0，$j \in J$；

y_i：0，1 变量，若在点 i 建立配送中心，则值为 1，否则为 0，$i \in I$；

λ_{ik}^θ：0，1 变量，在场景 θ 下若车辆 k 分配给配送中心 i，则值为 1，否则为 0，$i \in I$，$k \in K$；

z_{ijk}^θ：0，1 变量，在场景 θ 下若车辆 k；从点 i 运输农产品到点 j，则值为 1；否则为 0，$i \in I$，$j \in J$，$k \in K$；

α_i^θ：在场景 θ 下，若农产品在配送中心 i 无法运输，则值为 1，否则为 0；

（二）模型构建

构建总成本最小化目标函数如下：

$$min \sum_{i \in I} F_i y_i + \sum_{\theta \in \Theta} P_\theta [\sum_{i \in A} \sum_{j \in A} \sum_{k \in K} z_{ijk}^\theta d_{ij} c + \sum_{j \in J} w_j^\theta p_1 + mo^\theta$$

$$+ \sum_{i \in I} C_i^\theta p_2 + \sum_{i \in A} \sum_{j \in A} sl_{ij}^\theta (1 - \zeta_{ij}^\theta) \Big] \qquad (4-1)$$

目标函数（4-1）表示最小化总成本，其中，第一项表示选址成本，第二项表示运输过程中产生的成本。在第二项中，由于有多个备选配送中心，有可能出现一个或多个配送中心失效的情况，因此使用情景分析法将可能的失效情况分为多个场景。由于场景不同，产生的成本也不同，可以按照场景发生的概率来计算成本，其中包括车辆运输成本、车辆使用成本、仓储配送能力增值成本、农产品在运输过程中的损失成本以及各种场景下未满足需求点所产生的惩罚成本。每个场景 θ 发生的概率为

$$P_\theta = \prod_{i \in I: \alpha_i^\theta = 1} p_i \prod_{i \in I: \alpha_i^\theta = 0} (1 - p_i) \qquad (4-2)$$

参考 Osvald 和 Stirn[1] 的研究，农产品生命周期可以分为良好期、变质期和完全变质期，其新鲜程度随着时间的推移而下降，如图 4-2 所示。农产品变质趋势可以用式（4-3）表示

$$\zeta_{ij} = \begin{cases} 1, & t_{ij} < A \\ \dfrac{C - t_{ij}}{C - A}, & A < t_{ij} < B \\ 0, & B < t_{ij} \end{cases} \qquad (4-3)$$

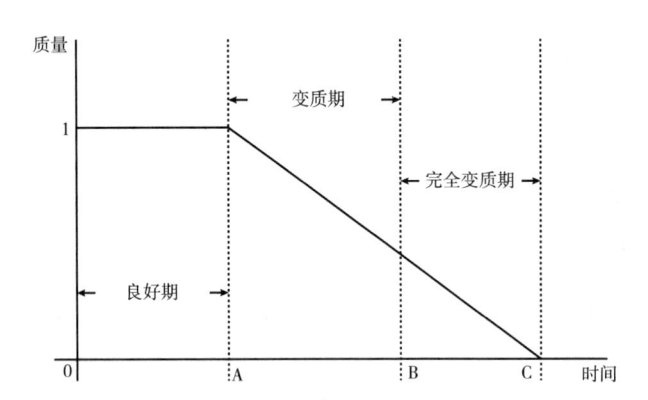

图 4-2 农产品变质趋势与时间的关系

---

[1] Osvald A, Stirn L Z, "A vehicle routing algorithm for the distribution of fresh vegetables and similar perishable food," *Journal of Food Engineering* 85 (2008): 285-295.

$$\min_{1\leq k\leq K}\max \frac{\sum_{i\in A}\sum_{j\in A}z_{ijk}^{\theta}d_{ij}}{v},\forall \theta \in \Theta R=\sum_{\theta \in \Theta}P_{\theta}\frac{\sum_{i\in A}\sum_{j\in J}l_{ij}^{\theta}}{\sum_{j\in J}q_{j}}>\sigma \quad (4-4)$$

目标函数（4-4）表示的是车辆最大配送时间的最小化，即最晚完成配送的时间最小化。

$$R=\sum_{\theta \in \Theta}P_{\theta}\frac{\sum_{i\in A}\sum_{j\in J}l_{ij}^{\theta}}{\sum_{j\in J}q_{j}}>\sigma \quad (4-5)$$

R 表示系统弹复性，用来描述配送中心失效情况下对客户需求的满足能力。式（4-5）保证 R 满足所需的弹复性水平 σ。

$$\sum_{i\in A}\sum_{k\in K}z_{jik}^{\theta}=1\,\forall j\in J\,\forall \theta \in \Theta \quad (4-6)$$

$$y_{i}\geq z_{ijk}^{\theta}\,\forall i\in I\,\forall j\in J\,\forall k\in K\,\forall \theta \in \Theta \quad (4-7)$$

$$\sum_{i\in A}\sum_{j\in J}z_{ijk}^{\theta}q_{j}\leq n\,\forall k\in K\,\forall \theta \in \Theta \quad (4-8)$$

$$\sum_{i\in I}\sum_{j\in J}z_{ijk}^{\theta}\leq 1\,\forall k\in K\,\forall \theta \in \Theta \quad (4-9)$$

$$u_{ik}^{\theta}-u_{jk}^{\theta}+\varphi z_{ijk}^{\theta}\leq \varphi -1\,\forall i\in A\,\forall j\in A\,\forall k\in K\,\forall \theta \in \Theta \quad (4-10)$$

$$\sum_{j\in J}z_{ijk}^{\theta}=\sum_{j\in J}z_{jik}^{\theta}\,\forall i\in I\,\forall k\in K\,\forall \theta \in \Theta \quad (4-11)$$

$$\sum_{j\in J}z_{jik}^{\theta}\leq 1\,\forall i\in I\,\forall k\in K\,\forall \theta \in \Theta \quad (4-12)$$

$$M_{i}^{\theta}=M_{i}(1-\alpha_{i}^{\theta})\,\forall i\in I\,\forall \theta \in \Theta \quad (4-13)$$

$$\sum_{j\in J}z_{ijk}^{\theta}-\lambda_{ik}^{\theta}=0\,\forall i\in I\,\forall k\in K\,\forall \theta \in \Theta \quad (4-14)$$

$$C_{i}^{\theta}\leq C_{imax}\,\forall i\in I\,\forall \theta \in \Theta \quad (4-15)$$

$$\sum_{k\in K}z_{ijk}^{\theta}=0\,\forall i\in I\,\forall j\in I \quad (4-16)$$

$$\sum_{j\in A}z_{ijk}^{\theta}-\sum_{j\in A}z_{jik}^{\theta}=0\,\forall i\in A\,\forall k\in K\,\forall \theta \in \Theta \quad (4-17)$$

$$\sum_{j\in J}q_{j}x_{ij}^{\theta}\leq M_{i}^{\theta}+C_{i}^{\theta}\,\forall i\in I\,\forall \theta \in \Theta \quad (4-18)$$

$$\sum_{i\in A}l_{ij}^{\theta}=\sum_{i\in A}l_{ji}^{\theta}+q_{j},\forall j\in J,\forall \theta \in \Theta \quad (4-19)$$

$$l_{ij}^{\theta} \geq 0 \,\forall i \in I \,\forall j \in J \,\forall \theta \in \Theta \qquad (4-20)$$

$$\sum_{k \in K} \sum_{j \in J} z_{ijk}^{\theta} - y_i \geq 0 \,\forall i \in I \qquad (4-21)$$

$$y_i \in (0,1) \,\forall i \in I \qquad (4-22)$$

$$\lambda_{ik}^{\theta} \in (0,1) \,\forall i \in I \,\forall k \in K \,\forall \theta \in \Theta \qquad (4-23)$$

$$u_{ik}^{\theta} \geq 0 \,\forall i \in A \,\forall k \in K \,\forall \theta \in \Theta \qquad (4-24)$$

$$w_j^{\theta} \geq 0 \,\forall j \in J \,\forall \theta \in \Theta \qquad (4-25)$$

$$\alpha_i^{\theta} \in (0,1) \,\forall i \in I \,\forall \theta \in \Theta \qquad (4-26)$$

$$z_{ijk}^{\theta} \in (0,1) \,\forall i \in A \,\forall j \in A \,\forall k \in K \,\forall \theta \in \Theta \qquad (4-27)$$

$$x_{ij}^{\theta} \in (0,1) \,\forall i \in I \,\forall j \in J \,\forall \theta \in \Theta \qquad (4-28)$$

$$\zeta_{ij} \geq 0 \,\forall i \in A \,\forall j \in A \,\forall \theta \in \Theta \qquad (4-29)$$

式（4-6）和式（4-7）确保每个需求点从配送中心出发服务的车有且仅有一辆，并且该配送中心是已经通过选址确认建立的；式（4-8）是指每辆车服务的需求点的总需求量不能超过车辆的最大负载能力；式（4-9）意味着每辆车至多被安排一次；式（4-10）避免了需求点之间形成子循环；式（4-11）和式（4-12）确保每辆车从农产品配送中心出发，最终返回同一个配送中心；式（4-13）限制了场景 θ 下配送中心 i 的配送能力；式（4-14）表示车辆 k 分配给配送中心 i；式（4-15）限制了配送能力的增值；式（4-16）表示各配送中心之间无路径；式（4-17）保证了路线的连续性；式（4-18）限制了配送中心的流量；式（4-19）表示需求点两端的流量平衡；式（4-20）为两点之间的流量的非负约束；式（4-21）表示开放的配送中心必须有车辆行驶约束；式（4-22）到式（4-29）是对变量值的约束。

（三）算法设计

1. 编码设计

考虑有 n 个备选配送中心、m 个需求点和 k 辆车的情况，生成如图4-3所示的三段基因。染色体第一段有 m 个基因位，每个基因位在 k 辆车中随机生成。染色体第二段代表 m 个需求点，每个需求点与第一段基因相对应，一个需求点对应一辆车。染色体第三段有 k 个基因位，每个基因由 n 个备选配送中心随机生成，表示每辆车对应的配送中心。染色体总长度为 $m+m+k$。

下面以 6 个客户、3 个备选配送中心、3 辆车为例来说明解码过程。先随机产生染色体：1-2-2-1-2-1-6-5-4-3-2-1-1-1-2，根据编码规则，染色体共有三段，第一段 6 位与第二段 6 位相对应，则有 1 号车配送路径 6-3-1，2 号车配送路径 5-4-2。第三段 1-1-2 表示 1、2 号车都属于配送中心 1、3 号车属于配送中心 3，则表示配送中心 1 被选址，1、2 号车从配送中心 1 出发服务需求点。

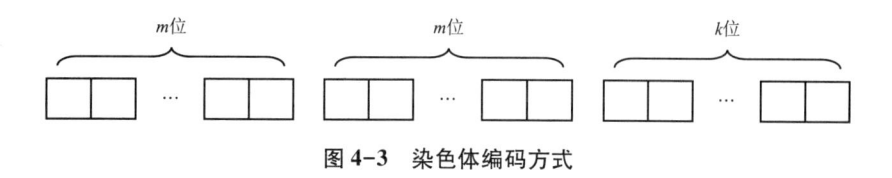

图 4-3 染色体编码方式

2. 种群初始化

合理的初始种群可以提高算法的收敛效率。在初始种群中通过随机生成和启发式算法相结合，增加种群的多样性，因此设置了三种初始化方法。一种为随机生成种群，另外两种为启发式算法，分别从路径和选址两个维度优化个体，提高算法寻优能力。以种群数量=100 为例，其中随机生成 90 个个体，另外 10 个个体中有 5 个个体采用节约里程算法（CW）优化配送路径、5 个个体根据 K 均值聚类算法（K-means）[1] 去优化配送中心选址。

3. 非支配排序和拥挤度计算

在多目标优化中，会同时优化两个或多个相互冲突的目标。这就导致当某一种解决方案对于一个目标最优时，其他目标可能很差。这些解决方案被称为帕累托最优解或帕累托有效解。非支配排序可以根据个体的非支配关系将个体进行排序进而划分成不同的等级。同时，为了保证种群的多样性，加入了对个体的拥挤度计算。个体的拥挤度等于其目标值与相邻的两个个体之间的距离。

4. 选择

采用二元锦标赛的选择方式，每次从种群中随机选择两个个体（每个个体被选择的概率相同），根据每个个体的非支配排序等级，选择其中等级较低的个

---

[1] Arai K, Barakbah A R, "Hierarchical K-means : An algorithm for centroids initialization for K-means," *Reports of the faculty of science & engineering* 36（2007）：25-31.

体进入下一代种群。如果两个个体在同一等级（即不存在支配关系），则选择拥挤度较大的个体。

5. 交叉与变异

有多种算子可以作为交叉和变异的算子，每个问题都可能与特定的算子相兼容。本节使用的交叉和变异算子分别是改进交叉算子和交换、逆转变异。传统的PMX交叉，是从父代中随机选择一对个体进行交叉操作。在本问题的研究中，改进的交叉操作先随机选择种群中的两个层级，然后在等级较小的层级中随机选择一个个体，重复该操作得到两个个体作为父代个体进行交叉。因染色体含有车辆、选址和路径三种信息，其中需求点不能重复，因此路径基因用PMX交叉，而车辆和选址基因用两点交叉。同上，变异操作也要分开进行，路径基因采用交换变异，车辆和选址基因用逆转变异法。

6. 基于模拟退火的局部搜索算法

（1）模拟退火算法。将局部搜索概率 P_L 设置为当前迭代数除以总迭代数，让算法前期先对解空间进行全局寻优搜索，到了后期解集较为集中再进行局部搜索。模拟退火算法（Simulated Annealing Arithmetn，SAA）是一种随机寻优的算法，具有比较强的局部搜索能力，其Metropolis准则允许一定的概率上接受劣于原解的新解[1]，从而使算法能够跳离局部最优的陷阱。理论上，只要迭代次数足够多，就能够搜索到全局最优。因此，这里采用基于SAA思想的局部随机搜索策略。

（2）邻域。S 表示可行解的集合，x_i 表示当前解，集合 $N(x_i)$ 是与 x_i 相邻的解的集合。集合 $N(x_i)$ 中的每个个体都是通过SAA中的邻域运算获得的。传统的邻域操作包括插入和交换。本节中的插入操作包括选址和路径的插入操作，选址插入是将代表配送中心的基因随机插入第3段基因中，路径插入则是将代表路径的基因随机插入第2段基因中，如图4-4所示。执行选址和路径插入操作的概率分别固定为0.5和0.5。同理，交换也包括选址和路径交换两种。

此外，为了得到更好的新解，本节还增加了三种启发式算法的邻域运算。第

---

[1] Lin S W, Ying K C, "Minimizing makespan and total flowtime in permutation flowshops by a bi-objective multi-start simulated-annealing algorithm," *Computers & Operations Research* 40 (2013)：1625-1647.

一种是 CW 算法，第二种是 K-means 算法，最后一种是 2-opt 算法，用来优化配送路径。

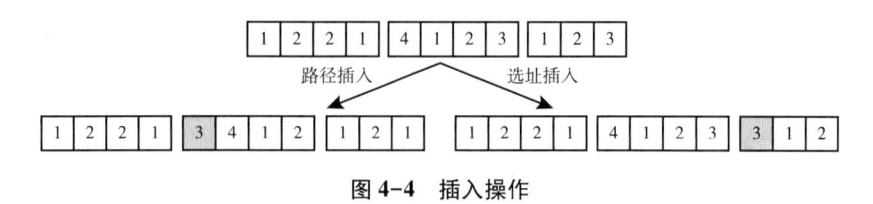

图 4-4 插入操作

7. IGSSA 主框架

基于上述讨论，IGSSA 框架如图 4-5 所示：

步骤一，初始化算法参数；

步骤二，按照第 2、3 节生成初始种群并评估；

步骤三，执行第 4、5 节中改进的遗传算法并评估；

步骤四，更新外部档案并按照第 6 节执行局部搜索；

步骤五，直到满足终止标准才终止程序，否则跳转步骤三。

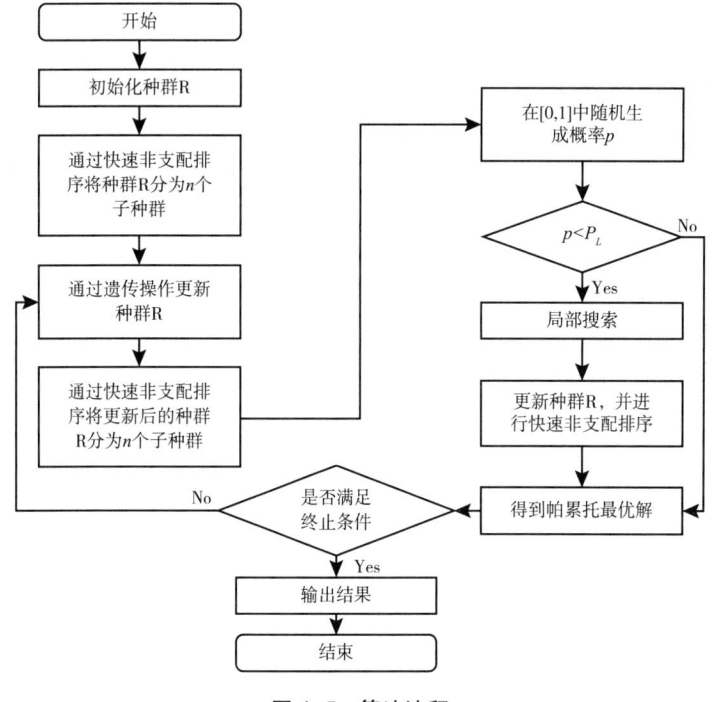

图 4-5 算法流程

(四) 算例分析

为了检验 IGSSA 在解决所研究问题中的性能,对一组测试问题进行了仿真实验,将 NSGAII[1]、MOEA/D[2] 和 INSGA-dLS[3] 作为比较算法,用于评估算法性能的两个指标是逆通用距离 (IGD-metric)[4] 和 Hypervolume-metric (HV-metric)。计算 HV 时,对数据进行归一化处理,将所有解的目标函数值映射到区间 [0,1],然后以 (1,1) 为参考点来计算 HV。算法在 MATLAB 中编码,所有实验均在配备 Intel i5-1035G4@1.50 GHz、CPU 8 GB RAM 并使用 Windows 10 操作系统的个人计算机上进行。

1. 算例生成

为了测试算法性能,将每组算例参数设置为随机值,以保证算例的多样性。在下面的实验中,随机生成了 $n=4,6,8,10$ 和 $m=60,80,100,120$ 组合的 8 个测试问题。对于每个测试问题,选址成本、车辆成本等参数在一定范围内随机生成。开展 8 组不同规模的实验,每组随机产生 4 组数据,每组数据运行 10 次,取平均值。

2. 参数调整分析

多目标优化算法的性能受其参数控制,最优的参数设置可以提供有效的优化。将 NSGAII 的种群大小、交叉和突变概率分别设置为 100、0.9 和 0.25。种群大小、邻域大小、交叉和 MOEA/D 的变异概率分别设置为 100、10、0.3 和 0.1。为了确定参数的最佳组合,采用正交设计方法,得到 9 个参数配置。应确定四个重要参数:P、N、α、R。其中,$P=\{60,80,100\}$,表示种群数量;$N=\{3,6,9\}$,表示执行局部搜索的个体数量;$\alpha=\{0.4,0.6,0.8\}$,表示模拟退火算法中的退火率;$R=\{15,30,45\}$,表示局部的搜索结果放回种群的数量。对随机选择的实例进行参数调整,该实例具有 6 个备选配送中心和 80 个需

---

[1] Deb K, Pratap A, Agarwal S, Meyarivan T, "A fast and elitist multiobjective genetic algorithm: NSGA-II," *IEEE Transactions on Evolutionary Computation*, 6 (2002): 182-197.

[2] Zhang N Q, Li N H, "MOEA/D: A multiobjective evolutionary algorithm based on decomposition," *IEEE Transactions on Evolutionary Computation* 11 (2007): 712-731.

[3] Yu X, Zhou Y, Liu X, "The two-echelon multi-objective location routing problem inspired by realistic waste collection applications: The composable model and a metaheuristic algorithm," *Applied Soft Computing* 94 (2020): 106477.

[4] Sun Y, Yen G G, Yi Z, "IGD indicator-based evolutionary algorithm for many-objective optimization problems," *IEEE Transactions on Evolutionary Computation* 23 (2018): 173-187.

求点并使用 HV 度量作为响应值（RV）来验证所有组合的结果。

表4-1 显示了不同组合的正交设计结果；表4-2 显示了这些参数的显著性排名；图4-6 显示了这些参数的趋势。由图4-6 可知，N 起着最重要的作用，而 α 对 IGSSA 的性能影响不大。根据实验结果得到结论：当 P =80、N =9、α =0.8 和 R =15 时，IGSSA 的性能最佳。

表4-1 IGSSA 所有参数组合的结果

序号	P	N	α	R	RV
1	60	3	0.4	15	0.6391
2	80	6	0.4	30	0.5470
3	100	9	0.4	45	0.6938
4	100	6	0.6	15	0.6693
5	80	3	0.6	45	0.5386
6	60	9	0.6	30	0.6772
7	60	6	0.8	45	0.6649
8	80	9	0.8	15	0.7128
9	100	3	0.8	30	0.5741

表4-2 响应性和显著性排名

序号	P	N	α	R
1	0.6604	0.5839	0.6266	0.6737
2	0.5995	0.6271	0.6284	0.5994
3	0.6457	0.6946	0.6506	0.6324
方差	0.0007	0.0021	0.0001	0.0008
排名	3	1	4	2

在此结果基础上，设置不同的弹复性指数 σ = {50%，65%，80%，95%}，验证弹复性对优化结果的影响。可以发现，弹复性与两个目标函数成正比。考虑到农产品对消费者生活的重要性，将弹复性设置为95%进行后续实验。

3. 实验结果与分析

在本节中，通过与 NSGA-II、MOEA/D 和 INSGA-dLS 进行比较来评估 IGSSA 的有效性和优越性。非支配解集的收敛和分布由 HV 和 IGD 指标来评估。对于实验数据，使用 t 检验来进行验证。在显著性水平0.05下，用符号 + 、- 和 ~ 表

图 4-6 IGSSA 参数趋势

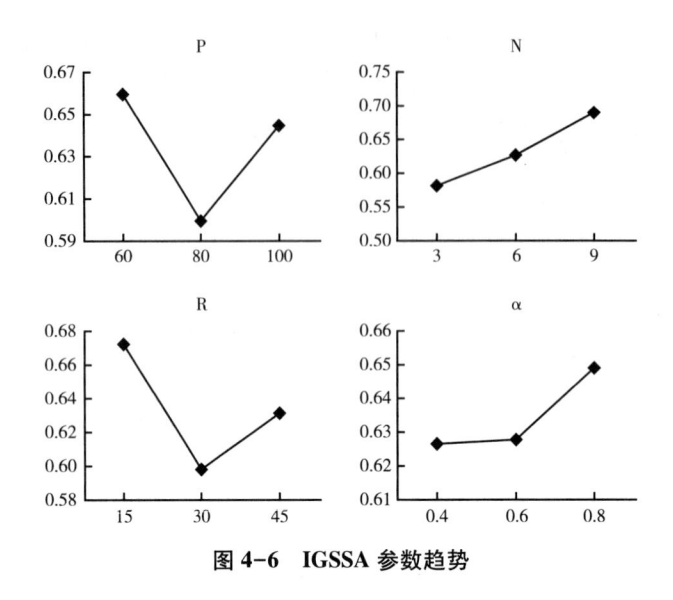

示统计结果。如果 IGSSA 显著优于、显著差于或等效于三种算法中的某一种算法，则结果分别显示为 +、- 或 ~。

表 4-3 给出了四种算法的 HV 值比较结果。HV 值显示 IGSSA 的性能在 32 个测试实例中有 28 个显著优于 NSGA-II；32 个测试实例都优于 MOEA/D；在 20 个实例中优于 INSGA-dLS，在其他 12 个实例中与 INSGA-dLS 相当。这表明 IGSSA 可以更有效地解决所提出的问题，并获得比其他三种算法更好的近似和分布的解集。

表 4-3 四种算法的 HV 值比较结果

算例	规模	IGSSA	NSGA-II	t-test	MOEA/D	t-test	INSGA-dLS	t-test
1	4×60	0.6491	0.4933	+	0.4423	+	0.5822	+
		0.5711	0.5215	+	0.4513	+	0.5212	+
		0.7540	0.6479	+	0.5415	+	0.7153	+
		0.5760	0.3370	+	0.4316	+	0.4512	+
2	4×80	0.6894	0.6043	+	0.3465	+	0.6473	+
		0.5143	0.4937	~	0.4246	+	0.5265	~
		0.7821	0.6122	+	0.5905	+	0.7239	+
		0.7942	0.6821	+	0.5258	+	0.7431	+

续表

算例	规模	IGSSA	NSGA-II	t-test	MOEA/D	t-test	INSGA-dLS	t-test
3	6×60	0.6301	0.5421	+	0.6234	~	0.5837	+
		0.6708	0.5322	+	0.5932	+	0.5467	+
		0.7472	0.7850	+	0.6131	+	0.7298	~
		0.7612	0.7170	+	0.5658	+	0.6824	+
4	6×80	0.6378	0.5210	+	0.5217	+	0.5903	+
		0.6909	0.6427	+	0.4574	+	0.6912	~
		0.7543	0.6521	~	0.5842	+	0.7062	~
		0.7825	0.7447	+	0.5438	+	0.7751	~
5	8×80	0.7247	0.6312	+	0.6128	+	0.6832	+
		0.7438	0.6901	+	0.6487	+	0.7217	~
		0.7806	0.7021	+	0.5973	+	0.7428	+
		0.7822	0.7217	+	0.5849	+	0.7863	~
6	8×100	0.9183	0.7823	+	0.4966	+	0.8732	+
		0.8206	0.6669	+	0.6387	+	0.7520	+
		0.8423	0.7798	+	0.6904	+	0.7923	+
		0.8926	0.8999	~	0.7983	+	0.8698	~
7	10×100	0.8328	0.7364	+	0.6102	+	0.7940	+
		0.8005	0.7835	~	0.7043	+	0.7963	~
		0.8951	0.8532	+	0.7193	+	0.8499	+
		0.7863	0.7452	+	0.7122	+	0.7790	~
8	10×120	0.8914	0.8651	+	0.6536	+	0.8705	~
		0.9027	0.8293	+	0.6581	+	0.8431	+
		0.8281	0.7182	+	0.6971	+	0.7926	+
		0.8458	0.7932	+	0.7244	+	0.8201	~

四种算法在 IGD 度量方面的实验结果如表 4-4 所示。IGD 是计算真实最优解集中的点到被评估的解集的平均最小距离，因此它可以同时测量一个解集的逼近和分布。由于所研究的问题无法提前得到其真正的最优解集，因此将四种算法得到的混合非支配解集近似为一个真正的最优解集。

从表 4-4 可以看出，IGSSA 得到的最终结果在所有测试问题上都比 NSGA-II 和 MOEA/D 表现更好。研究结果还表明，IGSSA 的结果在 28 个实例中明显优于 INSGA-dLS，并在其他 4 个实例中与 INSGA-dLS 的表现相当。由此可得出结论，IGSSA 在解决本问题时，在 IGD 度量方面优于其比较算法。

表 4-4　四种算法的 IGD 值比较结果

算例	规模	IGSSA	NSGA-II	t-test	MOEA/D	t-test	INSGA-dLS	t-test
1	4×60	0.1206	0.2145	+	0.2461	+	0.1643	+
		0.1542	0.2765	+	0.2433	+	0.2104	+
		0.1407	0.2572	+	0.2312	+	0.1723	+
		0.1341	0.2592	+	0.2682	+	0.1742	+
2	4×80	0.1048	0.2120	+	0.2834	+	0.1215	~
		0.1639	0.2017	+	0.3175	+	0.2093	+
		0.0972	0.1742	+	0.2852	+	0.1260	+
		0.0982	0.2164	+	0.3760	+	0.1421	+
3	6×60	0.0807	0.1862	+	0.1521	+	0.1027	~
		0.0971	0.1922	+	0.1384	+	0.1474	+
		0.1084	0.1842	+	0.1703	+	0.1588	+
		0.0843	0.1780	+	0.1821	+	0.1150	~
4	6×80	0.0801	0.1601	+	0.2736	+	0.1210	+
		0.1027	0.1894	+	0.4725	+	0.1487	+
		0.0970	0.1538	+	0.3692	+	0.1403	+
		0.0914	0.1640	+	0.4698	+	0.1352	+
5	8×80	0.1184	0.1845	+	0.4284	+	0.1648	+
		0.1475	0.1854	+	0.3616	+	0.1802	+
		0.1147	0.1723	+	0.4992	+	0.1640	+
		0.0974	0.1842	+	0.4269	+	0.1532	+
6	8×100	0.0731	0.1537	+	0.3305	+	0.1492	+
		0.0814	0.1493	+	0.2024	+	0.1297	+
		0.0704	0.1542	+	0.4324	+	0.1047	+
		0.0718	0.1732	+	0.6632	+	0.1062	+
7	10×100	0.0692	0.2019	+	1.0217	+	0.1048	+
		0.0742	0.1460	+	0.9757	+	0.1081	+
		0.0672	0.1461	+	1.2419	+	0.0828	~
		0.0641	0.1384	+	1.3952	+	0.1044	+
8	10×120	0.0602	0.1491	+	0.8411	+	0.0961	+
		0.0516	0.1310	+	0.9632	+	0.0877	+
		0.0559	0.1407	+	0.8305	+	0.1074	+
		0.0528	0.1644	+	0.7036	+	0.0929	+

为了研究 IGSSA 的局部搜索的性能，对 IGSSA 和没有本地搜索的 IGSSA（IMOG）的性能进行比较。两种算法的比较结果如表 4-5 所示，可以看出 IGSSA 在 HV 和 IGD 指标上都能够获得比 IMOG 更好的值。

表 4-5 IMOG 和 IGSSA 的 IGD、HV 值比较结果

算例	规模	HV IMOG	HV IGSSA	t-test	IGD IMOG	IGD IGSSA	t-test
1	4×60	0.5031	0.6491	+	0.1567	0.1206	~
		0.5474	0.5711	+	0.2701	0.1542	+
		0.7664	0.7540	~	0.2319	0.1407	+
		0.3980	0.5760	+	0.2010	0.1341	+
2	4×80	0.6368	0.6894	+	0.2437	0.1048	+
		0.5309	0.5143	~	0.1481	0.1639	+
		0.6742	0.7821	+	0.1713	0.0972	+
		0.6029	0.7942	+	0.1830	0.0982	+
3	6×60	0.4981	0.6301	+	0.1502	0.0807	+
		0.5834	0.6708	+	0.1796	0.0971	+
		0.7055	0.7472	~	0.1522	0.1084	+
		0.7103	0.7612	+	0.1437	0.0843	+
4	6×80	0.5079	0.6378	+	0.1458	0.0801	+
		0.6328	0.6909	+	0.1197	0.1027	~
		0.6887	0.7543	~	0.1483	0.0970	+
		0.7508	0.7825	~	0.1442	0.0914	+
5	8×80	0.5246	0.7247	+	0.1560	0.1184	+
		0.6704	0.7438	+	0.1748	0.1475	+
		0.6980	0.7806	+	0.1664	0.1147	+
		0.7241	0.7822	+	0.1572	0.0974	+
6	8×100	0.6847	0.9183	+	0.1386	0.0731	+
		0.6801	0.8206	+	0.1377	0.0814	+
		0.7783	0.8423	~	0.1392	0.0704	+
		0.9007	0.8926	~	0.1930	0.0718	+
7	10×100	0.7704	0.8528	+	0.1397	0.0692	+
		0.7419	0.8005	+	0.1240	0.0742	+
		0.8491	0.8951	+	0.1206	0.0672	+
		0.7588	0.7863	~	0.1227	0.0641	+

续表

算例	规模	HV		t-test	IGD		t-test
		IMOG	IGSSA		IMOG	IGSSA	
8	10×120	0.8430	0.8914	+	0.1146	0.0602	+
		0.8482	0.9027	+	0.1197	0.0516	+
		0.7062	0.8281	+	0.1071	0.0559	+
		0.7480	0.8458	+	0.1409	0.0528	+

本节研究了面临失效风险时的农产品电商配送中心选址和路径优化问题。当配送中心出现故障时，利用弹复性指标来衡量配送效率。本节将弹复性定义为供需比，通过情景分析法发现考虑各种中断情况下系统都能达到既定弹复性指标。设计的算法 IGSSA 结合了问题特点，前期加入启发式算法进行初始化，中期通过改进的交叉优化个体，后期带有改进的局部搜索。该算法搜索速度快、搜索深度好，后期不会陷入局部最优。最后在生成的 32 个测试实例上与四种优化算法 NSGA-II、MOEA/D、INSGA-dLS 和 IMOG 进行比较。研究结果表明，IGSSA 是求解该模型的最优算法。

第二节　基于社区团购模式的农产品配送路径优化研究

（一）问题描述

社区团购作为新兴的农产品电商模式，正在快速发展壮大。在消费升级的大趋势下，消费者对健康、便捷、高性价比农产品的需求日益增长；社区生活圈的建设促进了邻里间的交流与信任，为社区团购提供了肥沃的土壤；加之移动互联网、大数据等技术的广泛应用，使得团购平台能够精准对接供需两端，实现高效运营。这些因素共同推动了社区团购模式的快速发展，使其成为农产品电商领域一股不可忽视的力量。

团购平台发挥着核心作用，团购平台整合当地优质农产品资源，通过社区内部的团长或小组长组织消费者进行团购，再将农产品直接配送到消费者手中。这种模式减少了中间环节，使得农产品价格更加亲民，同时也提高了配送效率。例如，美团优选凭借其强大的技术实力与广泛的社区布局，自 2021 年起便在全国范围内迅速扩张，为消费者带来了丰富多样的农产品选择，赢得了市场的广泛好评。[1] 兴盛优选则聚焦于下沉市场，通过深入洞察基层消费者需求，实施精细化运营与本地化策略，成功打造了多个爆款农产品，赢得了广大基层消费者的青睐与信赖。[2]

社区团购的发展对农产品配送提出了新的要求。首先，要求更快的配送速度，满足消费者对即时性和新鲜度的需求。其次，需要更灵活的配送方式，适应不同社区的需求。再次，要求更精准的冷链控制，以保证农产品的品质。最后，需要更完善的信息化管理，实现农产品产地和流向的全程追溯。只有满足这些新要求，社区团购平台才能提供更佳的用户体验，促进模式的持续发展。

本节研究社区团购模式下生鲜电商配送问题，分别建立新鲜度、碳排放和用户满意度的函数，构建多配送中心的车辆路径规划模型，并通过智能优化算法来求解物流配送路径优化问题。

（二）模型构建

本节研究的配送问题是 MDVRP 的扩展问题，如图 4-7 所示，具体描述如下：农产品电商在城市内拥有 m 个配送中心，每个配送中心通过雇用配送车辆的方式执行配送任务，共有 S 辆车，每辆配送车辆的最大载重量为 Q、最大行驶距离为 L。农产品电商需要向 n 个团长执行配送任务，会向团长 i 承诺在某一时间段内送达，若没有在约定的时间内送达，会向用户支付一定的违约罚金。因此，在满足车辆状态和配送地理位置信息的约束下，电商会尽可能精细化管理车辆调度与路径，从而更好地满足用户需求。

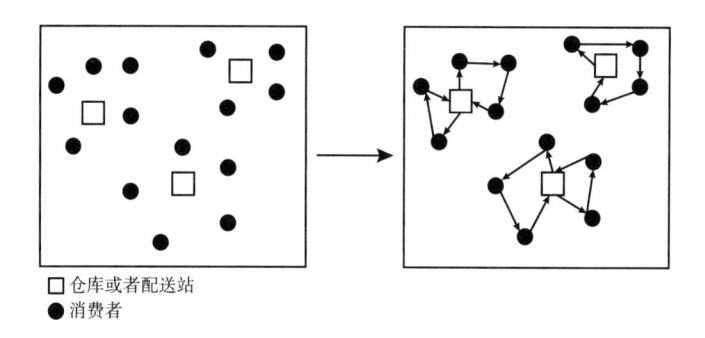

图 4-7 多配送中心车辆配送路径规划示意

---

[1] 《美团优选"农鲜直采"加速农产品上行》，新华网，2020 年 12 月 16 日。
[2] 《回归长沙，兴盛优选的深耕战略与创新旅程，重筑社区团购新格局》，搜狐网，2024 年 9 月 21 日。

如上所述，以下是需要在配送任务中遵守的条件：①每辆车仅有一条行驶路径，从配送中心出发进行配送并且在配送结束后返回配送中心；②每个团长仅被一辆车访问一次；③每辆车都需要满足容量和行驶距离的约束；④若车辆没有在规定的时间区间内送到团长所在门店，农产品电商也需要支付罚金。

1. 新鲜度模型

本文采用邵举平等[1]提出的常温条件下生鲜农产品的新鲜度模型：

$$\theta(a_i) = 1 - (a_i/T_p)^\gamma \quad (4-30)$$

在式（4-30）中，a_i 代表用户 i 收货时间，T_p 为生鲜农产品的有效品质，γ 代表生鲜农产品品质随时间变化的关系，γ 值越大，此品类的抗衰性越强。

2. 碳排放模型

燃料成本是物流配送成本的重要部分。降低燃料消耗成本，不仅降低了配送成本，也减少了 CO_2 等尾气的排放，有利于社会环境，具有一定的社会效益。Sahin 等[2]发现，在卡车匀速配送过程中，物流总成本的 60% 是车辆消耗燃料的成本。因此，行驶过程的状态和路线规划对于配送过程中的燃料消耗起着非常重要的作用。

这里采用 Xiao 等[3]和 Suzuki 等[4]提出的燃料消耗量模型，如式（4-31）所示。

$$\rho(Q_1) = (\rho^0 + \frac{\rho^* - \rho^0}{Q} Q_1) \quad (4-31)$$

其中，ρ^* 和 ρ^0 分别为车辆满载与空载状态下的消耗率；Q 为车辆的最大负载；$\rho(Q_1)$ 表示车辆装载量 Q_1（kg）状态下单位行驶距离（km）的燃料消耗量。为了更好地说明燃料消耗量与负载在行驶单位距离的关系，设 $\rho^0 = 1$、$\rho^* = 2$、$Q = 200$，画出燃料消耗量与负载在行驶单位距离的函数图像，如图 4-8 所示。研究发现，燃料消耗量与装载量成正比，实际装载量越大，单位行驶距离的燃料消耗量越多。

---

[1] 邵举平、曹倩、沈敏燕、孙延安：《生鲜农产品配送中带时窗的 VRP 模型与算法》，《工业工程与管理》2015 年第 1 期。

[2] Sahin B, Yilmaz H, Ust Y, Guneri A. F, Gulsun B, "An approach for analysing transportation costs and a case study," *European journal of operational research* 193 (2007): 1-11.

[3] Xiao Y, Zhao Q, Kaku I, et al, "Development of a fuel consumption optimization model for the capacitated vehicle muting problem," *Computers & Operations Research* 39 (2012): 1419-1531.

[4] Suzuki, Yoshinori, "A dual-objective metaheuristic approach to solve practical pollution routing problem," *International Journal of Production Economics* 176 (2016): 143-153.

燃料消耗率模型

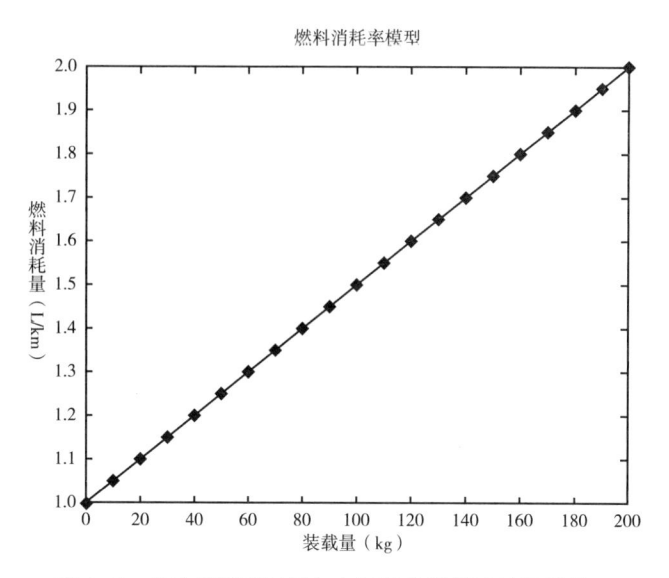

图 4-8 单位燃料消耗量与车辆货物装载量的函数关系

当物流配送车辆 k 在消费者 i 处完成配送任务时，此时负载为 f_{ijk}，车辆 k 离开消费者 i 准备前往下一消费者 j，经过路径 (i,j)。此时，车辆消耗燃料成本为：

$$C_{fuel}^{ij} = c_0 \rho_{ij} d_{ij} \tag{4-32}$$

其中，$\rho_{ij} = \rho(f_{ijk})$，指单位距离燃料消耗量，$c_0$ 表示单位燃料成本。

车辆在配送阶段燃料消耗成本为

$$C_{fuel} = \sum_{i=1}^{r}\sum_{j=1}^{r} C_{fuel}^{ij} x_{ijk} = \sum_{i=1}^{r}\sum_{j=1}^{r} c_0 \rho_{ij} d_{ij} x_{ijk} \tag{4-33}$$

其中，r 为第 k 辆车服务过的消费者，ρ_{ij} 为装载量序列影响。

3. 用户满意度模型

用户满意度是指用户收到配送产品时感知的结果和期望值相比较后，所形成的心理感受。1965 年，Cardozo 提出了用户满意度概念，强调如果用户对上一次购买行为满意，用户会产生再次购买行为，而不会产生购买其他同质产品的想法。[1] 用户满意度水平由实际到达时间决定，这是硬时间

---

[1] Cardozo R N, "An experimental study of customer effort, expectation, and satisfaction," *Journal of Marketing Research* 2 (1965): 244-249.

窗，如图4-9所示，ET_i和LT_i表示用户i在硬时间窗下最早和最晚收货时间。

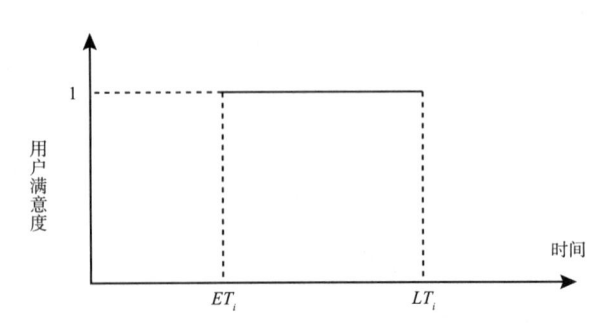

图4-9 电商用户满意度下VRP的硬时间窗

随着农产品配送物流越来越繁忙，用户对于时间窗的感知逐步下降，允许配送方在比硬时间窗更加宽泛的预定时间窗内即可忍受时间窗内送达。在预定时间窗内，用户满意度会先行降低，但是并不会导致平台失去这个用户，这是软时间窗。用户在硬时间窗内 $[ET_i, LT_i]$ 收到货物，满意度最好；用户在可忍受时间窗内 $[EET_i, ELT_i]$ 收到货物，用户满意度可以用模糊隶属度函数来确定，模糊集理论是一个强有力的处理用户满意度类人类感性情绪的工具。考虑到以往研究将最小化配送成本问题当成重点分析对象，忽视了配送时间以及用户满意度，本节采集理论给予配送系统一定的惩罚机制，通过缩短配送时间来提高用户满意度，用户满意度如式（4-34）所示。

$$L(a_i) = \begin{cases} f(a_i) = \left(\dfrac{a_i - EET_i}{ET_i - EET_i}\right)^\beta, & st_i \in [EET_i, ET_i] \\ 1, & st_i \in [EET_i, ET_i] \\ g(a_i) = \left(\dfrac{ELT_i - a_i}{ELT_i - LT_i}\right)^\beta, & st \in [LT_i, ELT_i] \\ 0, & st_i \in [ELT_i, +\infty) \end{cases} \quad (4-34)$$

用户满意度 $L(st_i)$ 表示用户i收到货物时的满意度，在 $[0, 1]$ 范围内；EET_i 和 ELT_i 表示用户容忍收货时间的最早时间和最晚时间，超出此时间段用户满意度为0，电商极有可能失去用户；a_i 表示用户收到货物的时间；β 表示用户对于收货时间的敏感程度。因此，可以将式（4-34）描述为图4-10。

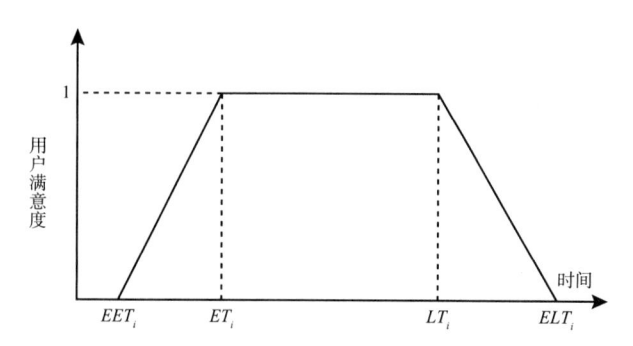

第四章 农产品电商供应链配送策略

图 4-10　考虑用户满意度下 VRP 的模糊时间窗

4. 符号与变量说明

本节用到的符号与变量说明如表 4-6 所示。

表 4-6　符号与变量说明

符号	常量说明
C	用户点集合，$C = \{v_1, v_2, \cdots, v_n\}$
D	配送中心点集合，$D = \{v_{n+1}, v_{n+2}, \cdots, v_{n+m}\}$
N	用户和配送中心集合，$N = C \cup D$
A	路径集合，$A = \{(i,j) \mid i,j \in N, i \neq j\}$
K	可供使用的配送车辆集合，$K = \{k_1, k_2, \cdots, k_S\}$
ω	配送车辆固定成本
Q_k	配送车辆 $k(k \in K)$ 的装载量上限
L_k	配送车辆 $k(k \in K)$ 的行驶距离上限
q_i	用户在团长 i 提前订购的需求量（$0 \leq q_i \leq Q, i \in C$）
s_i	配送车辆在为团长 i 卸货所需要的时间
d_{ij}	任意两点 i 和 j 之间的欧式距离，其中 $d_{ij} = d_{ji}, i,j \in N$
C_{hc}	车辆固定费用（租赁成本等）
C_{vc}	车辆变动成本（单位行驶距离成本）
C_{fe}	燃油消耗成本
C_{pi}	配送超时间区间对团长 i 支付的罚金系数
V	配送车辆的平均行驶速度
ρ_{ij}	车辆行驶在路径 (i,j) 上的燃料消耗率
λ_i	未在约定时间内送达的赔偿金系数
$[EET, ELT]$	车辆执行配送任务的硬时间窗
x_{ijk}	如果车辆 k 经过路径 (i,j) 值为 1，否则为零
f_{ijk}	配送车辆 k 经过路径 (i,j) 时货物的运输量
a_i	实际到达用户 i 的时间
l_i	配送车辆从用户 i 出发前往下一个用户 j 的出发时间

5. VRPTW 数学模型

在具体的配送方案下，已知配送车辆的数量、服务的对象和具体的行驶路线，根据物流配送方案和车辆行驶在任意两点之间的燃料消耗量模型，可以计算出任意物流配送方案下所有配送车辆的总物流配送成本。这里，构建的模型如下：

$$Min C_{hc} \sum_{k \in K} \sum_{i \in D} \sum_{j \in C} x_{ijk} + C_{vc} \sum_{k \in K} \sum_{i \in N} \sum_{j \in N} d_{ij} x_{ijk} \quad (4-35)$$

$$+ C_{fc} \sum_{k \in K} \sum_{i \in N} \sum_{j \in N} (\rho^0 + \frac{\rho^* - \rho^0}{Q} f_{ijk}) d_{ij} x_{ijk} \quad (4-36)$$

$$+ \lambda_i \sum_{i \in C} L(a_i) \quad (4-37)$$

S. T.

$$\sum_{k \in K} \sum_{j \in N} x_{ijk} = \sum_{k \in K} \sum_{i \in N} x_{ijk} = 1 \, \forall \, i,j \in C \quad (4-38)$$

$$\sum_{i \in N} x_{ihk} = \sum_{j \in N} x_{hjk} \, \forall \, k \in K, h \in N \quad (4-39)$$

$$\sum_{i \in N} q_i \sum_{j \in N} x_{ijk} \leq Q_k \, \forall \, k \in K \quad (4-40)$$

$$\sum_{i \in N} q_i \sum_{j \in N} x_{ijk} \leq Q_k \, \forall \, k \in K \quad (4-41)$$

$$\sum_{i \in N} \sum_{j \in N} d_{ij} x_{ijk} \leq L_k \, \forall \, k \in K \quad (4-42)$$

$$\sum_{i \in D} \sum_{j \in C} x_{ijk} \leq 1 \, \forall \, k \in K \quad (4-43)$$

$$\sum_{j \in D} \sum_{i \in C} x_{ijk} \leq 1 \, \forall \, k \in K \quad (4-44)$$

$$\sum_{k \in K} \sum_{u \in N \setminus \{i\}} f_{uik} - \sum_{k \in K} \sum_{j \in N \setminus \{i,u\}} f_{ijk} = q_i \, \forall \, i \in C \quad (4-45)$$

$$q_j x_{ijk} \leq f_{ijk} \leq (Q - q_i) x_{ijk} \, \forall \, (i,j) \in A k \in K \quad (4-46)$$

$$a_j \geq l_i + \sum_{k \in K} \sum_{i \in N} x_{ijk} d_{ij}/V \, \forall \, j \in C \quad (4-47)$$

$$a_i + s_i \leq l_i \, \forall \, i \in C \quad (4-48)$$

$$\theta a_i x_{ijk} \geq x_{ijk} w \quad (4-49)$$

$$P_i \geq a_i - T_i \forall i \in C \tag{4-50}$$

$$x_{ijk} \in \{0,1\} \quad \forall i,j \in Nk \in K \tag{4-51}$$

$$a_i, p_i, l_i, f_{ijk} \geq 0, \forall i,j \in Ck \in K \tag{4-52}$$

其中，式（4-35）表示基本物流配送费用，包括车辆的租赁费用和变动成本；式（4-36）表示燃料消耗成本；式（4-37）表示电商企业支付的超时违约罚金；式（4-38）表示每个团长在配送任务中只被服务一次；式（4-39）保证车辆行驶的连续性；式（4-40）表示配送从配送中心出发，结束后返回到配送中心；式（4-41）表示车辆的容量限制；式（4-42）表示车辆行驶时间限制；式（4-43）和式（4-44）约束车辆在配送任务中至多被派出一次；式（4-45）和（4-46）表示车辆行驶的载重负荷约束；式（4-47）和式（4-48）表示配送车辆到达团长所在门店的实际时间；式（4-49）表示用户收到的货不能低于最低新鲜度；式（4-50）保证车辆在规定的时间内执行配送任务；式（4-51）控制0-1变量；式（4-52）保证非负限制。

（三）算法设计

1. 改进的细菌觅食优化算法

（1）解的编码

车辆路径问题是一种离散问题，自然数编码方式非常适用于本节的研究，用来设计车辆路径的规划和调度。$X = (x_1^T, x_2^T, \cdots, x_k^T)^T$是一种规划方案，$x_k = (0, r_1, r_2, \cdots, r_s, 0)$表示第$k$辆车的配送路线，其中0表示配送中心。设计编码时，将多配送中心的车辆路径问题转化为多个车辆路径问题进行求解。现有3个配送中心，配送中心有若干辆车，车辆行驶需要满足所有消费者的需求。例如，配送站3雇用了2辆车，配送路线为：车辆1从配送站3→消费者12→消费者15→配送站3，车辆2从配送站3→消费者13→消费者2→消费者14→配送站3，如图4-11所示。

（2）趋向性操作的改进

对于趋向性操作的改进，过往研究者的实验中通过修改移动步长等方式提高搜索效率和精度，同样也有研究提到这种方式没有提升算法的收敛速度。这里通过将遗传算法中的交叉操作引入到细菌觅食优化（Bacterial Foraging Optimization，BFO）算法的趋向性操作中，种群会因为优势个体的信息整体靠向更好的区域，

图 4-11 编码示意

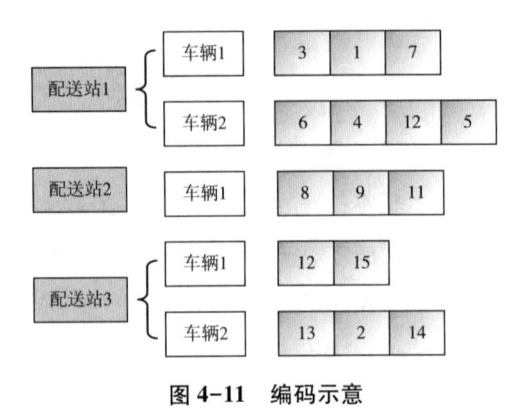

提高算法的搜索能力和收敛速度，弥补前文提到的 BFO 不足，交叉策略如图 4-12 所示，从父代 1 和父代 2 中随机选择一个基因，在父代 2 中删除选中的父代 1 的基因，然后将在父代 1 中选中的基因插入到父代 2 中，其中插入位置为能够使得父代 2 的函数值降低最多的位置，得到子代 1。类似的，可得到子代 2。

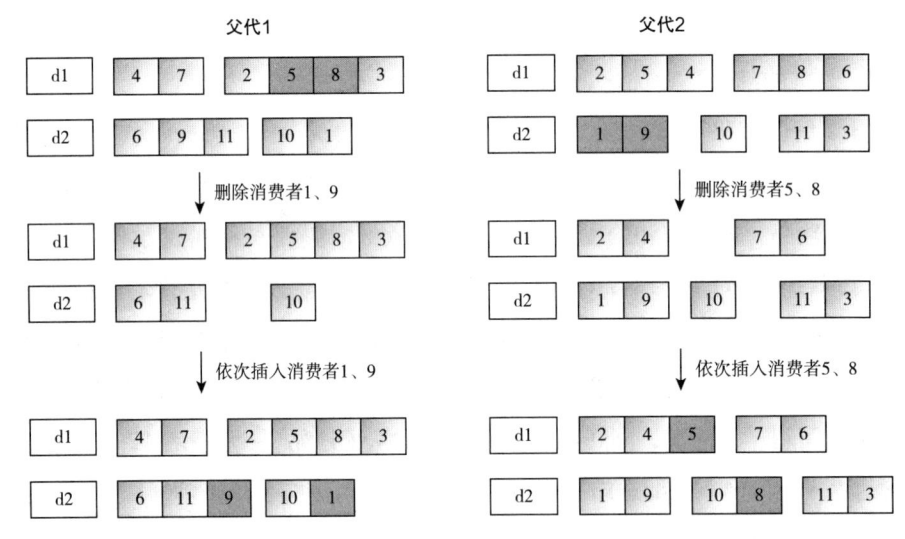

图 4-12 交叉策略

（3）复制操作的改进

在复制操作中，算法会将健康值小的个体淘汰，保留优势个体，这样虽然提高了寻优速度，但是损失了种群的随机性，可能会导致算法陷入局部最优。本文将轮盘赌的思想引入复制操作中，希望个体被选中的概率和他的健康值成正比。

对于优势个体,赋予较大概率,保证大多数优秀个体进入下一次迭代,保证了种群多样性,提高觅食能力。

利用在复制操作中的健康值大小排序,计算每个个体健康值在总体中水平换算成被轮盘赌的中签概率。设 BFO 的种群为 M,M 有 n 个个体。

$$P_j = J_{health}^j \Big/ \sum_{i=1}^{n} J_{health}^i \tag{4-53}$$

式(4-53)表示每个细菌个体中签概率,P_j 代表个体 j 中签概率,$j=1$,2,…,n。对 S 个个体编号,根据健康值的中签概率从高到低依次重新编排列,选中细菌个体进行赋值操作的概率与健康值的大小呈正相关关系,反复迭代,实现种群和个体的进化。

(4)迁徙操作的改进

在 BFO 算法中,迁徙操作最重要的作用是防止算法陷入局部最优,通常用固定值 P_{ed} 来控制大肠杆菌的迁徙概率。但随着算法的更新,固定值 P_{ed} 的缺点逐渐显露出来:健康值较高的个体和较低的个体迁徙概率一样,这会导致健康值较高的个体可能出现退化的情况,丢失趋近全局最优。为了防止这种情况的发生,采用自适应的迁徙概率 $P(x_i)$,让迁徙概率由当时位置的健康值和适应度值共同决定,并引入随机值。当健康值和适应度值较大时,个体迁徙概率低;当健康值和适应度值较小时,个体迁徙概率高,如式(4-54)所示。

$$P(x_i) = \frac{H_i - H_{\min}}{H_{\max} - H_{\min}} \frac{J_i - J_{\min}}{J_{\max} - J_{\min}} P_{ed} \tag{4-54}$$

H_i 表示细菌 i 当时位置的适应度值,$H_{\max}$ 和 $H_{\min}$ 表示种群中出现的适应度的最大值和最小值。J_i 表示细菌 i 当时位置的健康值,$J_{\max}$ 和 $J_{\min}$ 表示种群个体健康值的最大值和最小值。

除了对不同个体的迁徙概率做出判断之外,这里对种群个体的健康值采取优、良、差的划分。对表现优的个体加以保护,保证其继续进行搜索任务,不受到迁徙操作的影响;对表现差的个体强加迁徙操作,保证其在解空间内初始化位置。设 $m\%$ 为优和差个体的比值,对于种群内按照健康值排序的个体,表现优的个体(前 $m\%$)的迁徙概率为 0,表现差的个体(后 $m\%$)迁徙概率为 1,介于优和差中间的个体为良,迁徙概率根据 $P(x_i)$ 判断。对于大肠杆菌 x_i 迁徙概率设置如式(4-55)所示:

$$P(x_i) = \begin{cases} 1, if\ x_i^d < x_{low}^d\ or\ x_i^d > x_{high}^d\ or\ count(J_i) > m\%S \\ 0, if\ count\ (J_i) > m\%S \\ P(x_i) = \dfrac{H_i - H_{\min}}{H_{\max} - H_{\min}} \dfrac{J_i - J_{\min}}{J_{\max} - J_{\min}} P_{ed}, otherwise \end{cases} \quad (4-55)$$

2. 细菌觅食—蚁群算法

（1）算法的研究思路

经典蚁群算法的正反馈效应、并行搜索能力、自组织能力和较强的鲁棒性，让其在解空间内获得有优质解的概率大于其他仿生算法。与此同时，蚁群算法收敛速度慢、易陷入局部最优等缺点也较为显著。为了减弱这两个缺点对最优解带来的影响，这里引入 BFO 算法，其优点是对初始值和参数的选择不太敏感，在一定程度上弥补了蚁群算法初始信息素浓度匮乏，无法快速建立初始解，从而导致搜索时间过长的问题；另外，计算法拥有提升全局搜索的能力，可能会有效地改善蚁群算法陷入局部最优的情况。

近年来，随着应用场景逐渐多元化，大家也对解空间内最优解的要求越来越高，仿生算法也迎来了蓬勃发展时期。除了头脑风暴算法、人工蜂群算法和狮群算法等独立的仿生算法，学者们也逐渐尝试将多种仿生算法结合，希望获得更高质量的解。因此，本节探索用细菌觅食—蚁群算法解决带时间窗的车辆路径问题。

（2）算法的设计

信息素浓度限制。在 Marco Dorigo 提出蚁群算法之后，学者们发现蚁群算法在应用过程中总会出现在同一条信息素浓度较高的路径上反复迭代，不仅影响了计算效率，也让算法早熟。最大最小蚂蚁系统（MMAS）由 Stützle 和 Hoos[1] 于 2000 年提出，MMAS 的核心思想除了通过信息素的更新，还将浓度规定在限值来减少反复迭代的发生。

$$\tau_{\min} \leqslant \tau_{ij} \leqslant \tau_{\max} \quad (4-56)$$

$$\tau_{\max} = \dfrac{Q}{\rho L_{\min}} \quad (4-57)$$

在初始阶段，路径上的信息素浓度设置为 $\tau_{\max}$，这样有助于在初始阶段

---

［1］ Stützle T，Hoos H H，*MAX-MIN Ant system*（Future Generation Computer Systems，2000）.

尽快找到一个较优的解，提升搜索速度。同时，为了防止路径间信息素差距过大，也将 τ_{ij} 和 τ_{max} 之间平均信息素浓度加入运算中，期望获得更优质的结果。

目标用户节点选择。在蚁群算法中，当蚂蚁进行搜索活动时，从节点 i 到节点 j 需要计算所有未遍历到的节点的转移概率，这个步骤要花费大量时间。为了缩短算法在这个步骤上的时间，提高收敛速度，节点 j 应该尽可能接近节点 i。因此，本节采用最近节点的方法来提高收敛速度。该方法的基本思路是根据距离为每个节点分配一个候选节点列表，只有离当前节点 i 最近的节点才能被选入候选节点列表，这些节点才有可能成为下一个访问的节点 j。候选列表的大小往往是选取一个小于用户总数的常数，例如，在 Bullnheimer 等[1]的研究中，无论用户的规模是多少，他们都设置候选列表为用户规模的 1/4。当有 39 个用户时，候选列表大小设置为整数 9，如图 4-13 所示。

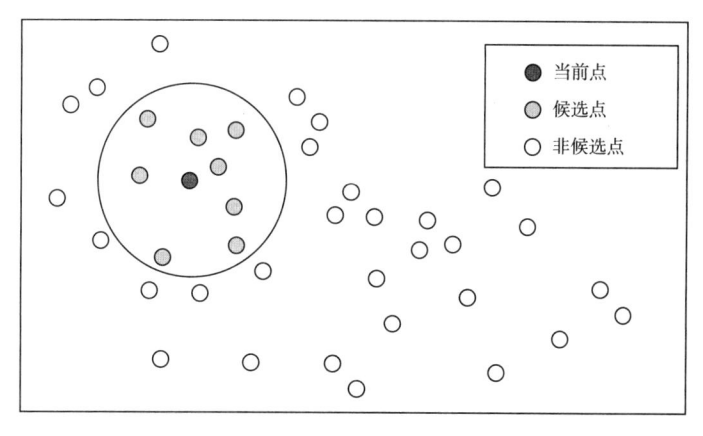

图 4-13 目标用户节点选择

算法初始解构造。针对算法的初始解，利用节约算法和贪心策略插入法来解决。节约算法解决 VRP 速度非常快，结果也优于其他算法。节约算法由 Clarke 提出，旨在提高算法的收敛速度。节约算法的核心思路是将单独分配给节点 i 和节点 j 的路径合并成一条路径，在蚂蚁不超载的情况使每次路程的减少最大化，该模型如图 4-14 所示，节约值 s_{ij} 函数如式（4-58）所示。

---

[1] Bullnheimer B, Hartl R F, Strauss C, "An improved Ant System algorithm for the vehicle routing problem," *Annals of Operations Research* 89 (1999)：319-328.

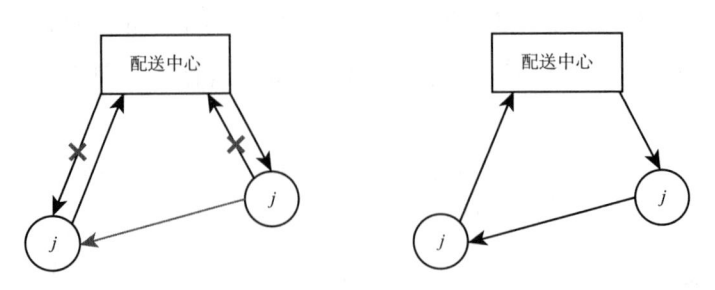

图 4-14 节约算法理论模型

$$s_{ij} = d_{0i} + d_{0j} - d_{ij} \qquad (4-58)$$

式（4-58）中，d_{0i} 表示仓库到节点 i 的距离；d_{0j} 表示仓库到节点 j 的距离；d_{ij} 表示节点 i 到节点 j 的距离。按照节约值 s_{ij} 大小顺序排列，判断用户距离，将用户添加到路径中。

贪心策略插入法是安排用户按照初始的顺序插入到路径中，如果用户不能插入到路径中，即无插入点时，重新构造一条路径，直到所有用户都被遍历。设现存在一条路径从配送中心出发并回到配送中心，在约束条件的制约下插入用户点，在插入前计算用户插入到路径的所有位置时的费用。找到费用最小点插入，如果超出约束条件，则重新生成一条路径，在满足约束条件的情况下插入用户点。贪心策略插入法因受到约束条件的限制，影响用户插入的先后顺序，最后生成的路径和节约算法略有不同，如图 4-15 所示，对于配送用户 4→51→42→16→25 和 42→35→4→16→25 就是两种不同的结果。在个体数目为 n 的种群中，因节约算法不受约束条件限制，所以种群的解通常由 1 个节约算法的解和 $n-1$ 个贪心策略插入法的解组合而成。

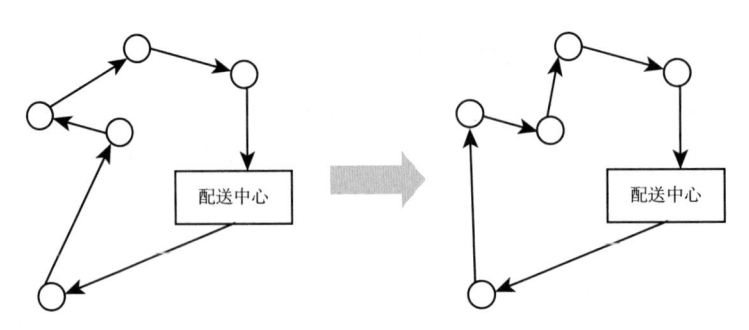

图 4-15 节约算法理论模型

细菌觅食算子。通过将蚁群算法和细菌觅食算法相结合,这里提出了一种改进的启发式搜索仿生算法——细菌觅食—蚁群算法(ACO-BFO),期望基于蚁群算法的正反馈机制,利用 BFO 算法快速、全局搜索能力,实现取长补短的效果,在解空间内获得更优质的解。在解空间中,每个细菌 i 都对应蚂蚁 i,改进的算法主要步骤如下。首先,参数初始化,包括初始每个蚂蚁的位置、种群规模和信息素浓度。其次,蚂蚁开始进行搜索活动,当蚂蚁初次遍历所有城市之后,在解空间内生成一个可行解,初次形成的可行解一般不是最优解。在蚂蚁开始第二次搜索活动前,引入 BFO 算法的复制操作,对初次蚂蚁遍历城市路径进行排序,路径最短的蚂蚁健康值最大,按照赋值操作的规则,淘汰劣质部分的个体,引导优质部分个体产生下一代,然后再进行后续的搜索活动,期望采用复制操作提升算法的全局收敛能力和运算速度。最后,由于蚁群算法的正反馈机制,遍历过的路径上已经有一定信息素积累,影响蚂蚁在下一次搜索活动的选择,有些路径会由于选择较少、信息素留存少或信息素挥发等,后续搜索活动中选择该路径的概率逐渐变小。此时,引入 BFO 算法的迁徙操作,通过健康值和适应度值来判断个体是否可以进行迁徙操作,对于满足迁徙概率条件的个体初始化位置,进而提高了种群的搜索范围,再引入 BFO 算法的趋向性操作,改变个体移动步长和运动方向,增强全局搜索能力,防止搜索停滞,陷入局部最优。

参数设置。蚁群算法中的三个参数对解空间中的最优解起着至关重要的作用,它们分别是:α,在每个节点上信息量受重视的程度;β,启发式信息受重视的程度,值越大选择以前选过的点的概率也就越大;ρ,信息素挥发系数。

为了能够使算法获得最优的性能,在短时间内获得高质量的解,将蚁群搜索活动分为三个时期:初始期、成长期和成熟期。在初始期和成长期,蚁群处于初始搜索阶段,利用正反馈机制为后续搜索奠定基础,此时应该降低算法的收敛性,增加多样性,使蚂蚁个体足够丰富;进入成熟期,基于前期的搜索结果,路径上信息素有了一定的积累,此时需要加快收敛,缩短运算时间。本节三个参数的调整规则为:初始期,蚂蚁刚开始搜索活动,需要降低收敛性,减小 α 值;扩大搜索范围,增加多样性,增大 ρ 值;成长期,搜索有了一些基础,为后续搜索奠定基础,需要一定的信息素积累,所以稍微减小 α 值,ρ 值不变;

成熟期，搜索已经全面覆盖，需要加快搜索速度，提高收敛性，增大 α 值，减小 ρ 值。

（四）算例分析

1. 实例背景

电商企业 C 是一家以线上预售生鲜农产品为主的社区团购平台，企业配有 4 个配送中心，租赁了若干辆配送货车，并与 48 位团长签署了门店取货协议。企业当天晚上 11 点前会收到团长收集的社群的购买清单和线上用户的订单，企业调动供应链上下游，在第二天将订单配送到团长所在门店后，通知用户到指定自提点取货。

本节通过数据仿真验证设计的 ACO-BFO 算法的性能。该企业下属 4 个配送中心，每个配送中心有若干辆同质化的配送车辆，每辆车的固定费用为 600 元，最大行驶里程为 500km，最大负载 200kg，行驶单位距离的变动成本为 5 元/km，预设燃油价格为 7.5 元/L。目前有 48 位团长通过线上购买该企业的产品，通过企业后台数据已知用户的需求，企业下属的 4 个配送中心和车辆需要满足这 48 位团长门店的需求。按照规定，每天上午 10：00 配送人员从配送中心出发开始配送货物，20：00 前要结束配送任务，开车返回配送中心，设车辆在配送过程中均速为 60km/h。因为企业在用户下单时已承诺在当天时间窗内送达，所以对超出时间窗收货的这部分用户需要给予一定的超出承诺时间违约赔偿金。4 个配送中心和 48 位团长的地理位置信息和需求如表 4-7 所示。虽然选择社区团购的用户对于时间的敏感度不高，自提时间的有更大的可忍耐范围，但是配送活动必须要在当天硬时间窗内完成，所以团长接收企业配送的农产品的时间有较宽范围的时间窗。

表 4-7　配送中心和用户位置信息、需求信息和时间窗要求

编号	横坐标 x/km	纵坐标 y/km	需求量 q/kg	可忍受时间窗 最早	可忍受时间窗 最晚
1	21.387	17.105	/	10：00	20：00
2	-31.201	0.235	/	10：00	20：00
3	4.163	13.559	/	10：00	20：00
4	-36.118	49.097	/	10：00	20：00
5	-29.73	64.136	12	15：18	17：30

续表

编号	横坐标 x/km	纵坐标 y/km	需求量 q/kg	可忍受时间窗 最早	可忍受时间窗 最晚
6	-30.664	5.463	8	10:15	12:51
7	51.642	5.469	16	12:31	14:41
8	-13.17	69.336	5	12:33	14:35
9	-67.413	68.323	12	15:42	17:46
10	48.907	6.274	5	10:16	12:51
11	5.243	22.26	13	11:19	13:20
12	-65.002	77.234	20	10:40	12:33
13	-4.175	-1.569	13	13:50	15:12
14	23.029	11.639	18	14:47	16:40
15	25.482	6.287	7	10:09	12:09
16	-42.615	-26.392	6	15:09	17:43
17	-76.672	99.341	9	16:16	18:03
18	-20.673	57.892	9	15:10	17:06
19	-52.039	6.567	4	16:06	18:04
20	-41.376	50.824	25	14:20	16:26
21	-91.943	27.588	5	13:46	15:25
22	-65.118	30.212	17	14:07	16:10
23	18.597	96.716	3	11:04	13:02
24	-40.942	83.209	16	13:40	15:47
25	-37.756	-33.325	25	16:18	18:57
26	23.767	29.083	21	13:07	15:48
27	-43.03	20.453	14	16:58	18:45
28	-35.297	-24.896	19	15:52	17:34
29	-54.755	14.368	14	16:07	18:46
30	-49.329	33.374	6	16:12	18:01
31	57.404	23.822	16	14:28	16:48
32	-22.754	55.408	9	16:48	18:03
33	-56.622	73.34	20	11:25	13:18
34	-38.562	3.705	13	11:49	13:50
35	-16.779	19.537	10	15:58	17:16
36	-11.56	11.615	16	15:26	17:17
37	-46.545	97.974	19	16:47	18:21
38	16.229	9.32	22	13:25	15:15
39	1.294	7.349	14	13:27	15:56
40	-26.404	29.529	10	12:33	15:00
41	4.352	14.685	11	16:48	18:52
42	-50.665	-23.126	15	12:29	14:41
43	-22.833	-9.814	13	12:20	14:42
44	-71.1	-18.616	15	15:42	17:10

续表

编号	横坐标 x/km	纵坐标 y/km	需求量 q/kg	可忍受时间窗 最早	可忍受时间窗 最晚
45	-7.849	32.074	8	10:35	12:24
46	11.877	-24.933	22	15:20	17:42
47	-18.927	-23.73	24	15:37	17:50
48	-11.92	11.755	3	16:03	18:34
49	29.84	11.633	25	12:12	14:01
50	12.268	-55.811	19	16:23	18:09
51	-37.933	-21.613	21	12:46	14:13
52	42.883	-2.966	10	16:17	18:16

2. 参数设置

根据以往文献，参考邵举平等[1]针对生鲜农产品随时变化的研究，令 $\gamma = 2$。同时参考 Xiao 等[2]对碳排放参数的设置，令 $\rho^0 = 1$，$\rho^* = 2$，碳税率为 1 元/kg，模型参数如表 4-8 所示。

表 4-8 模型参数

模型参数名称	参数符号	参数值
配送车辆空车净重	φ	200kg
配送车辆 $k(k \in K)$ 的装载量上限	Q_k	200kg
配送车辆 $k(k \in K)$ 的行驶距离上限	T_k	500km
每辆车的固定成本	C_f	1000 元
车辆单位变动成本	C_v	15 元/km
配送车辆的平均行驶速度	V	60km/h
生鲜农产品随时间的变化关系	γ	2
空载时车辆燃料消耗率	ρ^0	1
满载时车辆燃料消耗率	ρ^*	2
燃料消耗量和碳排放量的转化因子	F	2.32
单位重量碳排放需支付的碳税	δ	1 元/kg
延迟罚金系数	λ	10/h
用户时间敏感度	β	0.88

---

[1] 邵举平、曹倩、沈敏燕、孙延安：《生鲜农产品配送中带时窗的 VRP 模型与算法》，《工业工程与管理》2015 年第 1 期。
[2] Xiao Y, Zhao Q, Kaku I, et al, "Development of a fuel consumption optimization model for the capacitated vehicle routing problem," *Computers & Operations Research* 39（2012）：1419-1531.

3. 算法结果对比

（1）算法运算结果对比

20世纪70年代，John Holland提出遗传算法（Genetic Algorithm，GA）[1]，通过模拟自然界中优胜劣汰、自然进化等过程来求得最优解。该算法由于其快速收敛的特性，在非连续性问题（如VRP问题）中被广泛运用。本节的目的是验证所设计的ACO-BFO算法在性能方面的优越性，因此也通过编写代码得到GA和BFO，将3种算法综合比较，分析智能优化算法的性能优劣。使用Matlab编写3种算法，在Intel（R）Core（TM）i3-10110F的4Ghz的CPU、内存16GB的台式电脑上运行和计算，可得相应配送路线。

经典的GA运算结果显示有5条配送路线，即4个配送中心雇用5辆货车，配送中心1、2和3分别雇用1辆，配送中心4雇用2辆；而BFO运算结果显示有6条配送路线，即4个配送中心雇用6辆车，配送中心1、2和3分别雇用1辆，配送中心4雇用3辆；ACO-BFO运算结果显示也有6条配送路线，配送中心1和2分别雇用1辆，配送中心3和4均雇用2辆，具体费用明细如表4-9、表4-10和表4-11所示。

表4-9 基于GA算法的各项费用和平均新鲜度

配送中心	配送路线	基本物流配送费用/元	碳税/元	用户补偿金/元	平均新鲜度/%
1	车辆Ⅰ：1→50→8→11→32→18→25→28→44→16→49→43→12→1	11359	2788	442	84.52
2	车辆Ⅰ：2→52→15→21→42→14→35→7→46→10→45→23→40→33→2	12383	2876	1261	67.84
3	车辆Ⅰ：3→31→17→38→27→48→19→37→5→3	9771	2382	445	86.23
4	车辆Ⅰ：4→13→22→30→36→34→24→47→51→26→41→29→39→4	12839	3057	1885	61.84
	车辆Ⅱ：4→20→6→9→4	3882	1408	221	86.09

---

[1] Holland John H, *Adaptation In Natural And Artificial Systems*（Ann Arbor：University of Michigan Press，1975）．

表 4-10 基于 BFO 算法的各项费用和平均新鲜度

配送中心	配送路线	基本物流配送费用/元	碳税/元	用户补偿金/元	平均新鲜度/%
1	车辆Ⅰ：1→46→15→21→18→49→44→19→6→26→13→36→1	12186	2359	840	72.37
2	车辆Ⅰ：2→10→25→52→28→27→5→23→2	6287	1712	752	77.24
3	车辆Ⅰ：3→31→39→51→33→30→34→20→7→3	8115	1984	154	92.07
4	车辆Ⅰ：4→24→14→35→17→45→22→43→37→4	9051	2314	213	88.41
	车辆Ⅱ：4→41→42→40→38→12→9→32→4	5878	1794	149	93.45
	车辆Ⅲ：4→48→11→50→8→29→47→16→4	5741	1421	410	80.54

表 4-11 基于 ACO-BFO 算法的各项费用和平均新鲜度

配送中心	配送路线	基本物流配送费用/元	碳税/元	用户补偿金/元	平均新鲜度/%
1	车辆Ⅰ：1→39→13→36→48→35→45→11→26→49→15→38→41→1	9012	2282	233	85.12
2	车辆Ⅰ：2→14→46→50→52→10→72	3910	1725	146	92.42
3	车辆Ⅰ：3→5→24→37→17→12→9→33→20→3	9211	1941	398	82.02
	车辆Ⅱ：3→32→18→8→23→3	3791	899	131	94.58
4	车辆Ⅰ：4→51→42→16→25→28→47→43→4	8045	2252	217	87.53
	车辆Ⅱ：4→6→40→27→30→22→21→44→29→19→34→4	10145	1854	1185	69.53

基本物流配送费用包括雇用车辆的固定成本、变动成本和行驶费用，还有司机的工资等费用。基于 GA 算法的配送方案仅需 5 辆车，比基于 BFO 算法和基于 ACO-BFO 算法的雇用车辆少 1 辆，在基本物流配送费用方面可能会比后两者少。分析运算结果可知，基于 GA 算法的配送方案（以下简称 GA 方案）基本物流配送费用 50234 元，基于 BFO 算法的配送方案（以下简称 BFO 方案）基本物

流配送费用 47258 元，相比 GA 方案降低 4.42%，基于 ACO-BFO 算法的配送方案（以下简称 ACO-BFO 方案）基本物流配送费用 44114 元，相比方案 GA 降低 12.07%，如图 4-17 所示。GA 方案的基本物流配送费用远远超出后两者。虽然 GA 方案可以少雇用 1 辆车，减少一部分固定成本，但是由于路径比较复杂，路途里程较长，绕路导致除车辆雇用的固定成本外，还需考虑司机加班工资等额外费用，GA 方案的基本物流配送费用仍然是三种方案里最高的。

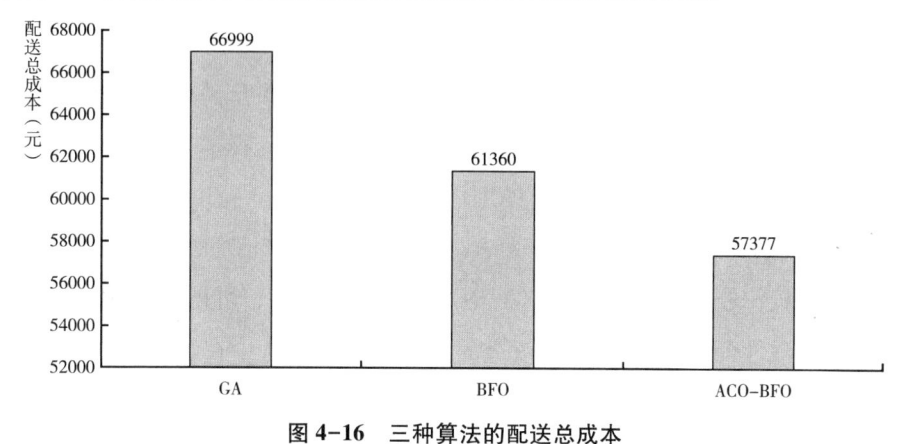

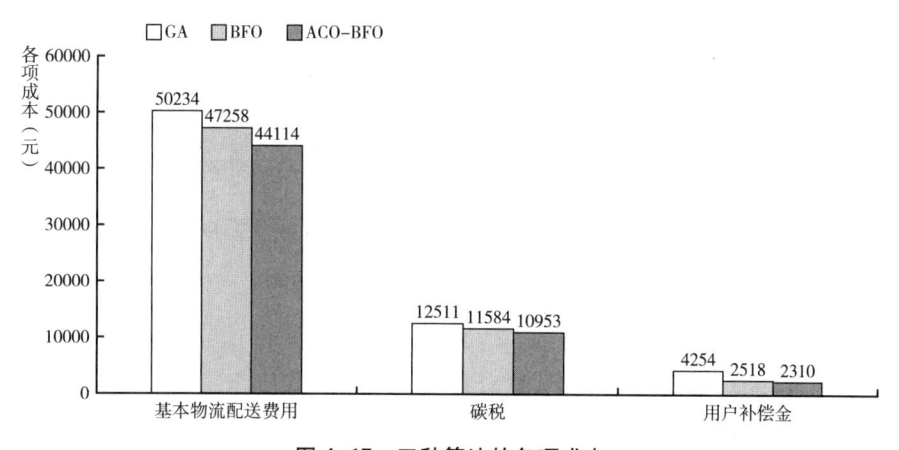

图 4-16 三种算法的配送总成本

图 4-17 三种算法的各项成本

除基本物流配送费用外，成本中还包含碳税和因超出承诺时间补偿给用户的费用。本节运用聚类思想来设计 ACO-BFO 算法，为每个配送中心就近分配用户，让配送任务在更快时间、更短路径内完成。在碳税方面，GA 方案、BFO 方案和 ACO-BFO 方案缴付的成本分别为 12511 元、11584 元和 10953 元。相较于 GA 方案而言，BFO 方案碳税缴付降低 7.41%，ACO-BFO 方案碳税缴付降低 12.45%；在企业支付用户补偿金方面，GA 方案、BFO 方案和 ACO-BFO 方案缴付的成本分别为 4254 元、2518 元和 2310 元。相较于 GA 方案而言，BFO 方案用户补偿金支付降低 40.81%，ACO-BFO 方案用户补偿金支付降低 45.70%。在碳税和用户补偿金方面均显示出 ACO-BFO 方案的优越性，实现更低的基本配送费用，使企业更好地履行绿色低碳理念，也通过更短的配送时间让用户满意度提升。

从研究结果可以看出，合理利用智能优化算法来解决车辆路径问题，优化车辆调度和路径模型，不仅降低了物流配送费用，也在一定程度上提高了用户的满意度，减少了因超出承诺时间给付的用户补偿金。

（2）算法收敛对比

通过分析比较 GA、BFO 和 ACO-BFO 算法的收敛性，可得图 4-18。分析三种算法的收敛性可以发现，GA 和改进的 BFO 在迭代过程中在解空间内目标函数值的差距不断扩大。相比 GA，改进的 BFO 在搜索精度和范围上有着较好的性能，GA 在 150 次迭代之后，曲线趋于水平，GA 停止更新，但是 BFO 仍在继续寻优，曲线缓慢下降。改进的 BFO 和 ACO-BFO 虽然目标函数值在迭代过程后期可能差距慢慢缩小，但是与 ACO-BFO 的目标函数值仍有一定差距。这是因为本节在设计 ACO-BFO 时考虑了目标用户的节点选择，同时针对算法初始解的构造，选用了节约算法和贪心策略插入法，在算法迭代初期能够得到更好的目标函数值，同时也为算法提升了收敛速度，在 270 次迭代后趋于稳定，在解空间内获得了最优解。

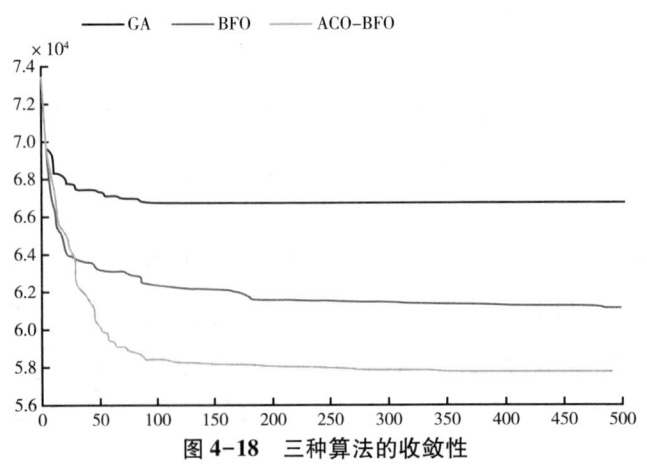

图 4-18 三种算法的收敛性

(3) 绿色低碳的配送路线

通过分析比较 GA、BFO 和 ACO-BFO 方案的绿色低碳配送路线，得到考虑碳排放和不考虑碳排放的配送路线，进一步可以得到两种配送路线的各项费用和平均新鲜度，如表 4-12 所示。

表 4-12 考虑碳排放和不考虑碳排放的各项费用和平均新鲜度

状态	配送总成本/元	基本物流配送费用/元	碳税/元	用户补偿金/元	平均新鲜度/%
考虑碳排放	57377	44114	10953	2310	85.20
不考虑碳排放	58634	45239	11584	1811	87.63

研究结果表明，不考虑碳排放的路线比较冗余、复杂，而考虑碳排放的路线较少出现交叉，证明考虑碳排放对车辆路径规划有利，没有走"回头路"。从数据上分析，考虑碳排放能够使总成本降低 2.14%，使基本物流配送费用减少 2.49%，使碳税减少 5.45%（见图 4-19）。这充分证明，将碳排放纳入企业成本不仅能够有效减少车辆行驶过程中的碳排放，使之自觉履行绿色低碳的配送准则，也可以降低企业总成本。另外，考虑碳排放会使用户补偿金增加 27.55%，生鲜农产品的平均新鲜程度降低。因为选择社区团购模式的人群对于时间和品质并非优先考虑，所以总体来看将碳排放纳入配送模型中是一种科学有效的节能减排、增强企业社会责任的做法。

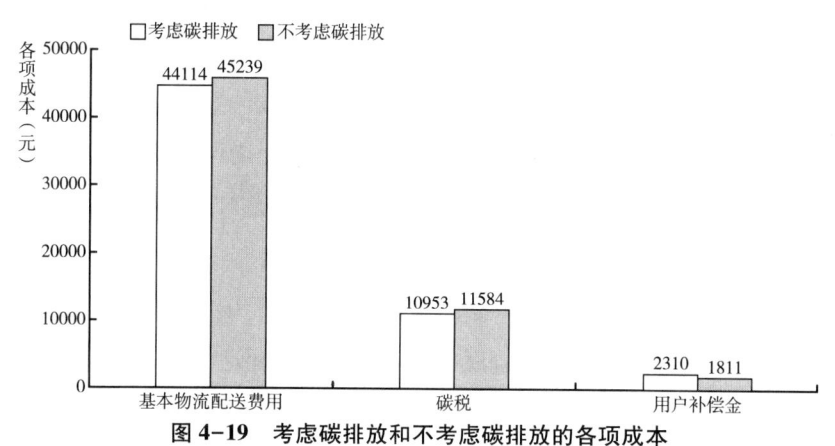

图 4-19 考虑碳排放和不考虑碳排放的各项成本

(4) 开环与闭环对于配送的影响

通过分析比较 GA、BFO 和 ACO-BFO 方案中开环与闭环对于配送的影响，得到开环闭环两种配送情景下各成本对比，如图4-20所示；进一步得到开环配送与闭环配送的各项费用和平均新鲜度，如表4-13所示。

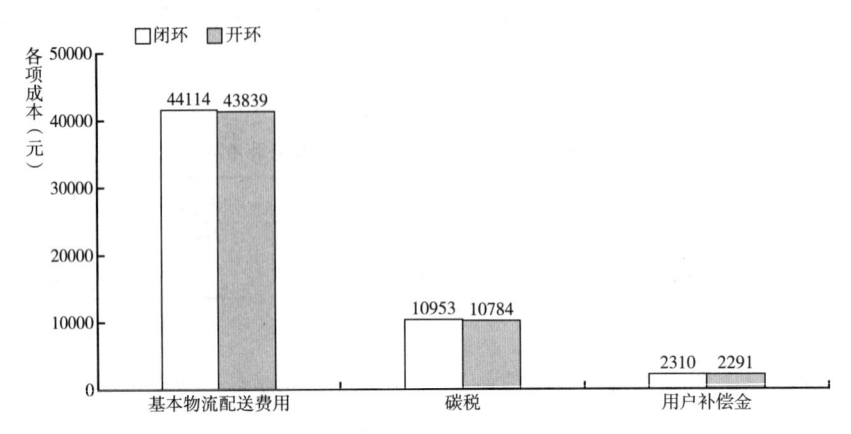

图 4-20 开环、闭环两种配送情景下各成本对比

表 4-13 开环配送和闭环配送的各项费用和平均新鲜度

状态	配送总成本/元	基本物流配送费用/元	碳税/元	用户补偿金/元	平均新鲜度/%
闭环	57377	44114	10953	2310	85.20
开环	56914	43839	10784	2291	85.46

闭环配送是指车辆完成配送任务后，返程回到配送中心。分析表4-14可以发现，开环配送相比闭环配送成本减少0.81%，其中基本物流配送费用缩减0.62%，碳税降低1.54%，用户补偿金降低0.82%。分析相关数据可以发现，各项成本都有一定的降幅，这主要是因为开环配送时，车辆在完成配送任务后不用回到配送中心，避免空载行驶，从而减少了基本物流成本和碳排放，降低配送总成本。这说明在实际的交通运输过程中，企业应该减少空载车辆的行驶路程或提高车辆的装载率，通过合理优化配送路线，降低物流配送成本。与此同时，如果企业选用开环配送方式进行车辆调度，需要合理规划配送任务完成后车辆和人员工作。

（5）抗衰性对生鲜农产品配送成本的影响

在生鲜农产品的运输中，不同种类的商品往往需要不同的运输条件和环境。农产品抗衰性可以分为4个等级，$\gamma=1$表示抗衰性最弱，一般为水产品；$\gamma=4$表示抗衰性最强,一般为苹果、莴笋等瓜果蔬菜。本节对不同抗衰性的农产品进行车辆路径规划实验,得到不同抗衰性农产品的配送总成本、车辆使用数目和平均新鲜度如表 4-14 所示。分析发现,抗衰性强的商品配送成本低,使用车辆数量少,用户收到生鲜农产品的平均新鲜度也高,可以减少车辆的使用数量,从而降低管理成本。

表 4-14　不同抗衰性农产品的配送总成本、车辆使用数目和平均新鲜度

抗衰性	配送总成本/元	车辆使用数目/辆	平均新鲜度/%
1	60573	8	77.31
2	57377	6	85.20
3	56815	6	88.45
4	55941	5	90.51

本节考虑生鲜农产品在配送过程中的新鲜度变化,建立了社区团购模式下生鲜农产品的配送模型,同时,本节通过对时间窗的刻画,对于超出用户可忍受配送时间窗的配送服务给予用户一定的违约赔偿金;描述燃料消耗成本和碳排放成本,建立了车辆行驶过程中绿色低碳模型;将新鲜程度、用户满意度和绿色低碳理念融入车辆路径问题中,建立一个基于企业、用户和社会责任三个层面成本最小化的多配送中心路径规划模型。

第三节　基于直采直配模式的农产品电商低碳配送路径优化研究

(一) 问题描述

本节研究存在最晚收货时间限制的生鲜农产品直采直配问题。直采直配是指电商直接与农户合作,通过线上或线下渠道,直接将农产品配送给消费者的一种模式(见图 4-21)。这种模式的优势主要有三方面:一是电商与农户直接合作,消除了中间环节,降低了成本;二是消费者可以直接购买农产品,享受更低的价格;三是农产品的配送距离缩短,提高了配送效率。

此外,直采直配也能够实现农产品信息共享,维护消费者对产品质量和安全的信任。近年来,直采直配模式的实践案例更加丰富多彩,彰显其蓬勃的生命

力。例如,"绿鲜达"平台凭借创新的智能调度系统与冷链物流技术,实现了全国范围内果蔬的次日达服务,其高效与便捷赢得了市场的广泛认可。[1] "绿鲜达"案例充分证明了直采直配模式在促进农业产业升级、提升消费者体验方面有巨大潜力与广阔前景。

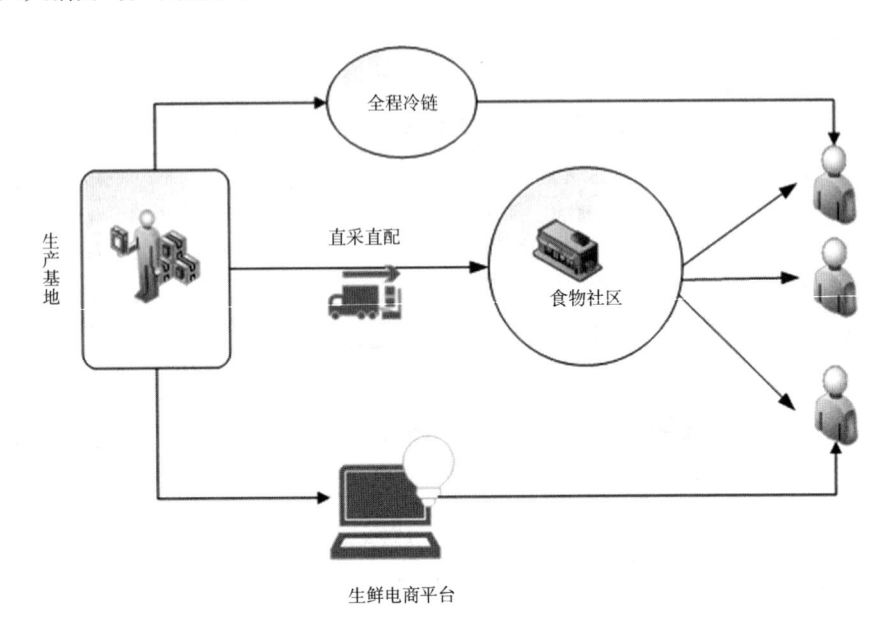

图 4-21 农产品电商直采直配模式

直采直配的运营模式主要分为两种:一种是电商与农户直接合作,通过线上或线下渠道,直接将农产品配送给消费者;另一种是电商与第三方物流企业合作,利用其物流网络和设施来配送产品。

直采直配对于配送的要求主要包括:首先,考虑消费者的收货时间限制,确保在最短的时间内将农产品送到消费者手中;其次,考虑配送距离和载重量,以降低燃料消耗量;最后,平衡配送效率和低碳要求,减少对环境的影响。针对这些要求,企业需要选择合适的配送路径和优化策略来提高直采直配的物流效率和低碳效率。

---

[1] 《寻访"行业小巨人"丨绿鲜达:从土地到餐桌"生鲜使者"让更多人吃上放心蔬菜》,云南网,2023 年 10 月 10 日。

(二)模型构建

1. 符号说明

一个农产品电商拥有 m 个生鲜农产品生产基地 $D_i(i=1,2,\cdots,m)$,在某个时间段内接到 n 个社区的订单,采用冷藏车执行配送任务,每辆配送车的最大载重量均为 Q、最大行驶距离均为 L。每个社区的生鲜农产品需求量已知,同时,为了减少配送延迟带来的负面评价,电商在消费者网上下单后,会承诺消费者 i 在截止时间 l_i 之前将货物送达。当送达时间超过最晚收货时间时,电商将向消费者支付一定的配送延迟罚金。因此,一个可行的配送方案需要满足如下条件:①每辆冷藏车从生产基地装载完生鲜农产品后出发,全程冷链配送,沿着一条行驶路线将装载的生鲜农产品送达指定社区,并最后回到原生产基地;②一辆冷藏车可以服务多个社区,但每个社区仅被一辆冷藏车服务一次;③实际配送过程中,冷藏车受最大容量和最大行驶距离的约束;④如果在承诺时间内未送达,需要向消费者支付超时罚金。

(1) 集合

C:社区点集合,$C=\{v_1,v_2,\cdots,v_n\}$,表示 n 个社区;

D:生产基地点集合,$D=\{v_{n+1},v_{n+2},\cdots,v_{n+m}\}$,表示 m 个生产基地;

N:社区和生产基地点的集合,$N=C\cup D$;

A:任意两点之间的路径集合,$A=\{(i,j)\mid i,j\in N,i\neq j\}$;

K:可供使用的配送车辆集合,$K=\{k_1,k_2,\cdots,k_J\}$,J 表示车辆的总数量;

K_d:生产基地 $d(d\in D)$ 的车辆集合,$K_d\subset K$,其中 $|K_d|$ 为集合元素个数,即生产基地 d 的配送车辆总数。

(2) 参数

Q_k:冷藏车 $k(k\in K)$ 的最大生鲜农产品装载量;

L_k:冷藏车 $k(k\in K)$ 的最大行驶里程;

q_i:社区 i 的生鲜农产品需求量($0<q_i<Q,i\in C$);

s_i:配送车辆在为社区 i 提供配送服务时所耗费的服务时间;

l_i:电商平台承诺给社区 i 的最晚收货时间;

d_{ij}:任意两点 i 和 j 之间的欧氏距离,其中 $d_{ij}=d_{ji},i,j\in N$,表示路径是对称的;

C_{fc}:每辆车的固定成本费用(包括车辆的租赁费用、保险费用以及维修费用等）；

C_{vc}：车辆单位行驶里程的变动成本（主要包括司机工资成本等变动成本）；

C_{ce}：单位行驶里程的燃料消耗成本；

C_{trc}：运输过程中单位行驶里程的冷链制冷成本；

C_{urc}：卸货过程中单位时间的冷链制冷成本；

C_{pi}：当配送延迟时需要向消费者 i 支付的延迟罚金成本；

V：冷藏车行驶过程中的平均速度；

ρ^*：冷藏车满载行驶时的燃料消耗率；

ρ^0：冷藏车空载行驶时的燃料消耗率。

（3）决策变量

x_{ijk}：0-1 变量，表示冷藏车 k 经过路径 (i, j) 时值为 1，否则为零；

f_{ijk}：冷藏车 k 经过路径 (i, j) 时生鲜农产品的货物装载量；

ρ_{ijk}：冷藏车 k 行驶在 i 和 j 之间路径 (i, j) 上的燃料消耗率；

a_i：实际到达消费者 i 的时间，$i \in C$；

h_i：配送车辆从社区 i 出发前往下一个社区 j 的时间，$i, j \in C$；

o_i：社区 i 的延迟服务时间，$i \in C$。

2. 生鲜农产品配送中物流成本组成

（1）燃料消耗成本函数

Sahin 等的研究表明，一辆最大载荷 20 吨的卡车满载行驶时平均每 1000km 的燃料消耗成本占据了物流总成本的 60%。[1] 因此，合理调度配送路线对于降低燃料成本至关重要。同时，燃料消耗成本的降低也减少了 CO_2 等温室气体的排放，具有较好的社会效益。

燃料消耗量与车辆的行驶里程数有着密切的关系。Xiao 等[2] 通过实际的统计数据，建立了考虑行驶路径和装载量的燃料消耗量模型，可以得到更准确的燃料消耗量。本节基于 Xiao 等[2] 建立的燃料消耗量模型，建立生鲜农产品配送燃料消耗量模型：

---

[1] Sahin B, Yilmaz H, Ust Y, Guneri A. F, Gulsun B, "An approach for analysing transportation costs and a case study," *European Journal of Operational Research* 193（2007）：1-11.

[2] Xiao Y, Zhao Q, Kaku I, et al, "Development of a fuel consumption optimization model for the capacitated vehicle routing problem," *Computers & Operations Research* 39（2012）：1419-1431.

$$\rho(Q_1) = \left(\rho^0 + \frac{\rho^* - \rho^0}{Q}Q_1\right) \tag{4-59}$$

其中，$\rho(Q_1)$ 表示车辆装载量 Q_1（kg）情形下单位行驶里程（km）的燃料消耗量。

对于任意配送路径 (i,j)，当冷藏车配送完食物社区 i 然后驶向食物社区 j 的这段路径中，设配送车辆 k 在该段路径上的实际装载量为 f_{ijk}，该段路径上单位行驶里程的燃料消耗量为 $\rho_{ijk} = \rho(f_{ijk})$，则燃料消耗成本可以表示为

$$C_{fuel}^{ij} = C_{ce}\rho_{ijk}d_{ij} \tag{4-60}$$

其中，d_{ij} 表示任意两点之间的欧氏距离。

设 r 为第 k 辆冷藏车配送服务的消费者集合，该车在执行物流配送任务时燃料消耗成本总额为

$$C_{fuel} = \sum_{i=1}^{r}\sum_{j=1}^{r}C_{fuel}^{ij}x_{ijk} = \sum_{i=1}^{r}\sum_{j=1}^{r}C_{ce}\rho_{ijk}d_{ij}x_{ijk} \tag{4-61}$$

当行驶路线 (i,j) 存在时，变量 x_{ijk} 为 1，否则为零，且 ρ_{ijk} 受到装载量序列的影响。因此，可以合理设计配送路线，减少燃料消耗量，达到降低物流配送成本的目的。

（2）制冷成本函数

为了避免气温变化造成的生鲜农产品损耗，需要使用冷藏车执行生鲜农产品的配送。制冷成本是指冷藏运输车的制冷设备在配送过程中消耗制冷剂的成本，由运输过程中的制冷成本和卸货过程中的制冷成本两部分组成。因此，在生鲜农产品的配送成本需要考虑冷藏车的制冷成本。H 表示配送过程中冷藏车的制冷成本，I 表示卸货过程中的冷藏车制冷成本，总的制冷成本 R 为：

$$R = H + I = \sum_{k \in K}\sum_{i \in N}\sum_{j \in N}C_{trc}x_{ijk}d_{ij} + \sum_{i \in C}C_{urc}s_i \tag{4-62}$$

（3）超时赔付罚金函数

在集贸市场、生鲜超市等线下场所中，消费者拿商品、付账，对生鲜农产品的控制权和所有权是完全统一的；而通过电商购买生鲜农产品时，控制权和所有权之间的时间差会给消费者带来不安全感。当等待超出预期时，消费者会认为卖家不守承诺，甚至会因等待时间过长而出现愤怒情绪。因此，众多农产品电商都

在致力于提高配送速度来赢得消费者。例如，叮咚买菜凭借智能调度系统，在多个城市实现生鲜高效配送，部分区域半小时送达，展现了其物流网络和技术优势，为消费者提供了便捷购物体验；[1] 同时，京东生鲜优化"协同仓"模式，深化产地直采合作，利用大数据优化库存，缩短供应链，确保生鲜新鲜速达。[2]

基于此，本节建立超时配送罚金函数：

$$P_i = \begin{cases} 0, & a_i < l_i^{'} \\ C_{pi}(a_i - l_i^{'}), & l_i^{'} < a_i < l_i \\ \infty, & a_i > l_i \end{cases} \quad (4-63)$$

当早于 $l_i^{'}$ 时间送达时，延迟时间为零，电商无须向消费者支付罚金；当晚于 $l_i^{'}$ 但不超过最晚容忍时间 l_i 送达时，电商需要向消费者支付一定的罚金，罚金金额随超时的长度而呈线性增加；当晚于最晚容忍时间 l_i 送达时，罚金为无穷大，这意味着在生鲜农产品物流配送中，不能超过客户的最晚容忍时间（当超过最晚容忍时间时，客户可能会退货）。

根据上述成本函数，本节构建的配送路径规划模型如下：

$$Min \quad C_{fc}\sum_{k\in K}\sum_{i\in D}\sum_{j\in C}x_{ijk} + C_{vc}\sum_{k\in K}\sum_{i\in N}\sum_{j\in N}d_{ij}x_{ijk} + \sum_{k\in K}\sum_{i\in N}\sum_{j\in N}C_{trc}x_{ijk}d_{ij} + \sum_{i\in C}C_{urc}s_i \quad (4-64)$$

$$+C_{ce}\sum_{k\in K}\sum_{i\in N}\sum_{j\in N}(\rho^0 + \frac{\rho^* - \rho^0}{Q}f_{ijk})d_{ij}x_{ijk} \quad (4-65)$$

$$+C_{pi}\sum_{i\in C}o_i \quad (4-66)$$

S. T.

$$\sum_{k\in K}\sum_{j\in C}x_{djk} \leq |K_d| \quad \forall d \in D \quad (4-67)$$

$$\sum_{k\in K}\sum_{j\in N}x_{ijk} = \sum_{k\in K}\sum_{i\in N}x_{ijk} = 1 \quad \forall i,j \in C \quad (4-68)$$

$$\sum_{i\in N}x_{ihk} - \sum_{j\in N}x_{hjk} = 0 \quad \forall k \in K h \in N \quad (4-69)$$

$$\sum_{i\in N}q_i\sum_{j\in N}x_{ijk} \leq Q_k \quad \forall k \in K \quad (4-70)$$

---

[1]《叮咚买菜多次盈利，美团、京东加码，这次前置仓又行了？》，腾讯网，2024 年 11 月 8 日。
[2]《人工智能赋能生鲜零售：京东七鲜与前置仓的创新融合》，搜狐网，2024 年 11 月 1 日。

$$\sum_{i \in N} \sum_{j \in N} d_{ij} x_{ijk} \leq L_k \quad \forall k \in K \tag{4-71}$$

$$\sum_{i \in D} \sum_{j \in C} x_{ijk} \leq 1 \quad \forall k \in K \tag{4-72}$$

$$\sum_{j \in D} \sum_{i \in C} x_{ijk} \leq 1 \quad \forall k \in K \tag{4-73}$$

$$\sum_{k \in K} \sum_{u \in N \setminus \{i\}} f_{uik} - \sum_{k \in K} \sum_{j \in N \setminus \{i,u\}} f_{ijk} = q_i \quad \forall i \in C \tag{4-74}$$

$$q_j x_{ijk} \leq f_{ijk} \leq (Q - q_i) x_{ijk} \quad \forall (i,j) \in A, k \in K \tag{4-75}$$

$$a_j \geq h_i + \sum_{k \in K} \sum_{i \in N} x_{ijk} d_{ij} / V \quad \forall j \in C \tag{4-76}$$

$$a_i + s_i \leq h_i \quad \forall i \in C \tag{4-77}$$

$$o_i \geq a_i - l_i \quad \forall i \in C \tag{4-78}$$

$$x_{ijk} \in \{0,1\} \quad \forall i,j \in N, k \in K \tag{4-79}$$

$$a_i, h_i, o_i, f_{ijk} \geq 0, \quad \forall i,j \in C, k \in K \tag{4-80}$$

其中，式（4-64）表示基本物流配送费用，包括冷藏车的租赁成本和变动成本，以及冷藏车的制冷成本；式（4-65）表示配送中冷藏车的燃料消耗成本，式（4-66）表示由于超时配送需要支付给客户的赔偿金；式（4-67）表示配送中心的车辆数量限制；式（4-68）表示每个客户仅被1辆车服务1次；式（4-69）保证车辆行驶路径的连续性；式（4-70）和式（4-71）分别表示车辆的容量约束和行驶时间约束；式（4-72）和式（4-73）表示车辆的可用性限制，即车辆 k 是否得到使用；式（4-74）和式（4-75）表示车辆行驶过程中每段行驶路径上的载重量限制条件；式（4-76）和式（4-77）表示物流企业的实际送达时间限制；式（4-78）表示客户 i 的延迟配送时间限制；式（4-79）表示0-1变量约束；式（4-80）表示变量的非负限制。可以看到，该模型综合考虑了三类成本：①基本的物流配送费用，包括冷藏车的租赁成本和车辆变动成本，以及冷藏车的制冷成本等成本支出；②物流配送过程中的冷藏车消耗成本；③超时配送带来的延迟赔付费用。

（三）算法设计

1. 解的编码

考虑到MDVRP属于典型的离散优化问题，故本节采用自然数编码方式表示

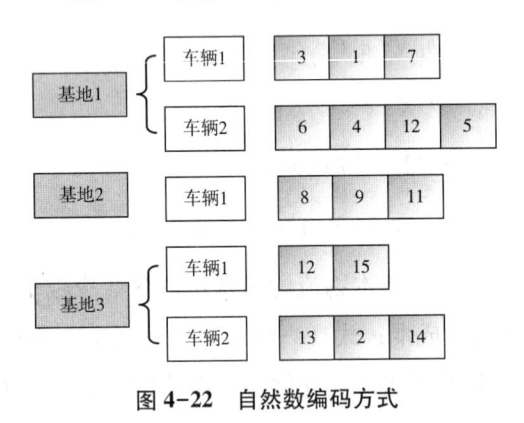

调度方案。设调度方案 $X = (x_1^T, x_2^T, \cdots, x_k^T)^T$，其中 k 表示车辆数目，$x_k = (0, r_1, r_2, \cdots, r_s, 0)$ 表示第 k 辆车的配送路线，0 则表示生产基地。在具体编码阶段，首先将 MDVRP（生产基地可以看作配送中心）转化为多个 VRP 进行并行求解，然后为每一位消费者分配配送车辆，设计配送车辆的行驶路线。如图 4-22 所示，假设存在 3 个生产基地，可以看到每个生产基地的配送车辆数目并非相同，即配送路线的数目也不相同。生产基地 1 有 2 辆车参与配送，其中配送车辆 1 为客户 3、1、7 提供配送服务，配送路线为：生产基地 1→客户 3→客户 1→客户 7→生产基地 1。生产基地 2 仅有 1 辆车参与配送，其配送路线为：生产基地 2→客户 8→客户 9→客户 11→生产基地 2。

图 4-22 自然数编码方式

2. 解的初始化

由于本节模型涉及多个生产基地的情形，为了加快模拟退火算法的收敛速度，可以将算法中当前解的初始化分为三个阶段：首先，分配社区到生产基地，即客户聚类（Clustering）；其次，对分配到生产基地的社区安排冷藏配送车辆，即车辆调度（Scheduling）；最后，调整每辆车所服务社区的顺序，即路线优化（Routing）。具体来说，本节依次计算每个社区与各个生产基地的距离，选择最近的生产基地对社区执行配送，对社区进行聚类；当所有的待服务社区均被分配到各自的生产基地后，利用扫描法为每个社区分配服务车辆；最终，对每辆冷藏配送车的社区服务顺序进行随机排列，以期实现个体的多样性，扩大搜索范围。

3. 新解生成策略

在模拟退火算法中，每次迭代均需要在当前解 x_i 的邻域 $N(x_i)$ 内产生新的分子，由于本节问题模型属于离散优化问题，邻域内产生新分子的形式主要是随机交换分子编码的位置。因此，本节根据编码采用交换（Swap）、移位（Insert）、倒置（Invert）三种邻域中新解生成算子，如图4-23所示。其中，交换算子是随机选择两个不同的位置，然后交换两个位置上的消费者；而移位算子是随机选择一个位置上的消费者，将其插入到另一个随机位置，根据编码方式可知，交换算子和移位算子选中的两个位置既可以是同一条子路径上的两个位置，也可以是不同子路径上的两个位置，这样就使得不同的路径能够顺畅实现"信息交流"，扩大解空间的搜索范围。倒置算子，即首先随机选中一条子路径（即一条配送路线），然后在该子路径上随机选择两个不同的位置，并将两个位置及之间的消费者顺序进行翻转。

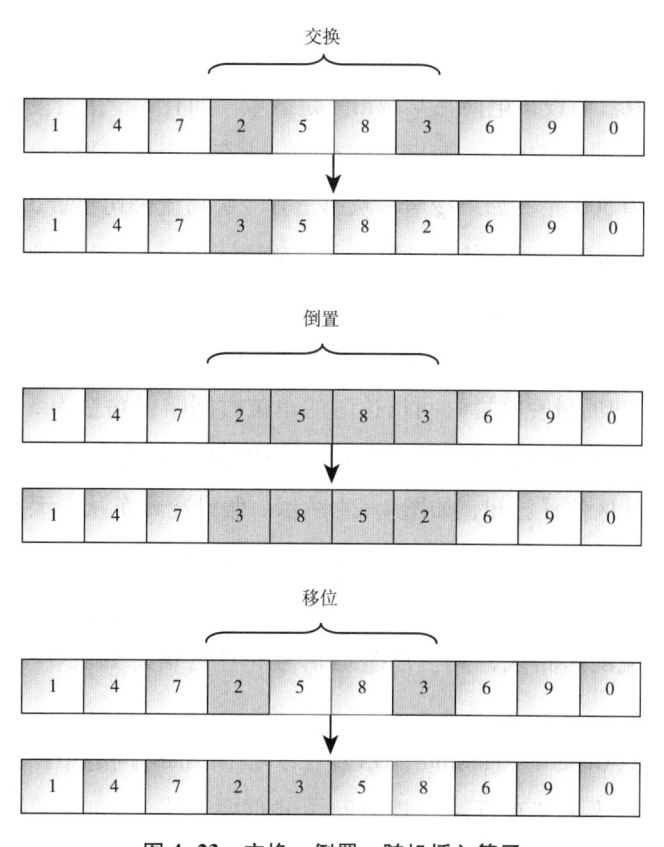

图4-23 交换、倒置、随机插入算子

通过上述三个算子生成新的解个体后，计算该新个体的适应度，并与当前解进行比较，然后按照模拟退火算法中的 Metropolis 准则进行解的更新。

155

4. 降温方法的确认

温度控制是模拟退火算法中难以处理的问题之一，不失一般性，本节采用温度变化函数：

$$t_{k+1} = \tau^* t_k \tag{4-81}$$

其中，t_k 和 t_{k+1} 分别表示第 k、$k+1$ 次温度更新，τ 表示温度变化的幅度（$0 < \tau < 1$，且为常数，表示温度降低），即每一步温度以相同的比例下降。当温度 $t_k < T_n$ 或者算法迭代次数达到最大迭代次数时，算法停止，输出最终的求解结果。

（四）算例分析

为了验证模拟退火算法对于求解模型的有效性，本节以某生鲜农产品电商为例进行数值仿真。假设该电商在某城市一定区域内拥有3个生鲜基地，每辆冷藏车的最大载重量均为1500kg，每辆冷藏车的最大行驶距离均为400km，每辆冷藏车的租赁成本为500元（如果冷藏车从第三方冷链物流公司租赁，500元为每辆车的租赁费；若将配送服务外包给第三方冷链物流公司，500元则为单位配送的服务费），单位行驶里程的变动成本为5元/km，燃料费用为7.5元/L，行驶过程中单位里程制冷成本为3元/km，卸载过程中单位时间制冷成本为0.2元/min，当超过客户的最晚收货时间送达时的单位时间赔付罚金为3元/h。3个生产基地需要向30个社区提供物流配送服务，用欧氏距离表示任意点之间的距离，各生产基地和社区位置已知，如图4-24所示。假设冷藏车从一天的某一时刻出发执行配送任务，限定在5h内将生鲜农产品配送至社区，车辆行驶中的平均速度为60km/h。要求满足降低物流配送成本并减少顾客的延时收货时间，设计合理的调度和物流配送路线，其生产基地信息和社区信息如表4-15和表4-16所示。

遗传算法（Genetic Algorithm，GA）在求解 NP-hard 问题中具有快速收敛的求解优势，已成为求解车辆路径规划问题的重要方法。[1] 为了验证模拟退火算法求解本节模型的有效性，这里对模拟退火算法、遗传算法两种求解算法的计算结果进行比较，并绘制了两种算法得到的配送路线（见图4-25）。

---

[1] Yousefikhoshbakht M, Dolatnejad A, Didehvar F, Rahmati F, "Modified column generation to solve the heterogeneous fixed fleet open vehicle routing problem," *Journal of Engineering* 3 (2016): 1-12.

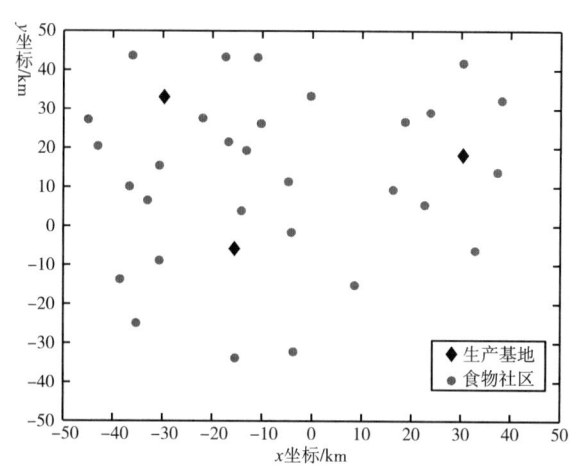

图 4-24 生鲜农产品生产基地和社区位置散点图

表 4-15 生产基地信息

配送点编号	横坐标 x/km	纵坐标 y/km	车辆数目 n/辆
1	-15.54	-5.80	2
2	34.40	18.23	2
3	-29.73	33.10	2
配送点编号	横坐标 x/km	纵坐标 y/km	车辆数目 n/辆
1	-15.54	-5.80	2
2	34.40	18.23	2
3	-29.73	33.10	2

表 4-16 社区信息

项目	社区编号									
	1	2	3	4	5	6	7	8	9	10
横坐标 x/km	-36.12	-30.66	22.64	-13.17	-17.41	32.90	38.24	-45.00	-4.18	-14.16
纵坐标 y/km	43.68	15.46	5.47	19.34	43.32	-6.27	32.26	27.23	-1.57	3.90
服务时间 t/min	22	18	16	15	12	25	23	20	19	26
需求 q/kg	250	270	200	250	280	270	260	295	200	330

项目	社区编号									
	11	12	13	14	15	16	17	18	19	20
横坐标 x/km	-36.67	-30.67	-33.04	-15.38	-21.94	-10.25	18.60	-10.94	-3.76	23.77
纵坐标 y/km	10.14	-8.89	6.56	-33.82	27.59	26.21	26.72	43.21	-32.20	29.08
服务时间 t/min	29	19	16	25	25	27	30	26	25	21
需求 q/kg	150	160	190	180	130	250	230	200	190	210

157

续表

项目	社区编号									
	21	22	23	24	25	26	27	28	29	30
横坐标 x/km	-43.03	-35.30	-4.76	-0.33	30.40	37.40	-38.56	-16.78	-8.55	16.23
纵坐标 y/km	20.45	-24.90	11.37	33.37	41.82	13.82	-13.71	21.54	15.19	9.32
服务时间 t/min	12	19	14	16	10	14	23	10	19	22
需求 q/kg	160	320	280	240	200	210	230	270	250	220

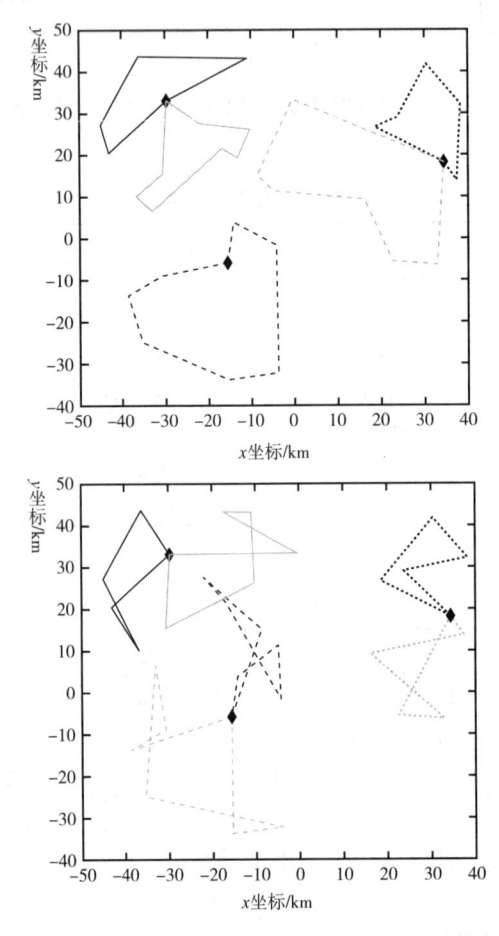

图 4-25 模拟退火算法、遗传算法得到的配送路线

算法参数设置方面，GA 的种群数目为 40，交叉率和变异率分别设置为 0.9 和 0.1；SSA 初始温度值 T_0 为 3000，终止温度 T_n 为 1.0e-8，温度变化步

长 $\tau=0.98$，内循环次数为 20，外循环次数为 100，两个算法分别迭代 1000 次。算法程序均使用 C++编程语言编写，并在 Intel（R）Core（TM）i5-8250 @1.6Ghz 的 CPU、内存 8.0GB 的 DELL 笔记本电脑上运行，运行软件为 Microsoft Visual studio，两个算法各独立运行 30 次，最优计算结果如图 4-25 所示。

研究发现，两种求解算法分别得到了 5 条和 6 条配送路线，冷藏车的使用率分别为 83.33%和 100%。可以看出，模拟退火算法求解得到的配送路线更加均衡，并且仅使用了 5 辆冷藏车即完成了配送任务，节省了 1 辆冷藏车的固定成本支出；而遗传算法得到的配送路线存在路线调配上的重复行驶情况，增加了生鲜农产品的物流配送费用。

表 4-17 和表 4-18 展示了两种算法计算得到的配送路线，分析每条配送路线的物流成本构成可以发现，两种算法计算得到的配送路线中超时赔付罚金值差距最为显著。这主要是因为表 4-18 中的配送路线存在多次绕远路的情形，而表 4-17 中的生鲜农产品生产基地主要负责与其位置较近社区的配送，避免了绕远路为距离较远的消费者配送。这说明在农产品电商的物流配送中心配置上需要充分考虑社区店的分布密度和消费者的群体位置，通过科学合理地设置配送中心可以有效缩短消费者等待时间，提高消费者满意度。例如，盒马鲜生选择社区密度大的区域合理配置店面位置，将店面作为前置仓，通过合理优化配送路线，实现客户下单后最快半小时收到的即时配送。[1]

表 4-17 配送路线以及各车辆的配送成本组成（模拟退火算法）

基地	配送路线	基本物流配送费用(元)	燃料消耗成本(元)	超时罚金(元)
Ⅰ	车辆 1：Ⅰ→10→9→19→14→22→27→12→Ⅰ	1108.56	912.85	9.98
Ⅱ	车辆 1：Ⅱ→17→20→25→7→26→Ⅱ	870.69	556.04	2.39
	车辆 2：Ⅱ→24→29→23→30→3→6→Ⅱ	1176.33	1014.49	2.46
Ⅲ	车辆 1：Ⅲ→18→5→1→8→21→Ⅲ	953.155	679.73	0
	车辆 2：Ⅲ→15→16→4→28→13→11→2→Ⅲ	929.515	644.27	3.42

---

[1] 极海品牌监控：《盒马鲜生品牌分析报告》，2020 年 9 月。

表 4-18　配送路线以及各车辆的配送成本组成（遗传算法）

基地	配送路线	基本物流配送费用(元)	燃料消耗成本(元)	超时罚金(元)
Ⅰ	车辆 1：Ⅰ→29→4→15→28→9→23→10→Ⅰ	1047.02	820.536	213.194
	车辆 2：Ⅰ→27→12→13→22→19→14→Ⅰ	1264.43	1146.64	143.828
Ⅱ	车辆 1：Ⅱ→3→6→3→26→Ⅱ	932.746	649.118	52.6268
	车辆 2：Ⅱ→20→7→25→17→Ⅱ	897.344	596.015	51.1953
Ⅲ	车辆 1：Ⅲ→24→5→18→16→2→Ⅲ	1066.93	850.391	107.909
	车辆 2：Ⅲ→1→8→11→21→Ⅲ	902.674	604.011	60.665

本节针对农产品电商的直采直配模式，综合考虑消费者最晚收货时间限制、冷藏车的燃料消耗成本、碳排放量等因素，将配送车的行驶距离和载重量作为影响燃料消耗量的关键因素，建立了燃料消耗量模型，并在消费者的收货时间限制下构建了包含多个生产基地的直采直配低碳物流配送路径规划模型。运用聚类优化思想，设计了模拟退火算法进行求解。研究表明，在农产品电商的直采直配模式中，应重视消费者的收货时间限制，避免因配送延迟而影响消费者的购买体验。

第四节　基于承诺送达机制的农产品电商物流配送路径规划研究

本节研究同时考虑消费者满意度和碳排放量的物流配送问题，重点考虑电商平台配送成本、消费者满意度以及碳排放量三个方面，建立多目标多配送站承诺送达农产品电商配送路径优化模型。针对建立的优化模型，提出一种改进后的人工蜂群算法进行求解，将"就近原则"引入初始化阶段，从而使多配送站问题转化为单配送站问题，并通过精英原则避免算法陷入局部最优解。

承诺送达机制是指电商平台向消费者明确承诺并保证在特定时间内完成订单配送的服务模式。这一机制不仅能够显著提升消费者的购物体验，增强其满意度与信任感，还能通过精细化的路径规划与配送调度有效降低物流成本与碳排放量。在近年来的实践应用中，不乏成功案例佐证了这一机制的有效性。例如，递四方作为全球跨境电商供应链综合服务提供商，构建了全球包裹递送网络及全球订单履约网络。通过自研系统自动生成揽收执行单与最优线路规划策略，并推送至最合适的揽收司机，司机据此安排揽收顺序与线路，确保包裹高效入库、组包、出库，并调度 TMS 系统协调干线车辆及航班资源，保障包裹准时送达消费者手中，实现了物流全流程的数字化和绿色化管理。[1]

（一）问题描述

本节研究的基于承诺送达机制的农产品电商物流配送路径规划问题是对传统的车辆路径规划问题的扩展，如图 4-26 所示。可以将该问题描述如下：某生鲜农产品电商的配送系统中有 m 个配送中心，在一定的时间内接收到 n 个消费者的网购订单；每个配送中心拥有一定数量的配送车辆，每辆配送车的最大载重量为 Q，考虑到车辆存在油耗和司机工作负荷的约束，配送车辆的最大行驶距离不超过 L；每个客户具有固定的需求量，电商在客户下单后承诺在当日的特定时间之前将货物送达；要求在满足车辆载重和行驶距离的约束条件下，合理地安排配送车辆和车辆的行驶路径，满足客户的配送要求。一个可行的配送方案需要满足如下条件：①每辆配送车从配送中心出发，沿着一条配送路线将装载的货物送达指定客户，并最终回到原配送中心；②一辆配送车可以服务多个顾客，但每个顾客仅被一辆车服务一次；③每辆车有容量和最大行驶距离的约束，所有的配送车辆均是同质的；④物流供应商承诺在一定的时间之前将货物送达指定消费者，如果在指定的承诺时间之前未送达需要向消费者支付超时罚金。

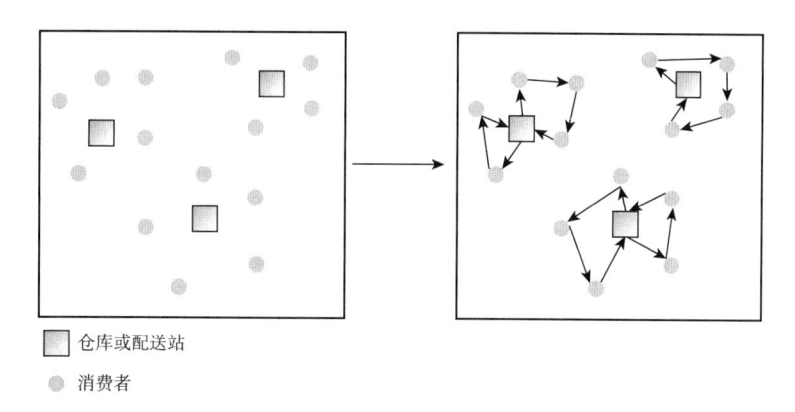

图 4-26　存在多个配送站的基于承诺送达机制的农产品电商物流配送示意

---

[1]　《【好案例 进博见】绿动未来·递四方全链路绿色物流计划》，《物流时代周刊》2024 年 10 月 19 日。

(二) 模型构建

1. 符号说明

(1) 集合

C: n 个消费者的集合，其中 $C=\{v_1, v_2, \cdots, v_n\}$；

D: m 个配送站的集合，其中 $D=\{v_{n+1}, v_{n+2}, \cdots, v_{n+m}\}$；

N: m 个配送站和 n 个消费者组成的集合，$N=C\cup D$；

A: 行驶路径集合，其中 $A=\{((i, j)|i, j \in N, i\neq j\}$；

K: 配送车辆集合，其中 $K=\{K_1, K_2, \cdots, K_S\}$，车辆的总数为 S 辆；

K_d: 配送站 $d\in D$ 的车辆集合，$K_d \subset K$，其中 $|K_d|$ 表示集合元素个数，即配送站 $d\in D$ 所拥有的车辆总数。

(2) 参数

q_i: 消费者 i 的需求量（$0\leq q_i \leq Q, i\in C$）；

t_i: 电商平台向消费者 i 承诺的货物送达时间；

s_i: 配送车辆在为消费者 i 提供配送服务时所耗费的服务时间；

Q: 配送车辆的最大装载量；

L: 配送车辆的最大行驶距离；

d_{ij}: 任意两点 i 和 j 之间的欧氏距离，其中 $d_{ij}=d_{ji}$, $i, j\in N$；

C_f: 每辆车的固定成本，包括车辆的租金、保养费用、车辆保险等成本费用；

C_v: 车辆单位行驶成本，包括工人工资、燃料成本、道路通行费等；

V_{ij}: 配送车辆行驶在路径 i 和 j 上的平均行驶速度；

P^0: 车辆空载时的燃料消耗率；

P^*: 车辆满载时的燃料消耗率；

P_{ij}: 车辆行驶在 i 和 j 之间的路径 (i, j) 上的燃料消耗率；

F: 燃料消耗量和碳排放量的转化因子；

φ: 单位碳排放造成的环境外部性成本；

λ_i: 电商给予消费者 i 的超时赔付金额系数；

β_i: 消费者 i 的超时厌恶系数；

E_{ij}: 车辆行驶在 i 和 j 之间的路径 (i, j) 上的碳排放总量。

(3) 变量

x_{ijk}: $x_{ijk}\in\{0, 1\}$，如果车辆 k 经过路径 (i, j) 值为 1，否则为 0；

f_{ijk}：配送车辆 k 经过路径 (i,j) 时货物的运输量；

a_i：实际到达消费者 i 的时间，$i \in C$；

l_i：配送车辆从消费者 i 出发前往下一个消费者 j 的出发时间，$i,j \in C$；

O_i：消费者 i 的延迟服务时间，$i \in C$。

2. 基于前景理论的超时赔付函数

电商承诺在某一截止时间之前完成配送服务，当产品配送出现延迟时，消费者会先产生被忽略等消极认知；进一步会带来后悔、愤怒等消极情绪；最后会降低满意度和忠诚度。[1] Borger 等[2]和 Hjorth 等[3]的研究表明，消费者对时间损失敏感性的行为认知和前景理论是一致的。同时，发生配送延迟后，电商会根据延迟的时间给予一定的补偿（超时赔付）。例如，顺丰优选承诺一旦快件超时送达，客户可申请抵免运费。[4] 京东推出的"211 限时达"配送服务，保证当天上午 11 点之前下单的订单必须在晚上 11 点之前送达，如果订单无法按时送达，商城会根据超过的时间长短给予补偿。[5]

与丁秋雷等[6]的模型假设类似，本节基于前景理论构建电商的超时赔付函数：

$$P_i(O_i) = \lambda_i O_i^{\beta_i}, i \in C \qquad (4-82)$$

如式（4-82）所示，如果货物在电商承诺时间内送达，即消费者 i 的延迟收货时间 $O_i = 0$，表示电商平台按照承诺时间完成配送服务，因此无须支付罚金；而如果超过承诺时间送达，即 $O_i \neq 0$，此时消费者 i 将产生不满意情绪，且不满意度水平呈现指数增长趋势，因此需要给予消费者 i 一定的金钱补偿。同时，考虑到消费者对超时配送等待时间的感知具有差异性，假设 λ_i 为消费者 i 的赔付

---

[1] Mcnabb M E, Weir J D, Hill R R, et al, "Testing local search move operators on the vehicle routing problem with split deliveries and time windows," *Computers & Operations Research* C（2015）：93-109.

[2] Borger B D, Fosgerau M, "The trade-off between money and travel time: A test of the theory of reference-dependent preferences," *Journal of Urban Economics* 1（2008）：101-115.

[3] Hjorth K, Fosgerau M, "Using prospect theory to investigate the low marginal value of travel time for small time changes," *Transportation Research Part B-Methodological* 46（2012）：917-932.

[4] 顺丰速运：《超时退费派送服务保证及免责条款》。

[5] 京东：《211 限时达服务说明》。

[6] 丁秋雷、胡祥培、姜洋：《基于前景理论的物流配送干扰管理模型研究》，《管理科学学报》2014 年第 11 期。

金额系数，β_i 为消费者 i 的超时厌恶系数。

3. 碳排放量模型

本节基于 Suzuki[1] 的研究，建立如下所示的碳排放量模型：

$$p(q) = p^0 + \frac{P^* - P^0}{Q}q \qquad (4-83)$$

$$E_{ij} = Fp_{ij}d_{ij} \qquad (4-84)$$

在式（4-83）中，Q 表示配送车辆的最大装载量；$p(q)$ 表示车辆装载量 q（kg）情形下单位行驶里程（km）的燃料消耗量。对于任意路径 (i, j)，在配送车辆完成对消费者 i 的配送、驶向消费者 j 的这段路径上，设配送车辆的实际装载量为 y_{ij}，该段路径上单位行驶里程的燃料消耗量为 $p_{ij}=p(y_{ij})$，则该段路径的碳排放总量 E_{ij} 可以表示为式（4-84）。

4. 基于承诺送达机制的农产品电商物流配送路径规划模型

根据上述的符号定义以及超时赔付函数和碳排放量模型，建立物流配送规划模型如下：

$$\text{Min} \quad \sum_{k \in K}\sum_{i \in D}\sum_{j \in C} x_{ijk}C_f + \sum_{k \in K}\sum_{i \in N}\sum_{j \in N} d_{ij}x_{ijk}C_v \qquad (4-85)$$

$$\text{Min} \quad \varphi F \sum_{k \in K}\sum_{i \in N}\sum_{j \in N} d_{ij}x_{ijk}(p^0 + \frac{p^* - p^0}{Q}f_{ijk}) \qquad (4-86)$$

$$\text{Min} \quad \sum_{i \in C} \lambda_i O_i^{\beta_i} \qquad (4-87)$$

S. T.

$$\sum_{k \in K}\sum_{j \in C} x_{djk} \leq |K_d| \quad \forall d \in D \qquad (4-88)$$

$$\sum_{k \in K}\sum_{j \in N} x_{ijk} = \sum_{k \in K}\sum_{i \in N} x_{ijk} = 1 \quad \forall i, j \in C \qquad (4-89)$$

$$\sum_{i \in N} x_{ihk} - \sum_{j \in N} x_{hjk} = 0 \quad \forall k \in K h \in N \qquad (4-90)$$

$$\sum_{i \in N} q_i \sum_{j \in N} x_{ijk} \leq Q \quad \forall k \in K \qquad (4-91)$$

---

[1] Suzuki, Y, "A dual-objective metaheuristic approach to solve practical pollution ruting problem," *International Journal of Production Economics* 176（2016）：143–153.

$$\sum_{i \in N} \sum_{j \in N} d_{ij} x_{ijk} \leq L \ \forall k \in K \quad (4-92)$$

$$\sum_{i \in D} \sum_{j \in C} x_{ijk} \leq 1 \ \forall k \in K \quad (4-93)$$

$$\sum_{j \in D} \sum_{i \in C} x_{ijk} \leq 1 \ \forall k \in K \quad (4-94)$$

$$\sum_{k \in K} \sum_{u \in N \setminus i} f_{uik} - \sum_{k \in K} \sum_{j \in N \setminus \{i,u\}} f_{ijk} = q_i \ \forall i \in C \quad (4-95)$$

$$q_j x_{ijk} \leq f_{ijk} \leq (Q - q_i) x_{ijk} \ \forall (i,j) \in A k \in K \quad (4-96)$$

$$a_j \geq l_i + 60 \sum_{k \in K} \sum_{i \in N} \frac{d_{ij}}{V_{ij}} x_{ijk} j \in C \quad (4-97)$$

$$a_i + s_i \leq l_i \ \forall i \in C \quad (4-98)$$

$$O_i \geq a_i - t_i \ i \in C \quad (4-99)$$

$$x_{ijk} \in \{0,1\} \ \forall i,j \in N k \in K \quad (4-100)$$

$$a_i, l_i, o_i \geq 0, i \in C \quad (4-101)$$

其中，式（4-85）表示基本物流配送费用；式（4-86）表示碳排放造成的环境外部性成本；式（4-87）表示由于超时配送需要支付给消费者的赔偿金；式（4-88）表示每个配送站可供使用的配送车辆总数是一定的；式（4-89）表示每个消费者仅被一辆车服务 1 次；式（4-90）保证车辆行驶路径的连续性；式（4-91）和式（4-92）分别表示车辆的容量约束和行驶时间约束；式（4-93）和式（4-94）表示车辆的可用性限制，即车辆 k 是否得到使用；式（4-95）和式（4-96）表示车辆行驶过程中每段行驶路径上的载重量限制条件；式（4-97）和式（4-98）表示物流企业的实际送达时间限制，其中 60 表示将小时转换为分钟（这里的超时赔付按照超过的分钟数来支付赔付金）；式（4-99）表示消费者 i 的延迟配送时间限制；式（4-100）表示 0-1 变量约束；式（4-101）表示变量的非负限制。

可以看到，该模型综合考虑三类成本：①基本的物流配送费用，包括配送车辆的维修保养费、保险费用以及司机的工资等成本支出；②物流配送过程中碳排放造成的外部性成本；③超时配送带来的延迟赔付费用。

(三) 算法设计

基于承诺送达机制的农产品电商物流配送规划模型以车辆路径规划模型为基

础，而车辆路径规划模型是 NP-hard 的。因此"同日达"物流配送模型也是 NP-hard 的，这就使得模型求解起来非常困难。元启发式算法在求解 NP-hard 问题上具有收敛速度快、能接近最优解的良好特性。Karaboga 和 Basturk 的研究表明，相比遗传算法（Genetic Algorithm，GA）等传统的元启发式算法，人工蜂群算法（Artificial Bee Colony，ABC）所需参数更少、全局搜索能力更强，这就为有效求解"同日达"物流配送模型提供了可能。[1] 在处理一个优化问题中，人工蜂群算法主要分为四个阶段：初始化阶段、雇佣蜂阶段、跟随蜂阶段和侦查蜂阶段。当初始化阶段完成之后，算法将在后三个阶段不断迭代，当达到一个最大迭代数之后，算法终止，输出优化问题的最优解。

为了更好地求解"同日达"物流配送模型，下面首先通过加权法将多目标问题转化为单目标问题，如式（4-102）所示。同时，考虑到"同日达"模型是多配送站的，故算法在初始化阶段采用"就近原则"的配送站分配原则；随后，在雇佣蜂阶段，引入精英交叉原则，避免结果陷入局部最优解；最后，改进侦查蜂阶段获得新个体的方法，对"同日达"配送模型进行求解。

$$Min\ TC = DC + EC + PC \qquad (4-102)$$

1. 编码方式

根据多配送站车辆路径规划问题的特点，采用自然数编码方式，从而避免十进制与二进制的转换，以及因无法估计自变量区间可能在二进制编码中产生的 Hamming 悬崖问题。其中，每个解的编码由两部分组成，其结构均为：配送车服务的消费者数量+先后服务的消费者序号。其中，第一部分表示每辆配送车服务的消费者数量，第二部分表示消费者接受服务的先后顺序，比如仓库 1 中的配送车辆 2 服务 4 个消费者，其服务的顺序为：2→5→8→3，车辆的行驶路线为：仓库 1→2→5→8→3→仓库 1，即来自仓库 1 中的 2 号配送车从仓库出发，依次服务完消费者 2、5、8、3，并最终回到出发仓库，如图 4-27 所示。

2. 算法步骤

（1）初始化阶段

初始化阶段主要分为两步：算法参数的初始化以及种群个体的初始化。

---

[1] Karaboga D, Basturk B, "A powerful and efficient algorithm for numerical function optimization: artificial bee colony (ABC) algorithm," *Journal of Global Optimization* 39 (2007): 459-471.

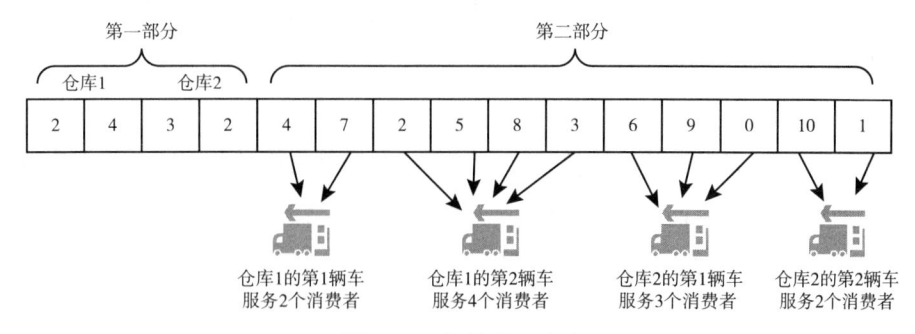

```
         第一部分                    第二部分
       ┌────────┐  ┌────────────────────────────────┐
       仓库1  仓库2
     ┌──┬──┬──┬──┬──┬──┬──┬──┬──┬──┬──┬──┬──┬──┬──┐
     │2 │4 │3 │2 │4 │7 │2 │5 │8 │3 │6 │9 │0 │10│1 │
     └──┴──┴──┴──┴──┴──┴──┴──┴──┴──┴──┴──┴──┴──┴──┘
```

图 4-27　解的编码方式

步骤1：人工蜂群算法参数初始化。算法参数主要有：食物源的数量（SN）、算法迭代次数（MaxCycle）、所有食物源连续更新失败的次数（Trail）以及最大的连续更新失败阈值（Limit）。

步骤2：种群的初始化。由于模型涉及多个配送站，并且每个配送站的车辆数目不同，故种群中每个个体的初始化分为三个阶段：首先分配消费者到配送中心，即消费者分组；其次对分配到配送中心的消费者安排配送车辆，即车辆调度；最后调整每辆车所服务的消费者顺序，即确定消费者服务顺序。

具体来说，首先，依次计算每个消费者与各个配送中心的距离，选择最近的配送中心对消费者进行配送；其次，当所有消费者均被分配到各自的配送中心后，利用扫描法为消费者分配车辆；最后，对每辆车服务消费者的顺序进行随机排列，以期实现种群的多样性。

（2）雇佣蜂阶段

雇佣蜂阶段采用的搜索算子为顺序交叉算子。例如，假设父代1的基因序列为：1｜4｜7｜2｜5｜8｜3｜6｜9，父代2的基因序列为：4｜8｜2｜6｜5｜9｜3｜7｜1，实行顺序交叉前，先随机选择父代1中的一段基因序列，并在父代2中剔除父代1选中的基因序列，子代1继承父代1中选中的基因序列，剩下的基因按照父代2中基因顺序进行复制，同理子代2可由父代1和父代2转换交叉后得到。这里在父代1选中的基因序列为2、5、8、3，将父代2中的对应基因剔除得到父代2的剩余基因序列为：4｜6｜9｜7｜1，子代1得到父代1中的2、5、8、3基因，剩下的基因则按照父代2中基因顺序依次插入，如子代1的基因序列为：4｜6｜2｜5｜8｜3｜9｜7｜1。

在多配送站的求解中，为了避免解陷入局部最优，在交叉阶段引入精英原则，即选择出精英个体进行交叉操作。

（3）跟随蜂阶段

在所有的雇佣蜂完成局部搜索后，跟随蜂选择食物源，并在该食物源附近进行局部搜索，试图找到更优的邻域解，这里跟随蜂选择的方式为轮盘赌选择，每个食物源被雇佣蜂选中的概率计算公式为

$$p(x_i) = \frac{f(x_i)}{\sum_{i=1}^{SN} f(x_i)} \quad i = 1, 2, \cdots, SN \quad (4-103)$$

跟随蜂根据概率选择食物源并进行邻域搜索，本文采用三个算子——倒置算子、插入算子和交换算子，且每个算子的选择概率均是相同的。下面以蜂群中的一个个体为例说明三种交叉方式的算法细节，并设该个体的基因序列为1|4|7|2|5|8|3|6|9|。

（a）交换算子（Swap）：随机选择两个不同位置的基因，对两个基因进行交换，如选中基因2和3，那么实行交换后的基因序列为：1|4|7|3|5|8|2|6|9|。

（b）倒置算子（Inverse）：在基因序列中随机选择一段基因子序列，并对其顺序进行倒置，如选中2|5|8|3基因序列，实行倒置算子后得到的个体基因序列为：1|4|7|3|8|5|2|6|9|。

（c）插入算子（Insert）：随机选中一个个体基因，并将该基因从基因序列中删除，随后将该删除的个体基因插入到其他的位置，该插入位置可以是随机选择，也可以是使得解提高的插入位置，这里采用前者。如选中基因序列为2，并在原基因序列中删除该个体基因，得到1|4|7|5|8|3|6|9|，然后将其插入到另一位置，假设插入到基因3之前，那么得到新的基因序列为：1|4|7|5|8|2|3|6|9|。

（4）侦查蜂阶段

当食物源经历Limit次仍未被更新后，雇佣蜂变成侦查蜂。为了扩大蜂群的多样性，避免陷入局部最优，侦查蜂通过随机搜索产生，继续参与解的搜索。

（四）数值分析

为了验证模型及人工蜂群算法的有效性，这里以某生鲜农产品电商为例进行数值仿真。该电商拥有4个配送中心，出于对特定区域消费人群以及物流成本方

面的考虑，每个配送中心所拥有的车辆数不同，但是各配送车辆均是同质的，每辆车的最大载重量均为 150kg，每辆车的最大行驶距离均为 500km，配送车辆的平均行驶速度为 45km/h。4 个配送中心的车辆数总和为 10 辆，通过对车辆进行合理的调度和配送路线设计，力求在满足 48 个消费者需求的同时最小化总配送成本。配送中心相关信息如表 4-19 所示。

表 4-19 配送中心信息

配送中心编号	横坐标 x/km	纵坐标 y/km	车辆数目 n/辆
1	4.163	13.559	2
2	21.387	17.105	3
3	-36.118	49.097	3
4	-31.201	0.235	2

每位消费者物流服务时间服从 [5, 20] 区间内的均匀分布，单位为分钟（min）。每位消费者的需求量服从 [5, 25] 区间内的均匀分布，电商平台承诺在当天将货物送达消费者，如果超时送达则需要按照超时时间（min）支付一定的赔付罚金，消费者的相关信息如表 4-20 所示。

根据 Suzuki[1] 和 Xiao、Konak[2] 对碳排放参数的假设，令 $\rho^0 = 1$，$\rho^* = 2$，燃料与碳排放量的转化因子设置为 2.30；单位碳排放造成的环境外部性成本为 1.0 元/kg[3]，配送车辆每天的固定成本为 600 元/辆，配送过程中的变动成本为 15 元/km；参考丁秋雷等[4]的做法，令 $\beta = 0.88$，$\lambda = 2.25$。根据 Karaboga 和 Basturk 的做法[5]，设置人工蜂群算法的具体参数如下：种群数目 SN 设置为 60，

---

[1] Suzuki, Y, "A dual-objective metaheuristic approach to solve practical pollution ruting problem," *International Journal of Production Economics* 176 (2016): 143-153.

[2] Xiao Y, Konak A, "The heterogeneous green vehicle routing and scheduling problem with time-varying traffic congestion," *Transportation Research Part E - Logistics and Transportation Review* 88 (2016): 146-166.

[3] 按照中国碳交易市场的平均情况，碳价为 30~40 元/吨，而油料的碳排放约为 0.6kgC/kg（按标准煤计），这里为了简化问题以突出碳排放量的影响，将单位碳排放造成的环境外部性成本设置为 1.0 元/kg。

[4] 丁秋雷、胡祥培、姜洋：《基于前景理论的物流配送干扰管理模型研究》，《管理科学学报》2014 年第 17 期。

[5] Karaboga D, Basturk B, "A powerful and efficient algorithm for numerical function optimization: artificial bee colony (ABC) algorithm," *Journal of Global Optimization* 39 (2007): 459-471.

即雇佣蜂和跟随蜂数目均为30；阈值 Limit 设置为10，算法迭代次数 MaxCycle 设置为500，交叉概率为0.9。

表 4-20　消费者信息

项目	消费者编号											
	1	2	3	4	5	6	7	8	9	10	11	12
x/km	-29.73	-30.66	51.64	-13.17	-67.41	48.91	5.24	-65.00	-4.18	23.03	25.28	-42.62
y/km	64.14	5.46	5.47	69.34	68.32	6.27	22.26	77.23	-1.57	11.64	6.28	-26.29
服务时间 t/min	5	7	10	15	8	17	6	5	7	12	14	10
需求 q/kg	12	8	16	5	12	5	13	20	13	18	17	6

项目	消费者编号											
	13	14	15	16	17	18	19	20	21	22	23	24
x/km	-76.67	-20.67	-52.04	-41.38	-91.94	-65.19	18.60	-40.94	-37.76	23.77	-43.03	-35.30
y/km	99.34	57.89	6.57	50.82	27.59	30.21	96.72	83.21	-33.33	29.08	20.45	-24.90
服务时间 t/min	12	16	12	18	13	15	13	10	9	12	20	10
需求 q/kg	9	9	16	25	17	10	16	25	9	8	19

项目	消费者编号											
	25	26	27	28	29	30	31	32	33	34	35	36
x/km	-54.76	-49.33	57.40	57.40	-56.62	-38.56	-16.78	-11.56	-46.55	16.23	1.29	-26.40
y/km	14.37	33.37	23.82	23.82	73.34	-3.71	19.54	11.62	97.97	9.32	7.35	29.53
服务时间 t/min	14	12	10	10	8	10	7	6	6	6	8	13
需求 q/kg	14	6	16	16	20	13	10	16	19	22	14	10

项目	消费者编号											
	37	38	39	40	41	42	43	44	45	46	47	48
x/km	4.35	-50.67	-22.83	-71.10	-7.85	11.88	-18.93	-11.92	29.84	12.27	-37.93	42.88
y/km	14.69	-23.13	-9.81	-18.62	32.07	-24.93	-23.73	11.76	11.63	-55.81	-21.61	-2.97
服务时间 t/min	9	15	14	8	10	14	9	14	9	11	10	17
需求 q/kg	11	15	13	15	8	22	24	13	25	19	21	10

1. 两种求解算法对比

遗传算法在求解 NP-hard 问题中具有快速收敛的求解优势，已成为求解车辆路径规划问题的重要方法。为了验证人工蜂群算法的收敛性，将人工蜂群算法与遗传算法求解结果进行比较，遗传算法的参数设置与人工蜂群算法的相同（除上述参数相同以外，遗传算法的变异率设置为0.1）。算法程序使用C++编程语言编写，在Windows10操作系统的DELL笔记本电脑上运行，最终得到的配送路线如表4-21所示。

表4-21 两种算法得到的物流配送路线

配送中心	人工蜂群算法得到的配送路线	遗传算法得到的配送路线
Ⅰ	车辆1：Ⅰ→32→44→9→46→42→35→Ⅰ 车辆2：Ⅰ→31→41→7→37→Ⅰ	Ⅰ→34→48→6→22→Ⅰ Ⅰ→44→4→7→19→Ⅰ
Ⅱ	车辆1：Ⅱ→45→27→3→6→48→11→34→Ⅱ 车辆2：Ⅱ→10→22→19→4→Ⅱ	Ⅱ→45→10→37→35→42→11→Ⅱ Ⅱ→27→3→46→32→31→Ⅱ
Ⅲ	车辆1：Ⅲ→28→14→1→20→33→13→8→5→29→Ⅲ 车辆2：Ⅲ→16→26→17→18→Ⅲ	Ⅲ→26→36→14→28→4→33→13→29→20→1→Ⅲ Ⅲ→5→8→17→18→16→Ⅲ
Ⅳ	车辆1：Ⅳ→30→15→25→23→36→2→Ⅳ 车辆2：Ⅳ→39→43→24→47→21→12→38→40→Ⅳ	Ⅳ→39→12→15→25→23→2→9→Ⅳ Ⅳ→30→43→21→24→47→40→38→Ⅳ

分析表4-21可知，两种求解算法得到的配送路线数目是相同的，均为8条配送路线，每个配送中心均安排两辆车从事配送服务，且车辆的使用率均为80%；但是，两种算法求解得到的路线是不同的，人工蜂群算法得到的配送路线更加均衡。从图4-28和图4-29可以看到，遗传算法计算得到的配送路线存在一些"绕远路"的现象，反映在物流成本上，即物流配送中的基本配送费、碳排放成本以及延迟罚金均有一定程度的增加，而人工蜂群算法将每个消费者分配到距离其最近的配送中心，并合理调度配送顺序，实现了物流成本的降低。此外还发现，相比遗传算法，人工蜂群算法计算得到路径的基本物流配送费、碳排放成本、延迟罚金成本相比遗传算法分别降低了21.76%、25.76%、47.78%（见图4-30），这也进一步说明通过设计合理的"同日达"配送路线，不仅可以提高消费者的满意度，而且能够降低电商的物流成本，实现消费者和电商的双赢。

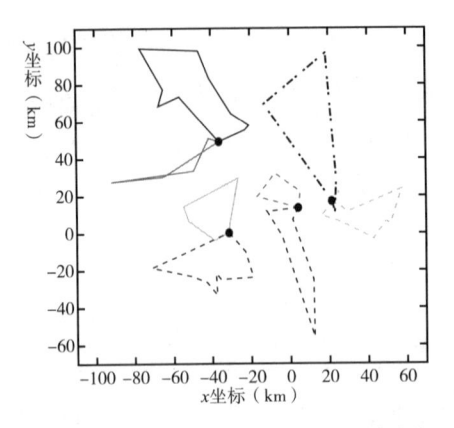

图 4-28　人工蜂群算法得到的配送路线

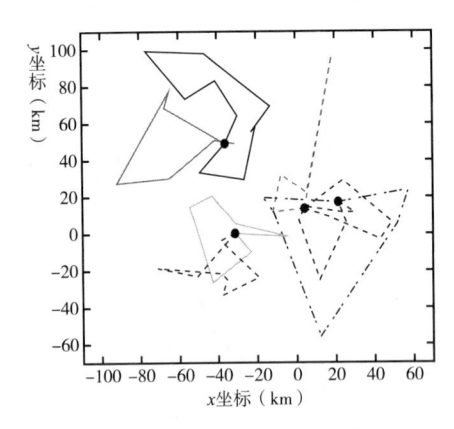

图 4-29　遗传算法得到的配送路线

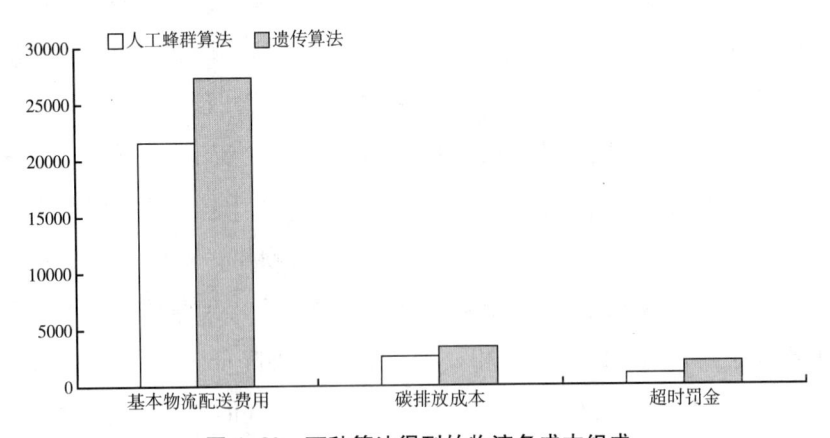

图 4-30　两种算法得到的物流各成本组成

分析图 4-31 中两种算法的收敛结果可以发现，在算法迭代的过程中，人工蜂群算法在初始阶段计算得到的目标函数值相比遗传算法计算得到的目标函数值更低，这说明本节提出的"就近原则"贪婪策略有助于缩小解的搜索范围，实现快速收敛；同时也可以看到，随着迭代次数的不断增加，当达到 250 次迭代后，遗传算法停止更新，而人工蜂群算法仍然存在目标函数值不断降低的趋势，且两种算法求得的结果差距不断增大。这说明，提出的精英原则可以保留住精英个体，避免了随机搜索陷入局部最优，而且当人工蜂群算法迭代到 400 代时，算法所求目标函数数值趋向于稳定，这也验证了人工蜂群算法的鲁棒性。

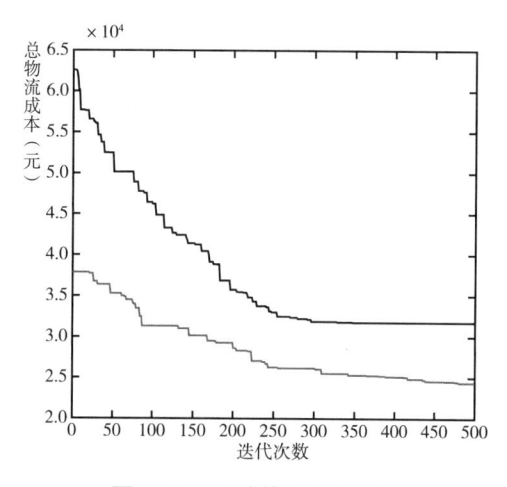

图 4-31 两种算法的收敛性

2. 灵敏度分析

进一步对超时赔付系数进行灵敏度分析，探讨超时赔付系数的变化对三部分物流成本的影响（λ 分别取 2.00、2.25、2.50、2.75、3.00），最终求解结果如图 4-32 所示（考虑到基本物流配送费用和其他两个物流成本之间的差距过高，为了更好地说明各个成本数值的变化情况，将基本物流配送成本除以 10 再绘制成本变化图）。

分析图 4-32 可以发现，超时赔付系数的变化对不同物流成本的影响具有差异性。一方面，超时赔付系数对基本物流配送费用的影响最小，四个不同数值得到的基本物流配送费用方差为 56.19，而碳排放成本的方差为 64.38；另一方面，随着超时赔付系数的不断增加，电商支付给消费者的超时罚金不断增加，当提高

农产品电商供应链管理：理论模型和实践创新

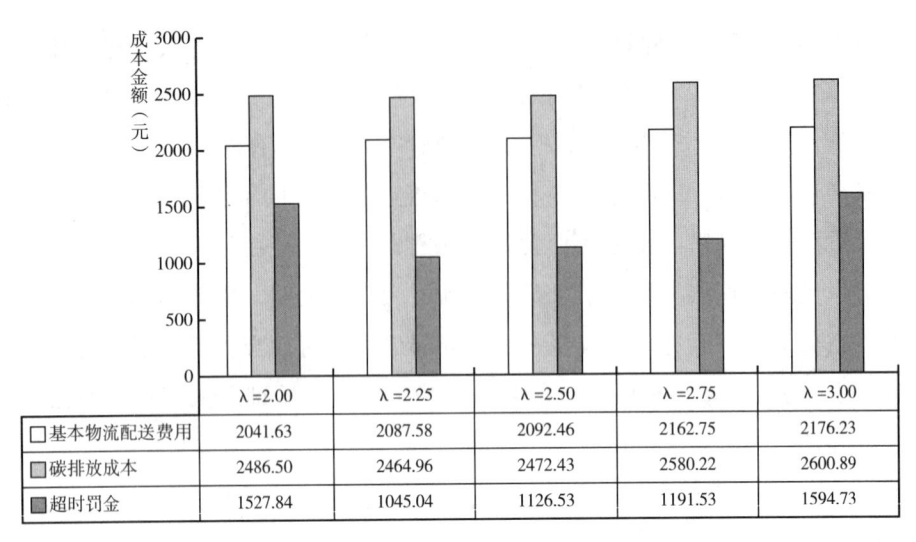

	λ=2.00	λ=2.25	λ=2.50	λ=2.75	λ=3.00
基本物流配送费用	2041.63	2087.58	2092.46	2162.75	2176.23
碳排放成本	2486.50	2464.96	2472.43	2580.22	2600.89
超时罚金	1527.84	1045.04	1126.53	1191.53	1594.73

图 4-32　超时赔付系数的灵敏度分析

到 $\lambda=3.00$ 时，超时罚金达到了 1594.73 元。这说明随着电商平台对消费者满意度的重视程度不断提升，在有限的物流资源下，需要增加超时罚金以补偿配送延迟给消费者带来的不满。同时，这也进一步说明物流配送过程存在着物流配送成本和消费者满意度两者之间的"交替损益"现象，电商平台如果提供高质量、准时高效的承诺送达机制配送服务，需要增加配送车辆、仓库容量等基础设施投资。

本节针对基于承诺送达机制的物流配送方式，在充分考虑消费者超时配送罚金和碳排放成本的基础上，建立了基于承诺送达机制的配送碳排放优化模型，将行驶距离和载重量作为影响碳排放量的关键因素，并将碳排放成本作为农产品电商配送成本的一部分，为低碳物流配送提供了决策支持。

第五节　本章小结

本章利用弹复性指标来衡量配送效率，研究了失效风险情况下农产品电商配送中心选址和路径优化问题，以及社区团购模型下生鲜农产品配送路径优化问题，建立关于农产品电商、用户和社会三方面的物流配送优化模型；还研究了生鲜农产品直采直配模式下的低碳配送路径问题，构建了包含多个生产基地的直采直配路径规划模型。

近年来，政府积极推动农产品电商与物流企业合作，共同发展农产品配送业务。2021年10月，商务部、中央网信办、国家发改委等部门联合发布了《"十四五"电子商务发展规划》，提出要加强协调与合作、优化配送网络、提升物流服务能力等，为农产品电商与物流企业合作提供指导。本章的研究结果能够为制定农产品电商供应链物流配送策略提供一定的启示。

第一，农产品电商在选择配送模式时，应选择与自己产品相符合的配送模式，并在考虑配送中心选址和路径优化问题时，制定有效的管理策略以降低失效风险，提高配送效率。

第二，农产品电商应积极响应社会号召，履行低碳环保准则，通过新技术、新模式、新工具等减少碳排放污染。在为顾客提供农产品的同时践行社会责任，共同维护美好的生态环境。

第三，农产品电商应以生活中的配送场景为依据，积极创新物流配送模式。农产品电商企业可以根据订单量和配送距离等因素，制定合理的配送路线和时间窗，避免车辆空载和拥堵，从而提高配送效率。

第四，政府要加大监管力度、建立健全配送标准和质量监督机制以保证农产品电商配送的安全性、可靠性；推动农产品电商配送与其他相关产业的合作，形成产业链协同效应，提高服务质量。

第五章　农产品电商供应链营销策略

农产品营销是指在农产品的生产、加工、配送和销售等环节中运用市场营销策略和技巧，满足消费者需求、提高销售量和市场份额的过程。它不仅仅是农产品供应链管理的重要组成部分，更是推动农产品从生产者走向最终消费者的关键环节。农产品营销为农业生产者提供了更多的销售渠道，同时通过市场推广和品牌建设，增加消费者认可和信任。

互联网的广泛普及使得农产品网络销售受到消费者的青睐。然而，传统的网络销售模式存在局限性，消费者只能通过文字和图片来了解农产品，缺乏直观展示和实时互动的体验。同时，沟通不及时导致问题无法立即得到解决，从而影响了交易效率和用户体验。直播作为新兴的销售方式，通过实时视频营造社交互动的氛围，实现了农产品的直观展示和互动体验。消费者可以看到农产品的外观和品质，并即时获得反馈和针对性服务。直播销售能够满足消费者的需求，提升销售效果和用户体验，在农产品营销供应链中扮演着日益重要的角色。

艾瑞咨询发布的《2023年中国直播电商行业研究报告》显示，2023年直播电商市场规模达4.9万亿元，同比增速为35.2%，从2023年的市场表现看，直播行业依旧保持增长态势。艾瑞咨询预计，2024~2026年我国直播电商市场规模的年复合增长率为18.0%，行业呈现平稳增长趋势并步入精细化发展阶段。在供给侧和需求侧，直播行业均表现出了新的特征。从供给侧看，品牌商开始多平台布局直播电商业务且店播趋势凸显，2023年店播市场规模占比超五成。从需求侧看，消费者在做出购买决策时会考虑多重因素并对产品知识介绍产生兴趣。[1] 因此，产业界

---

[1] 艾瑞咨询：《2023年中国直播电商行业研究报告》，2024年2月29日。

和学术界都开始关注直播带货促进农产品销售的机理，以及消费者线上或线下购买农产品的原因。

直播商业往往利用数字化身的虚拟主播来吸引观众并推广待售农产品。艾媒咨询最新发布的《2024年中国虚拟数字人产业发展白皮书》数据显示，2023年我国虚拟人带动产业市场规模和核心市场规模分别达3334.7亿元和205.2亿元，预计2025年将分别达到6402.7亿元和480.6亿元，保持增长态势。[1] 由此可见，虚拟主播对于农产品销售市场扩张非常重要，但人们对直播商业环境中虚拟主播的影响机理尚不清晰，这限制了对这种虚拟主播影响消费者行为的潜力的理解。因此，本章将探讨消费者在农产品直播中对虚拟主播的需求和偏好，揭示虚拟主播在农产品供应链直播运营中的潜在作用。

本章首先将分析消费者在双渠道供应链模式下对农产品购买渠道的偏好和迁徙意愿，然后探讨农产品电商直播中的社交互动如何塑造消费者的社会临场感，在增强消费者对农产品认知的同时激发其购买意愿，最后研究农产品直播商业中使用虚拟主播对消费者购买意愿的影响以及虚拟主播营销策略。

第一节　消费者生鲜农产品购买渠道选择的影响因素研究

（一）问题描述

近年来，线上线下融合商业模式成为商家应对市场变革、寻求新发展机遇的重要策略。线上线下融合商业模式通过将线上平台的便捷性、广泛性与线下实体店的体验性、即时性优势相结合，为消费者提供更加全面、个性化的购物体验。该模式不仅突破了传统商业模式的局限性，还为消费者带来了更加便捷、高效的购物方式。

生鲜农产品电商是互联网领域和实体经济领域跨界合作发展的重要形式。国家鼓励传统农业经营者顺应时代发展的潮流，整合线上线下双渠道供应链的销售资源，创新数字化的双渠道销售模式，缩短生鲜农产品的销售路径，打破生鲜农产品市场因信息不对称而存在的困境。然而，与线上市场的非食品商品相比，生鲜农产品面临着易腐烂、保质期短、运输和储存困难以及物流成本高等挑战。因此，

---

[1]　艾瑞咨询：《2024年中国虚拟数字人产业发展白皮书》，2024年4月19日。

尽管线上购物发展较快，农贸市场仍是消费者购买生鲜农产品的重要渠道之一。

近年来，生鲜电商迅速发展，新业态蓬勃兴起。消费者被电商平台所提供的便捷购物体验、丰富多样的商品种类以及高效可靠的物流配送服务所吸引。他们享受着一键下单、轻松浏览海量商品，并快速收到心仪商品的愉悦过程，这种购物便利性和可选择性让消费者对生鲜电商平台产生了强烈的依赖与喜爱。因此，本节将深入探究现阶段消费者生鲜农产品购买渠道的选择偏好，着重分析生鲜电商商家应采取何种策略来持续吸引消费者。同时，探讨影响消费者选择生鲜农产品购买渠道的关键因素，以及这些因素如何促使消费者从传统的线下渠道转向线上渠道。

（二）研究假设

不同购物渠道所提供的生鲜农产品的品质与新鲜度是影响消费者做出购买决策的关键因素。因此，线下市场在卫生和品质方面的表现将对消费者的购买渠道选择产生直接影响。同时，线上渠道的生鲜农产品表现也会影响消费者购买渠道的选择。此外，消费者自身的特点，如购物习惯、需求和偏好等，也会影响他们对生鲜农产品购买渠道的选择。因此，本节主要关注人口统计学变量、消费者对生鲜农产品的感知质量来源、线下购买体验和线上购买体验4个方面的影响因素。本节建立的理论模型如图5-1所示。

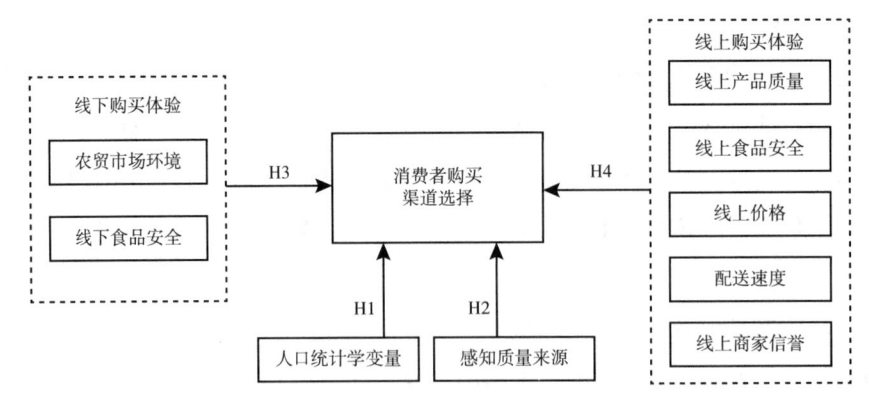

图5-1 消费者购买渠道选择理论模型

受教育水平和性别因素会对消费者购物渠道选择产生影响，受教育程度较高的消费者更有可能在网上购买商品，中国连锁经营协会与"第三只眼看零售"联合发布的《2019社区生鲜调研报告》显示，我国生鲜农产品的购买主力是女性。喜欢在网上购买生鲜农产品的用户画像是年轻白领，年龄稍大的消费者也在逐步尝试网购生鲜农产品。[1] 艾瑞咨询发布的《2019 中国生鲜电商行业商业模式与用户画像分析报告》显示，线上生鲜农产品的消费者主力是已婚人士。本节认为，未婚消费者会更多选择网购生鲜农产品，同时认为婚姻状况会影响消费者购买渠道选择和 2020 年前后[2]网购生鲜农产品的频率。[3] 据此提出假设 H1、H1n。

H1：人口统计学变量会影响消费者生鲜农产品购买渠道的选择；

H1n：人口统计学变量会影响消费者生鲜农产品购买渠道的迁徙意愿。

良好的购买体验将提升消费者对网上生鲜农产品质量的感知，进一步提高消费者继续通过线上渠道购买生鲜农产品的意愿。并且，本节认为消费者对线上生鲜农产品质量的感知主要来自以下三个方面：产品详情页面上的图片、产品的在线评论和消费者过去的线上购买体验。据此提出假设 H2a~H2cn。

H2a：根据图片判断线上生鲜农产品的质量影响消费者生鲜农产品购买渠道选择；

H2an：根据图片判断线上生鲜农产品的质量负向影响消费者生鲜农产品购买渠道迁徙意愿；

H2b：根据在线评论判断线上生鲜农产品的质量影响消费者生鲜农产品购买渠道选择；

H2bn：根据在线评论判断线上生鲜农产品的质量正向影响消费者生鲜农产品购买渠道迁徙意愿；

H2c：根据购买经验判断线上生鲜农产品的质量会影响消费者生鲜农产品购买渠道选择；

H2cn：根据购买经验判断线上生鲜农产品的质量会影响消费者生鲜农产品购买渠道迁徙意愿。

线下农贸市场和线上销售渠道对于需要购买生鲜农产品的消费者而言互为替代，消费者倾向于选择能提供更好购物体验的渠道。因此，本节认为，更好的线

---

[1] 中国连锁经营协会、"第三只眼看零售"：《2019 社区生鲜调研报告》，2019 年 11 月 9 日。

[2] 2020 年前后出现全球突发公共卫生事件，对消费者的行为有重要影响，故本研究以该时间点为例进行研究。

[3] 艾瑞咨询：《2019 中国生鲜电商行业商业模式与用户画像分析报告》，2019 年 3 月 22 日。

下农贸市场环境会降低消费者对线上渠道的关注度，从而影响消费者购买渠道选择和渠道迁徙意愿。据此提出假设 H3a、H3an。

H3a：线下农贸市场环境状况影响消费者生鲜农产品购买渠道选择；

H3an：线下农贸市场环境状况负向影响消费者线上生鲜农产品购买渠道迁徙意愿。

食品安全一直被认为是消费者生鲜农产品购买选择的重要考量，由于我国加强了对线下农贸市场的管理，相信线下比线上更安全的消费者会更多地选择通过线下渠道购买生鲜农产品。据此提出假设 H3b、H3bn。

H3b：认为线上生鲜农产品更安全的消费者会影响线上生鲜农产品的购买选择；

H3bn：认为线上生鲜农产品更安全的消费者会提高线上生鲜农产品购买渠道迁徙的意愿。

质量是生鲜农产品的重要属性之一，也是消费者购买选择的核心和基本考量因素。消费者在线下农贸市场购买生鲜农产品时可以直观感受到生鲜农产品的质量。但在线上购买时，由于信息不对称，他们只能在线上间接感受生鲜农产品的质量。因此，本节认为，更注重生鲜农产品质量的消费者将更倾向于选择线下市场。据此提出假设 H4a、H4an。

H4a：消费者对线上生鲜农产品质量的关注度影响消费者生鲜农产品的购买渠道选择；

H4an：消费者对线上生鲜农产品质量的关注度负向影响消费者生鲜农产品购买渠道的迁徙意愿。

食品安全问题是影响消费者购买食品意愿的重要因素，消费者愿意为更安全的产品和食品安全标签支付额外费用。就消费者的认知而言，线上渠道的食品安全风险会高于线下渠道。因此，本节认为消费者线上生鲜农产品的食品安全意识将影响他们的购买行为。据此提出假设 H4b、H4bn。

H4b：消费者线上生鲜农产品的食品安全意识会影响消费者线上生鲜农产品的购买选择；

H4bn：消费者线上生鲜农产品的食品安全意识会影响消费者线上购买生鲜农产品的购买渠道迁徙意愿。

对价格敏感的消费者在感知到价格上涨时，会减少购买生鲜农产品。受场地成本等因素影响，线上生鲜农产品的价格往往低于线下市场。因此，本节认为价格敏感的消费者将更倾向于在线上购买生鲜农产品。据此提出假设 H4c、H4cn。

H4c：消费者对线上生鲜农产品价格的关注度影响消费者生鲜农产品的购买渠道选择；

H4cn：消费者对线上生鲜农产品价格的关注度正向影响消费者购买生鲜农产品的渠道迁徙意愿。

物流服务质量直接影响消费者购买意愿，进而影响消费者选择线上购买的意愿。由于通过线上平台购买生鲜农产品，经分发接收会产生一定的时间延迟，线下市场在物流效率方面被认为具有显著优势，提供了即时的购物体验。因此，本节认为，更关注物流效率的消费者将更倾向于选择在线下市场购买生鲜农产品。据此提出假设 H4d、H4dn。

H4d：消费者对线上生鲜农产品物流效率的关注度影响消费者生鲜农产品购买渠道选择；

H4dn：消费者对线上生鲜农产品物流效率的关注度反向影响消费者生鲜农产品的购买渠道迁徙意愿。

声誉是消费者在做出购买决策时要参考的在线购物平台的一个重要属性，口碑会影响有经验消费者和潜在消费者的购买决策，消费者所感知到的客观产品评价对他们的购买决策更有帮助。消费者的信任倾向显著影响他们对线上购物产品的感知可信度，并最终通过中介影响线上购物的意愿。线上购买时，消费者无法直观感知和判断生鲜农产品的质量，只能通过线上展示的照片和介绍的文本来了解产品。对于信誉较好的平台，平台商家会更有动力向消费者展示更多有关产品的真实信息，以维持其平台口碑。因此，为了减少信息不对称的影响，消费者会倾向于在声誉较好的网购平台上购买产品。据此提出假设 H4e、H4en。

H4e：消费者对网购平台声誉的关注度会影响消费者购买生鲜农产品的渠道选择；

H4en：消费者对网购平台声誉的关注度会影响消费者购买生鲜农产品的渠道迁徙意愿。

（三）研究设计

1. 问卷设计

本研究发放的问卷主要由四个部分内容构成。第一部分为人口统计学变量，包括受教育程度、性别、年龄和婚姻状况。问卷的第二部分是线下购物体验，这是通过线下市场环境[1]和对食品安全的认知[2]来衡量的。第三部分研究调查了消费者网上购买生鲜农产品的感知价值的来源，包括在线图片[3]、在线评论[4]和购物体验[5]；该部分设置了3个虚拟变量"0-1"（0表示否，1表示是）来进行评估。第四部分为消费者的线上购物体验，包括质量[6]、安全性[7]、价格[8]、配送效率和商誉。本节中所对应的五个变量在问卷中设计为10级Likert量表（1表示强烈不同意，10表示强烈同意），以便更准确地获得消费者的真实看法。问卷的具体问题参考表5-1。

表5-1 问卷问题

项目	问题
购买渠道	您有多大比例的生鲜农产品是通过网络购买的？1~10,表示程度从低到高
环境	您认为，您所在的农贸市场，整体的环境卫生如何？ (1)非常满意,(2)基本满意,(3)一般,(4)不满意,(5)很不满意
食品安全	认为线下生鲜农产品会更安全？否(0),是(1)

---

[1] Hsu S Y, Chang C C, Lin T T, "Triple bottom line model and food safety in organic food and conventional food in affecting perceived value and purchase intentions," *British Food Journal* 121 (2018): 333-346.

[2] Zhao X F, Deng S L, Zhou Y, "The impact of reference effects on online purchase intention of agricultural products," *Internet Research* 27 (2017): 233-255.

[3] Shin Y, Noone B M, Robson S K, "An exploration of the effects of photograph content, photograph source, and price on consumers' online travel booking intentions," *Journal of Travel Research* 59 (2020): 120-139.

[4] Cang Y M, Wang D C, "A comparative study on the online shopping willingness of fresh agricultural products between experienced consumers and potential consumers," *Sustainable Computing: Informatics and Systems* 30 (2021): 100493.

[5] Qi X, Tian X, Ploeger A, "Exploring Chinese consumers' online purchase intentions toward certified food products during the COVID-19 pandemic," *Foods* 10 (2021): 2729.

[6] Zheng Q, Zhang R H, Wang H, "What factors affect chinese consumers' online grocery shopping? Product attributes, E-vendor characteristics and consumer perceptions," *China Agricultural Economic Review* 12 (2020): 193-213.

[7] Kaswengi J, Lambey-Checchin C, "How logistics service quality and product quality matter in the retailer-customer relationship of food drive-throughs: the role of perceived convenience," *International Journal of Physical Distribution & Logistics Management* 50 (2019): 535-555.

[8] Wu Y, "Empirical analysis of factors influencing consumers' satisfaction in online shopping agricultural products in China," *Journal of Electronic Commerce in Organizations* 16 (2018): 64-77.

续表

项目	问题
图片	当在网上渠道购买生鲜农产品时,我依靠生鲜农产品的网上图片来评估食物的质量 否(0),是(1)
在线评论	依靠其他消费者对生鲜农产品的在线评论来评估食品的质量 否(0),是(1)
购买经验	依靠过去对生鲜农产品的购买经验来评估生鲜农产品的质量 否(0),是(1)
质量	当选择在线上渠道或线下渠道购买生鲜农产品时,生鲜农产品质量的重要性 1~10,从低到高
安全	当选择在线上渠道或线下渠道购买生鲜农产品时,生鲜农产品安全的重要性 1~10,从低到高
价格	当选择在线上渠道或线下渠道购买生鲜农产品时,生鲜农产品价格的重要性 1~10,从低到高
配送效率	当选择在线上渠道或线下渠道购买生鲜农产品时,生鲜农产品配送效率的重要性 1~10,从低到高
商誉	当选择在线上渠道或线下渠道购买生鲜农产品时,生鲜农产品销售平台信誉的重要性 1~10,从低到高
受教育水平	该变量的值为:初中及以下9,高中(包括职业高中)12,大专(包括职业学院)14,本科16,研究生及以上19
性别	女性(0),男性(1)
年龄	18~25周岁取值20,26~35周岁取值30,36~45周岁取值40,46~55周岁取值50,56周岁及以上取值60
婚否	未婚(0),已婚(1)

2. 问卷预调研

在问卷的正式分发前开展预调研,分两个关键阶段进行。首先,通过专家访谈对初稿问卷的结构、表述和条目设计进行评审,根据专家反馈对问卷进行相应的修改和精炼。其次,开展小规模的线上问卷测试,共发放230份问卷,并对所收集数据的可靠性和效度进行严格检验。顺利通过测试阶段后,利用问卷星正式发放问卷。调查持续时间为2021年2月19日至3月19日,共获得20576份问卷。为获得符合研究要求的数据、保证所建立模型的质量,研究基于以下原则对数据进行筛选处理:①为了保证数据真实,剔除回答时间少于120秒的样本;②剔除存在缺失值的样本;③由于大多数学生没有从农贸市场购买生鲜农产品的经历,剔除学生样本。基于以上筛选方法,本研究共得到 13104 个有效样本，用于本小节消费者生鲜农产品购买渠道选择的影响因素研究。在上述数据处理的基础上，继续剔除购买行为没有变化的样本和线上购买频率减少的样本，获得有效问卷 10708 份，用于第二节消费者生鲜农产品购买渠道迁徙意愿的影响因素研究。本章第一节和第二节的所有研究结果均是基于这些有效问卷。

3. 信效度检验

本节采用探索性因素来分析检验问卷的效度。首先检验变量之间的相关性，其次通过 KMO 样本检验和 Bartlett-sphere 检验确定样本是否适合进行因子分析。根据测试结果，KMO 值为 0.739>0.5，这表明因子分析是适当的。Bartlett 的卡方检验结果表明，卡方统计的显著性为 0.000<0.01，表明 Bartlett 球面检验结果是有意义的，因此可以进行进一步的研究和分析。

本节使用内部一致性方法验证问卷的可靠性，通过 Cronbachα 系数来进行验证，分析研究中的 10 个问卷项目。结果显示，问卷的总体 Cronbachα 系数为 0.735>0.6，表明问卷具有较高的可靠性和良好的一致性。本研究使用的预调研及信效度检验的问卷如表 5-1 所示。

本研究包括 14 个自变量。因变量（Migr）为虚拟变量，在生鲜农产品购买渠道选择研究中，若受访者更多选择线上渠道购买生鲜农产品则赋值 1，更多选择线下渠道购买生鲜农产品则赋值 0。在生鲜农产品购买渠道迁徙意愿影响因素研究中，若受访者生鲜农产品线上渠道购买的频率上升，则赋值 1，若频率不变或降低，则赋值 0。

解释变量的设置如下：受教育水平（Edu）由五项教育水平指标衡量：学历以受教育年限来度量，初中及以下赋值 9，高中（包括职业高中）赋值 12；大专（含高职院校）赋值 14；本科赋值 16；研究生及以上赋值 19。性别（Gender）如果为女性，则编码为 0；如果为男性，则编码为 1。年龄（Age）记录为五个范围，取各年龄段的中位数进入模型（年龄为 18~25 周岁赋值 20，26~35 周岁赋值 30，36~45 周岁赋值 40，46~55 周岁赋值 50，56 周岁及以上赋值 60）。婚姻状况（Marital）是一个虚拟变量，如果受访者已婚或与伴侣同居，则编码为 1；如果受访者单身、离婚或丧偶，则编码为 0。消费者对生鲜农产品的感知质量来源用三个虚拟变量表示：根据图片（Pic）判断线上生鲜农产品的质量，根据在线评论（Cmts）判断线上生鲜农产品的质量，根据购买经验（Xp）判断线上生鲜农产品的质量。两个指标被用来度量消费者所在农贸市场状况：农贸市场环境（Env）赋值1~5，非常满意赋值1，很不满意赋值5；食品安全（FS）用于表示消费者认为更安全的购买渠道，认为线上生鲜农产品质量更安全则赋值0，认为农贸市场生鲜农产品更安全则赋值1。消费者对线上生鲜农产品表现的关注度由五个指标来度量——在网络平台购买生鲜农产品时对质量（Qty）的关注程度、在网络平台购买生鲜农产品时对安全（Sty）的关注程度、在网络平台购买生鲜农产品时对价格（Pri）的关注程度、在网络平台购买生鲜农产品时对配送速度（Del）的关注程度、在网络平台购买生鲜农产品时对商家信誉（Rep）的关注程度，均赋值1~10，表示消费者的关注程度。

根据本研究所获取到的数据特征和研究目的，本研究选择使用二元logistic回归模型对数据进行估计。回归模型建立如下：

$$logit(Migr) = \beta_0 + \beta_1 Educ + \beta_2 Gender + \beta_3 Age + \beta_4 Marital + \beta_5 Pic + \beta_6 Cmts + \beta_7 Xp \\ + \beta_8 Env + \beta_9 FS + \beta_{10} Qty + \beta_{11} Sty + \beta_{12} Pri + \beta_{13} Del + \beta_{14} Rep + \varepsilon i$$

其中，β_p是先前定义的解释变量的系数，代表自变量变化对于生鲜农产品线下购买渠道向线上购买渠道迁徙的边际影响，εi是误差项。

（四）模型检验及分析

以下对2020年后的情景进行分析。

1. 模型检验

（1）相关性检验

本节运用Pearson法对以上变量进行相关性分析，检验结果见表5-2。因为人口统计学的4个变量不需要做相关性检验，所以，只需对剩下的10个变量做相关性检验。研究发现，图片、在线评论、购买经验、农贸市场环境和食品安全因子之间的相关性非常小，可忽略不计，线上购买体验的五个变量：线上产品质量、安全、价格、配送速度、商家信誉之间的因子相关性较强，为弱相关或中相关。研究结果表明，所有变量之间的相关性均小于0.7，均在可接受范围内。因此，本节确定选用图片、在线评论、购买经验、农贸市场环境、食品安全、质量、安全、价格、配送速度、商家信誉10个变量建立模型。

表 5-2 自变量相关性检验结果

变量	Env	FS	Pic	Cmts	Xp	Qty	Sty	Pri	Del	Rep
Env	1									
FS	−0.0039	1								
Pic	−0.1352	−0.1496	1							
Cmts	0.0592	0.1114	−0.2283	1						
Xp	−0.0089	−0.0358	−0.1259	−0.5138	1					
Qty	0.0603	−0.0367	−0.0919	0.0179	−0.0348	1				
Sty	0.011	−0.0193	−0.087	−0.0069	−0.0092	0.7077	1			
Pri	−0.0601	−0.0332	−0.0162	0.0134	−0.0174	0.5952	0.5136	1		
Del	−0.0657	−0.0474	−0.0171	−0.0153	−0.0069	0.5968	0.5546	0.6898	1	
Rep	−0.0059	−0.0318	−0.1173	−0.0035	−0.0583	0.6955	0.6815	0.5961	0.6858	1

注：0.3~0.5 为弱相关，0.5~0.8 为中相关，0.8 及以上为强相关。

(2) 多重共线性检验

本节将采用 Stata16.0 统计分析软件，对随机抽样数据进行 logistic 回归分析，如果预测变量之间具有明显的多重共线性特征，那就表示这一回归方程无解。为了验证该模型选择的参数是否能够用于研究，本节对指标变量进行多重共线性检验，表 5-3 展示了检验结果。

结合检验结果可知，不同变量对应的方差膨胀因子数值都不高，都不超过 2.5，且容忍程度都超过 0.1。通过分析多重共线性检验结果，能够明确 10 个变量之间没有明显的多重共线性特征，因此在模型参数分析的过程中，不会造成太大的影响。

表 5-3 自变量多重共线性检验结果

变量	共线性统计量	
	容差	VIF
Env	0.959168	1.04
FS	0.966874	1.03
Pic	0.816954	1.22
Cmts	0.649060	1.54
Xp	0.596464	1.60

续表

变量	共线性统计量	
	容差	VIF
Qty	0.453885	2.20
Sty	0.504074	1.98
Pri	0.464209	2.15
Del	0.453212	2.21
Rep	0.425607	2.35
Mean VIF		1.73

(3) 拟合优度检验

先通过 Hosmer-Lemeshow 检验对该模型的拟合优度进行验证。Hosmer-Lemeshow 拟合优度检验是指根据拟合模型得出的预测值与实际观测数据之间差异的显著性（sig.）来判断模型拟合度的优劣。如果 sig. 值低于显著性水平，则代表预测值与实际观测值之间存在差异显著，模型的拟合度不好。若 sig. 值高于显著性水平，则说明预测值与观测值不存在显著差异，模型的拟合度较好。一般情况下，$p>0.05$ 表示在可接受的水平上拟合模型的估计拟合了数据。如果 $p>0.1$，则证明自变量拥有优秀的预测能力。通过对模型进行 Hosmer-Lemeshow 拟合优度检验，得到 p 值为 0.148（见表 5-4），高于显著性水平，这说明本节的模型较好地拟合了数据。

表 5-4 Hosmer-Lemeshow 检验结果

卡方	自由度	显著性
12.080	8	0.148

2. 回归结果

本节聚焦消费者选择生鲜农产品购买渠道的影响因素。因变量是取值"0"和"1"的伪变量。根据本节的研究目的和数据特征，将 1 赋值为"消费者更多选择线上购买生鲜农产品"，并将 0 赋值为"消费者更多选择线下购买生鲜农产品"。由于因变量选择方案集中于 1 和 0，因此本节选择二元 logistic 回归模型进行分析。本节均使用 Stata16.0 软件进行回归估计，回归得出的估计参数结果如表 5-5 所示。

研究结果显示，受教育水平不影响消费者生鲜农产品购买渠道的选择（$p>0.01$），女性会更多地进行线上购买（$\beta=-0.122$，$p<0.001$），年龄小的消费者会更多在线上购买（$\beta=-0.18$，$p<0.001$），未婚消费者在线上购买生鲜农产品的频率更高（$\beta=-0.175$，$p<0.05$）。

接着，模型关注了线下购买体验相关的影响因素。线下市场的整体环境情况（$\beta=-0.141$，$p<0.001$）和食品安全情况（$\beta=-0.456$，$p<0.001$）都显著影响了购买渠道选择。对于生鲜农产品的感知质量来源的影响，回归结果显示，关注图片的消费者更有可能在线上购买生鲜农产品（$\beta=0.497$，$p<0.001$）；关注在线评论的消费者更多选择线下购买生鲜农产品（$\beta=-0.218$，$p<0.001$），根据购买经验购买的影响不显著（$p>0.01$）。

最后，模型关注了线上购买体验的影响。实证结果表明，关注质量（$\beta=-0.075$，$p<0.001$）和商家信誉（$\beta=-0.081$，$p<0.001$）的消费者，会更多选择线下购买生鲜农产品。关注线上食品安全（$\beta=0.067$，$p<0.001$）、价格（$\beta=0.030$，$p<0.01$）、配送速度（$\beta=0.073$，$p<0.001$）的消费者会更多选择在线上购买生鲜农产品。

表5-5 消费者生鲜农产品购买渠道选择的影响研究 logistic 回归结果

变量	Exp（β）	标准误	Z 统计量	p 值	显著性
Edu	0.0083845	0.0165754	0.51	0.613	
Gender	-0.1229001	0.0323285	-3.8	0.00	***
Age	-0.1752191	0.0182977	-9.58	0.00	***
Marital	-0.2156513	0.0497266	-4.34	0.00	***
Env	-0.1414646	0.0222136	-6.37	0.00	***
FS	-0.4563912	0.0231368	-19.73	0.00	***
Pic	0.4968955	0.0834943	5.95	0.00	***
Cmts	-0.2176005	0.0392687	-5.54	0.00	***
Xp	-0.0437399	0.0462751	-0.95	0.345	
Qty	-0.0749127	0.0113274	-6.61	0.00	***
Sty	0.0668407	0.0101605	6.58	0.00	***
Pri	0.0296699	0.0099275	2.99	0.003	**
Del	0.0734109	0.0107379	6.84	0.00	***
Rep	-0.0809585	0.0121031	-6.69	0.00	***
_cons	3.080801	0.1755644	17.55	0.00	***

注：* 表示 $p<0.1$，** 表示 $p<0.01$，*** 表示 $p<0.001$，下同。

3. 稳健性检验

最后，本节对模型进行稳健性检验，为了保证模型回归结果的稳健可靠，本节中更换了计量方法对数据再次进行回归估计。具体地，本节采用 probit 模型对研究问题进行重新估计，如表 5-6 所示。稳健性检验的变量影响情况和显著性情况均与前面的主回归结果一致，这表明该模型的回归结果是可靠的。

表 5-6 稳健性检验结果

变量	Exp（β）	标准误	Z 统计量	p 值	显著性
Edu	0.0045277	0.0101564	0.45	0.656	
Gender	-0.0786029	0.0199637	-3.94	0.00	***
Age	-0.1090465	0.0112842	-9.66	0.00	***
Marital	-0.1391602	0.0306471	-4.54	0.00	***
Env	-0.07884	0.0119001	-6.63	0.00	***
FS	-0.2847878	0.0142398	-20	0.00	***
Pic	0.307668	0.0510057	6.03	0.00	***
Cmts	-0.137651	0.0242328	-5.68	0.00	***
Xp	-0.0267349	0.0286827	-0.93	0.351	
Qty	-0.0452662	0.0069697	-6.49	0.00	***
Sty	0.0413491	0.0062532	6.61	0.00	***
Pri	0.0180625	0.0061355	2.94	0.003	**
Del	0.0453693	0.0066264	6.85	0.00	***
Rep	-0.0505227	0.0074629	-6.77	0.00	***
_cons	1.949873	0.1047047	18.62	0.00	***

以下对 2020 年前的情景进行分析。

1. 模型检验

本节所使用的变量数据与消费者生鲜农产品购买渠道选择的影响因素研究的变量数据一致，因此本节仅对模型进行拟合优度检验。

本节通过 Hosmer-Lemeshow 检验对该模型的拟合优度进行验证（见表 5-7），得到 p 值为 0.163（大于 0.1）的显著性水平，这说明自变量拥有的预测能力，本节的模型较好地拟合了数据。

表 5-7 Hosmer-Lemeshow 检验结果

卡方	自由度	显著性
11.214	8	0.163

2. 回归结果

本节研究的主要问题是消费者生鲜农产品购买渠道选择的影响因素。因变量是取值"0"和"1"的伪变量。根据本节的研究目的和数据特征,研究将 1 赋值为"消费者更多选择线上购买生鲜农产品",将 0 赋值为"消费者更多选择线下购买生鲜农产品"。由于因变量选择方案只有 1 和 0,因此选择二元 logistic 回归模型进行分析。本节使用 Stata16.0 软件进行回归分析,回归得出的估计参数结果如表 5-8 所示。

研究结果显示,2020 年前,受教育程度越高的消费者更多会在线上购买生鲜农产品($\beta=0.102$,$p<0.001$),女性会更多地进行线上购买($\beta=-0.186$,$p<0.001$),年龄小的消费者会更多在线上购买($\beta=-0.076$,$p<0.001$),婚姻状况不影响消费者的生鲜农产品购买渠道选择($p>0.1$)。

接着,模型关注了一些线下购买体验相关的影响因素。线下市场的整体环境情况($\beta=-0.093$,$p<0.001$)和食品安全情况($\beta=-0.919$,$p<0.001$)都显著影响了购买渠道选择。

对于生鲜农产品感知质量来源的影响,回归结果显示,关注图片的消费者更有可能在网上购买生鲜农产品($\beta=0.425$,$p<0.001$)。在线评论的关注度对消费者生鲜农产品购买渠道选择的影响不显著($p>0.1$),根据购买经验购买的影响不显著($\beta=0.194$,$p<0.001$)。

最后,分析了线上购买体验的影响。实证结果表明,2020 年前,关注质量($\beta=-0.099$,$p<0.001$)的消费者会更多选择线下购买生鲜农产品。关注线上食品安全($\beta=0.058$,$p<0.001$)、价格($\beta=0.039$,$p<0.01$)、配送速度($\beta=0.029$,$p<0.01$)的消费者会更多选择在线上购买生鲜农产品。而线上商家信誉的影响不显著($p>0.1$)。

表 5-8 消费者生鲜农产品购买渠道选择的影响研究 logistic 回归结果

变量	Exp(β)	标准误	Z 统计量	p 值	显著性
Edu	0.1017167	0.0171951	5.92	0.00	***
Gender	-0.185819	0.0337357	-5.51	0.00	***
Age	-0.076433	0.0189209	-4.04	0.00	***
Marital	0.0736693	0.0526674	1.4	0.162	
Env	-0.0933411	0.0231976	-4.02	0.00	***

续表

变量	Exp（β）	标准误	Z统计量	p值	显著性
FS	-0.9187172	0.0263139	-34.91	0.00	***
Pic	0.4247419	0.090967	4.67	0.00	***
Cmts	-0.0540646	0.0407749	-1.33	0.185	
Xp	0.1944847	0.0491544	3.96	0.00	***
Qty	-0.0993726	0.011828	-8.4	0.00	***
Sty	0.0583391	0.0103317	5.65	0.00	***
Pri	0.039072	0.0101422	3.85	0.00	***
Del	0.0293472	0.0108522	2.7	0.007	**
Rep	0.0020994	0.0123408	0.17	0.865	
_cons	4.426987	0.1891939	23.4	0.00	***

3. 稳健性检验

最后，本节对模型进行稳健性检验，为了保证模型回归结果的稳健可靠，本节中更换了计量方法对数据再次进行回归估计。具体地，本节采用 probit 模型对研究问题进行重新估计，如表 5-9 所示。稳健性检验的变量影响情况和显著性情况均与前面的主回归结果一致，这表明该模型的回归结果是可靠的。

表 5-9 稳健性检验结果

变量	Exp（β）	标准误	Z统计量	p值	显著性
Edu	0.0639918	0.0104305	6.14	0.00	***
Gender	-0.1141154	0.0205066	-5.56	0.00	***
Age	-0.0503955	0.0115505	-4.36	0.00	***
Marital	0.0502682	0.0317485	1.58	0.113	
Env	-0.0459949	0.0122393	-3.76	0.00	***
FS	-0.5556614	0.015405	-36.07	0.00	***
Pic	0.2770848	0.0546148	5.07	0.00	**
Cmts	-0.0323779	0.0248741	-1.3	0.193	
Xp	0.1243189	0.0297524	4.18	0.00	***
Qty	-0.0585766	0.0070335	-8.33	0.00	***
Sty	0.0348731	0.0062707	5.56	0.00	***
Pri	0.0218505	0.0061437	3.56	0.00	***
Del	0.0181014	0.0066141	2.74	0.006	**
Rep	0.0005594	0.0075074	0.07	0.941	
_cons	2.713333	0.1095187	24.78	0.00	***

本节旨在分析消费者对生鲜农产品购买渠道的偏好，并识别影响其决策的关键因素。采用来自13104名消费者的问卷数据，通过二元logistic回归模型进行了实证分析。所采集的数据在分析前已通过相关性分析和多重共线性测试，确保了其适用性。此外，本节所使用的回归模型经过了拟合优度和稳健性检验，验证了其分析结果的准确性和可靠性。

上述分析实验结果表明，2020年前，年轻女性、未婚消费者和关注在线图片、食品安全、价格的消费者倾向于线上购买农产品，关注农产品在线评论、质量和商家信誉的消费者则倾向于线下购买；2020年后，高学历的未婚女性和关注食品安全、价格、配送速度的消费者倾向于线上购买，关注购买经验、产品图片和质量的消费者倾向于线下购买。

第二节 消费者生鲜农产品购买渠道迁徙意愿的实证研究

（一）问题描述

本节的研究假设和研究设计参考本章第一节，参考图5-1构建消费者购买渠道迁徙意愿理论模型。

（二）模型检验及分析

1. 描述性统计分析

表5-10展示了所有变量的描述性统计结果。在10708名有效受访者中，77.8%的受访者表示，2020年前后在线购买生鲜农产品的频率有所增加。描述性统计结果表明，受访者的总体受教育水平较高，性别分布均匀。男性略多于女性，男性占51.7%，女性占48.3%。大多数受访者已婚，已婚受访者占84.3%。

表5-10 全样本数据描述性统计分析

变量	Mean(%)	sd	min	max
线上购买迁徙	0.778 (77.8%)	0.416	0	1
受教育水平	4.044	1.003	1	5
性别	0.517 (51.7%)	0.500	0	1

续表

变量	Mean(%)	sd	min	max
年龄	3.008	1.031	1	5
婚姻状况	0.843（84.3%）	0.364	0	1
图片	1.428	0.625	1	3
在线评论	1.444	0.517	1	3
购买经验	2.273	0.724	1	3
农贸市场环境	0.0473	0.212	0	1
食品安全	0.228	0.419	0	1
质量	8.315	2.107	1	10
安全	8.353	2.193	1	10
价格	7.312	2.108	1	10
配送速度	7.514	2.077	1	10
商家信誉	8.424	1.883	1	10

表5-11和表5-12分别展示了线上购买频率增加和线上购买频率未增加的消费者问卷描述性统计结果。在10708名有效受访者中，有8329名受访者表示，2020年后在线购买生鲜农产品的频率有所增加，占总问卷数的77.8%。增加了线上购买频率的消费者受教育水平高于未增加线上购买频率的消费者。与女性消费者相比，更多的男性消费者在2020年后增加了线上生鲜农产品购买频率。线上购买频率未增加的消费者已婚更多。线上购买频率增加的消费者会更少地关注图片、在线评论、购买经验和农贸市场环境，更多地关注食品安全、线上产品质量、线上食品安全、线上价格、配送速度和商家信誉。

表5-11 线上购买增加描述性统计（N=8329）

变量	Mean(%)	sd	min	max
受教育水平	16.75	2.189	9	19
性别	0.531（53.1%）	0.499	0	1
年龄	40.14	10.28	20	60

续表

变量	Mean(%)	sd	min	max
婚姻状况	0.839（83.9%）	0.367	0	1
图片	1.423	0.609	1	3
在线评论	4.187	0.725	3	5
购买经验	0.0466	0.211	0	1
农贸市场环境	0.457	0.498	0	1
食品安全	0.228	0.420	0	1
质量	8.354	2.027	1	10
安全	8.393	2.122	1	10
价格	7.322	2.036	1	10
配送速度	7.530	2.010	1	10
商家信誉	8.454	1.812	1	10

表 5-12　线上购买未增加描述性统计（N=2379）

变量	Mean(%)	sd	min	max
受教育水平	15.31	3.048	9	19
性别	0.472（47.2%）	0.499	0	1
年龄	39.86	10.44	20	60
婚姻状况	0.856（85.6%）	0.351	0	1
图片	1.444	0.676	1	3
在线评论	4.573	0.639	3	5
购买经验	0.0500	0.218	0	1
农贸市场环境	0.498	0.500	0	1
食品安全	0.227	0.419	0	1
质量	8.179	2.363	1	10
安全	8.215	2.423	1	10
价格	7.277	2.343	1	10
配送速度	7.459	2.295	1	10
商家信誉	8.318	2.109	1	10

2. 模型检验

(1) 相关性检验

本节运用 Pearson 法对以上变量进行相关性分析，检验结果如表 5-13 所示。结果表明，图片、在线评论、购买经验、农贸市场环境和食品安全因子之间的相关性非常小，可忽略不计。线上购买体验的五个变量——质量、安全、价格、配送速度、商家信誉之间的因子相关性较强，为弱相关或中相关。结果表明，所有变量之间的相关性均小于 0.7，均在可接受范围内。因此，本节确定选择图片、在线评论、购买经验、农贸市场环境、食品安全、质量、安全、价格、配送速度、商家信誉 10 个变量建立模型。

表 5-13 自变量相关性检验结果

变量	Env	FS	Pic	Cmts	Xp	Qty	Sty	Pri	Del	Rep
Env	1									
FS	−0.0367	1								
Pic	−0.0724	−0.134	1							
Cmts	−0.0343	0.126	−0.208	1						
Xp	0.0358	−0.0539	−0.121	−0.508	1					
Qty	0.00970	−0.0361	−0.118	0.000200	−0.0386	1				
Sty	0.00420	0.0169	−0.128	0.000700	−0.0244	0.651	1			
Pri	−0.0394	−0.0247	−0.0170	−0.00110	−0.0181	0.527	0.445	1		
Del	−0.0574	−0.0330	−0.0275	−0.0174	−0.0151	0.537	0.471	0.643	1	
Rep	−0.0817	−0.0264	−0.156	−0.0212	−0.0773	0.623	0.606	0.501	0.627	1

注：0.3~0.5 为弱相关，0.5~0.8 为中相关，0.8 及以上为强相关。

(2) 多重共线性检验

采用 Stata16.0 统计分析软件对随机抽样数据运用 logistic 回归分析，如果预测变量之间具有明显的多重共线性特征，则该回归方程无解。为了验证该模型选择的参数是否有效，本节对指标变量进行多重共线性检验，表 5-14 展示了检验结果。分析发现，不同变量对应的方差膨胀因子数值都不高，且都不超过 2，它们的容忍程度都超过 0.1。通过分析多重共线性检验结果，能够明确 12 个变量之间并没有明显的多重共线性特征，因此在模型参数分析的过程中，不会造成太大的影响。

表 5-14 多重共线性检验结果

变量	共线性统计量	
	容差	VIF
Env	0.972895	1.03
FS	0.963593	1.04
Pic	0.816954	1.22
Cmts	0.649060	1.54
Xp	0.666464	1.50
Qty	0.453885	2.20
Sty	0.504074	1.98
Pri	0.534513	1.87
Del	0.453212	2.21
Rep	0.425607	2.35
Mean VIF		1.69

（3）拟合优度检验

首先通过 Hosmer-Lemeshow 检验对该模型的拟合优度进行验证。Hosmer-Lemeshow 拟合优度检验是指根据模型得出的预测值与实际观测数据之间的差异是否显著来判断模型拟合度的优劣。如果 sig. 的值低于显著性水平，则代表预测值与实际观测值差异显著，模型的拟合度不好。如果 sig. 的值高于显著性水平，则说明预测值与观测值没有显著差异，模型的拟合度较好。一般情况下，$p>0.05$ 表示在可接受的水平上模型的估计拟合了数据，表明评分模型的工作效果良好。如果 $p>0.1$，则证明自变量拥有优秀的预测能力。通过对模型进行 Hosmer-Lemeshow 拟合优度检验，得到 p 值为 0.126，p 值高于显著性水平，说明本节的研究模型较好地拟合了数据，如表 5-15 所示。

表 5-15 Hosmer-Lemeshow 检验结果

卡方	自由度	显著性
12.604	8	0.126

3. 回归结果

本节研究 2020 年后消费者购物频率变化的影响因素。因变量是取值"0"和"1"的伪变量。根据本节的研究目的和数据特征，这里将 1 赋值为"2020 年后消费者在线购买生鲜农产品的频率比之前有所增加"，并将 0 赋值为"2020 年后消费者在线购买生鲜农产品的频率没有比之前有所增加"。由于因变量选择方案只有 1 和 0，因此选择二元 logistic 回归模型进行分析。本节使用 Stata16.0 软件进行回归分析，回归得出的估计参数结果如表 5-16 所示。因为回归模型考虑的自变量数量不同，由此得到了模型 1、模型 2、模型 3 和模型 4。

首先，模型 1 测试了人口统计学变量作为控制因素的影响。2020 年前后受教育程度较高的消费者会增加线上购买生鲜农产品的频率（$\beta=0.21$，$p<0.001$）。与女性相比，男性受影响更大，线上购买生鲜食物的频率也增加了（$\beta=0.244$，$p<0.001$）。老年消费者倾向于选择线上购买生鲜农产品，而不是在线下市场购买生鲜农产品（$\beta=0.019$，$p<0.001$）；与已婚消费者相比，未婚消费者在线上购买生鲜农产品的频率更高（$\beta=-0.173$，$p<0.05$）。

其次，模型 2 关注了消费者对生鲜农产品的感知质量来源的影响。回归结果显示，关注图片的消费者更有可能在线上购买生鲜农产品（$\beta=-0.311$，$p<0.05$）。关注在线评论的消费者不太可能在线上买生鲜农产品（$\beta=-0.136$，$p<0.05$），根据购买经验购买的消费者受影响较小，线上购买生鲜农产品的频率也有所增加（$\beta=-0.248$，$p<0.001$）。

再次，模型 3 中加入了一些线下购买体验相关的影响因素。线下市场的整体环境卫生和生鲜农产品质量对线上购买没有显著影响（$p>0.01$）。消费者对线上生鲜农产品安全的意识将显著提升线上购物概率（$\beta=-0.805$，$p<0.001$）。

最后，模型 4 中关注了线上购买体验影响。线上生鲜农产品购买体验的实证结果表明，更关注生鲜农产品安全的消费者增加了其线上购买频率（$\beta=0.033$，$p<0.05$）。消费者对平台声誉的关注对购买频率的增加产生了负向影响（$\beta=-0.037$，$p<0.01$）。然而，消费者对线上生鲜农产品的质量、价格和运输的关心并未显著影响消费者线上购物频率的变化（$p>0.01$）。

表 5-16 消费者生鲜农产品购买渠道迁徙意愿 logistic 回归结果

变量	模型 1	模型 2	模型 3	模型 4
受教育水平	0.226***	0.208***	0.208***	0.210***
	(0.009)	(0.010)	(0.010)	(0.010)
性别	0.181***	0.241***	0.246***	0.244***
	(0.048)	(0.050)	(0.050)	(0.051)

续表

变量	模型1	模型2	模型3	模型4
年龄	0.013***	0.018***	0.019***	0.019***
	(0.003)	(0.003)	(0.003)	(0.003)
婚姻状况	-0.217**	-0.163**	-0.175**	-0.173**
	(0.078)	(0.080)	(0.081)	(0.081)
图片		-0.104**	-0.291**	-0.311**
		(0.123)	(0.127)	(0.131)
在线评论		-0.194***	-0.127**	-0.136**
		(0.060)	(0.062)	(0.063)
购买经验		-0.194**	-0.234**	-0.248***
		(0.071)	(0.072)	(0.074)
农贸市场环境			-0.009	-0.018
			(0.040)	(0.040)
食品安全			-0.802***	-0.805***
			(0.039)	(0.039)
质量				-0.004
				(0.017)
安全				0.033**
				(0.016)
价格				0.021
				(0.016)
配送速度				-0.002
				(0.017)
商家信誉				-0.037*
				(0.020)
_cons	-2.821***	0.633**	0.846**	0.791**
	(0.190)	(0.269)	(0.280)	(0.305)

注：( ) 中为标准差，* 表示 $p<0.1$，** 表示 $p<0.01$，*** 表示 $p<0.001$，下同。

4. 稳健性检验

本节对模型进行稳健性检验，为保证模型回归结果的稳健可靠，本节更换了计量方法并对数据再次进行回归估计。具体地，本节采用 probit 模型对研究问题进行重新估计，如表 5-17 所示。稳健性检验的变量影响情况和显著性情况均与前面的主回归的结果一致，这表明该模型的回归结果是可靠的。

表 5-17 稳健性检验结果

变量	Exp（β）	标准误	Z 统计量	p 值	显著性
受教育水平	0.1205021	0.0058014	20.77	0	***
性别	0.1286045	0.0291454	4.41	0	***
年龄	0.0101755	0.0016494	6.17	0	***
婚姻状况	-0.098417	0.0464028	-2.12	0.034	**
农贸市场环境	-0.0072007	0.023159	-0.31	0.756	
食品安全	-0.4478862	0.0215634	-20.77	0	***
图片	-0.1987119	0.0744323	-2.67	0.008	**
在线评论	-0.07596	0.035937	-2.11	0.035	**
购买经验	-0.1637435	0.0418676	-3.91	0	***
质量	-0.0065082	0.0097173	-0.67	0.503	
安全	0.022914	0.0088942	2.58	0.01	**
价格	0.0109029	0.0089477	1.22	0.223	
配送速度	0.001792	0.0099857	0.18	0.858	
商家信誉	-0.0220259	0.0114194	-1.93	0.054	*
_cons	0.4330268	0.1759798	2.46	0.014	***

本节通过线上发放问卷，收集了 10708 名消费者的数据，并运用二元逻辑回归模型对数据进行了实证分析，探究了消费者对生鲜农产品购买渠道偏好的变化趋势以及潜在决定因素。具体地，本节对收集的问卷数据进行描述性统计分析以了解数据的基本情况，在确保了所用数据通过相关性和多重共线性检验之后，采用 logistic 回归模型进行了深入分析。研究结果表明，不关注在线评论、基于购买体验和关注生鲜农产品安全的消费者增加线上购买频率，关注平台声誉的消费者降低线上购买频率。生鲜农产品安全也会显著影响消费者对购买渠道的选择。

第三节 农产品直播社会临场感对消费者参与度的影响机制研究

（一）问题描述

相比传统农产品电商，直播情境下农产品卖家可以通过声音和图像等多种方式传递信息，给予消费者多感官刺激，从而产生良好的营销效果。农产品直播不仅给消费者带来直观、真实的购物体验，而且可以有效破除偏远贫困地区的农产品销售壁垒，帮助农户增收。部分农产品产自具有独特地域文化的地区，其多样化、非标准化的特性难以在传统销售渠道充分展现，电商直播的社交互动以及农产品生态链的全方面展示，能够为消费者营造社会临场感，加深消费者对农产品文化特性的理解与认知。农产品直播不仅可以推销农副产品，帮助农民脱贫致富，还可以推广农产品产地文化，提高产地知名度，推动乡村振兴。因此，研究社会临场感在农产品直播过程中的影响机制就显得尤为重要。

（二）研究假设

本节采用背景设置（Context setting）、初步探究（Initial exploration）、认知探索（Cognitive exploration）、审查和完善（Review and refinement）以及决策（Final choice）等五个阶段针对在线平台购物构建线上消费者决策模型。该模型不仅刻画了更真实的消费者决策画面，而且有效地描述和分析了消费者决策流程的特征。现有的大多数研究集中于消费者购买意愿，本节从社会临场感的角度研究消费者直播参与度的影响，并将农产品直播的社会临场感视为一种营销工具，基于线上消费者购买决策模型，探究其对消费者参与度的作用路径，提出如图 5-2 所示的研究框架。

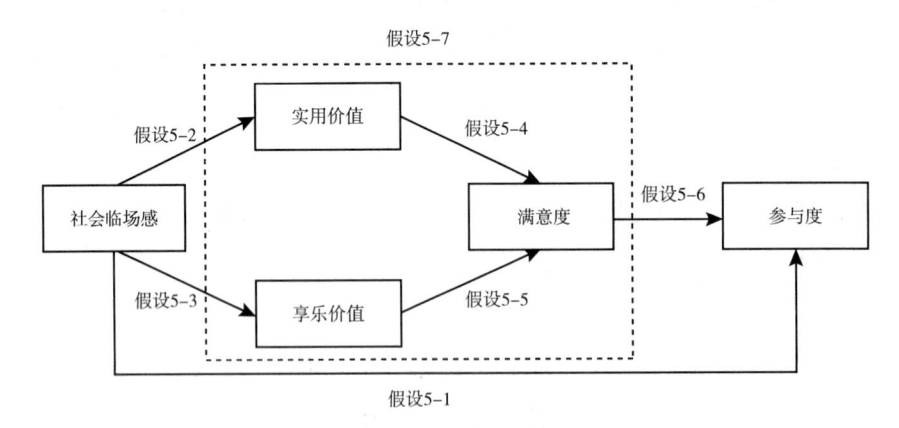

图 5-2 研究框架

为更好地研究社会临场感在农产品直播过程中的影响作用，本节作出如下假设：

假设 5-1：农产品直播社会临场感正向影响消费者参与度；

假设 5-2：农产品直播社会临场感正向影响消费者感知实用价值；

假设 5-3：农产品直播社会临场感正向影响消费者感知享乐价值；

假设 5-4：农产品直播感知实用价值正向影响消费者满意度；

假设 5-5：农产品直播感知享乐价值正向影响消费者满意度；

假设 5-6：农产品直播满意度正向影响消费者参与度；

假设 5-7：农产品直播感知价值和满意度在社会临场感和消费者参与度之间起链式中介作用。

本节选取的量表均为广泛应用的成熟量表，根据农产品直播情境更改形成问卷。问卷采用 Likert 七点计分方式测量，1～7 依次表示从"非常不同意"到"非常同意"。其中社会临场感、消费者满意度参考 Busalim 等[1]的测量量表，消费者感知价值以及消费者参与度参考 Wongkitrungrueng 等[2]的测量量表。问卷共分为三个部分：第一部分为筛选问题，以确保受访者有观看农产品直播的经历，并要求受访者回忆最近一次观看农产品直播时的感受；第二部分为受访者基本情况调查，包括年龄、婚姻状况、收入、受教育程度、学历和直播观看频率；第三部分为测量量表，包括 5 个潜变量，共 22 个题项，具体的测量题项如表 5-18 所示。

表 5-18　变量测量量表

构成维度	测量指标
社会临场感（SP）	SP_1 在直播间的互动是个性化的
	SP_2 在直播间的互动是热烈的
	SP_3 在直播间的互动是紧密的
	SP_4 在直播间的互动是人性化的
	SP_5 在直播间的互动是感性的
实用价值（UV）	UV_1 通过直播间销售的卖家似乎是真正的商家
	UV_2 通过直播间销售的产品似乎是真实的
	UV_3 在直播间，我能够很容易看到和可视化产品
	UV_4 通过直播展示产品的方式（试吃）帮助我将产品的外观可视化到真实的图形上

[1] Busalim A H, Ghabban F, Hussin A R C, "Customer engagement behaviour on social commerce platforms: An empirical study," *Technology in Society* 64 (2021): 101437.

[2] Wongkitrungrueng A, Assarut N, "The role of live streaming in building consumer trust and engagement with social commerce sellers," *Journal of Business Research* 117 (2020): 543-556.

续表

构成维度	测量指标
享乐价值（HV）	HV_1 通过直播间购物很有趣
	HV_2 我喜欢从直播间买到便宜的东西
	HV_3 直播间的活动（如限时促销和免费赠品）让我感到兴奋
	HV_4 我喜欢通过直播间购物
满意度（S）	S_1 我对直播间提供的产品信息很满意
	S_2 我对直播间的购物体验很满意
	S_3 我对使用直播间的购物经历很满意
	S_4 我对直播间的效率和效果很满意
	S_5 我对直播间提供的服务很满意
	S_6 我对直播间很满意
参与度（E）	E_1 我会花更多的时间在直播间
	E_2 我会成为直播间页面的粉丝和追随者
	E_3 我可能会尝试跟踪使用直播的卖家的活动

通过问卷网向全国发放问卷共759份，得到有效样本611份，其中80.50%的消费者有农产品直播观看经历。调查样本的人口统计特征如表5-19所示，有效样本中62.03%的受访者为女性，已婚人士占65.47%，本科及以上学历占73.49%。年龄集中在19~34周岁的消费者占68.74%。中国食品（农产品）安全电商研究院发布的《2020年中国农产品直播电商报告》显示，在看过农产品直播的人群中，26~30岁的占76.04%，说明年轻人对农产品电商直播的关注度较高，符合本节样本分布。[1] 72.83%的受访者每周观看直播的频率为3次以上，说明参与调查者都具有成熟的直播购物经验。

表5-19 调查样本的人口统计特征（N=611）

特征变量	选项范围	样本数（个）	占比（%）
性别	男	232	37.97
	女	379	62.03
婚姻状况	已婚	400	65.47
	未婚	211	34.53

[1] 中国食品（农产品）安全电商研究院：《2020中国农产品电商发展报告》，2020年3月15日。

续表

特征变量	选项范围	样本数（个）	占比（%）
年龄	18周岁及以下	14	2.29
	19~34周岁	420	68.74
	35~49周岁	152	24.88
	50~64周岁	25	4.09
个人月收入	0~2995元	78	12.77
	2995~7345元	218	35.68
	7345~20600元	264	43.21
	20600~36589元	41	6.71
	36589元及以上	10	1.64
家庭整体月收入	2999元及以下	10	1.64
	3000~6999元	64	10.47
	7000~9999元	103	16.86
	10000~19999元	239	39.12
	20000~29999元	135	22.09
	30000元及以上	60	9.82
受教育程度	初中及以下	6	0.98
	高中	41	6.71
	专科	115	18.82
	本科	421	68.90
	研究生及以上	28	4.58
观看直播电商的频率	每周0~2次	166	27.17
	每周3~5次	245	40.10
	每周6~8次	134	21.93
	每周8~11次	41	6.71
	每周11次以上	25	4.09

本节通过SPSS22.0进行数据处理，使用AMOS22.0进行路径分析，测量模型评估结果如表5-20所示。问卷整体的Cronbach's α 为0.972，表明各变量测量指标具有良好的信度。KMO为0.982，所有的因子载荷均大于0.7，说明各变量测量指标都具有良好的效度。各潜变量的CR均大于0.8，AVE均大于0.6，表明各变量之间具有较好的区分效度和聚合效度。

表 5-20　测量模型评估（$N=611$）

变量	测项	因子载荷	Cronbach's α	KMO	CR	AVE
SP	SP_1	0.808***	0.905	0.890	0.902	0.649
	SP_2	0.802***				
	SP_3	0.811***				
	SP_4	0.827***				
	SP_5	0.778***				
UV	UV_1	0.765***	0.860	0.824	0.861	0.608
	UV_2	0.795***				
	UV_3	0.799***				
	UV_4	0.759***				
HV	HV_1	0.812***	0.868	0.820	0.866	0.619
	HV_2	0.747***				
	HV_3	0.755***				
	HV_4	0.829***				
S	S_1	0.845***	0.926	0.925	0.926	0.677
	S_2	0.844***				
	S_3	0.858***				
	S_4	0.816***				
	S_5	0.829***				
	S_6	0.741***				
E	E_1	0.882***	0.886	0.734	0.888	0.726
	E_2	0.852***				
	E_3	0.821***				

注：** 表示 $p<0.005$，*** 表示 $p<0.001$，下同。

(三) 模型检验及分析

1. 模型检验

运用 AMOS22.0 软件对样本数据进行结构方程模型分析，实证检验结果未发现异常情况，说明模型没有违反参数估计，且拟合优度均达到标准，模型具有较好的拟合效果，具体数值如表 5-21 所示。

表 5-21　结构方程模型适配度

拟合指标	χ^2/df	RMSEA	GFI	AGFI	IFI	TLI	CFI	NFI
判断标准	$1<x<3$	<0.06	>0.9	>0.9	>0.9	>0.9	>0.9	>0.9
模型结果	2.323	0.047	0.931	0.914	0.976	0.973	0.976	0.959
结论	合格	合格	合格	合格	合格	合格	合格	合格

2. 假设检验

表 5-22 和图 5-3 展示了结构方程模型的路径参数和分析结果。实证研究结果表明，在农产品电商直播情境中，社会临场感对消费者参与度有显著的正向影响（$\beta=0.550$，$p<0.001$），假设 5-1 得到支持。社会临场感分别对感知实用价值（$\beta=0.954$，$p<0.001$）和感知享乐价值（$\beta=0.949$，$p<0.001$）具有显著的正向影响，假设 5-2 和假设 5-3 得到支持。感知实用价值对满意度具有显著的正向影响（$\beta=0.277$，$p<0.001$），感知享乐价值对消费者满意度具有显著的正向影响（$\beta=0.732$，$p<0.001$），假设 5-4 和假设 5-5 得到支持。消费者满意度对消费者参与度具有显著的正向影响（$\beta=0.356$，$p<0.005$），假设 5-6 得到支持。

表 5-22　直接效应检验（$N=611$）

假设路径	标准化路径系数	S.E.	C.R.	结果
假设 5-1：SP→E	0.550***	0.165	4.346	支持
假设 5-2：SP→UV	0.954***	0.053	19.541	支持
假设 5-3：SP→HV	0.949***	0.046	20.768	支持
假设 5-4：UV→S	0.277***	0.079	3.541	支持
假设 5-5：HV→S	0.732***	0.088	8.788	支持
假设 5-6：S→E	0.356**	0.150	2.865	支持

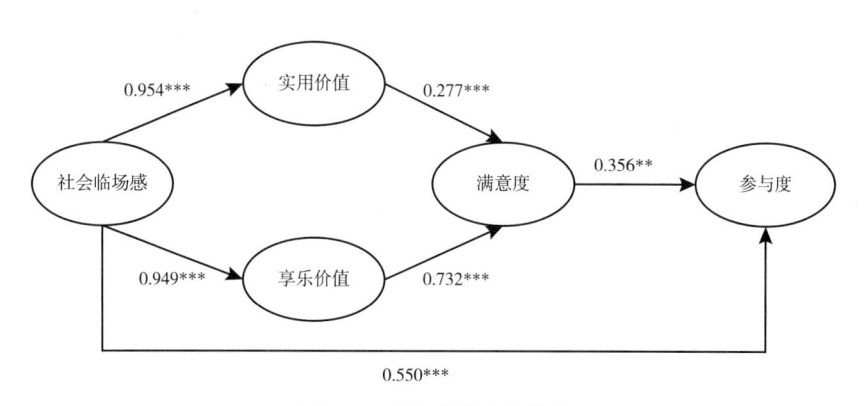

图 5-3　结构方程路径模型

3. 中介效应检验

进一步检验消费者感知价值和满意度在社会临场感和消费者参与度之间的链

式中介作用，得出链式中介效应的检验结果，如表5-23所示。研究发现，消费者感知价值和满意度在社会临场感和消费者参与度之间的链式中介效应显著，假设5-7得到支持。在两条中介效应路径的比较之中，社会临场感通过感知享乐价值和满意度影响参与度的链式中介作用路径显著，而社会临场感通过感知实用价值和满意度影响参与度的链式中介作用路径不显著。

表5-23 中介效应检验（$N=611$）

影响路径	点估计值	Product of coefficients SE	Product of coefficients Z	Two-Tailed P-Valued
SP→UV→S→E	0.119	0.056	2.136	0.033
SP→HV→S→E	0.309	0.109	2.826	0.005**
间接效应	0.428	0.149	2.871	0.004**
总效应	1.123	0.050	22.423	0.000***

（四）讨论与分析

1. 社会临场感对消费者参与度的影响

农产品直播情境下社会临场感对消费者参与度具有显著的正向影响。这与Qian等[1]基于游戏直播的研究结果相一致，即随着经济社会的不断发展，场景化成为商业模式创新的新范式和新路径。因此，农产品直播卖家需要对直播环境进行精心设计。农产品直播卖家可以直接深入产业带、农业基地等产业链场景，以真实的生产场景为背景，为消费者营造身临其境的购物情境，从而提高消费者的直播参与度。此外，社会临场感描述的是他人在互动中的显著程度以及随之而来的人际关系显著程度。为了提高农产品直播情境下的社会临场感，农产品直播卖家需要与消费者积极互动，拉近与消费者的距离，传播农产品蕴含的特定的乡村文化，为消费者推广宣传农产品的知识，让消费者在互动中感知到农产品特色的地域文化内涵，吸引消费者参与直播。

2. 消费者感知价值和满意度在社会临场感和参与度之间的链式中介作用

（1）社会临场感对消费者感知价值的影响。农产品直播情境下社会临场感

---

[1] Qian T Y, Matz R, Luo L, et al, "Gamification for value creation and viewer engagement in gamified livestreaming services: The moderating role of gender in esports," *Journal of Business Research* 145 (2022): 482-494.

对消费者感知价值具有显著影响,这与 Hew 等的研究结果相一致。[1] 说明无论是移动社交旅游背景还是农产品营销背景,较强的社会临场感都会提升消费者感知价值。充分挖掘蕴含在农产品中的各种场景价值,不仅可以增加直播场景的识别度,防止直播内容同质化,而且有利于提升消费者对于农产品的价值感知,进而增强农产品直播间消费者黏性。农产品直播场景化的设计可以考虑消费者的情感需求,甚至情怀需求。通过特色的民俗表演、朴实的民风或者具象化的村务劳动来展示农产品的地域特性以及农产品原生态的乡土风貌,充分挖掘蕴含在农产品中的各种价值。

(2)消费者感知价值对消费者满意度的影响。消费者感知价值显著影响满意度,这与 Liu 等[2]和刘凤军等[3]的研究结果相一致。根据消费价值理论,消费者选择某种产品或服务可能受其中的一种或几种消费价值因素的影响。农业具有多功能性,农产品承载的不单单是食品价值,还有知识传播价值、文化传承价值、教育启蒙价值、养生价值、生态价值等。仅依靠消费者的同情,不利于农产品直播长期发展。农产品直播卖家为了提高直播间消费者满意度可以充分挖掘农产品的价值。此外,农产品直播卖家可以进一步拓宽农产品的产业链,延长农产品的销售周期,提升农产品的附加值。由于农产品不支持退货,农产品出现品质问题会造成资源浪费。需要加强农产品品牌与品质管理,优化供应链,保障农民利益的同时也要为消费者构建售后维权的通道。

(3)消费者满意度对消费者参与度的影响。消费者满意度显著影响消费者参与度,这与 Busalim 等[4]的研究相同。因此,当消费者对直播间的购物体验感到满意时,他们倾向于在农产品直播间花费更多时间,从而更深入地了解农产品和购买过程。消费者对农产品直播间的满意度高低也会显著影响消费者是否成为直播间的粉丝和追随者。对农产品直播间满意度高的消费者,

---

[1] Hew J J, Leong L Y, Tan G W H, et al, "Mobile social tourism shopping: A dual-stage analysis of a multi-mediation model," *Tourism Management* 66 (2018): 121-139.

[2] Liu Z, Yang J, Ling L, "Exploring the influence of live streaming in mobile commerce on adoption intention from a social presence perspective," *International Journal of Mobile Human Computer Interaction* 12 (2020): 53-71.

[3] 刘凤军、孟陆、陈斯允、段珅:《网红直播对消费者购买意愿的影响及其机制研究》,《管理学报》2020年第1期。

[4] Busalim A H, Ghabban F, "Customer engagement behaviour on social commerce platforms: An empirical study," *Technology in Society* 64 (2021): 1-17.

也会尝试跟踪卖家的农产品直播活动,间接起到帮助宣传农产品直播间的作用。

消费者感知价值和满意度在社会临场感和消费者参与度之间起链式中介作用。但是通过感知价值的两条链式中介作用的比较发现,感知享乐价值的链式中介作用显著,而感知实用价值的链式中介作用不显著。Fei等的研究表明,在直播中,随着人际互动的增加,消费者会更加关注人际交流,反而会忽略对产品信息的关注。[1] 直播带货倾向于表演形式,由于消费者注意力是有限的,直播过程中消费者的注意力大多集中在主播与部分场景信息上,在一定程度上弱化了消费者对商品实用价值的关注。如何利用直播提升消费者的享乐价值应是农产品直播卖家关注的重点。为顾客创造感知价值成为电商企业吸引消费者并获得竞争优势的关键。近年来,消费者对农产品质量安全状况更加敏感。为了提高农产品直播过程中的感知实用价值,农产品直播卖家可以从直播背景入手,向消费者展示农产品的生产环节以及储存环境,使得消费者在观看直播过程中对农产品生长过程有所了解。

上述分析结果表明,社会临场感通过消费者感知享乐价值和满意度影响消费者参与度的链式中介作用显著,但消费者感知实用价值与满意度的影响不显著。农产品直播卖家可通过个性化场景设定和实时互动增强社会临场感,提升消费者参与度,并关注娱乐价值以优化直播效果。

第四节 农产品直播电商虚拟主播营销策略研究

(一)问题描述

数字化手段的充分利用可以赋能农产品电商高质量发展。元宇宙是一个互动、沉浸和协作的三维虚拟世界,被认为是互联网的进化,它将现有通信、人工智能、扩展现实、区块链、数字孪生等先进数字信息技术予以集成创新、深度融合、紧密嵌套。将元宇宙技术融入农产品供应链可以有机整合农产品供应链中各环节的物理实体和数字空间,提供虚实结合的仿真平台,精准满足智慧农产品供

---

[1] Fei M, Tan H, Peng X, et al, "Promoting or attenuating? An eye-tracking study on the role of social cues in e-commerce livestreaming," *Decision Support Systems* 142 (2021): 1-10.

应链的需求。通过构建虚拟的农产品市场，元宇宙能够模拟各种市场情境，深入分析消费者需求和市场趋势，为农产品生产者和销售者提供有力的决策支持，实现对农产品供应的精准预测和科学指导。

与此同时，直播商业也为农产品电商带来了新的发展机遇。数字化身的虚拟主播以其独特的形象和魅力吸引了大量观众，为产品推广提供了全新的方式。然而，目前虚拟主播仍处于发展的初级阶段，其市场需求和潜力尚未完全显现。因此，迫切需要进一步揭示消费者对虚拟直播的潜在需求，深入研究与文化紧密相关的虚拟主播对消费者行为的影响机理，为农产品电商的创新发展提供坚实的理论支持和实践指导。

（二）研究假设

1. 农产品主播类型（真人主播 vs. 虚拟主播）对购买意愿的影响

尽管人形设计（如人类外观等）有助于增强机器人的人性化感知，但人们仍然能根据其能力区分机器人和人类。Wu等揭示了人类主播和虚拟主播之间的相似性，发现无论是人类主播还是虚拟主播，观众对于主播的诚信、能力和仁慈等特质的感知都可以积极影响观众对主播的信任程度。[1] 农产品作为一种需要个人品尝和感官体验的商品，其信息在直播中的传达面临一定的挑战，因为虚拟主播无法提供现场的实际感知体验。尽管如此，在众多直播平台上，虚拟主播相比人类主播具有更强的吸引力。虚拟主播由于在视觉效果和技术上的优势，更能够吸引消费者的注意力，进而引发消费者的兴趣和互动。虽然虚拟主播可能在真实感官体验有所欠缺，但消费者仍然可能因其独特的形象和表现而产生兴趣，并通过其他途径获取关于产品的信息和评价，从而影响购买决策。据此，提出假设5-8。

假设5-8：虚拟主播和真人主播在提高消费者购买意愿方面没有显著差异。

2. 虚拟主播感知服饰文化一致性对购买意愿的影响

曾艳红认为服饰本身就是一种文化，同时又是民俗、制度和审美文化的一种载体。[2] 王玉指出，关于民族服饰文化的研究基本上都是从服饰史、服饰文化

---

[1] Wu R, Liu J, Chen S, et al, "The effect of E-commerce virtual live streamer socialness on consumers' experiential value: an empirical study based on Chinese E-commerce live streaming studios," *Journal of Research in Interactive Marketing* 17 (2023): 714-733.

[2] 曾艳红：《服饰：文化的一种载体及传播媒介》，《丝绸》2013年第1期。

理论或设计借鉴的角度展开，从社会心理和消费者行为的角度开展的研究很少，对农产品虚拟主播的服饰研究尚处于空白。[1] 李雪佳指出，把农产品所在地的文化转换为视觉符号，通过虚拟主播的服饰体现出来，将地域性、民族性与农产品品牌相结合，可与消费者相互联系并达成共识。[2] 民族服饰文化历史悠久，民族服饰特征与居住地的自然环境、气候条件和生活生产方式都有着非常紧密的联系。民族服饰凝聚了民族的历史、信仰、生活习俗、民族特性、审美情趣等重要元素，把它们符号化的造型特征作为品牌内涵塑造，可以直接体现民族的传统文化和民族精神。民族服饰是民族意识对民族及其文化遗产的反映，不仅仅是功能性的，也是展示人们身份的脚本。我国传统服饰可以在很大程度上显示文化身份。因此，穿着代表产品来源地的地域服装的虚拟主播也可以体现虚拟主播的文化身份。

消费者在购物过程中总是将产品与相应的文化体验联系在一起，文化是解释消费者行为的重要因素。在以往研究中，文化主要是在发达国家市场被广泛用于解释消费者对绿色产品的购买行为。文化会影响消费者购买绿色产品的意愿。茶商营造的良好文化和购物氛围可以激发消费者对茶文化的好奇心和购买茶的欲望。越来越多的证据表明文化价值观对消费者行为的重要性。因此，提出假设5-9a。

假设5-9a：感知虚拟主播服饰文化一致性高（vs. 低）更有可能提高消费者购买意愿。

3. 虚拟主播感知语言文化一致性对购买意愿的影响

许多研究考察了语言在营销传播中的作用，并比较各种风格的语言，如字面和比喻、理性和情感、认知和情感、客观和主观以及感觉和非感觉语言。此外，这些语言风格的影响已经在各种营销环境中得到研究，包括广告、在线评论、服务推荐、直播商业。Hu和Ma研究了虚拟主播对感官语言（例如，吸引感官的"美味"和"光滑"）的使用如何影响消费者对赞助产品的反应。[3]

一些研究表明，语言类型可能对虚拟主播有影响。广告说服力可能因不同的

---

[1] 王玉：《中国传统服饰文化认同量表的构建》，硕士学位论文，北京服装学院，2015。
[2] 李雪佳：《嘉绒藏族旅游纪念品品牌化设计的地域文化研究》，硕士学位论文，西南交通大学，2016。
[3] Hu H, Ma F, "Human-like bots are not humans: The weakness of sensory language for virtual streamers in livestream commerce," *Journal of Retailing and Consumer Services* 75（2023）：103541.

语言和/或方言有差异。从语言学的角度来看，不同的方言和口音为接收者提供了关于说话者特征的各种信息。我国是一个多方言的国家，方言是地区文化的象征。因此，了解口音/方言（如普通话与粤语）如何影响广告的说服力是很重要的。口音是影响发言人可信度的一个声音因素，发言人口音和产品之间的匹配可能会让人认为发言人更了解产品。这种一致性可能会提高发言人的可信度。地方化口音与标准普通话有很大差别，能更好地进行身份区分，可使得农产品主播形象更加具象化。广告中图像和语言的一致性有助于消费者处理信息和回忆，虚拟主播使用与产品产地一致的语言能够起到良好的直播电商运营效果。因此，提出假设5-9b。

假设5-9b：感知虚拟主播语言文化一致性高（vs. 低）更有可能提高消费者购买意愿。

4. 感知虚拟主播服饰文化一致性和感知语言文化一致性的交互作用对购买意愿的影响

以往学者专注于不同营销背景下的多个一致信号线索，如推荐人、消费者的理想自我的一致性、嵌入内容与产品的一致性以及弹幕与视频内容的一致性。Chen等提出直播卖家努力通过多个精心设计的信号向消费者传递潜在的产品信息，信号之间不一致会给消费者带来困扰。[1] 考虑到卖方用多个不同的信号向买方传达相同的信息，多个文化信号的一致性显得至关重要。虚拟主播的服饰和语言既是文化信号的体现，又是直接接触消费者的渠道。在文化传播理论中，文化符号通常被视为对社会认同和文化认知的重要影响因素。虚拟主播作为一种文化符号，其形象不仅受到服饰的影响，也受到语言的塑造。这两个因素共同塑造了消费者对虚拟主播的整体认知和印象。从社会认知理论的角度来看，消费者在接收文化信号时往往会进行综合处理和评估，他们会将虚拟主播的服饰和语言等因素综合起来，形成对虚拟主播的整体认知。因此，消费者对虚拟主播的服饰和语言的感知一致性会交互影响他们对产品信息的理解和接受程度。这种交互作用源于消费者对文化信号的综合理解和感知。感知虚拟主播的服饰文化一致性和语言文化一致性之间的交互作用反映了消费者对文化信号的综合感知和评估过程。

---

[1] Chen X, Shen J, and Wei S, "What reduces product uncertainty in live streaming e-commerce? From a signal consistency perspective," *Journal of Retailing and Consumer Services* 74 (2023): 103441.

因此，提出假设5-10。

假设5-10：感知虚拟主播服饰文化一致性和语言文化一致性会对购买意愿产生交互作用。

5. 消费者信任和感知不确定性的中介作用

Hallikainen 和 Laukkanen[1] 运用 Hofstede[2] 的文化理论，探讨了国家文化维度如何影响个人的一般信任倾向，以及个人对在线商店信任度的信念。研究发现，文化与信任存在相互关联。文化价值观影响具有东西方背景的消费者如何在电子商务中形成信任，尽管这种关系的实证研究在在线环境中相对稀缺。在在线交易中，信任被视为一种重要的先行信念，它创造了对交易行为的积极态度，进而导致购买意向的形成。Lu 和 Chen 提出，在直播商业中，虚拟主播传递的两种不同信号，即物理特征和价值观，通过增强产品信任，进而有助于降低在线消费者的不确定性，从而提高购买意愿。[3] 因此，提出假设5-11。

假设5-11：产品信任和感知产品质量不确定性在感知虚拟主播服饰文化一致性和购买意愿之间发挥链式中介作用。

根据以上假设，构建如图5-4所示的研究框架。

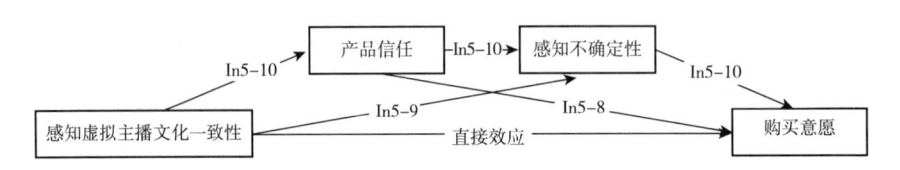

图5-4 消费者产品信任和感知产品质量不确定性的链式中介作用

（三）模型构建

为了验证提出的研究假设，本节进行4个在线消费者行为实验研究，并根据数据收集、处理与分析的结果进行讨论。研究1通过对农产品主播类型（虚拟主播 vs. 真人主播）进行操纵，旨在验证本节提出的供应链直播电商运用不同的

---

[1] Hallikainen H, Laukkanen T, "National culture and consumer trust in e-commerce," *International Journal of Information Management* 38（2018）: 97-106.

[2] Hofstede G, *Culture's consequences: international differences in Work-Related Values*（Sage, 1983）625.

[3] Lu B, Chen Z, "Live streaming commerce and consumers' purchase intention: An uncertainty reduction perspective," *Information & Management* 58（2021）: 103509.

主播类型对消费者购买意愿的影响，即验证本节的假设5-8。研究2通过对感知虚拟主播文化一致性（高 vs. 低）进行操纵，研究2A主要对虚拟主播的服饰类型进行操纵（地方服饰 vs. 普通服饰），旨在验证不同程度地感知农产品虚拟主播服饰文化一致性对消费者购买意愿的影响；研究2B主要对虚拟主播的语言类型进行操纵（方言 vs. 普通话），旨在验证不同程度地感知农产品虚拟主播语言文化一致性对消费者购买意愿的影响，即验证本节提出的假设5-9。在研究2的基础上，研究3探究感知虚拟主播服饰文化一致性和感知虚拟主播语言文化一致性的交互作用对消费者购买意愿的影响，同时探究了其中介机制，对本节的假设5-10和5-11进行验证。下面将对本节4个实验的具体内容与结果分别进行阐述。

（四）实证研究和数据分析

1. 研究1：农产品主播类型（虚拟主播 vs. 真人主播）对购买意愿的影响

（1）研究设计和过程

研究1采用单因素组间设计（主播类型：虚拟主播 vs. 真人主播），选取福建省宁德市某水蜜桃作为研究对象，以线上实验的方式，比较虚拟主播直播营销和真人主播直播营销对消费者购买意愿的影响。

本研究采用线上问卷的调查方式，在见数（Credamo）智能专业调研平台[1]招募了100名参与者，问卷中强调保护被调查人员的隐私，并确保其真实填写。问卷共包括引导语、随机直播视频的播放、变量测量以及参与者基本信息。参与者被随机分为两组并获得一个30秒的视频片段，其中一个为虚拟主播，另一个为真人主播，两组视频主播介绍的内容和字数等保持一致。在观看关于某水蜜桃的视频介绍和销售现状的带货视频后，要求参与者回答相关变量的测量题。实验视频录制在抖音直播平台上，为了达到研究目的，对其进行了配音。实验组织者使用的配音软件提供了一系列的声音选项，选择了一个人类女性的声音。这两种情况的唯一区别是主播类型。剔除不符合作答质量要求的5个参与样本后，最终有效参与样本95个（其中男性样本30个，占31.58%），人口统计特征如表5-24所示。

---

[1] 该平台允许实验组织者在向参与者提问之前向他们展示视频，从而便于进行类似实验室环境的实验。

表 5-24　调查样本的人口统计特征（$N=95$）

特征变量	选项范围	样本数（个）	占比（%）
性别	男	30	31.58
	女	65	68.42
年龄	18~34 周岁	67	70.53
	35~49 周岁	16	16.84
	50~64 周岁	8	8.42
	65 周岁及以上	4	4.21
个人月可支配收入	0~1500 元	5	5.26
	1501~3500 元	4	4.21
	3501~6000 元	13	13.68
	6001~9000 元	35	36.84
	9001 元及以上	38	40.00
受教育程度	初中及以下	0	0.00
	高中	5	5.26
	专科	0	0.00
	本科	54	56.84
	研究生及以上	36	37.89
观看电商直播的频率	每周 0 次	1	1.05
	每周 1~3 次	40	42.11
	每周 4~6 次	41	43.16
	每周 7~9 次	8	8.42
	每周 10~12 次	2	2.11
	每周 13 次及以上	3	3.16

所有测项均适用李克特 7 点量表，1=非常不同意，7=非常同意，4=一般。变量测量量表及 Cronbach's α 系数如表 5-25 所示。购买意愿量表改编自 Lu 等[1]的研究，共包含三个题项，分别为："我非常有可能从该虚拟主播直播间购买产品"、"我未来会考虑从该虚拟主播直播间购买产品"和"我有意向从该虚拟主播处购买产品"。

---

[1] Lu B, Fan W, Zhou M, "Social presence, trust, and social commerce purchase intention: An empirical research," Computers in Human Behavior 56 (2016): 225-237.

表 5-25　变量测量量表及 Cronbach's α 系数

变量	测量题项	Cronbach's α
购买意愿	我有意向从该虚拟主播处购买产品	0.729
	我非常有可能从该虚拟主播直播间购买产品	
	我未来会考虑从该虚拟主播直播间购买产品	

（2）研究结果

本实验使用 SPSS 24.0 软件进行数据分析。由于自变量为分类变量，在进行数据处理时，首先将农产品直播主播类型设置为虚拟变量——虚拟主播赋值为"1"，真人主播赋值为"2"。为了检验对主播类型的操纵是否有效以及参与者对主播讲解内容的理解程度，对参与者观看试验操纵内容后回答的两个操纵检验问题数据进行独立样本 t 检验。实证研究结果表明，参与者能够清楚地识别不同的主播类型（M 虚拟主播=6.36，SD=0.792；M 真人主播=6.29，SD=0.798；t=0.429，p=0.521）。此外，参与者对主播讲解内容的理解程度也不存在显著差异（M 虚拟主播=6.11，SD=0.598；M 真人主播=6.00，SD=0.684；t=0.806，p=0.676）。

以主播类型作为自变量，以消费者购买意愿作为因变量，并加入参与者性别、年龄、月收入和直播观看频率作为控制变量进行主效应检验。结果表明，虚拟主播和真人主播进行农产品营销对消费者的购买意愿不存在显著差异（M 虚拟主播=5.879，SD=0.720；M 真人主播=5.764，SD=0.899；F（1,89）=0.202，p=0.655），如图 5-5 所示。综上，假设 5-8 得到了验证。

（3）讨论

研究表明，虚拟主播组参与者和真人主播组参与者对某水蜜桃的购买意愿没有受到显著影响，无论是虚拟主播还是真人主播，消费者对某水蜜桃的购买意愿并没有明显的变化。这可能意味着虚拟主播和真人主播的代言效果相似，对消费者的购买决策并没有显著影响。无论是虚拟主播还是真人主播，在农产品的推广和宣传中，信息的传递方式可能是相似的，都是通过视频、文字和图片等形式。消费者在购买决策中更关注的是产品本身的品质、口碑和评价，而不是主播的身份类型。因此，对于消费者来说，主播的身份并不是决定性因素，更重要的是产品本身的质量和价值。

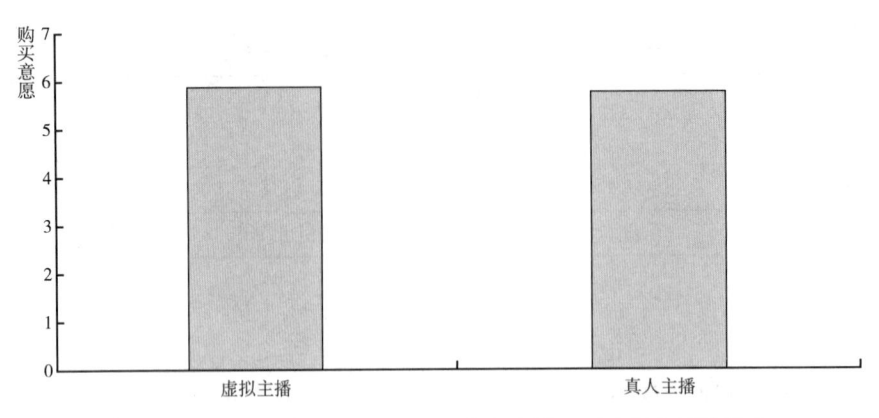

图 5-5　主播类型（虚拟主播 vs. 真人主播）对购买意愿的影响

2. 研究 2A：农产品虚拟主播服饰类型（地方服饰 vs. 普通服饰）对购买意愿的影响

（1）预实验

研究 2A 选取内蒙古特色农产品某牛肉干作为研究对象，以线上实验的方式，比较虚拟主播身穿与产品产地文化具有一致性的服饰和身穿普通服饰（直播视频形式）对消费者购买意愿的影响，从而检验假设 5-9a。

为了确保所选实验材料的有效性，提升实验的内部效度，首先进行预实验，确保某牛肉干代表高典型性地方产品，因为只有当地方产品自身具有鲜明的地方典型性时，主播特征反映地方文化的积极效应才会产生。

为了检验对感知虚拟主播服饰文化一致性的操纵是否有效以及参与者对两个虚拟主播的形象喜爱度是否存在显著差异，对参与者观看试验操纵内容后回答的两个操纵检验问题数据进行独立样本 t 检验。招募了 75 名参与者，采取单因素组间设计，参与者随机被分为两组，分别观看身穿蒙古族服饰的虚拟主播的直播视频，和身穿普通服饰的虚拟主播的直播视频，两个视频除了虚拟主播外其余均无显著差异。然后回答关于产品区域关联特征的测量问题，参考 Batra 等[1]的测量题项，共两题，分别为"我认为该产品具有明显的原产地特征"

---

[1] Batra R, Ramaswamy V, Alden D L, Steenkamp J E M, Ramachander S, "Effects of brand local and nonlocal origin on consumer attitudes in developing countries," *Journal of Consumer Psychology* 9 (2000): 83-95.

和"我可以清晰分辨出产品来自某个特定区域",产品区域专属性参考徐震南等[1]的测量问题"我在日常生活中可以经常见到这个产品的实物"。消费者对虚拟主播的喜爱度参考 Bartneck 等[2]的测量题项,分别为"这个虚拟主播是讨人喜欢的"、"这个虚拟主播是友好的"、"这个虚拟主播是待人礼貌的"和"这个虚拟主播是令人愉快的"。消费者对虚拟主播感知服饰文化一致性参考 Chen 等[3]的测量量表,题项分别为"这个虚拟主播的服饰体现了产品产地的文化"、"这个虚拟主播的服饰和产品产地具有文化共性"、"我认为这个虚拟主播的服饰和产品产地文化相匹配",变量测量量表及 Cronbach's α 系数如表 5-26 所示。

表 5-26 变量测量量表及 Cronbach's α 系数

变量	测量题项	Cronbach's α
产品区域关联特征	我认为该产品具有明显的原产地特征	0.611
	我可以清晰分辨出产品来自某个特定区域	
产品区域专属性	我在日常生活中可以经常见到这个产品的实物	
感知服饰文化一致性	这个虚拟主播的服饰体现了产品产地的文化	0.917
	这个虚拟主播的服饰和产品产地具有文化共性	
	我认为这个虚拟主播的服饰和产品产地文化相匹配	
对虚拟主播喜爱度	这个虚拟主播是讨人喜欢的	0.858
	这个虚拟主播是友好的	
	这个虚拟主播是待人礼貌的	
	这个虚拟主播是令人愉快的	

由于自变量为分类变量,在进行数据处理时,首先将农产品直播主播服饰类型设置为虚拟变量——地方服饰赋值为"1",普通服饰赋值为"2"。预实验结

---

[1] 徐震南、陈可、郭晓凌等:《"声"临其境:营销沟通中的方言积极效应》,《南开管理评论》2023 年第 1 期。
[2] Bartneck C, Kulić D, Croft E, Zoghbi S, "Measurement instruments for the anthropomorphism, animacy, likeability, perceived intelligence, and perceived safety of robots," *International Journal of Social Robotics* 1 (2009): 71-81.
[3] Chen X, Shen J, and Wei S, "What reduces product uncertainty in live streaming e-commerce? From a signal consistency perspective," *Journal of Retailing and Consumer Services* 74 (2023): 103441.

果表明,某牛肉干的区域关联性和区域专属性的均值均大于4(M 区域关联性=5.47,M 区域专属性=4.96),参与者对虚拟主播讲解内容的理解程度也大于5(M 理解程度=5.96)。因此,研究 2A 选取某牛肉干为具有高区域关联性和高区域专属性的高典型性地方产品。对参与者观看试验操纵内容后回答的两个操纵检验问题数据进行独立样本 t 检验,实证研究结果表明,参与者对不同服饰(地方服饰 vs. 普通服饰)的虚拟主播感知文化一致性存在显著差异(M 地方服饰=5.500,SD=0.937;M 普通服饰=4.350,SD=1.860;t=3.465,p<0.001)。此外,参与者对于两个虚拟主播的喜爱度不存在显著差异(M 地方服饰=5.471,SD=1.060;M 普通服饰=5.024,SD=1.249;t=1.648,p=0.169)。证明研究 2A 的实验材料有效。

(2)研究设计和过程

本研究采用线上问卷的调查方式,在见数(Credamo)智能专业调研平台招募了 100 名参与者,问卷中强调保护被调查人员的隐私,并确保其真实填写。问卷共包括引导语、随机直播视频的播放、变量测量以及被试者基本信息。参与者被随机分为两组并获得一个 30 秒的视频片段,其中一个虚拟主播身穿内蒙古地方服饰,另一个虚拟主播身穿普通服饰,两组视频资料主播介绍的内容和字数等保持一致。在观看完关于某牛肉干的介绍和销售现状的带货视频后,要求参与者回答对相关变量的测量题项。该视频最初录制在抖音直播平台上,为了达到研究目的,对其进行了配音。实验组织者使用的配音软件提供了一系列的声音选项,选择了一个人类女性的声音。这两种情况的唯一区别是主播服饰类型。招募了 100 名参与者(其中男性 42 位,占比 42.00%),人口统计特征如表 5-27 所示。

表 5-27 调查样本的人口统计特征($N=100$)

特征变量	选项范围	样本数(个)	占比(%)
性别	男	42	42.00
	女	58	58.00
年龄	18~34 周岁	100	100.00
	35~49 周岁	0	0.00
	50~64 周岁	0	0.00
	65 周岁及以上	0	0.00

续表

特征变量	选项范围	样本数(个)	占比(%)
个人月可支配收入	0~1500元	23	23.00
	1501~3500元	22	22.00
	3501~6000元	33	33.00
	6001~9000元	14	14.00
	9001元及以上	8	8.00
受教育程度	初中及以下	0	0.00
	高中	4	4.00
	专科	6	6.00
	本科	81	81.00
	研究生及以上	9	9.00
观看直播电商的频率	每周0次	5	5.00
	每周1~3次	52	52.00
	每周4~6次	20	20.00
	每周7~9次	15	15.00
	每周10~12次	5	5.00
	每周13次及以上	3	3.00

以虚拟主播服饰类型作为自变量,由于自变量为分类变量,在进行数据处理时,首先将农产品直播的主播服饰类型设置为虚拟变量——地方服饰赋值为"1",普通服饰赋值为"2"。以消费者购买意愿作为因变量,并加入参与者性别、年龄、月收入和直播观看频率作为控制变量进行主效应检验,变量测量量表及 Cronbach's α 系数如表5-28所示。

表5-28 变量测量量表及 Cronbach's α 系数

变量	测量题项	Cronbach's α
感知服饰文化一致性	这个虚拟主播的服饰体现了产品产地的文化	0.963
	这个虚拟主播的服饰和产品产地具有文化共性	
	我认为这个虚拟主播的服饰和产品产地文化相匹配	
购买意愿	我有意向从该虚拟主播处购买产品	0.895
	我非常有可能从该虚拟主播直播间购买产品	
	我未来会考虑从该虚拟主播直播间购买产品	

主体间效应结果表明，在农产品虚拟主播营销中，虚拟主播服饰类型对消费者购买意愿［M 地方服饰 = 5.380，SD = 0.914；M 普通服饰 = 4.240，SD = 1.669；F (1, 94) = 17.330，p<0.001］的影响显著，如图 5-6 所示。综上，假设 5-9a 得到了验证。

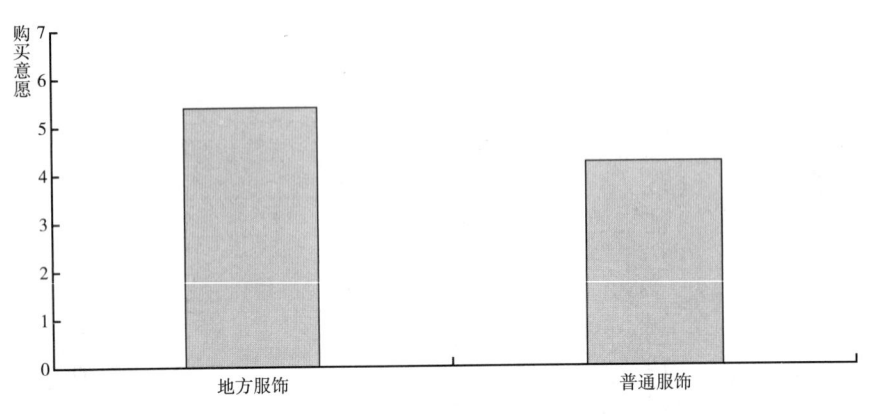

图 5-6 服饰类型（地方服饰 vs. 普通服饰）对购买意愿的影响

（3）研究结果

研究结果表明，身穿具有产品产地特色服饰的虚拟主播可以使消费者感知到较高的与产品产地一致的文化一致性，感知虚拟主播产品产地文化一致性可以显著提升消费者的购买意愿。这意味着消费者在购买决策中不仅关注产品本身的特点，也重视与产品相关的文化元素。农产品虚拟主播作为一种特殊的代言形式，其形象和形象所传递的信息对消费者的购买意愿具有显著影响。通过身穿与产品产地具有文化一致性的特色服饰，虚拟主播能够使消费者在视觉上将其与产品产地文化产生联系，进而增强消费者感知虚拟主播文化的一致性，促使消费者更倾向于购买相关产品。这说明身穿与产品产地文化一致的服饰的虚拟主播对于产品推广和销售具有重要作用。

3. 研究 2B：农产品虚拟主播语言类型（方言 vs. 普通话）对购买意愿的影响

（1）预实验

研究 2B 选取广东岭南特色农产品某荔枝作为研究对象，以线上实验的方式，比较虚拟主播使用具有与产品产地文化一致性较高的方言和与产品产地文化一致性较低的普通话（直播视频形式）对消费者购买意愿的影响，从而检验假设 5-9b。

为了确保所选实验材料的有效性，提升实验的内部效度，首先进行预实验，确保某荔枝代表高典型性地方产品，因为只有当地方产品自身具有鲜明的地方典型性时，主播特征反映地方文化的积极效应才会产生。为了检验对虚拟主播的感知服饰文化一致性的操纵是否有效，对参与者观看试验操纵内容后回答的操纵检验问题数据进行独立样本 t 检验。

在见数（Credamo）平台招募了 70 名参与者，采取单因素组间设计。参与者被随机分为两组，分别观看使用广东话和普通话的虚拟主播的直播视频，两个视频除了虚拟主播使用的语言类型外其余均无显著差异；然后回答关于产品区域关联特征的测量问题，参考 Batra 等[1]的测量题项，共两题，分别为"我认为该产品具有明显的原产地特征"和"我可以清晰分辨出产品来自某个特定区域"，产品区域专属性参考徐震南等[2]的测量问题"我在日常生活中可以经常见到这个产品的实物"。消费者对虚拟主播感知服饰文化一致性参考 Chen 等[3]的测量量表，题项分别为"这个虚拟主播使用的语言体现了产品产地的文化"、"这个虚拟主播使用的语言和产品产地具有文化共性"、"我认为这个虚拟主播使用的语言和产品产地文化相匹配"，变量测量量表及 Cronbach's α 系数如表 5-29 所示。

表 5-29 变量测量量表及 Cronbach's α 系数

变量	测量题项	Cronbach's α
产品区域关联特征	我认为该产品具有明显的原产地特征	0.723
	我可以清晰分辨出产品来自某个特定区域	
产品区域专属性	我在日常生活中可以经常见到这个产品的实物	
感知服饰文化一致性	这个虚拟主播使用的语言体现了产品产地的文化	0.945
	这个虚拟主播使用的语言和产品产地具有文化共性	
	我认为这个虚拟主播使用的语言和产品产地文化相匹配	

---

[1] Batra R, Ramaswamy V, Alden D L, Steenkamp J E M, Ramachander S, "Effects of brand local and nonlocal origin on consumer attitudes in developing countries," *Journal of Consumer Psychology* 9 (2000): 83-95.

[2] 徐震南、陈可、郭晓凌等：《"声"临其境：营销沟通中的方言积极效应》，《南开管理评论》2023 年第 1 期。

[3] Chen X, Shen J, and Wei S, "What reduces product uncertainty in live streaming e-commerce? From a signal consistency perspective," *Journal of Retailing and Consumer Services* 74 (2023): 103441.

由于自变量为分类变量，在进行数据处理时，首先将农产品直播的主播语言类型设置为虚拟变量——方言赋值为"1"，普通话赋值为"2"。预实验结果表明，广东岭南某荔枝的区域关联性和区域专属性的均值均大于4（M 区域关联性=5.421，M 区域专属性=5.27），参与者对虚拟主播讲解内容的理解程度也大于5（M 理解程度=5.83）。因此，研究2A选取的广东岭南某荔枝为具有高区域关联性和高区域专属性的高典型性地方产品。对参与者观看试验操纵内容后回答的操纵检验问题数据进行独立样本 t 检验，实证研究结果表明，参与者对不同语言（方言 vs. 普通话）的虚拟主播感知文化一致性存在显著差异（M 方言=5.771，SD=0.859；M 普通话=4.019，SD=1.784；t=5.236，p<0.001）。证明研究2B的实验材料有效。

（2）研究设计和过程

本研究采用互联网问卷的调查方式，在见数（Credamo）智能专业调研平台招募了100名参与者。问卷中强调保护被调查人员的隐私，并确保其真实填写。问卷共包括引导语、随机直播视频的播放、变量测量以及被试者基本信息。参与者被随机分为两组并获得一个30秒的视频片段，其中一个虚拟主播使用粤语，另一个虚拟主播使用普通话，两组视频资料主播介绍的内容和字数等保持一致。在观看完关于广东岭南某荔枝的介绍和销售现状的带货视频后，要求参与者回答相关变量的测量题项。该视频最初录制在抖音直播平台上，为了达到实验组织者研究目的，对其进行了配音。实验组织者使用的配音软件提供了一系列的声音选项，选择了一个人类女性的声音。这两种情况的唯一区别是主播使用的语言类型。招募了100名参与者（其中男性38位，占比38.00%），人口统计特征如表5-30所示。

表5-30 调查样本的人口统计特征（$N=100$）

特征变量	选项范围	样本数(个)	占比(%)
性别	男	38	38.00
	女	62	62.00
年龄	18~34周岁	100	100.00
	35~49周岁	0	0.00
	50~64周岁	0	0.00
	65周岁及以上	0	0.00

续表

特征变量	选项范围	样本数(个)	占比(%)
个人月可支配收入	0~1500元	18	18.00
	1501~3500元	15	15.00
	3501~6000元	28	28.00
	6001~9000元	33	33.00
	9001元及以上	6	6.00
受教育程度	初中及以下	1	1.00
	高中	4	4.00
	专科	1	1.00
	本科	84	84.00
	研究生及以上	10	10.00
观看直播电商的频率	每周0次	3	3.00
	每周1~3次	60	60.00
	每周4~6次	20	20.00
	每周7~9次	9	9.00
	每周10~12次	3	3.00
	每周13次及以上	5	5.00

以虚拟主播语言类型作为自变量，由于自变量为分类变量，在进行数据处理时，首先将农产品直播主播语言类型设置为虚拟变量——方言赋值为"1"，普通话赋值为"2"。以消费者购买意愿作为因变量，并加入参与者性别、年龄、月收入和直播观看频率作为控制变量，进行主效应检验，变量测量量表及Cronbach's α系数如表5-31所示。

表5-31 变量测量量表及Cronbach's α系数

构成维度	测量指标	Cronbach's α
感知文化一致性	这个虚拟主播的语言体现了产品产地的文化	0.950
	这个虚拟主播的语言和产品产地具有文化共性	
	我认为这个虚拟主播的语言和产品产地文化相匹配	
购买意愿	我有意向从该虚拟主播处购买产品	0.900
	我非常有可能从该虚拟主播直播间购买产品	
	我未来会考虑从该虚拟主播直播间购买产品	

223

结果表明，在农产品直播营销中，虚拟主播语言类型对消费者购买意愿（M 方言 = 5.560，SD = 0.951；M 普通话 = 4.913，SD = 1.455；F（1，94）= 6.332，p<0.05）的影响显著，如图 5-7 所示。

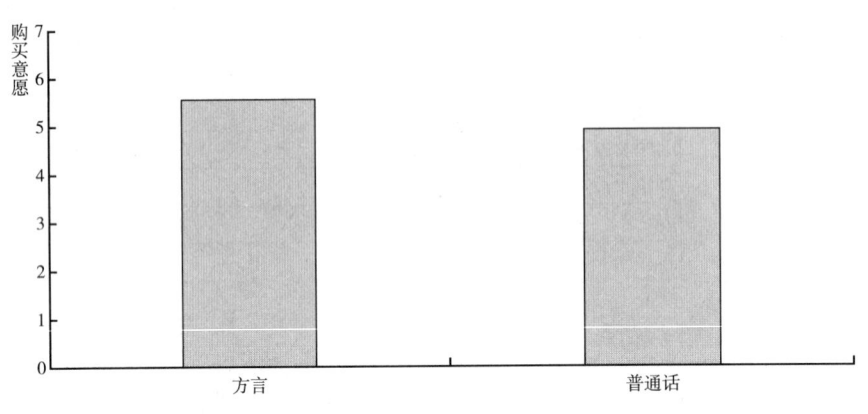

图 5-7 语言类型（方言 vs. 普通话）对购买意愿的影响

（3）研究结果

研究结果表明，使用地方语言的虚拟主播可以使消费者感知到较高的与产品产地的文化一致性，感知虚拟主播产品产地文化一致性可以显著提升消费者的购买意愿。地方语言是地域文化的一部分，虚拟主播通过使用地方语言，可以更好地传达产品与产地文化的一致性。不同地区的文化差异和地方语言的使用习惯在消费者的购买决策中起着重要作用。对于一些特定产品，消费者可能更偏好具有地方特色和地域文化表达的虚拟主播。因此，在进行虚拟主播代言时，结合地方语言的使用可以更好地满足消费者对于地域文化一致性的需求。这表明地方语言在虚拟主播代言中的运用可以有效地提升消费者的购买意愿。

4. 研究 3：农产品虚拟主播服饰类型（地方服饰 vs. 普通服饰）和语言类型（方言 vs. 普通话）的交互作用

（1）研究设计和过程

研究 3 选取东北哈尔滨特色农产品某冻梨作为研究对象，以线上实验的方式，比较农产品虚拟主播服饰类型（地方服饰 vs. 普通服饰）与语言类型（方言 vs. 普通话）的交互作用（直播视频形式）对消费者购买意愿的影响，从而检验假设 5-10。

研究 3 以研究 2A 和研究 2B 为基础，目的在于进一步探究农产品虚拟主播服饰类型（地方服饰 vs. 普通服饰）与语言类型（方言 vs. 普通话）的交互作用对消费者购买意愿的影响。本研究采用互联网问卷的调查方式，在见数（Credamo）智能专业调研平台招募了 200 名参与者，问卷调查中强调保护被调查人员的隐私，并确保其真实填写。问卷共包括引导语、随机直播视频的播放、变量测量以及被试者基本信息。共分为四组实验组：身穿东北冻梨地方服饰和使用东北冻梨地方语言的虚拟主播作为实验组一；身穿东北冻梨地方服饰和使用普通话的虚拟主播作为实验组二；身穿普通服饰和使用东北冻梨地方语言的虚拟主播，作为实验组三；身穿普通服饰和使用普通话的虚拟主播，作为实验组四，从而检验假设 5-10。

本研究采用线上问卷的调查方式，在见数（Credamo）智能专业调研平台招募了 200 名参与者。问卷中强调保护被调查人员的隐私性，确保其真实填写。问卷共包括引导语、随机直播视频的播放、变量测量以及被试者基本信息。参与者被随机分为四组并获得一个 30 秒的视频片段，虚拟主播介绍的内容和字数等保持一致。在观看完关于某冻梨的介绍和销售现状的带货视频后，要求参与者回答相关变量的测量题项。该视频最初录制在抖音直播平台上，为了达到研究目的，对其进行了配音。实验组织者使用的配音软件提供了一系列的声音选项，选择了一个人类男性的声音。两组视频资料主播介绍的内容和字数等保持一致。200 名参与者的人口统计特征如表 5-32 所示。由于生产地域限制和原产地保护等因素，冻梨被视作哈尔滨高典型性产品。此外，参与者对虚拟主播讲解内容的理解程度大于 5（M 理解程度 = 6.35），因此，本实验材料有效。

表 5-32 调查样本的人口统计特征（$N=200$）

特征变量	选项范围	样本数（个）	占比（%）
性别	男	70	35.00
	女	130	65.00
年龄	18~34 周岁	149	74.50
	35~49 周岁	41	20.50
	50~64 周岁	10	5.00
	65 周岁及以上	0	0.00

续表

特征变量	选项范围	样本数(个)	占比(%)
个人月可支配收入	0~1500元	11	5.50
	1501~3500元	28	14.00
	3501~6000元	52	26.00
	6001~9000元	47	23.50
	9001元及以上	62	31.00
受教育程度	初中及以下	1	0.50
	高中	3	1.50
	专科	19	9.50
	本科	145	72.50
	研究生及以上	32	16.00
观看直播电商的频率	每周0次	2	1.00
	每周1~3次	122	61.00
	每周4~6次	55	27.50
	每周7~9次	14	7.00
	每周10~12次	3	1.50
	每周13次及以上	4	2.00

由于自变量为分类变量，在数据处理时，首先将虚拟主播的服饰类型设置为虚拟变量——普通服饰赋值为"0"，地方服饰赋值为"1"；语言类型设置为虚拟变量——普通话赋值为"0"，方言赋值为"1"。以感知虚拟主播服饰类型和语言类型作为自变量，以消费者购买意愿作为因变量，并加入参与者性别、年龄、月收入和直播观看频率作为控制变量，进行交互效应检验，变量测量量表如表5-33所示。

表5-33 变量测量量表及Cronbach's α 系数

变量	测量题项	Cronbach's α
感知文化一致性	这个虚拟主播的个人特点体现了产品产地的文化	0.910
	这个虚拟主播的个人特点和产品产地具有文化共性	
	我认为这个虚拟主播的个人特点和产品产地文化相匹配	

续表

变量	测量题项	Cronbach's α
购买意愿	我有意向从该虚拟主播处购买产品	0.893
	我非常有可能从该虚拟主播直播间购买产品	
	我未来会考虑从该虚拟主播直播间购买产品	

根据2（虚拟主播服饰类型）×2（虚拟主播语言类型）的参与者间的方差分析结果，农产品虚拟主播情景下，虚拟主播服饰类型和语言类型对购买意愿影响存在显著的交互作用 [$F(1, 192) = 6.543$, $p<0.05$]，如表5-34所示。具体而言，在虚拟主播身穿普通服饰的情景下，与使用普通话相比，使用地方语言（方言）使消费者产生了更高的购买意愿 [M 地方服饰—方言 = 5.833，M 地方服饰—普通话 = 5.740；$F(1, 196) = 2.650$, $p=0.105$]，如图5-8所示。在虚拟主播身穿普通服饰情景下，与使用普通话相比，使用方言对消费者购买意愿的影响没有显著差异 [M 普通服饰—方言 = 5.447，M 普通服饰—普通话 = 4.733；$F(1, 196) = 17.960$, $p<0.001$]，假设5-10得到支持。

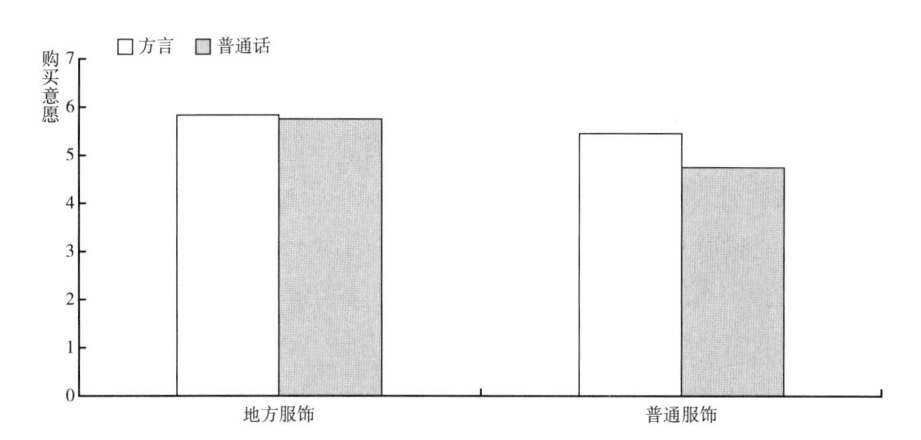

图5-8 虚拟主播语言类型对购买意愿的影响

表5-34 购买意愿方差分析

来源	第Ⅲ类平方和	df	平均值平方	F	显著性
修正模型	61.452a	7	8.779	6.682	<.001
截距	129.942	1	129.942	98.913	<.001

续表

来源	第Ⅲ类平方和	df	平均值平方	F	显著性
请选择你的性别	0.591	1	0.591	0.45	0.503
您的年龄(周岁)	3.879	1	3.879	2.953	0.087
您的个人每月平均可支配收入为( )元	0.675	1	0.675	0.514	0.474
您观看农产品电商直播的频率	20.37	1	20.37	15.506	<.001
服饰类型	22.189	1	22.189	16.89	<.001
语言类型	3.854	1	3.854	2.934	0.088
服饰类型×语言类型	8.595	1	8.595	6.543	0.011
误差	252.232	192	1.314		
总计	6228.778	200			
修正后总计	313.684	199			

(2) 研究结果分析

假设 5-10 得到支持，即虚拟主播服饰类型和语言类型之间存在交互作用，对购买意愿产生影响。但是，当虚拟主播同时身穿地方服饰和使用地方语言时，消费者对虚拟主播的感知文化一致性以及购买意愿反而不会增强。关于多重社会身份会如何影响印象评价，有研究者提出类别数量的增多可能会带来一些挑战。最大的挑战体现在多重社会身份的复杂性会影响加工的流畅度，增加认知负荷，从而导致知觉者加工困难，这一弊端可能会加深评价过程中的偏见和刻板化程度。当虚拟主播同时身穿地方服饰和使用地方语言时，这种文化多样性可能会增加消费者对虚拟主播的认知负荷。消费者需要更多的精力来处理虚拟主播所展示的文化信息，这可能会对他们的认知加工造成困难。尽管虚拟主播的形象和语言与产品的地域文化一致，但这种复杂性并没有取得更好的营销效果。

(3) 中介机制研究

实验采用 Bootstrap 法验证产品信任和感知不确定性的链式中介作用，重复测量样本数设定为 5000，置信区间设置为 95%。中介变量产品信任参考 Wongkitrungrueng 和 Assarut[1] 的测量题项，共 3 题，分别为"我想我从虚拟主

---

[1] Wongkitrungrueng A, Assarut N, "The role of live streaming in building consumer trust and engagement with social commerce sellers," *Journal of Business Research* 117 (2020): 543-556.

播直播间购买的产品会和我想象的一样"、"我相信我将能够像虚拟主播介绍的那样使用产品"、"我相信我收到的产品和虚拟主播介绍的产品相同"。感知质量不确定性参考 Chen 等[1]的测量题项，共 4 题，分别为"我觉得该虚拟主播直播间没有彻底地描述该产品""我担心该虚拟主播无法充分地描述该产品""我担心我无法从该虚拟主播直播间发现这款产品的所有缺陷""我担心我还没有从该直播间了解该产品的所有信息"。变量测量量表及 Cronbach's α 系数如表 5-35 所示。

表 5-35 变量测量量表及 Cronbach's α 系数

变量	测量题项	Cronbach's α
感知文化一致性	这个虚拟主播的个人特点体现了产品产地的文化	0.910
	这个虚拟主播的个人特点和产品产地具有文化共性	
	我认为这个虚拟主播的个人特点和产品产地文化相匹配	
产品信任	我想我从虚拟主播直播间购买的产品会和我想象的一样	0.800
	我相信我将能够像虚拟主播介绍的那样使用产品	
	我相信我收到的产品和虚拟主播介绍的产品相同	
感知质量不确定性	我觉得该虚拟主播直播间没有彻底地描述该产品	0.897
	我担心该虚拟主播无法充分地描述该产品	
	我担心我无法从该虚拟主播直播间发现这款产品的所有缺陷	
	我担心我还没有从该直播间了解该产品的所有信息	
购买意愿	我有意向从该虚拟主播处购买产品	0.893
	我非常有可能从该虚拟主播直播间购买产品	
	我未来会考虑从该虚拟主播直播间购买产品	

结果如表 5-36 所示，虚拟主播文化一致性的交互作用对购买意愿的直接效应显著，其所在置信区间不包含 0（95%CI＝0.1779-0.4231），"虚拟主播文化一致性的交互作用→产品信任→感知产品质量不确定性→购买意愿"其所在置信区间（95%CI＝0.0172-0.0753），证明产品信任和感知文化不确定性在虚拟主播感知文化一致性的交互作用和购买意愿之间起链式中介作用，假设 5-11 得到验证。

[1] Chen X, Shen J, and Wei S, "What reduces product uncertainty in live streaming e-commerce? From a signal consistency perspective," *Journal of Retailing and Consumer Services* 74 (2023): 103441.

表 5-36　中介效应检验（N=200）

影响路径	Effect	BootSE	BootLLCI	BootULCT
总效应	.2985	.0627	.1779	.4231
In5-8：感知文化一致性→产品信任→购买意愿	.2049	.0550	.1357	.3502
In5-9：感知文化一致性→感知产品质量不确定性→购买意愿	.0169	.0167	-.0118	.0545
In5-10：感知文化一致性→产品信任→感知产品质量不确定性→购买意愿	.0407	.0147	.0172	.0753

上述实验结果表明，与产品来源文化一致的虚拟主播在直播时能产生积极显著的效果，有助于展示产品文化特征和优势，并增加消费者信任，降低感知的不确定性，影响购买意愿。对于没有产品来源文化的虚拟主播，这些效果并不显著。

第五节　本章小结

本章重点分析影响消费者农产品购买渠道的因素，探究社会临场感对消费者购买决策的影响以及虚拟主播对消费者行为的影响。本章通过构建基于线上消费者决策模型的研究框架，借助刺激—机体—反应模型和社会技术系统理论，设计相关问卷调查，探究消费者将生鲜农产品主要购买渠道从传统线下转向线上电商平台的决策逻辑及其影响因素，同时深入分析了农产品直播带货中社会临场感对消费者参与度的影响，并采用结构方程模型来验证这种影响机制。本章进一步分析农产品虚拟主播直播对消费者购买意愿的影响，并使用两个在线实验来评估虚拟主播感知服饰与产品产地文化一致性，以及感知语言与产品产地文化一致性对消费者购买意愿的影响，探讨其影响机理。本章的研究结果证明了社会临场感对消费者参与度的作用显著，明确了影响消费者渠道选择和渠道转移意愿的关键因素，同时解释农产品虚拟主播直播对消费者购买意愿的影响。根据本章的研究结论，可以得到如下管理启示。

第一，农户应注重农产品质量，确保农产品的新鲜度和安全性，满足消费者对高品质农产品的需求。还应根据市场需求和消费者偏好，提供定制化的农产品，并建立自己的品牌，提高消费者对农产品的认知度和信任度。

第二，农产品电商应优化用户界面，提高购物的便捷性和用户体验，使消费者更愿意在平台上购买农产品。同时，利用大数据分析消费者的购买行为和偏好，进行精准营销，提高营销效果。

第三，物流配送企业应提供物流跟踪和追溯服务，让消费者了解产品的运输状态和新鲜度情况，并提高配送效率，确保运输过程中农产品的新鲜度和品质，降低损耗。

第四，政府应通过税收优惠、资金扶持、建设服务体系等政策来推动农产品电商高质量发展；还应加强对农产品电商的监管，确保市场公平竞争和农产品质量安全，并组织农产品电商培训和交流活动，提高从业人员的专业素养和行业整体水平。

第六章　农产品电商供应链支持体系建设

电商平台提供了直接将农产品从农民或农业合作社销售给消费者的渠道，能够减少中间环节，提高销售效率，帮助农民增加收益。农产品电商供应链在我国处于起步阶段，需要政府支持来赋能农产品的生产、采购、仓储、物流、营销等环节。在农产品电商供应链中，电商与农户签订农产品收购协议，农户按照合同要求来组织生产，电商根据合同进行收购。然而，我国农业大多是小农生产，在生产季节常常面临资金不足问题。农户融资难依然是阻碍电商可持续发展的关键问题之一。传统的农产品融资主要依赖于银行贷款，而农产品电商平台可以通过与金融机构合作，为农民和农产品生产企业提供了更多选择。

农村地区农产品产地分散，渠道构建成本高昂，难以形成规模效应，客观上导致电商下乡助农的积极性不高。同时，许多电商资金紧缺，这也限制了助农积极性的发挥。近年来，中央和地方各级政府纷纷出台相应的补贴政策来支持农产品电商供应链的发展。2020年，财政部办公厅、商务部办公厅、国务院扶贫办综合司联合印发的《关于做好2020年电子商务进农村综合示范工作的通知》中提出，通过中央财政资金引导带动社会资本，共同参与农村电子商务工作。[1] 2021年发布的《关于开展2021年电子商务进农村综合示范工作的通知》中提到，鼓励各地优先采取贷款贴息、购买服务、以奖代补等支持方式，加快资金拨付进度，提高资金使用效益，通过中央财政资金撬动社会资本，共

---

[1] 财政部办公厅、商务部办公厅、国务院扶贫办综合司：《关于做好2020年电子商务进农村综合示范工作的通知》，2020年5月26日。

同推动农村电商高质量发展，促进农村商贸流通体系转型升级。[1] 在政府政策的大力支持下，2023 年全国农产品网络零售额达到 5870.3 亿元，增长 12.5%。[2]

第一节　农产品电商供应链融资模式选择研究

（一）问题描述

在农产品电商发展初期，融资可以为供应链运作提供必要的资金支持。在种植期前，电商与农户以订单农业模式开展合作，电商事前确定收购价，农户根据收购价决定农产品种植计划，产出的农产品全部由电商收购。种植期结束后，电商收购所有农产品，农户凭收购所得偿还贷款并实现收益。针对农户的资金需求，目前主要存在着两种典型的融资模式——银行融资和电商融资。银行融资是指农户采用保证、抵押、质押、农户联保等多种方式申请贷款，贷款主要用于购买农资及种植其他日常成本支出，种植期结束后电商平台收购农产品，农户以收购款偿还银行贷款。电商融资是指电商为农户提供低息贷款，供其购买农资及种植其他日常成本支出；电商按订单合同收购农产品，农户通过订单履约偿还贷款。

那么对于两种典型融资模式，农户选择的条件是什么？考虑到我国小农户的特征以及电商积极承担社会责任的现实，农户的产出风险规避特征和电商的社会责任意识将对农户决策产生什么影响？本节将对上述问题进行深入探讨。

（二）模型构建

下乡助农是电商积极承担社会责任的体现，目的是提高农户收入，实现共同富裕。因此，具有社会责任感的电商会将农户收入提高考虑进自身效用中，[3]

---

[1] 财政部办公厅、商务部办公厅、国家乡村振兴局综合司：《关于开展2021年电子商务进农村综合示范工作的通知》，2021年5月11日。
[2] 商务部电子商务和信息化司：《2023年中国网络零售市场发展报告》，2024年1月31日。
[3] Panda S, Modak N M, Cárdenas-Barrón L E, "Coordinating a socially responsible closed-loop supply chain with product recycling," *International Journal of Production Economics* 188 (2017): 11-21.

假设电商效用由自身利润和 β 比例的农户最大风险收益值构成。其中，$\beta \in [0, 1]$，为电商的社会责任系数，$\beta = 1$ 表示电商是完美的社会责任承担者，$\beta = 0$ 表示电商完全缺乏社会责任。

本节研究的农产品市场是接近于完全竞争的市场，电商销售的农产品仅占市场总销量的一定比例，农产品销售价格 $p(p > 0)$ 完全由市场决定。

农业生产容易受到天气、病虫害等自然因素影响，因此农产品具有产出波动性。假设农户计划的种植产量为 Q_i，而最终实现的产量为 $Q_i X$，其中 $X(X > 0)$ 为随机产出因子，$f(x)$ 为 x 的概率密度函数，$F(x)$ 为 x 的累积分布函数，且 $E(X) = 1$，$D(X) = \sigma^2$。[1] 农户的种植成本（如农资设备、种子、肥料及种植所需的生产努力等）定义为 $C(Q_i) = \frac{1}{2} c Q_i^2$，种植成本的二次函数式反映了种植边际成本的增加和规模的不经济性。[2] 此外，考虑到小农户具有风险厌恶的特征，假设农户的风险规避程度为 $\eta(0 < \eta \leqslant 1)$，$\eta$ 越小代表农户的风险规避程度越高，$\eta = 1$ 代表农户为风险中性，这里采用 CVaR（Conditional Value-at-Risk）准则来度量农户风险规避特征。

银行融资贷款利率为 $r_B(r_B > 0)$，资金的时间价值为 $r_f(r_f > 0)$，假设银行处于完全竞争的金融市场环境中，银行的期望收入仅能弥补资金成本。电商融资利率为 $r_P(r_P > 0)$，电商有贷款利率优惠政策，其融资利率往往低于银行融资利率。2016 年，中国人民大学中国普惠金融研究院发布的《农村小额信贷利率研究报告》显示，国内银行机构农户小额贷款的年实际平均利率为 11%，而京农贷年实际利率仅为 8.64%。[3] 因此，本节假设 $r_P < r_B$。上标"F"表示农户，"P"表示电商；下标"B"表示银行融资模式，"P"表示电商融资模式；用上标"$*$"表示最优决策解。表 6-1 展示了所涉及的参数、决策变量及其含义。

---

[1] 凌六一、郭晓龙、胡中菊、梁樑:《基于随机产出与随机需求的农产品供应链风险共担合同》，《中国管理科学》2013 年第 2 期。

[2] Alizamir S, Iravani F, Mamani H, "An analysis of price vs. revenue protection: Government subsidies in the agriculture industry," *Management Science* 65 (2019): 32-49.

[3] 中国人民大学中国普惠金融研究院:《农村小额信贷利率研究报告》，2016 年 12 月。

第六章 农产品电商供应链支持体系建设

表 6-1 参数、决策变量及其含义

符号	含义
参数	
p	农产品销售价格
c	农产品的生产成本系数
L_i	农户贷款金额
X	农产品的产出波动系数
η	农户的产出风险厌恶系数
β	电商的社会责任系数
r_B	银行融资模式下的贷款利率
r_P	电商融资模式下的贷款利率
r_E	电商融资模式下的贷款资金预期收益率
r_f	资金的时间价值
决策变量	
w_i	电商的收购价格
Q_i	农产品的预期产量

1. 银行融资模式

在银行融资模式下，电商和农户的决策顺序如图 6-1 所示。

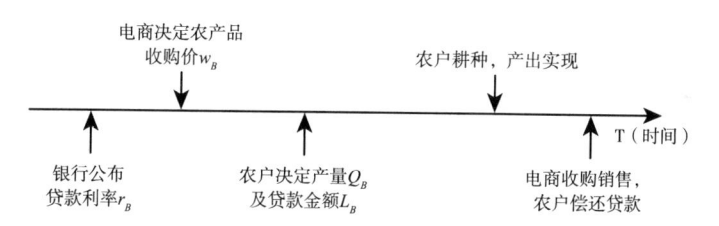

图 6-1 银行融资模式下的决策顺序

由于农产品的产出具有随机性，农户面临无法完全偿还贷款本息的风险，银行向农户收取高于资金时间价值 r_f 的贷款利率 r_B 以补偿破产风险。同时，完全竞争市场中的银行通过贷款最终只期望收回资金成本。因此，银行确定贷款利率满足以下盈亏平衡条件：

$$E\{min[L_B(1+r_B), w_B Q_B X]\} = L_B(1+r_f) \tag{6-1}$$

在式（6-1）中，L_B 为农户贷款金额，这里不考虑农户本金，生产所需资金即为获得的贷款，因此有 $L_B = C(Q_B) = \frac{1}{2}cQ_B^2$。农户的销售收入依赖于产出量，

235

受产出波动因子影响。当产出波动因子 $0 < X < \theta_1$ 时 $[\theta_1 = \frac{(1+r_B)L_B}{w_B Q_B}]$，农户无法全部偿还贷款。

农户的利润函数为 $\pi_B^F = w_B Q_B X - L_B(1+r_B)$，其中，第一项为电商收购农产品的收购款，第二项为农户需向银行还款的本息和。

采用 CVaR 方法衡量农户的风险收益值，CVaR 方法使农户的期望利润与风险之间实现均衡，v_B 表示农户在给定风险规避程度 η 下的利润上限，E 表示期望值。农户的风险收益函数为

$$CVaR_\eta(\pi_B^F) = \max_{v_B}\left\{v_B + \frac{1}{\eta}E[\min(\pi_B^F(Q_B) - v_B, 0)]\right\} \quad (6-2)$$

农户的决策目标为

$$\max_{Q_B}[CVaR_\eta(\pi_B^F)] \quad (6-3)$$

电商的效用函数由三部分组成，$pQ_B X$ 为出售农产品所获得的收益，$w_B Q_B X$ 为收购农产品所付出的成本，$\beta CVaR_\eta(\pi_B^F)$ 为电商的社会责任系数与农户风险收益值的乘积。因此，电商的期望效用函数为

$$E(\pi_B^E) = E[(p - w_B)Q_B X] + \beta CVaR_\eta(\pi_B^F) \quad (6-4)$$

电商的决策目标为

$$\max_{w_B}[E(\pi_B^E)] \quad (6-5)$$

农户和电商之间的博弈顺序为：首先电商决定农产品的收购价 w_B，随后农户决定计划产量 Q_B。运用逆推归纳法来分析上述博弈过程，可得命题6-1。

命题6-1 在银行融资模式下，农户的最优产量及最大风险收益值分别为 $Q_B^* = \frac{p\Omega}{c(1+r_B)(2-\beta\Omega)}$，$CVaR_\eta(\pi_B^{F*}) = \frac{p^2\Omega^2}{2c(1+r_B)(2-\beta\Omega)^2}$；

电商的农产品收购价及最大期望效用分别为

$$w_B^* = \frac{p}{2-\beta\Omega}, E(\pi_B^{E*}) = \frac{p^2\Omega}{2c(1+r_B)(2-\beta\Omega)}，其中，\Omega = \frac{1}{\eta}\int_0^{F^{-1}(\eta)} x dF(x)。$$

分析 Ω 的表达式，可以发现对于任一 $\eta \in (0,1]$，一定存在一个 $\Omega \in (0,1]$ 与之对应，同时 $\frac{d\Omega}{d\eta} > 0$ 成立，因此 Ω 越大（即 η 越大），农户风险规避程

度越小。同时，农产品产量、农产品收购价、农户最大期望效用及电商最大期望效用的最优函数关于电商社会责任系数的一阶导数均大于 0。

命题 6-1 表明，当农户单位种植成本增大时，会压缩农户的利润空间，导致农产品产量减少，农户最大风险收益值和电商最大期望效用都下降；而当农产品市场价格增大时，农户种植积极性提高，农户最大风险收益值和电商最大期望效用都上升。因此，农户在种植过程中，应努力减少资源浪费，降低种植成本。

随着电商社会责任意识的增强，电商将会提高农产品收购价，农户也更有意愿扩大产量，此时农户最大风险收益值和电商最大期望效用都上升，双方实现双赢。因此，电商应积极承担社会责任，努力支持农户增收，创造更大社会价值。例如，抖音通过先进的数据分析技术和个性化推荐算法，能够根据消费者的兴趣、购买历史等信息，为消费者提供更符合他们需求的农产品选项。此外，抖音还积极与农产品生产者合作，提供市场营销支持、物流配送等服务，帮助农产品更好地实现销售，避免滞销问题的发生。

分析农户的最优产量及最大风险收益值、电商的最优收购价及最大期望效用与农户的风险规避程度之间的关系，可得推论 6-1。

推论 6-1 $\dfrac{\partial Q_B^*}{\partial \eta} > 0, \dfrac{\partial w_B^*}{\partial \eta} > 0, \dfrac{\partial E(\pi_B^{E^*})}{\partial \eta} > 0, \dfrac{\partial CVaR_\eta(\pi_B^{F^*})}{\partial \eta} > 0$。

推论 6-1 表明，当农户风险规避程度逐渐下降时，农户的抗风险能力不断增强，更有意愿扩大产量，电商承诺收购价也会提高，农户的最大风险收益值和电商的最大期望效用也都提升。因此，政府应出台鼓励性政策，为农户生产提供支持和保障，从而提高农户抗风险能力。在银行融资模式下，为了更清晰地描绘农户风险规避程度、电商社会责任系数对农户最大风险收益值和电商最大期望效用的影响，采用数值仿真方法进行分析，如图 6-2 和图 6-3 所示，模型参数取值设置为：$p = 2800$，$c = 260$，$r_f = 0.06$，$r_B = 0.12$，$r_E = 0.04$，$r_P = 0.1$，$\alpha = 0.7$，产出波动服从均匀分布 $U[1-\alpha, 1+\alpha]$。

分析图 6-2 和图 6-3 可以发现，在银行融资模式下，随着农户风险规避程度下降，农户的抗风险能力增强，农户最大风险收益值和电商最大期望效用都高；当电商社会责任系数增大时，农户的最大风险收益值和电商最大期望效用也都提高。

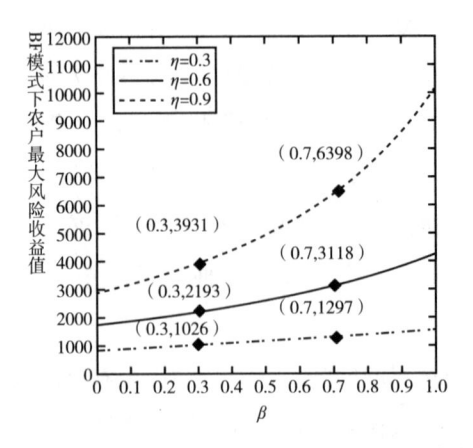

图 6-2　银行融资模式下农户最大风险收益值

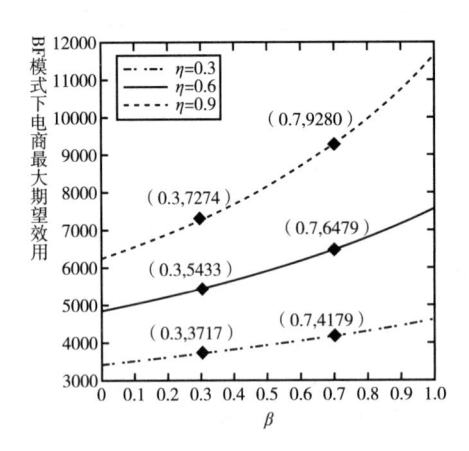

图 6-3　银行融资模式下电商最大期望效用

2. 电商融资模式

在电商融资模式下,电商和农户的决策顺序如图 6-4 所示。

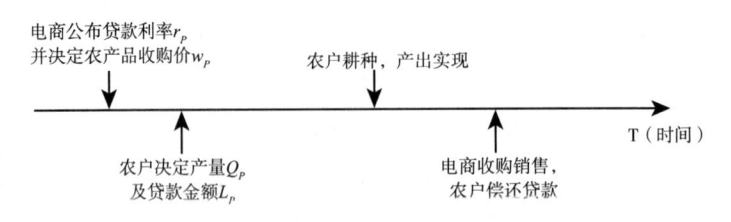

图 6-4　电商融资模式下的决策顺序

第六章　农产品电商供应链支持体系建设

在农产品种植期前，电商与农户签订收购合同。同时，电商为弥补农户因产量不确定面临的破产风险，以高于预期收益率 r_E 的贷款利率 r_P 向农户提供贷款融资服务。因此，电商确定贷款利率需要满足以下关系：

$$E\{min[L_P(1+r_P),w_PQ_PX]\} = L_P(1+r_E) \tag{6-6}$$

当产出波动因子 $0 < X < \theta_2$ 时 $\left[\theta_2 = \dfrac{(1+r_P)L_P}{w_PQ_P}\right]$，农户无法偿还全部贷款。农户的利润函数为 $\pi_F^E(Q_P) = w_PQ_PX - L_P(1+r_P)$，其中 w_PQ_PX 为电商收购农产品的收购款，$L_P(1+r_P)$ 为农户需向电商还款的本息和。

同理，采用 CVaR 方法衡量农户的风险收益值，农户的风险收益函数为

$$CVaR_\eta(\pi_P^F) = \max_{v_P}\left\{v_P + \frac{1}{\eta}E\{min[\pi_P^F(Q_P) - v_P, 0]\}\right\} \tag{6-7}$$

农户的决策目标为

$$\max_{Q_P}[CVaR_\eta(\pi_P^F)] \tag{6-8}$$

电商的效用函数由四部分组成，pQ_PX 是出售农产品所获得的收益；w_PQ_PX 是收购农产品所付出的成本；$E\{min[w_PQ_PX,(1+r_P)L_P]\} - (1+r_f)L_P$ 是农户实际还款金额减去贷款金额的时间成本；$\beta CVaR_\eta(\pi_P^F)$ 是电商的社会责任系数与农户风险收益值的乘积。因此，电商的期望效用函数为

$$E(\pi_P^E) = E[(p-w_P)Q_PX] + \{E\{min[w_PQ_PX,(1+r_P)L_P]\} - (1+r_f)L_P\} + \beta CVaR_\eta(\pi_P^F) \tag{6-9}$$

电商的决策目标为

$$\max_{w_P}[E(\pi_P^E)] \tag{6-10}$$

农户和电商之间的博弈顺序为：首先电商决定农产品的收购价 w_P，随后农户决定计划产量 Q_P。运用逆推归纳法来分析上述博弈过程，到命题 6-2。

命题 6-2　在电商融资模式下，农户的最优产量及最大风险收益值分别为

$$Q_P^* = \frac{p\Omega}{c[\Omega(r_f - r_E) + (2-\beta\Omega)(1+r_P)]},$$

$$CVaR_\eta(\pi_P^{F*}) = \frac{p^2(1+r_P)\Omega^2}{2c[\Omega(r_f - r_E) + (2-\beta\Omega)(1+r_P)]^2};$$

电商的最优农产品收购价及最大期望效用分别为 $w_P^* = \dfrac{p(1+r_P)}{\Omega(r_f - r_E) + (2-\beta\Omega)(1+r_P)}$，$E(\pi_P^{E*}) = \dfrac{p^2\Omega}{2c[\Omega(r_f - r_E) + (2-\beta\Omega)(1+r_P)]}$。其中，$\Omega = \dfrac{1}{\eta}\int_0^{F^{-1}(\eta)} x dF(x)$。同时，农产品产量、农产品收购价、农户最大期望效用及电商最大期望效用的函数关于电商社会责任系数的一阶导数大于 0。

命题 6-2 表明，与银行融资模式的情形类似，当农户单位种植成本增大时，农户最大风险收益值和电商最大期望效用都下降；当农产品市场价格提高时，农户最大风险收益值和电商最大期望效用都上升。随着电商社会责任意识的增强，双方能够实现双赢。

分析农户的最优产量及最大风险收益值、电商的最优收购价及最大期望效用与农户的风险规避程度之间的关系，可以得到推论 6-2。

推论 6-2　$\dfrac{\partial Q_P^*}{\partial \eta} > 0$；$\dfrac{\partial E(\pi_P^{E*})}{\partial \eta} > 0$；$\dfrac{\partial CVaR_\eta(\pi_P^{F*})}{\partial \eta} > 0$；当 $0 \leq \beta < \beta_1$ 时，$\dfrac{\partial w_P^*}{\partial \eta} < 0$，当 $\beta_1 \leq \beta \leq 1$ 时，$\dfrac{\partial w_P^*}{\partial \eta} > 0$，其中 $\beta_1 = \dfrac{r_f - r_E}{1+r_P}$。

推论 6-2 表明，与银行融资模式的情形类似，当农户风险规避程度逐渐下降时，农户最大风险收益值和电商最大期望效用都上升。与银行融资模式不同的是，农产品收购价与农户风险规避程度之间的关系取决于电商承担的社会责任程度；当电商的社会责任感较低时，随着农户风险规避程度减小，电商将降低收购价；当电商的社会责任感较高时，随着农户风险规避程度减小，农户抗风险能力增强，电商将提高收购价。

在电商融资模式下，为了更清晰地描绘农户风险规避程度、电商社会责任系数对农户最大风险收益值和电商最大期望效用的影响，采用数值仿真方法进行分析，如图 6-5 和图 6-6 所示。模型参数取值与银行融资模式的情形保持一致。

分析图 6-5 和图 6-6 可以发现，与银行融资模式类似，在电商融资模式下，随着农户风险规避程度下降，农户的抗风险能力增强，农户最大风险收益值和电商最大期望效用都提高；当电商社会责任系数增大时，农户的最大风险收益值和电商的最大期望效用也都提高。

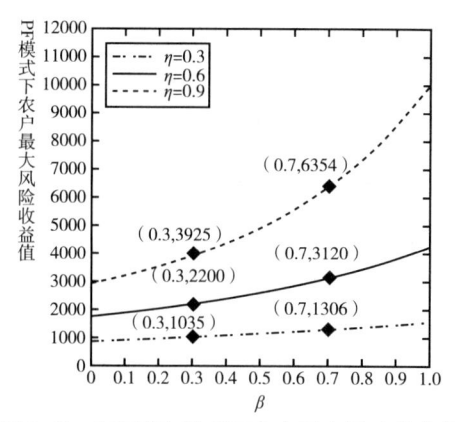

图 6-5　电商融资模式下农户最大风险收益值

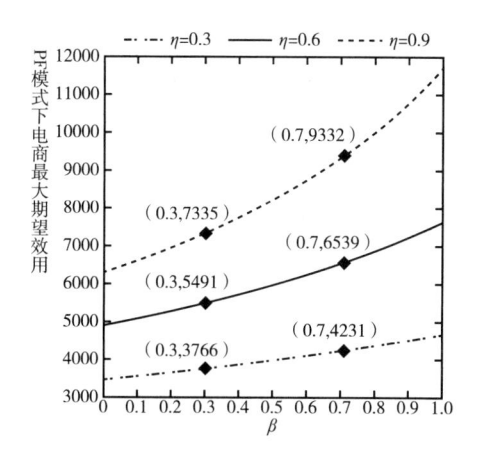

图 6-6　电商融资模式下电商最大期望效用

(三) 分析比较

比较分析不同融资模式下农产品的最优产量及农户的最大风险收益值,可得命题 6-3。

命题 6-3　在不同融资模式下,

①农户的最优产量:当 $0 < \Omega < \Omega_1$ 时,$Q_B^* > Q_P^*$;当 $\Omega_1 \leq \Omega \leq 1$ 时,$Q_B^* \leq Q_P^*$;

②农户的最大风险收益值:当 $0 < \Omega < \Omega_2$ 时,$CVaR(\pi_B^{F^*}) > CVaR(\pi_P^{F^*})$;当 $\Omega_2 \leq \Omega \leq 1$ 时,$CVaR(\pi_B^{F^*}) \leq CVaR(\pi_P^{F^*})$。其中 $\Omega_1 = \dfrac{2(r_B - r_P)}{(r_f - r_E) + \beta(r_B - r_P)}$,$\Omega_2 = \dfrac{2[\sqrt{(1+r_B)(1+r_P)} - (1+r_P)]}{(r_f - r_E) + \beta[\sqrt{(1+r_B)(1+r_P)} - (1+r_P)]}$。

命题6-3说明,当农户风险规避程度较高时,较低的电商贷款利率不足以激励农户扩大产量,银行融资模式下农产品产量更高;当农户风险规避程度较低时,较低的电商贷款利率和较高农产品收购价格的双重影响,可以帮助农户提高抗风险能力,因此电商融资模式下农产品产量更高。自然灾害作为不可抗力因素,对农业生产产生的风险是巨大的。例如,2018年1月的一场大雪导致西安阎良区一农户26个蔬菜大棚全部压倒,直接损失30多万元。[1] 因此,当面对较大风险时,农户往往不愿意扩大产量。

当农户风险规避程度较高时,选择银行融资能获得更大的风险收益,此时农户应选择银行融资模式;当农户的风险规避程度较低时,选择电商融资能获得更大的风险收益,此时农户应选择电商融资模式。一般来说,新型职业青年农户的风险厌恶程度较低,而老年农户的风险厌恶程度较高。因此,建议风险厌恶程度较高的老年农户选择银行融资模式,风险厌恶程度较低的新型职业青年农户选择电商融资模式。

比较分析不同融资模式下农产品的收购价及电商的期望效用,可以得到命题6-4。

命题6-4 在不同融资模式下,

①农产品的最优收购价:$w_B^* < w_P^*$;

②电商的最大期望效用:当 $0 < \Omega < \Omega_1$ 时,$E(\pi_B^{E^*}) > E(\pi_P^{E^*})$;当 $\Omega_1 \leqslant \Omega \leqslant 1$ 时,$E(\pi_B^{E^*}) \leqslant E(\pi_P^{E^*})$。

命题6-4说明,在电商融资模式下,考虑到农户存在无法偿还贷款的可能,电商会提高农产品收购价,以降低农户无法完全偿还贷款的违约风险。当农户的风险规避程度较高时,银行融资模式下电商最大期望效用更高;当农户的风险规避程度较低时,电商融资模式下电商最大期望效用更高。

比较农户和电商在不同融资模式下的决策,可以得到两者的模式偏好,如图6-7所示。研究发现,当 $0 < \Omega < \Omega_2$ 时,农户的风险规避程度较高,电商和农户都偏好银行融资模式;当 $\Omega_1 < \Omega \leqslant 1$ 时,农户的风险规避程度较低,电商和农户都偏好电商融资模式,此时电商应该为农户提供融资服务;当 $\Omega_2 < \Omega < \Omega_1$

---

[1] 张成龙:《西安阎良区26亩蔬菜大棚被大雪压倒 菜农损失30多万元》,《华商报》2018年1月5日。

时，农户的风险规避程度适中时，农户偏好电商融资模式，但电商偏好银行融资，不会为农户提供电商融资服务，农户最终只能选择向银行贷款。

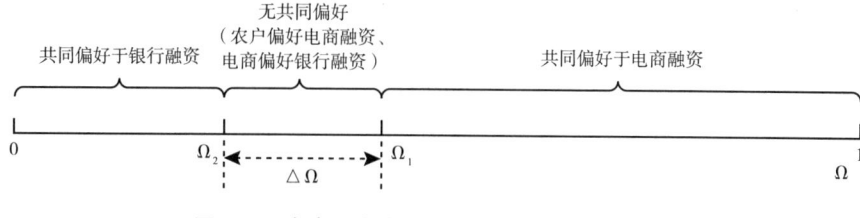

图 6-7 农户和电商对不同融资模式的共同偏好

比较分析农户的最大风险收益值、电商最大期望效用 Ω 的临界值，可得推论 6-3。

推论 6-3 $\dfrac{\partial \Omega_1}{\partial \beta} < 0$，$\dfrac{\partial \Omega_2}{\partial \beta} < 0$，$\dfrac{\partial \Delta \Omega}{\partial \beta} < 0$，其中 $\Delta \Omega = \Omega_1 - \Omega_2$。

推论 6-3 表明，随着电商社会责任意识的增强，农户和电商的偏好将更加趋于一致，会倾向于选择电商融资模式。这意味着，随着电商社会责任意识的增强，电商为农户提供融资服务的意愿将会更加强烈，同时会有更多农户选择电商融资，双方实现共赢。高风险规避的农户可选择银行融资以实现高产量，而低风险规避的农户可选择电商融资，电商的社会责任感有助于增加产量。

第二节 不考虑政府补贴的农产品电商供应链运作分析

(一) 问题描述

在电商帮扶某个地区农户的实践中，农户既可以选择与电商直接对接，采用"电商+农户"模式；也可以选择组建合作社后和电商对接，采用"电商+合作社+农户"模式。在"电商+农户"模式中，单个农户不具备和电商讨价还价的能力，而且只愿意在签订收购合同以后再开始种植生产。2020 年，云南省宁洱县农户通过与电商签订合同种植小花糯玉米，约定收购价后农户决定种植面积，成熟后电商将其收购并销往全国市场。[1] 2022 年，电商与蒙自生产小黄姜的农户建立"订单式农业"，电商为当地农户提供相同的种子和种植技术，再统一订

---

[1] 虎遵会、廖琴、任奕：《云南宁洱：订单农业搭乘电商平台 产销两旺》，人民网，2020 年 7 月 2 日。

单收购。[1] 在"电商+合作社+农户"模式中，合作社可以与电商就收购价进行谈判。农业生产具有周期性，农产品具有易腐性等特点，违约将产生巨大成本，因此当合作社与电商谈判破裂时，双方的收益都将受到较大损失。农户组建合作社后，合作社决定总种植面积，每个农户的种植面积相同。合作社的运营往往更具计划性，因此合作社会提前统筹安排种植生产。2020年，山东省济南市霞峰村合作社生产桃子，合作社在桃子成熟后与电商协商收购价。[2] 2023年，专业合作社将丰都县龙河镇出产的南瓜从农户手中收购过来，收购之前，合作社会执行标准化生产技术规程，指导农户进行生产；收购后，再统一包装和销售。[3]

本节研究由一群农户和一个电商组成的二级生鲜农产品供应链，农户生产农产品，电商收购农产品，并将农产品销往全国市场。农户可以选择与电商对接的模式，一种是单独与电商对接，农户作为收购价的接受者，将农产品销售给电商，电商收购所有农户的农产品后将其销往全国市场；另一种是组建合作社与电商对接，农户组建合作社后，与电商谈判收购价格，然后，电商根据谈判的收购价格收购农产品，并将其销往全国市场。具体运作模式如图6-8所示。

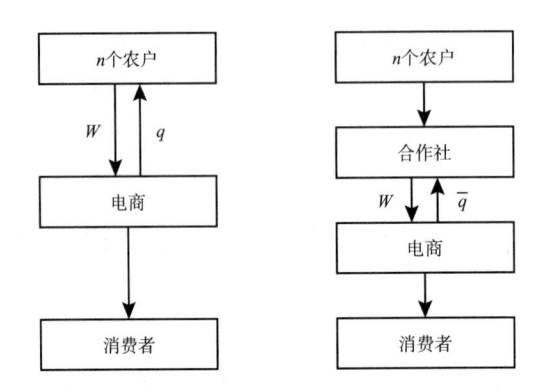

图6-8 农户与电商的不同对接模式

（二）模型构建

在"电商+农户"模式中，供应链的决策顺序为：第一阶段，电商决定收购

---

[1] 樊盛涛：《农业与互联网｜调研观察：电商正在深度参与农业产业变革》，澎湃新闻，2023年7月11日。

[2] 韦素雪：《广西电商企业与贫困村合作社签约 助贫困户增收》，中国新闻网，2020年8月12日。

[3] 唐国峰：《丰都："电商+合作社+农户"模式 助力乡村振兴》，华龙网，2023年2月16日。

价 w；第二阶段，单个农户决定种植面积 q，如图 6-9 所示。在"电商+合作社+农户"模式中，供应链的决策顺序为：第一阶段，合作社决定总种植面积 $\bar{q}$；第二阶段，合作社与电商谈判收购价 w，如图 6-10 所示。合作社在获得销售收入后会将一部分收入作为留存收益，剩下的收入将分摊给农户。

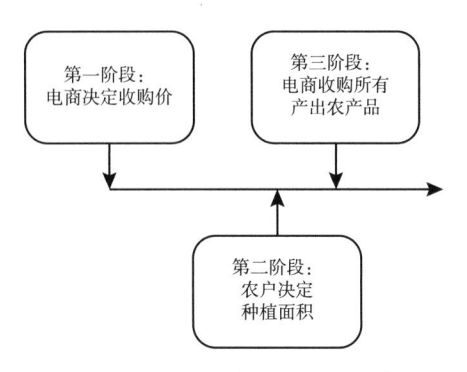

图 6-9 "电商+农户"模式下决策顺序

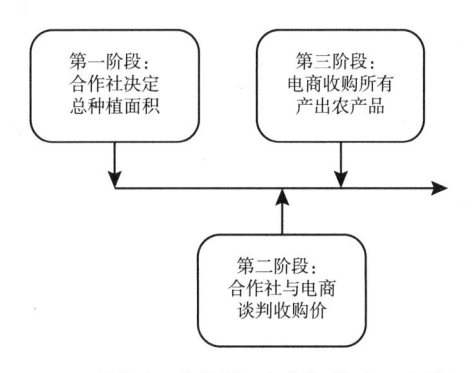

图 6-10 "电商+合作社+农户"模式下决策顺序

本节的符号定义如表 6-2 所示。用上标 N 表示"电商+农户"模式，C 表示"电商+合作社+农户"模式；用下标 f、c 和 e 分别表示农户、合作社和电商；用上标 * 表示最优决策量。

表 6-2 参数、决策变量及其含义

符号	含义
参数	
p	农产品销售价格
$t \in (1/2, 1)$	电商的绝对谈判能力

续表

符号	含义
n	农户的数量
η	农产品生产的成本系数
τ	农户获得的收益比例
h	合作社的管理成本系数
$\beta \in [0,1]$	电商的社会责任系数
X	农产品的产出波动系数
$r \in [0,1)$	农户的产出风险厌恶系数
决策变量	
w	电商的收购价格
q	单个农户的种植面积
$\bar{q}$	合作社的总种植面积

本节做出如下假设：

假设每个农户拥有的土地规模、种植技术水平、知识水平以及种植规模差距不大[1]，n 个农户是同质的。假设合作社中每个农户的种植面积均为 $q = \dfrac{\bar{q}}{n}$，每个农户的生产成本为 $\dfrac{1}{2}\eta \dfrac{\bar{q}^2}{n^2} = \dfrac{1}{2}\eta q^2$。合作社的生产成本为 n 个同质农户的生产成本之和，即 $n \dfrac{1}{2}\eta \dfrac{\bar{q}^2}{n^2} = \dfrac{1}{2}\eta \dfrac{\bar{q}^2}{n} = \dfrac{1}{2}\eta n q^2$。农产品市场是为数不多的接近于完全竞争的市场，因此假设农产品销售价格 p 外生。我国合作社发展处于初级阶段，电商与合作社谈判时处于相对强势的地位，谈判能力高于合作社，因此假设 t 为电商的绝对谈判能力，则 $1/2 < t < 1$。[2] 此时合作社的相对谈判能力为 $\dfrac{(1-t)n}{(1-t)n+t}$，电商的相对谈判能力为 $\dfrac{t}{(1-t)n+t}$。[3] 考虑到农业生产具有周期性，农产品具有易腐性等特点，违约将产生巨大成本，因此假设合作社与电商谈判破裂点为 0。因为农业生产通常具有规模不经济性，农业生产符合边际报酬

---

[1] Ye F, Cai Z, Chen Y J, et al, "Subsidize farmers or bioenergy producer? The design of a government subsidy program for a bioenergy supply chain," *Naval Research Logistics* 68 (2021): 1082-1097.

[2] Niu B, Jin D, Pu X, "Coordination of channel members' efforts and utilities in contract farming operations," *European Journal of Operational Research* 255 (2016): 869-883.

[3] Nagarajan M, Bassok Y, "A bargaining framework in supply chains: the assembly problem," *Management Science* 54 (2008): 1482-1496.

递减规律,即边际成本递增,因此假设每个农户的生产成本为 $\frac{1}{2}\eta q^2$, $\eta(\eta>0)$ 为农户的生产成本系数。合作社是组织与管理农户统一生产的集体,入社农户数量的增加会提高合作社的组织管理成本,假设合作社的管理成本函数为 $\frac{1}{2}hn^2$,$h(h>0)$ 为管理成本系数。农业生产受到天气、病虫害等自然因素影响,产出具有一定的不确定性。假设电商效用由自身利润和 β 比例的农户利润共同组成,$\beta \in [0,1]$ 为电商的社会责任系数,$\beta=1$ 表示电商是完美的社会责任承担者,$\beta=0$ 表示电商完全缺乏社会责任。假设消费者对于农产品的感知价值 v_i 是异质的,均匀分布在 $[0,1]$ 区间上。

1. "电商+农户"模式

在"电商+农户"模式下,农户直接与电商对接。此时,农户的利润函数由两部分构成,一部分是出售农产品给电商后所得的收益,另一部分是种植农产品所付出的成本。农户的利润函数为

$$\pi_f^N = qXw - \frac{1}{2}\eta q^2 \tag{6-11}$$

考虑到农户的产出风险厌恶特征[1],采用 CVaR 准则来度量农户和合作社的风险厌恶特征。农户的期望利润函数为

$$E(\pi_f^N) = qw\frac{1}{1-r}\int_0^{F^{-1}(1-r)} xf(x)\,dx - \frac{1}{2}\eta q^2 \tag{6-12}$$

因此,农户的决策目标为

$$\max_q E(\pi_f^N)$$

电商的效用函数主要由三部分构成,第一部分是出售农产品所获得的收益;第二部分是收购农产品所付出的成本;第三部分是电商的社会责任系数与农户利润的乘积。电商与农户合作的利润函数为

$$\pi_e^N = qX(p-w) + \beta\left(qXw - \frac{1}{2}\eta q^2\right) \tag{6-13}$$

---

[1] Peng H, Pang T, "Optimal strategies for a three-level contract-farming supply chain with subsidy," *International Journal of Production Economics* 216 (2019): 274–286.

由于 $E(X) = 1$，可以进一步得到电商的期望效用函数为

$$E(\pi_e^N) = q(p-w) + \beta\left(qw - \frac{1}{2}\eta q^2\right) \quad (6-14)$$

电商帮扶 n 个同质农户，决策目标为最大化期望总效用：

$$\max_w E(\bar{\pi}_e^N)$$

其中，$E(\bar{\pi}_e^N) = n\left[q(p-w) + \beta\left(qw - \frac{1}{2}\eta q^2\right)\right]$ 为电商的期望总效用。

社会福利水平主要由三部分构成，前两部分分别是所有农户和电商的利润，第三部分是消费者总剩余。社会福利函数为

$$\begin{aligned}SW^N &= n\left(wqX - \frac{1}{2}\eta q^2\right) + (p-w)nqX + \frac{(1-p)^2}{2}\\ &= npqX - \frac{1}{2}n\eta q^2 + \frac{(1-p)^2}{2}\end{aligned} \quad (6-15)$$

可以得到期望社会福利函数为

$$E(SW^N) = npq - \frac{1}{2}n\eta q^2 + \frac{(1-p)^2}{2} \quad (6-16)$$

在"电商+农户"模式下，首先电商决定收购价格 w，然后农户决定种植面积 q。采用逆序归纳法来求解均衡博弈过程，可得命题6-5。

命题6-5 无政府补贴时，"电商+农户"模式下，农户的最优种植面积及最大风险收益值分别为 $q^{N*} = \dfrac{p\Omega}{\eta[2-\beta(2-\Omega)]}$，$E(\pi_f^{N*}) = \dfrac{p^2\Omega^2}{2\eta[2-\beta(2-\Omega)]^2}$；

电商的最优收购价及最大期望效用分别为

$$w^{N*} = \frac{p}{2-\beta(2-\Omega)}, \quad E(\bar{\pi}_e^{N*}) = \frac{np^2\Omega}{2\eta[2-\beta(2-\Omega)]},$$ 此时社会期望福利为

$$E(SW^N) = \frac{\eta(1-p)^2\{\beta(2-\Omega)[\beta(2-\Omega)-4]+4\} + np^2\Omega[4(1-\beta)+\Omega(2\beta-1)]}{2\eta[2-\beta(2-\Omega)]^2},$$

其中 $\Omega = \dfrac{\int_0^{F^{-1}(1-r)} xf(x)\,dx}{1-r}$。

分析均衡解可以发现：$\dfrac{\partial w^{N*}}{\partial \beta} > 0$，$\dfrac{\partial q^{N*}}{\partial \beta} > 0$，$\dfrac{\partial E(\pi_f^{N*})}{\partial \beta} > 0$，$\dfrac{\partial E(\bar{\pi}_e^{N*})}{\partial \beta} >$

0，$\frac{\partial E(SW^N)}{\partial \beta} > 0$。这说明随着电商践行社会责任程度的提升，电商会提高农产品收购价，农户也更有意愿扩大种植面积。有趣的是，电商的期望效用和农户的期望利润也将提高，双方实现双赢。因此，电商践行社会责任不仅能够提高农户的种植面积，增加农作物产量，也可以使电商和农户同时获益。

2."电商+合作社+农户"模式

在"电商+合作社+农户"模式下，农户组建合作社与电商进行对接。在这里，合作社的总利润由三部分决定，第一部分是出售农产品给电商后所得的收益；第二部分是种植农产品所付出的成本；第三部分是组织管理成本。合作社将总利润的 $1-\tau$ 比例作为留存收益，利润函数为

$$\pi_c^C = (1-\tau)\left(\bar{q}Xw - \frac{1}{2}\eta\frac{\bar{q}^2}{n} - \frac{1}{2}hn^2\right) \tag{6-17}$$

合作社的期望利润函数为

$$E(\pi_c^C) = (1-\tau)\left(\bar{q}w\frac{1}{1-r}\int_0^{F^{-1}(1-r)} xf(x)\,dx - \frac{1}{2}\eta\frac{\bar{q}^2}{n} - \frac{1}{2}hn^2\right) \tag{6-18}$$

因此，合作社的决策目标为

$$\max_{\bar{q}} E(\pi_c^C)$$

农户分得 τ 比例的利润，因此农户的利润函数为

$$\pi_f^C = \frac{1}{n}\tau\left(\bar{q}Xw - \frac{1}{2}\eta\frac{\bar{q}^2}{n} - \frac{1}{2}hn^2\right) \tag{6-19}$$

农户的期望利润函数为

$$E(\pi_f^C) = \frac{1}{n}\tau\left(\bar{q}w\frac{1}{1-r}\int_0^{F^{-1}(1-r)} xf(x)\,dx - \frac{1}{2}\eta\frac{\bar{q}^2}{n} - \frac{1}{2}hn^2\right) \tag{6-20}$$

同理，电商的效用函数为

$$\bar{\pi}_e^C = \bar{q}X(p-w) + \beta\left(\bar{q}Xw - \frac{1}{2}\eta\frac{\bar{q}^2}{n} - \frac{1}{2}hn^2\right) \tag{6-21}$$

电商的期望效用函数为

$$E(\bar{\pi}_e^C) = \bar{q}(p-w) + \beta\left(\bar{q}w - \frac{1}{2}\eta\frac{\bar{q}^2}{n} - \frac{1}{2}hn^2\right) \tag{6-22}$$

电商与合作社进行关于收购价 w 的不对称纳什谈判,决策目标为

$$\max_{w} [E(\bar{\pi}_e^C)]^{\frac{t}{(1-t)n+t}} [E(\pi_c^C)]^{\frac{(1-t)n}{(1-t)n+t}} \qquad (6-23)$$

求解上式等价于考查规划:

$$\max_{w} \frac{t}{(1-t)n+t} \ln E(\bar{\pi}_e^C) + \frac{(1-t)n}{(1-t)n+t} \ln E(\pi_c^C) \qquad (6-24)$$

社会福利函数为

$$SW^C = \bar{q}Xp - \frac{1}{2}\eta \frac{\bar{q}^2}{n} - \frac{1}{2}hn^2 + \frac{(1-p)^2}{2} \qquad (6-25)$$

可以得到期望社会福利函数为

$$E(SW^C) = \bar{q}p - \frac{1}{2}\eta \frac{\bar{q}^2}{n} - \frac{1}{2}hn^2 + \frac{(1-p)^2}{2} \qquad (6-26)$$

在"电商+合作社+农户"模式下,首先合作社决定总种植面积 $\bar{q}$,然后合作社和电商谈判收购价格 w。采用逆推归纳法分析上述博弈过程,可得命题 6-6。

命题 6-6 无政府补贴时,在"电商+合作社+农户"模式下,合作社最优总种植面积及最大期望效用分别为 $\bar{q}^{C*} = \dfrac{np\Omega}{\eta[1-\beta(1-\Omega)]}$,$E(\pi_c^{C*}) = \dfrac{n^2(1-\tau)(1-t)\{p^2\Omega^2 - h\eta n[1-\beta(1-\Omega)]^2\}}{2\eta(1-\beta)[1-\beta(1-\Omega)][n(1-t)+t]}$;电商最优谈判收购价格和最大期望效用分别为 $w^{C*} = (1-t)n\Omega\begin{Bmatrix} p^2\Omega[2-\beta(2-\Omega)] \\ -n\eta h\beta[1-\beta(1-\Omega)]^2 \end{Bmatrix} + t\Omega^2 p^2(1-\beta)$

$+ \dfrac{ht\eta n\{1+\beta(3-2\Omega)+\beta^2(1-\Omega)[(3-\Omega)-\beta(1-\Omega)]\}}{2p\Omega^2(1-\beta)[1-\beta(1-\tau)][(1-t)n+t]}$,$E(\bar{\pi}_e^{C*}) = $

$\dfrac{nt\{p^2\Omega^2 - h\eta n[1-\beta(1-\Omega)]^2\}}{2\eta\Omega[1-\beta(1-\Omega)][n(1-t)+t]}$;农户的最大期望效用为 $E(\pi_f^{C*}) = $

$\dfrac{\tau n(1-t)\{p^2\Omega^2 - h\eta n[1-\beta(1-\Omega)]^2\}}{2\eta(1-\beta)[1-\beta(1-\Omega)][n(1-t)+t]}$,此时社会福利期望效用为 $E(SW^S) = $

$\dfrac{\eta(1-hn^2-p^2)\{1+\beta(1-\Omega)[\beta(1-\Omega)-2]\} + np^2\Omega[2-2\beta(1-\Omega)-\Omega]}{2\eta[1-\beta(1-\Omega)]^2}$,

其中 $h < h_0 = \dfrac{p^2\Omega^2}{\eta n[1-\beta(1-\Omega)]^2}$。

分析均衡解可以发现：$\frac{\partial q^{C*}}{\partial \beta} > 0$，$\frac{\partial E(\pi_f^{C*})}{\partial \beta} > 0$，$\frac{\partial E(\pi_e^{C*})}{\partial \beta} > 0$。这说明，与"电商+农户"模式的情形类似，随着电商践行社会责任程度的增强，农户更有意愿扩大种植面积，电商的期望效用和农户的期望利润也将同时提高，双方实现双赢。

分析不同模式下的最优期望利润，可得推论6-4。

推论6-4 当$n < n^{C*}$时，$\frac{\partial E(\pi_f^{C*})}{\partial n} > 0$；当$n \geqslant n^{C*}$时，$\frac{\partial E(\pi_f^{C*})}{\partial n} \leqslant 0$。其中，$n^{C*} = \frac{\sqrt{\eta h t \{h \eta t[1-\beta(1-\Omega)]^2 + p^2 \Omega^2 (1-t)\}}}{h\eta(1-t)[1-\beta(1-\Omega)]} - \frac{t}{1-t}$。

利用数值仿真来更加清晰地描述推论6-4，如图6-11所示。考虑参数约束条件，这里的参数取值分别为：$\eta = 1$，$t = 0.95$，$\tau = 0.7$，$p = 8$，$\beta = 0.5$，$h = 0.1$。

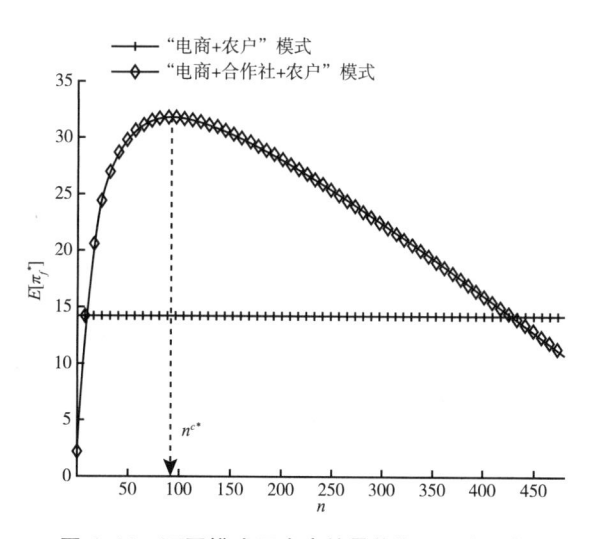

图6-11 不同模式下农户的最优期望利润比较

分析推论6-4和图6-11可以发现，当入社的农户数量过多或者过少时，组建合作社并不能给农户带来利润的增加。存在一个最优的入社农户规模，此时组建合作社后农户的期望利润最高。合作社的规模处于合理水平，农户才能获得更高的收益。在产业实践中，我国大多数合作社也呈现规模适中的特征。例如，山东省莘县西王庄村合作社由30多户农户组成[1]，山东省济南市霞峰村合作社由

---

[1] 叶壮：《聊城莘县：电商扶贫合作社促农增收》，东方新闻，2021年3月23日。

70多户农户组成，黑龙江省杜尔伯特县淑繁鹅雏孵化专业合作社由 20 户农户组成。[1] 这是因为若入社的农户数量过少，合作社处于更弱势的地位，与电商谈判收购价时劣势更突出，难以通过谈判使收购价格达到理想水平，合作社以及合作社中农户的收入将处于更低的水平。组建合作社带来的谈判优势不明显，无法弥补额外产生的管理成本以及留存收益，农户的利润水平反而会降低。而若入社的农户数量过多，庞大的社员群体将带来更大的管理难度，合作社需要付出更多的管理成本来组织协调社员生产。较多的社员数量能够增强合作社的谈判能力，使合作社与电商谈判时优势更突出，但是无法抵消迅速增长的管理成本，农户的利润反而降低。只有当合作社的规模合理时，组建合作社才能让更强的谈判优势带来的收入增长超过额外产生的管理成本，最终使农户的利润增加。

（三）分析比较

1. 农户的种植面积

比较分析不同模式下农户的种植面积，可得命题6-7。

命题 6-7 $q^{C*} > q^{N*}$。

命题6-7说明，加入合作社后，农户将扩大种植面积。这是因为合作社通过与电商谈判收购价格，可以帮助农民抵御价格风险并稳定收益，农户将有意愿扩大种植面积。说明组建合作社与电商对接能够帮助农户抵御风险，农户在种植农产品上更具积极性，种植面积有效扩大，进一步增加了农产品供给。

2. 农户的期望利润

比较分析不同模式下农户的期望利润，可得命题6-8。

命题 6-8 当 $0 < h < h'$ 时，$E(\pi_f^{C*}) > E(\pi_f^{N*})$；当 $h' \leq h < h_0$ 时，$E(\pi_f^{N*}) \geq E(\pi_f^{C*})$。

其中，$h' = \Omega^2 p^2$

$$\frac{\left\{(1-\Omega)\begin{bmatrix} n(1-t) \\ (1-4\tau) \\ +t \end{bmatrix} - n\Omega^2\tau(1-\tau)\right\}\beta^2 - (2-\Omega)\begin{bmatrix} n(1-t) \\ (1-4\tau) \\ +t \end{bmatrix}\beta + n(1-t)(1-4\tau) + t}{\tau\eta n^2(-1+t)[1-(1-\Omega)\beta]^2[2-\beta(2-\Omega)]^2}。$$

---

[1] 辛香君：《山东栖霞市苹果专业合作社发展调查研究》，硕士学位论文，烟台大学，2019。

命题 6-8 说明，合作社的管理成本系数影响农户组建合作社的意愿。当管理成本系数较小时，合作社的经营管理水平较高，对农户的服务能力和带动效应较强，农户入社有利可图，因此农户偏好"电商+合作社+农户"模式；而当管理成本系数较大时，合作社的经营管理水平较低，农户入社难以获得额外收益，因此农户偏好"电商+农户"模式。管理效率高的合作社更具协调社员生产的能力，因此管理成本相对更低，对农户入社更具吸引力；相反，管理效率低的合作社欠缺统筹协调社员生产的能力，需要付出更高的管理成本，因此农户更不愿意加入合作社。

下面通过数值仿真来进一步分析农户产出风险厌恶程度对农户组建合作社的影响，如图 6-12 和图 6-13 所示。这里的参数取值分别为 $\eta = 1.2$，$t = 0.95$，$\tau = 0.4$，$p = 8$，$\beta = 0.5$，$h = 0.1$，$n = 20$。

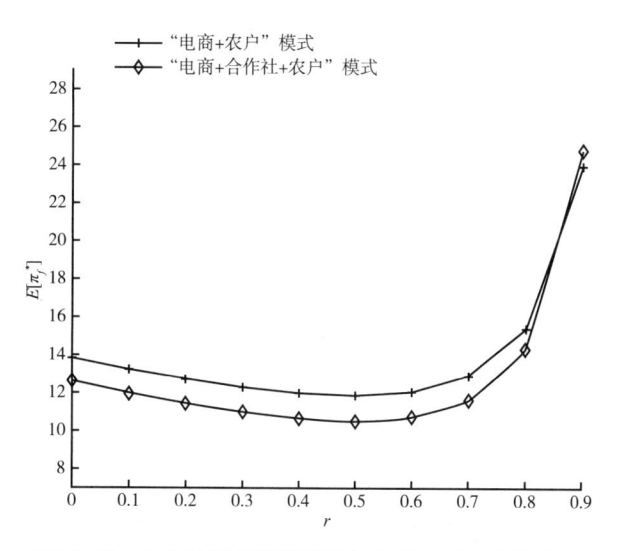

图 6-12 农户的最优期望利润与风险厌恶程度的关系

分析图 6-12 可以发现，随着农户的产出风险厌恶程度提升到较高水平，农户更加偏好"电商+合作社+农户"模式。这是因为通过合作社与电商的谈判，农产品的收购价格将有所提升，进而提高农户收入，这将有助于对冲农户的产出风险。因此，当农户的产出风险厌恶程度较高时，农户应该选择组建合作社来获取谈判收购价上的优势，从而对冲产出波动的风险。分析图 6-13 可以发现，随着农户获得的收益比例提高，农户更偏好"电商+合作社+农户"模式。这是因

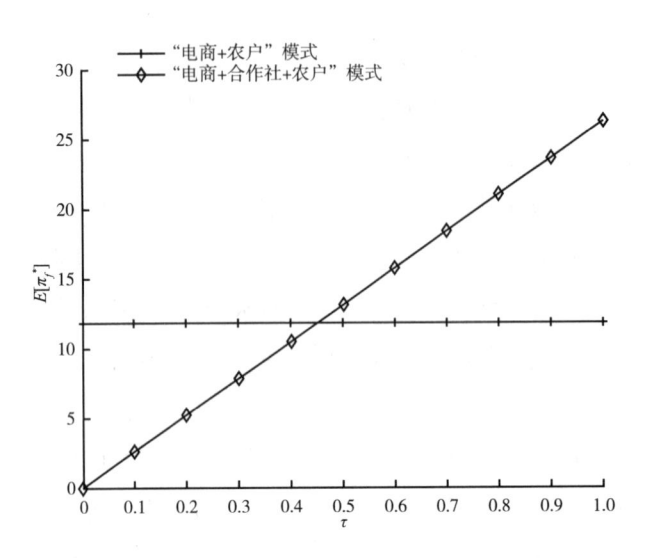

图 6-13 农户的最优期望利润与获得收益比例的关系

为更高比例的收益能够使入社农户获益更多。农户为了入社后能够获得更高的收益，会考虑合作社分配给农户的收益比例。

3. 农户的模式偏好

通过数值仿真来进一步分析农户的模式偏好，如图 6-14 所示，这里的参数取值分别为：$\eta=1$，$t=0.95$，$\tau=0.73$，$n=13$，$p=8$。

分析图 6-14 可以发现，当电商的社会责任感较弱时，如果合作社管理成本系数较大，农户会更倾向于直接与电商对接；反之，农户更倾向于组建合作社与电商对接。而当电商的社会责任感较强时，农户始终愿意组建合作社与电商对接。这是因为社会责任感较弱的电商缺乏提高农户收入的意愿，农户难以享受到收购价格提高的好处，更需要关注组建合作社后的管理效率。相反，社会责任感较强的电商更愿意提高农户收入，农户可以以组建合作社的方式来获得更高的收益。此外，随着农户风险厌恶程度逐步提升，农户将更愿意组建合作社与电商对接。这是因为通过组建合作社与电商谈判能够获得更高的收购价格，从而有效对冲风险。因此，当农户的产出风险厌恶程度较高时，农户应该选择组建合作社来对冲风险。一般来说，青年农业从业者的风险厌恶程度相对较低，而老年农户的风险厌恶程度相对较高。调查数据也显示，2019 年在山东省栖霞市的苹果专业合作社中，46～65 周岁的中老年

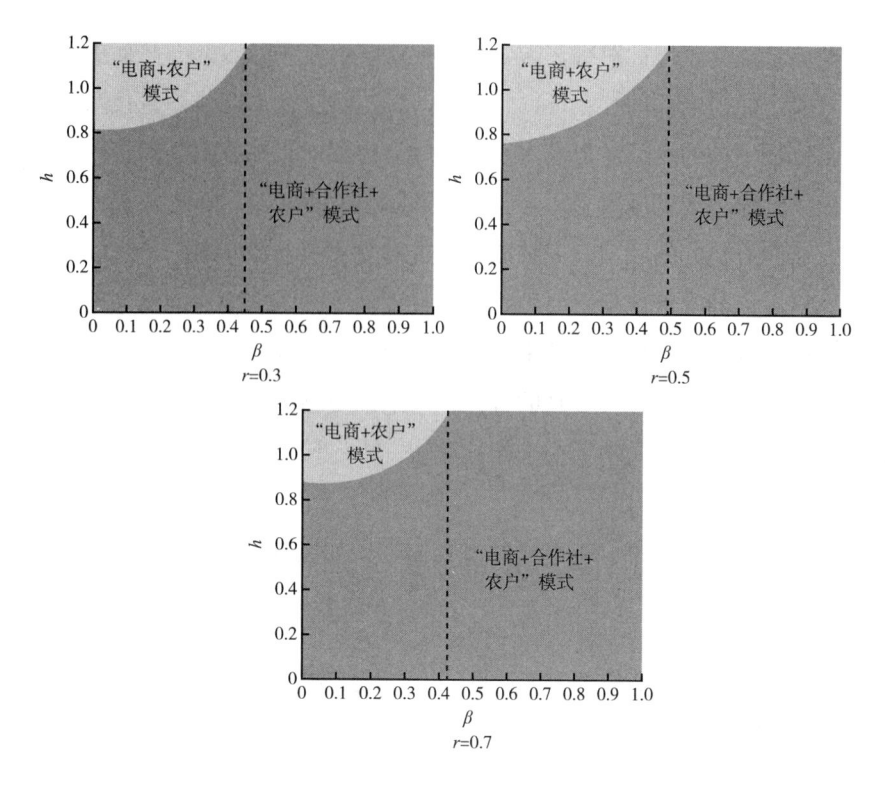

图 6-14　农户的模式偏好

农户数量占比为 65.34%;[1] 2019 年在新疆昌吉州的合作社中，41~60 周岁的中老年农户占比为 65.1%。[2]

4. 电商的期望总效用

比较分析不同模式下电商的期望总效用，可以得到命题 6-9。

命题 6-9　当 $0 \leq \beta < \beta''$ 时，若 $0 < h < h''$，$E(\bar{\pi}_e^{C*}) > E(\bar{\pi}_e^{N*})$；若 $h'' \leq h < h_0$，$E(\bar{\pi}_e^{N*}) \geq E(\bar{\pi}_e^{C*})$。当 $\beta'' \leq \beta \leq 1$ 时，$E(\bar{\pi}_e^{N*}) \geq E(\bar{\pi}_e^{C*})$。

其中，$\beta'' = \dfrac{t - n(1-t)}{t - n(1-\Omega)(1-t)}$，$h'' = \dfrac{\Omega^2 p^2 \left\{ \begin{matrix} t(1-\beta) - n(1-t) \\ [1-(1-\Omega)\beta] \end{matrix} \right\}}{n\eta t [2 - \beta(2-\Omega)][1-(1-\Omega)\beta]^2}$。

命题 6-9 说明，当电商的社会责任感较弱时，若合作社的管理成本系数较

---

[1] 辛香君:《山东栖霞市苹果专业合作社发展调查研究》，硕士学位论文，烟台大学，2019。
[2] 刘承昌、韩芳、梁建:《民族地区农民专业合作社参与农村社会治理研究——基于昌吉州 58 家合作社的问卷调查》，《湖北农业科学》2020 年第 11 期。

低，电商更希望与合作社对接，若合作社的管理成本系数较高，电商更希望与农户直接对接。而当电商的社会责任感较强时，电商更希望与农户直接对接。这是因为社会责任感弱的电商对提高农户收入的意愿相对更弱，对于对接模式的偏好主要取决于合作社的管理效率，当合作社的管理效率较高时，电商更愿意与合作社合作；而当合作社的管理效率较低时，电商更愿意与单个农户合作。电商的社会责任感对电商的决策产生重要影响，社会责任感强的电商更愿意帮助农户提高收入，因此偏好直接与农户对接来增加农户收入；相反，社会责任感弱的电商更关注自身利润，面对管理效率高的合作社，电商更愿意与之合作以获取更高的收益，而更不愿意与管理效率低的合作社合作。

5. 电商的模式偏好

下面通过数值仿真来分析电商的模式偏好，如图 6-15 所示，参数的取值与前文一致。

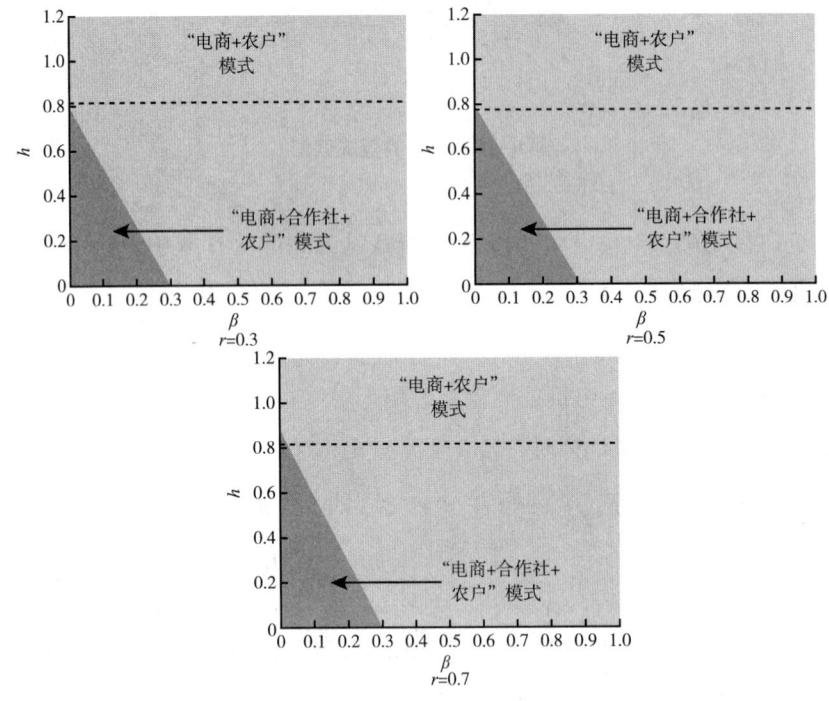

图 6-15 电商的模式偏好

分析图 6-15 可以发现，当合作社的管理成本系数较低时，电商对于模式的偏好取决于自身的社会责任感。这是因为社会责任感弱的电商提高农户收入的意愿较弱，更希望与运营效率高的合作社对接；而社会责任感强的电商出于对提高农户收入的强烈意愿，更偏好"电商+农户"模式。而当合作社的管理成本系数高时，电商不愿意与经营管理低效的合作社合作，更希望直接与农户对接。与农户的情形类似，随着农户的风险厌恶程度提升，电商也更偏好"电商+合作社+农户"模式。因此，电商的社会责任感不但影响农户对与电商对接形式的决策，也影响电商对于对接模式的选择。

6. 农户和电商对于不同模式的共同偏好

下面通过数值仿真来分析农户和电商对不同模式的共同偏好，如图6-16所示。分析图6-16可以发现，在一定的市场条件下，电商和农户将会共同偏好某一种模式，从而实现双赢。具体而言，如果电商的社会责任感较弱，并且合作社的管理成本系数也较低，双方共同偏好"电商+合作社+农户"模式；而当电商的社会责任感较弱，并且合作社的管理成本系数较高时，双方共同偏好"电商+农户"模式。在实践中，不少电商仅仅收购合作社的农产品，而无其他帮扶措施。云南省云龙县多个专业合作社管理效率较高，采取集中种养与分散种养相结合的发展合作方式，指导社员统一开展生产技术和疾病预防，组织贫困社员在种植养殖基地务工。[1] 同时，与之合作的电商社会责任感较弱，仅仅收购合作社的农产品，而无其他帮扶措施。通过组建合作社与电商对接，双方实现了双赢。而河南省光山县东岳村农户分散，基础设施落后，组建合作社后管理难度较大，农户选择直接与电商对接来拓宽销售渠道。与此同时，电商社会责任感较弱，仅收

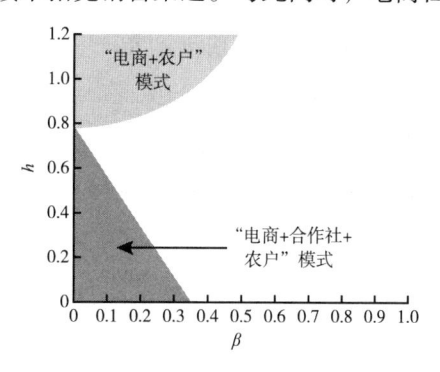

图6-16 农户和电商对于对接模式的共同偏好

---

[1] 赵岗：《【脱贫攻坚看云龙】深山里有了电商 十方福农民合作联社打造互利共赢平台》，云南网，2020年10月2日。

购农户的农产品,而无更多其他的帮扶措施。通过直接与电商对接,农户和电商的收入也能得到增长。[1]

第三节 考虑政府补贴的农产品电商供应链运作分析

（一）问题描述

政府对助农电商的财政支持以补贴为主,这在一定程度上提升了电商下乡助农的积极性。2020 年,财政部办公厅、商务部办公厅、国务院扶贫办综合司联合印发《关于做好 2020 年电子商务进农村综合示范工作的通知》提出,通过中央财政资金引导带动社会资本,共同参与农村电子商务工作。[2] 2020 年,重庆市城口县为了支持电商助农产业发展,为下乡收购贫困户农产品的助农电商给予补贴。[3] 2022 年,福建省永安市对下乡采购贫困农户农产品的电商给予补贴。[4]

本节研究由政府、农户和电商组成的农产品供应链,政府为助农电商提供补贴,农户作为生产商生产农产品,电商收购农产品,并将农产品销往全国市场。农户选择与电商对接的模式,一种是直接与电商对接,农户作为收购价的接受者,将农产品销售给电商,电商收购所有农户的农产品后将其销往全国市场;另一种是组建合作社与电商对接,农户组建合作社后,与电商谈判收购价格,电商根据谈判的收购价格收购农产品,并将其销往全国市场,如图 6-17 所示。

（二）模型构建

当农户直接与电商对接时,此时供应链的决策顺序为:第一阶段,政府决定补贴系数 α;第二阶段,电商决定收购价 w;第三阶段,单个农户决定种植面积 q,如图 6-18 所示。当农户组建合作社与电商对接时,此时供应链的决策顺序为:第一阶段,政府决定补贴系数 α;第二阶段,合作社决定总种植面积 $\bar{q}$;第三阶段,合作社与电商谈判收购价 w,如图 6-19 所示。合作社会将一部分销售收入作为留存收益,剩下的收入将分摊给农户。

---

[1]《电商进村助扶贫 农民增收奔小康》,新华网,2020 年 8 月 26 日。
[2] 财政部办公厅、商务部办公厅、国务院扶贫办综合司:《关于做好 2020 年电子商务进农村示范工作的通知》,2020 年 5 月 26 日。
[3] 城口县商务委员会:《城口县电子商务进农村综合示范创建（升级版）实施方案》,2021 年 8 月 9 日。
[4]《永安市工业和信息化局永安市财政局关于做好永安市国家级电子商务进农村综合示范专项资金申报工作的通知（征求意见稿）》,2022 年 3 月 30 日。

第六章 农产品电商供应链支持体系建设

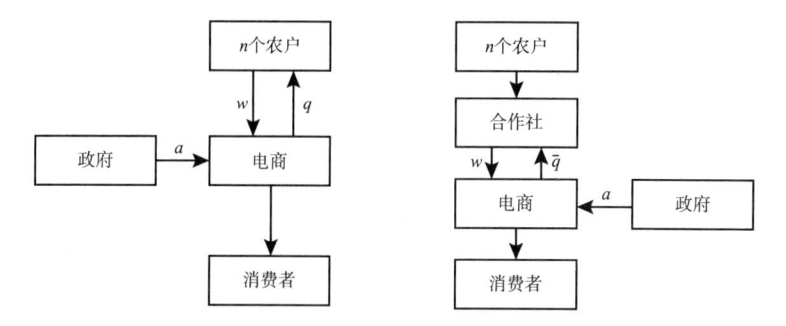

图 6-17 农户与电商的对接模式

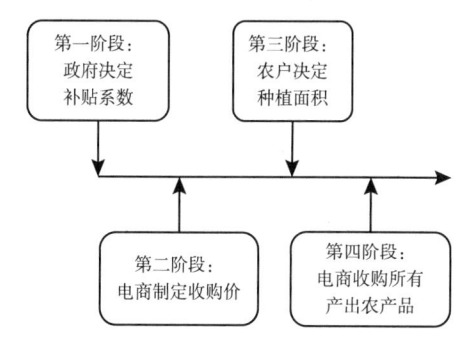

图 6-18 "电商+农户"模式下决策顺序

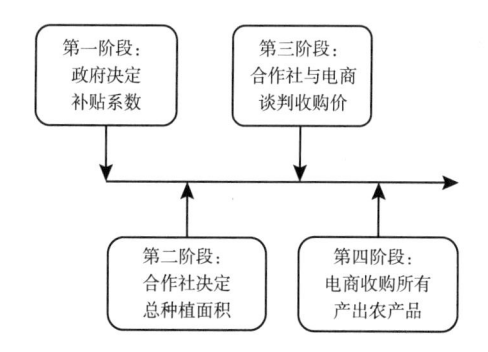

图 6-19 "电商+合作社+农户"模式下决策顺序

本节的模型假设与第二节一致，补充假设如下：收购量为 qX 的电商可以获得政府补贴 αqX，α 为电商每收购单位农产品而获得的政府补贴额度。社会福利函数为各利益相关者的利润以及消费者剩余之和，减去政府补贴支出。[1]

---

[1] Ye F, Cai Z, Chen Y J, et al, "Subsidize farmers or bioenergy producer? The design of a government subsidy program for a bioenergy supply chain," *Naval Research Logistics* 68（2021）：1082-1097.

259

用上标 SN 表示存在政府补贴时的"电商+农户"模式, SC 表示存在政府补贴时的"电商+合作社+农户"模式;用下标 f、c 和 e 分别表示农户、合作社和电商;用上标*表示最优决策量。模型中涉及的参数、决策变量及其含义如表6-3所示。

表6-3 参数、决策变量及其含义

符号	含义
p	农产品的销售价格
$t \in (1/2,1)$	电商的绝对谈判能力
n	农户的数量
η	农产品生产的成本系数
τ	农户获得的收益比例
h	合作社的管理成本系数
$\beta \in [0,1]$	电商的社会责任系数
X	农产品的产出波动系数
α	政府补贴系数
$r \in [0,1)$	农户的产出风险厌恶系数
决策变量	
w	电商的收购价格
q	单个农户的种植面积
$\bar{q}$	合作社的总种植面积

1. "电商+农户"模式

当存在政府补贴时,在"电商+农户"模式下,农户直接与电商对接。此时,农户的利润函数由两部分构成,一部分是出售农产品给电商后所得的收益,另一部分是种植农产品所付出的成本。农户的利润函数为

$$\pi_f^{SN} = qXw - \frac{1}{2}\eta q^2 \quad (6-27)$$

同样采用 CVaR 准则来度量农户和合作社的风险厌恶特征。农户的期望利润函数为

$$E(\pi_f^{SN}) = qw\frac{1}{1-r}\int_0^{F^{-1}(1-r)} xf(x)\,dx - \frac{1}{2}\eta q^2 \quad (6-28)$$

因此,农户的决策目标为

$$\max_q E(\pi_f^{SN})$$

电商的效用函数主要由四部分构成，第一部分是出售农产品所获得的收益；第二部分是收购农产品所付出的成本；第三部分是电商获得的政府补贴；第四部分是电商的社会责任系数与农户利润的乘积。与农户合作的电商利润函数为

$$\pi_e^{SN} = qX(p-w) + \alpha qX + \beta\left(qXw - \frac{1}{2}\eta q^2\right) \tag{6-29}$$

由于 $E(X)=1$，可以进一步得到电商的期望效用函数为

$$E(\pi_e^{SN}) = (p-w+\alpha)q + \beta\left(qw - \frac{1}{2}\eta q^2\right) \tag{6-30}$$

电商帮扶 n 个同质农户，决策目标为最大化期望总效用

$$\max_w E(\bar{\pi}_e^{SN})$$

其中，$E(\bar{\pi}_e^{SN}) = n\left[(p-w+\alpha)q + \beta\left(qw - \frac{1}{2}\eta q^2\right)\right]$ 为电商的期望总效用。

政府将基于期望社会福利水平最大化来制定最佳的补贴政策。在这里，社会福利水平主要由四部分决定，前两部分分别是所有农户和电商的利润，第三部分是消费者总剩余，最后一部分是政府支出的补贴金额。社会福利函数为

$$\begin{aligned} SW^{SN} &= n\left(wqX - \frac{1}{2}\eta q^2\right) + (p-w+\alpha)nqX + \frac{(1-p)^2}{2} - \alpha nqX \\ &= npqX - \frac{1}{2}n\eta q^2 + \frac{(1-p)^2}{2} \end{aligned} \tag{6-31}$$

可以得到期望社会福利函数

$$E(SW^{SN}) = npq - \frac{1}{2}n\eta q^2 + \frac{(1-p)^2}{2} \tag{6-32}$$

因此，政府的决策目标为最大化期望社会福利

$$\max_\alpha E(SW^{SN})$$

采用逆推归纳法来求解博弈过程，可得命题6-10。

命题6-10 当存在政府补贴时，在"电商+农户"模式下，农户的最优种植面积、最大期望效用分别为 $q^{SN*} = \dfrac{p}{\eta}$，$E(\pi_f^{SN*}) = \dfrac{p^2}{2\eta}$；电商的最优收购价格和最大期望效用分别为 $w^{SN*} = \dfrac{p}{\Omega}$，$E(\bar{\pi}_e^{SN*}) = \dfrac{np^2[2-\beta(2-\Omega)]}{2\eta\Omega}$；政府最优补贴系数

为 $\alpha^{SN*} = \dfrac{p(2-\Omega)(1-\beta)}{\Omega}$，此时社会期望福利为 $E(SW^{SN*}) = \dfrac{p^2 n - p^2 \eta + \eta}{2\eta}$。

分析均衡解可以发现：$\dfrac{\partial \alpha^{SN*}}{\partial \beta} < 0$。这说明随着电商践行社会责任程度的提升，政府的补贴系数降低。电商的高度社会责任感意味着下乡助农的积极性更高，即便政府减少对电商的补贴，电商仍然具有更强烈的助农意愿。因此，具有高度社会责任感的电商可以使政府削减补贴开支，从而将财政预算用在其他方面，增进整体社会福利。

2. "电商+合作社+农户"模式

当存在政府补贴时，在"电商+合作社+农户"模式下，农户组建合作社与电商进行对接。在这里，合作社的总利润由三部分决定，第一部分是出售农产品给电商后所得的收益；第二部分是种植农产品所付出的成本；第三部分是组织管理成本。合作社将总利润的 $1-\tau$ 比例作为留存收益，利润函数式为

$$\pi_c^{SC} = (1-\tau)\left(\bar{q}Xw - \dfrac{1}{2}\eta\dfrac{\bar{q}^2}{n} - \dfrac{1}{2}hn^2\right) \tag{6-33}$$

合作社的期望利润函数为

$$E(\pi_c^{SC}) = (1-\tau)\left(\bar{q}w\dfrac{1}{1-r}\int_0^{F^{-1}(1-r)} xf(x)\,dx - \dfrac{1}{2}\eta\dfrac{\bar{q}^2}{n} - \dfrac{1}{2}hn^2\right) \tag{6-34}$$

因此，合作社的决策目标为

$$\max_{\bar{q}} E(\pi_c^{SC})$$

农户分得 τ 比例的利润，因此农户的利润函数为

$$\pi_f^{SC} = \dfrac{1}{n}\tau\left(\bar{q}Xw - \dfrac{1}{2}\eta\dfrac{\bar{q}^2}{n} - \dfrac{1}{2}hn^2\right) \tag{6-35}$$

农户的期望利润函数为

$$E(\pi_f^{SC}) = \dfrac{1}{n}\tau\left(\bar{q}w\dfrac{1}{1-r}\int_0^{F^{-1}(1-r)} xf(x)\,dx - \dfrac{1}{2}\eta\dfrac{\bar{q}^2}{n} - \dfrac{1}{2}hn^2\right) \tag{6-36}$$

同理，电商的效用函数为

$$\bar{\pi}_e^{SC} = \bar{q}X(p-w) + \alpha\bar{q}X + \beta\left(\bar{q}Xw - \dfrac{1}{2}\eta\dfrac{\bar{q}^2}{n} - \dfrac{1}{2}hn^2\right) \tag{6-37}$$

电商的期望效用函数为

$$E(\bar{\pi}_e^{SC}) = \bar{q}(p-w) + \alpha\bar{q} + \beta\left(\bar{q}w - \frac{1}{2}\eta\frac{\bar{q}^2}{n} - \frac{1}{2}hn^2\right) \quad (6-38)$$

电商与合作社进行关于收购价 w 的不对称纳什谈判，决策目标为

$$\max_{w}[E(\bar{\pi}_e^{SC})]^{\frac{t}{(1-t)n+t}}[E(\pi_c^{SC})]^{\frac{(1-t)n}{(1-t)n+t}} \quad (6-39)$$

求解上式等价于考查规划：

$$\max_{w} \frac{t}{(1-t)n+t}\ln E(\bar{\pi}_e^{SC}) + \frac{(1-t)n}{(1-t)n+t}\ln E(\pi_c^{SC}) \quad (6-40)$$

对于政府而言，其将基于期望社会福利水平最大化来制定最佳的补贴政策。社会福利函数为

$$SW^{SC} = \bar{q}Xp - \frac{1}{2}\eta\frac{\bar{q}^2}{n} - \frac{1}{2}hn^2 + \frac{(1-p)^2}{2} \quad (6-41)$$

可以得到期望社会福利函数

$$E(SW^{SC}) = \bar{q}p - \frac{1}{2}\eta\frac{\bar{q}^2}{n} - \frac{1}{2}hn^2 + \frac{(1-p)^2}{2} \quad (6-42)$$

因此，政府的决策目标为最大化期望社会福利：

$$\max_{\alpha} E(SW^{SC})$$

采用逆推归纳法来分析以上博弈过程，可得命题6-11。

命题6-11 当存在政府补贴时，在"电商+合作社+农户"模式下，政府的最优补贴系数为 $\alpha^{SC*} = \frac{p(1-\Omega)(1-\beta)}{\Omega}$；合作社的最优总种植面积和最大期望效用分别为 $\bar{q}^{SC*} = \frac{np}{\eta}$，$\pi_c^{SC*} = \frac{n^2(1-\tau)(1-t)(p^2-nh\eta)[1-\beta(1-\Omega)]}{2\eta(1-\beta)[(1-t)n+t]}$；

电商的最优收购价和最大期望效用分别为 $w^{SC*} = \frac{n(1-t)\{p^2[2-\beta(2-\Omega)]-nh\eta\beta\Omega\}+t(1-\beta)(nh\eta+p^2)}{2p\Omega(1-\beta)[(1-t)n+t]}$，

$\pi_e^{SC*} = \frac{nt(p^2-nh\eta)[1-\beta(1-\Omega)]}{2\eta\Omega[(1-t)n+t]}$；

农户的最大期望效用水平为 $\pi_f^{SC*} = \frac{n\tau(1-t)(p^2-nh\eta)[1-\beta(1-\Omega)]}{2\eta(1-\beta)[(1-t)n+t]}$，

此时社会期望福利为 $SW^{SC*} = \dfrac{np^2 + \eta - p^2\eta - n^2h\eta}{2\eta}$，其中 $h \geq h_0^S = \dfrac{p^2}{n\eta}$。

分析均衡解可以发现：$\dfrac{\partial \alpha^{SC*}}{\partial \beta} < 0$。这说明与存在政府补贴时"电商+农户"模式的情形类似，随着电商践行社会责任程度的提升，政府补贴系数降低。

推论 6-5 当 $n < n^{SC*}$ 时，$\dfrac{\partial E(\pi_f^{SC*})}{\partial n} > 0$；当 $n \geq n^{SC*}$ 时，$\dfrac{\partial E(\pi_f^{SC*})}{\partial n} \leq 0$。

其中，$n^{SC*} = \dfrac{\sqrt{th\eta[th\eta + p^2(1-t)]}}{h\eta(1-t)} - \dfrac{t}{1-t}$。

运用数值仿真来更加清晰地描述推论6-5，如图6-20所示。这里的参数取值分别为：$\eta = 1$，$t = 0.95$，$\tau = 0.7$，$p = 8$，$r = 0.5$，$\beta = 0.5$，$h = 0.1$。

分析推论6-5和图6-20可以发现，与推论6-3相似，当入社的农户数量过多或者过少时，组建合作社并不能给农户带来利润的增加。存在一个最优的入社农户规模，此时组建合作社后农户的期望利润最高。这是因为若入社的农户数量过少，合作社处于更加弱势的地位，难以通过谈判使收购价格达到理想水平，从而合作社以及合作社中农户的收入将处于更低的水平。若入社的农户数量过多，庞大的社员群体将带来更大的管理难度，合作社需要为此付出更多的管理成本来组织协调社员生产。

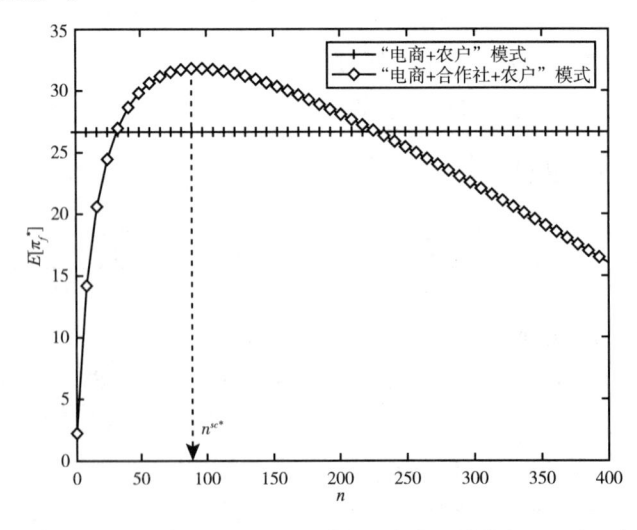

图 6-20 存在政府补贴时不同模式下农户的最优期望利润比较

(三) 分析比较

1. 农户的种植面积

比较分析不同模式下农户的种植面积，可得命题6-12。

命题6-12 $q^{SN*} = q^{CN*}$。

命题6-12说明，在存在政府补贴的情形下，无论农户单独与电商对接，或者组建合作社与电商对接，种植面积都相同。这是因为政府补贴强化了电商下乡助农的意愿，进一步提升了农户对未来收入的乐观预期，更愿意种植更多农产品。

2. 农户的期望利润

比较分析不同模式下农户的期望利润，可得命题6-13。

命题6-13 当 $0 < h < h'_{SC}$ 时，$E(\pi_f^{SC*}) > E(\pi_f^{SN*})$；当 $h'_{SC} \leq h < h_0^S$ 时，$E(\pi_f^{SN*}) \geq E(\pi_f^{SC*})$。其中，$h^{S'} = \dfrac{p^2 \left\{ n(1-t) \begin{bmatrix} \beta\tau\Omega - (1-\beta) \\ (1-\tau) \end{bmatrix} - t(1-\beta) \right\}}{\tau n^2 \eta (1-t)[1-\beta(1-\Omega)]}$。

命题6-13表明，当合作社管理成本系数较低时，农户更愿意组建合作社与电商对接，这是因为这样的合作社往往具有较高的经营管理水平，对农户的服务能力和带动效应较强，农户入社有利可图；然而，当合作社管理成本系数较高时，农户更愿意单独与电商对接，这是因为当管理成本系数较高时，合作社的经营效率低下，农户入社难以获得额外收益。合作社的管理成本系数直接影响农户组建合作社的意愿，在实际运营中，管理效率高的合作社更具协调社员生产的能力，因此管理成本相对较低，对农户入社更具吸引力；相反，管理效率低的合作社欠缺统筹协调社员生产的能力，需要付出更高的管理成本，因此农户更不愿意加入合作社。

下面通过数值仿真来进一步分析农户风险厌恶程度对农户组建合作社的影响，如图6-21和图6-22所示。这里的参数取值分别为 $\eta = 1$，$t = 0.95$，$\tau = 0.7$，$p = 8$，$\beta = 0.7$，$h = 0.1$，$n = 13$。

分析图6-21可以发现，在存在政府补贴的情形下，随着农户的产出风险厌恶程度提升到较高水平，农户也更偏好"电商+合作社+农户"模式。这是因为通过合作社与电商谈判，农产品的收购价格将有所提升，进而将提高农户收入，这将有助于对冲农户的产出风险。有趣的是，与不存在政府补贴的情形不同，当农户的产出风险厌恶程度较低时，农户更偏好组建合作社与电商对接。这是因为低产出风险厌恶程度的农户更不关心实际产出,他们更关心利润水平。当政府补贴电商时,电商与农户对接的意愿更强烈,此时几乎只关注利润的农户会充分考虑电商的扶贫意愿,更愿意组建合作社以与电商谈判收购价来增加利润。

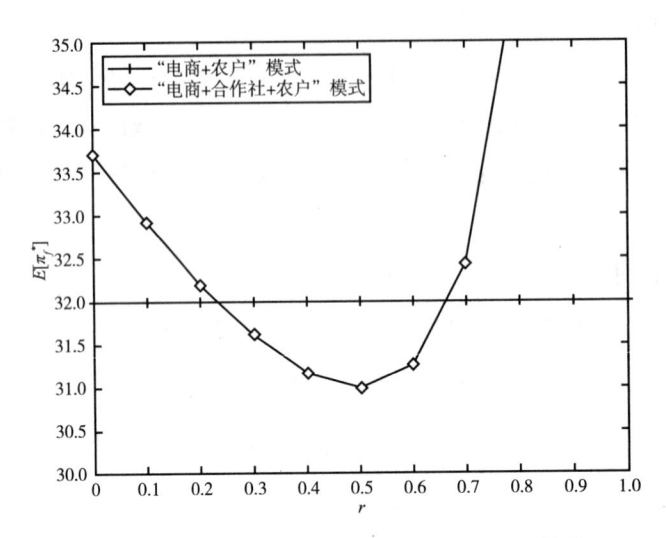

图 6-21 农户的最优期望利润与风险厌恶程度的关系

分析图 6-22 可以发现,与不存在政府补贴的情形一致,随着农户获得的收益比例提高,农户更偏好"电商+合作社+农户"模式。这是因为更高比例的收益能够给入社农户带来更多的获益。

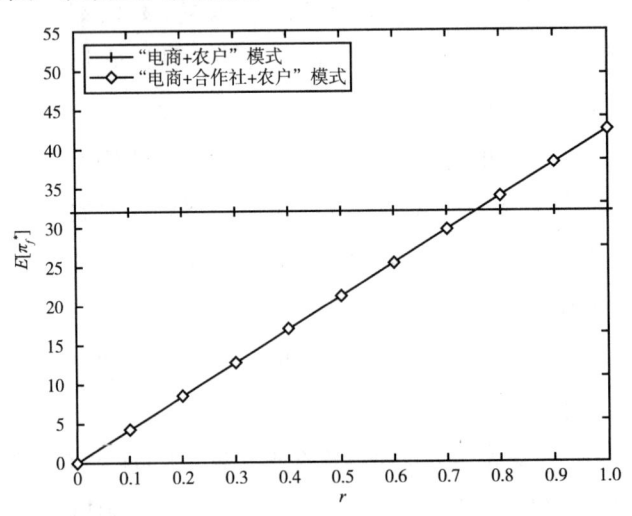

图 6-22 农户的最优期望利润与获得收益比例的关系

3. 农户的模式偏好

下面通过数值仿真来进一步分析农户的模式偏好，如图 6-23 所示。这里的参数取值分别为：$\eta = 1$，$t = 0.95$，$\tau = 0.73$，$n = 13$，$p = 8$。

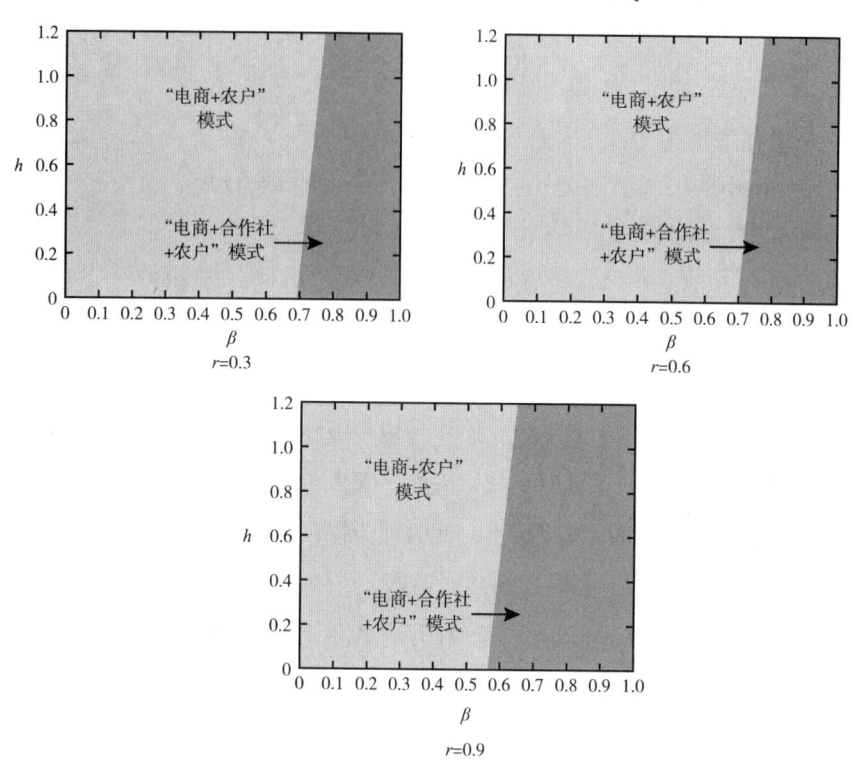

图 6-23　农户的模式偏好

分析图 6-23 可以发现，当电商的社会责任感较弱时，农户更偏好"电商+农户"模式，而当电商的社会责任感较强时，农户更偏好"电商+合作社+农户"模式。这是因为社会责任感较强的电商更有意愿提高农户的收入，即使合作社的运作效率低下，农户依旧可以通过组建合作社与强社会责任感的电商合作以获得更高的收益。此外，随着农户风险厌恶程度的提升，农户更愿意组建合作社与电商对接。

4. 电商的期望效用

比较分析不同模式下电商的总期望效用，可以得到命题 6-14。

命题 6-14　$\pi_e^{SN*} > \pi_e^{SC*}$。

命题 6-14 说明，存在政府补贴的情形下，电商总是偏好农户单独与自己对接。这是因为政府补贴能够提升电商下乡助农的意愿，自身的社会责任感以及合作社的管理水平对下乡助农意愿的影响弱化。然而，作为理性人，电商偏好能够使自身利润最大化的对接模式。农户单独与电商对接将使电商处在更具强势的渠道地位，从而拥有单独的定价权，而农户只能是价格接受者。电商能够充分控制收购价格，以更低的收购价收购农产品，获得更多利润。因此，当存在政府补贴时，下乡助农意愿强烈的电商更偏好农户单独与自己对接。

5. 期望社会福利

比较分析不同模式下期望社会福利，可以得到命题6-15。

命题6-15　$SW^{SN*} > SW^{SC*}$。

命题6-15说明，当存在政府补贴时，农户直接与电商对接模式下的社会福利水平高于农户组建合作社与电商对接模式。这是因为当农户组建合作社与电商对接时，合作社作为一个组织，需要管理社员的生产活动，将产生额外的管理成本。此外，由于政府补贴激励了电商助农，农户种植积极性得到提升，即使直接与电商对接，种植面积也与组建合作社时相等。因此，农户单独与电商对接既无产量方面的劣势，也不用支付合作社的管理成本，此时社会福利水平更高。

6. 农户和电商对于不同模式的共同偏好

由命题6-14以及图6-23可知，在存在政府补贴的情形下，当电商的社会责任感较低时，电商和农户存在共同偏好，此时农户直接与电商对接能够实现双赢。

第四节　农产品电商供应链的政府最优补贴政策研究

（一）问题描述

电商助农过程中面临一系列难题，例如农村地区农产品产地分散，渠道建设成本高昂，难以形成规模效应等，导致电商下乡助农的积极性不高。与此同时，许多电商也存在资金紧缺现象。因此，为了提高电商的助农积极性，地方政府纷纷出台相应的补贴政策激励电商。目前，地方政府对电商助农的补贴政策主要有"按收购量补贴"和"按收购价补贴"两种典型方式。2018年，六安市裕安区政府对收购贫困户农产品的电商给予收购价10%的奖励。[1]　2019

---

[1] 六安市裕安区人民政府办公室：《裕安区实施国家级电子商务进农村综合示范项目资金管理使用修订方案》，2019年10月11日。

年，安徽省对电商经营主体收购贫困村、贫困户农村产品的，给予收购金额10%以内的补助。[1] 2020年广州市政府对收购蔬菜瓜果的电商按每吨200元给予补贴。[2] 2022年宁波市奉化区政府对收购本地水蜜桃、橘子用于深加工的农业经营主体，按实际收购金额的5%给予补助。[3]

随着电商下乡的不断深入，地方政府根据不同市场条件选择合理的补贴政策变得尤为重要。本节重点探讨在不同补贴政策下电商和农户收益的变化，以及政府选择补贴政策的内在逻辑，同时分析政府的补贴预算约束和农户的风险厌恶特征影响补贴政策选择的机理。

（二）模型构建

本节考虑由政府、电商和农户组成的农产品供应链。电商与农户合作并事先约定收购价 w，承诺在收获期收购所有产出的农产品，并以零售价 p 销售给消费者。假设农户的种植面积为 $q(q>0)$，种植成本为 $C(q)=\frac{1}{2}cq^2$，c 为种植成本的效率系数。由于天气、生物因素和人工误差等影响，农产品的产出具有显著的波动性。[4] 这里假设农产品的产出波动系数 $X(X>0)$ 为随机变量，其中 $E(X)=1$，$D(X)=\sigma^2$，$F(x)$ 和 $f(x)$ 分别代表 X 的累积分布函数和概率密度函数。[5] 因此，农户选择种植面积为 q 时的实际农产品产出为 qX。农户往往还会表现出显著的风险厌恶特性，假设农户的风险厌恶系数为 $\eta(0 \leq \eta < 1)$，η 越大表明农户对风险越厌恶。

当政府对电商提供补贴时，有两种形式可以选择。一种是以电商收购量为标准提供补贴（简称QS政策）。在QS政策下，收购量为 qX 的电商可以获得政府补贴 αqX，α 为电商每收购单位农产品而获得的政府补贴额度。另一种是以电商收购价为标准提供补贴（简称PS政策）。在PS政策下，单位收购价为 w 的电商

---

[1] 新华社：《安徽：电商经营主体收购贫困村农产品将获补助》，2019年7月26日。
[2] 广州市增城区农业农村局：《增城区2020年蔬菜瓜果收购、贮藏应急补贴方案》，2020年6月18日。
[3] 宁波市奉化区农业农村局：《关于印发宁波市奉化区本地农产品临时收购补助资金管理办法及实施方案的通知》，2022年9月4日。
[4] 凌六一、郭晓龙、胡中菊、梁樑：《基于随机产出与随机需求的农产品供应链风险共担合同》，《中国管理科学》2013年第2期。
[5] Peng H, Pang T, "Optimal strategies for a three-level contract-farming supply chain with subsidy," *International Journal of Production Economics* 216（2019）：274-286.

可以从政府处获得补贴 βw，β 为电商获得每单位收购价的政府补贴比例。政府对电商的补贴金额存在预算上限，设为 $B(B>0)$。

市场上存在多个实力相当的电商，这是一个典型的 Cournot 竞争的寡头垄断市场。本节将电商出售收购的农产品面临的外部需求函数定义为 $p=1-bqX$。其中，1 为潜在的最大支付意愿价格，$b(b>0)$ 为零售价格弹性系数。

假设消费者对于农产品的感知价值 v_i 是异质的，均匀分布在 [0, 1] 区间上。[1] 消费者购买农产品得到的效用为 $v_i - p$，当效用非负时消费者才会选择购买。因此，市场上消费者剩余可表示为 $\int_{1-bqX}^{1} [v_i - (1-bqX)] dv_i$，可以进一步化简为 $\frac{b}{2}q^2X^2$。[2]

考虑政府补贴的情况下，农产品电商供应链决策顺序如图 6-24 所示，具体顺序为：第一阶段，政府公布对电商的补贴政策；第二阶段，电商公布农产品收购价；第三阶段，农户决定种植面积；第四阶段，电商收购农产品并销售给消费者。

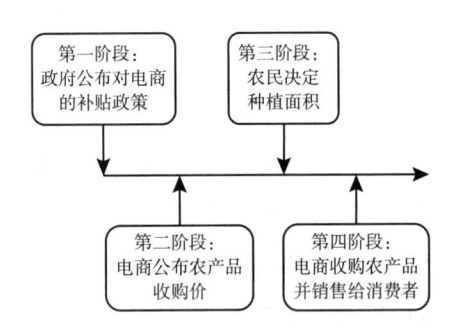

图 6-24 供应链决策顺序

1. QS 政策

在 QS 政策下，每收购单位数量的农产品，电商将获得政府补贴 α。在这里，农户的利润函数由两部分构成，一部分是出售农产品所得的收益，另一部分

---

[1] Yang L, Dong S Z, "Rebate strategy to stimulate online customer reviews," *International Journal of Production Economics* 204（2018）：99-107.

[2] Alizamir S, Iravani F, Mamani F, "An analysis of price vs. revenue protection: Government subsidies in the agriculture industry," *Management Science* 65（2019）：32-49.

是种植农产品付出的成本。农户的利润函数为

$$\pi_f^{QS} = wqX - \frac{1}{2}cq^2 \qquad (6-43)$$

考虑到农户的风险厌恶特征,本节采用 CVaR 方法来构建农户的效用函数。农户的效用函数为

$$U_f^{QS} = \max_{r \in R}\left\{r + \frac{1}{1-\eta}E\left[\min\left(wqX - \frac{1}{2}cq^2 - r, 0\right)\right]\right\} \qquad (6-44)$$

因此,农户的决策目标为

$$\max_q U_f^{QS} \qquad (6-45)$$

电商的利润函数主要由三部分构成,第一部分是出售农产品获得的收益,第二部分是收购农产品付出的成本,第三部分是获得的政府补贴。电商的利润函数为

$$\begin{aligned}\pi_b^{QS} &= pqX - wqX + \alpha qX \\ &= (1 - bqX - w + \alpha)qX\end{aligned} \qquad (6-46)$$

由于有 $E(X) = 1$ 和 $D(X) = \sigma^2$,可以进一步得到电商的期望利润函数为

$$E(\pi_b^{QS}) = (1 - w + \alpha)q - b(1 + \sigma^2)q^2 \qquad (6-47)$$

因此,电商的决策目标为

$$\max_w E(\pi_b^{QS}) \qquad (6-48)$$

政府将基于期望社会福利水平最大化来制定最佳的补贴政策。社会福利水平主要由四部分决定,前两部分分别是农户和电商的利润,第三部分是消费者总剩余,最后一部分是政府支出的补贴金额。社会福利函数为

$$\begin{aligned}SW^{QS} &= wqX - \frac{1}{2}cq^2 + (1 - bqX - w + \alpha)qX \\ &\quad + \frac{b}{2}q^2X^2 - \alpha qX \\ &= qX - \frac{b}{2}q^2X^2 - \frac{1}{2}cq^2\end{aligned} \qquad (6-49)$$

同理,可以得到期望社会福利函数为

$$E(SW^{QS}) = q - \frac{b}{2}(1 + \sigma^2)q^2 - \frac{1}{2}cq^2 \qquad (6-50)$$

因此，政府的决策目标为

$$\max_{\alpha} E(SW^{QS}) \qquad (6-51)$$

$$s.t.\ \alpha q \leq B$$

采用逆推归纳法，可得 QS 政策下供应链运作的均衡结果，如推论 6-6 所示。

推论 6-6　在 QS 政策下，政府补贴系数、电商收购价和农户种植面积的决策结果如表 6-4 所示。

表 6-4　QS 政策下的政府补贴系数、电商收购价和农户种植面积

B 的范围	α^{QS*}	w^{QS*}	q^{QS*}
$B < B'$	$\dfrac{\Psi - \Omega}{2\Omega}$	$\dfrac{c(\Omega + \Psi)}{4\Omega(b\sigma^2\Omega + b\Omega + c)}$	$\dfrac{\Omega + \Psi}{4(b\sigma^2\Omega + b\Omega + c)}$
$B \geq B'$	$\dfrac{\Omega(b\sigma^2 - c + b) + 2c}{\Omega(b\sigma^2 + c + b)}$	$\dfrac{c}{\Omega(b\sigma^2 + c + b)}$	$\dfrac{1}{b\sigma^2 + c + b}$

其中：$B' = \dfrac{b\Omega(1+\sigma^2) + c(2-\Omega)}{\Omega(b\sigma^2 + c + b)^2}$；$\Psi = \sqrt{8[(bB\sigma^2 + bB + 1/8)\Omega + Bc]\Omega}$；

$\Omega = \dfrac{\int_0^{F^{-1}(1-\eta)} xf(x)\,dx}{1-\eta}$。

分析表 6-4 可以发现，无论政府补贴预算约束处于何种水平，$\dfrac{\partial w^{QS*}}{\partial \sigma} < 0$，$\dfrac{\partial q^{QS*}}{\partial \sigma} < 0$ 均成立。这意味着当政府以电商收购量为标准提供补贴时，电商收购价格和农户种植面积都随着产出波动程度的增加而降低。这是因为当产量波动较大时，电商面对更为不稳定的农产品产出和市场竞争，将通过降低收购价格来对冲风险，而较低收购价格又会降低农户的种植积极性。

2. PS 政策

在 PS 政策下，单位收购价为 w 的电商可以从政府处获得补贴 βw。农户的利润函数为

$$\pi_f^{PS} = wqX - \frac{1}{2}cq^2 \tag{6-52}$$

农户的效用函数为

$$U_f^{PS} = \max_{r \in R}\left\{r + \frac{1}{1-\eta}E\left[\min\left(wqX - \frac{1}{2}cq^2 - r, 0\right)\right]\right\} \tag{6-53}$$

因此,农户的决策目标为

$$\max_q U_f^{PS}$$

同理,电商的利润函数为

$$\begin{aligned}\pi_b^{PS} &= pqX - wqX + \beta wqX \\ &= (1 - bqX - w + \beta w)qX\end{aligned} \tag{6-54}$$

电商的期望利润函数为

$$E(\pi_b^{PS}) = (1 - w + \beta w)q - b(1 + \sigma^2)q^2 \tag{6-55}$$

因此,电商的决策目标为

$$\max_w E(\pi_b^{PS})$$

同理,社会福利函数为

$$SW^{PS} = qX - \frac{b}{2}q^2X^2 - \frac{1}{2}cq^2 \tag{6-56}$$

期望社会福利函数为

$$E(SW^{PS}) = q - \frac{b}{2}(1 + \sigma^2)q^2 - \frac{1}{2}cq^2 \tag{6-57}$$

因此,政府的决策目标为

$$\max_\beta E(SW^{PS})$$

$$s.t.\ \beta wq \leq B$$

采用逆推归纳法,可得 PS 政策下供应链运作的均衡结果,如推论 6-7 所示。

推论 6-7 在 PS 政策下,政府补贴系数、电商收购价和农户种植面积的决策结果如表 6-5 所示(证明与推论 6-6 类似)。

表 6-5　PS 政策下的政府补贴系数、电商收购价和农户种植面积

B 的范围	β^{PS*}	w^{PS*}	q^{PS*}
$B < B''$	$\dfrac{[(8\sigma^2+8)b\Omega+8c]B+\Omega-\gamma}{8Bc}$	$\dfrac{c(\gamma+\Omega)}{4\Omega(b\sigma^2\Omega+b\Omega+c)}$	$\dfrac{\gamma+\Omega}{4(b\sigma^2\Omega+b\Omega+c)}$
$B \geq B''$	$\dfrac{\Omega(b\sigma^2-c+b)+2c}{2c}$	$\dfrac{c}{\Omega(b\sigma^2+c+b)}$	$\dfrac{1}{b\sigma^2+c+b}$

其中：$B'' = \dfrac{b\Omega(1+\sigma^2)+c(2-\Omega)}{2\Omega(b\sigma^2+c+b)^2}$；$\gamma = 4\sqrt{[(bB\sigma^2+bB+1/16)\Omega+Bc]\Omega}$。

分析表 6-5 可以发现，无论政府补贴预算约束处于何种水平，$\dfrac{\partial w^{PS*}}{\partial \sigma} < 0$，$\dfrac{\partial q^{PS*}}{\partial \sigma} < 0$ 均成立，电商收购价和农户种植面积都随着产出波动程度的增加而降低。

（三）分析比较

1. 电商收购价格和期望利润水平

比较分析不同补贴政策下的电商收购价格和期望利润水平，可得命题 6-16。

命题 6-16　当 $B < B'$ 时，$w^{PS*} > w^{QS*}$，$E(\pi_b^{QS*}) > E(\pi_b^{PS*})$；当 $B \geq B'$ 时，$w^{PS*} = w^{QS*}$，$E(\pi_b^{QS*}) > E(\pi_b^{PS*})$。

下面利用 MATLAB 进行数值仿真来描述命题 6-16，如图 6-25 和图 6-26 所示，这里参数取值分别为：$b=1$，$c=2$，$\sigma=0.3$，$\eta=0.5$。

分析命题 6-16、图 6-25 和图 6-26 可以发现，当政府补贴预算相对有限时（$B<B'$），电商收购价格在 PS 政策下更高，而电商期望利润水平在 QS 政策下更高；当政府补贴预算相对宽裕时（$B\geq B'$），电商的收购价格在两种补贴政策下相同，而电商的利润水平在 QS 政策下更高。这是因为 PS 政策能够直接将电商收购价格和补贴金额挂钩，当政府补贴预算相对有限时，电商将通过制定较高的收购价格来争取补贴。而当政府补贴预算相对宽裕时，补贴政策导致电商在两种补贴形式下的收购价格趋同。同时，由于 QS 政策下电商获得的补贴大于 PS 政策下的情形（$\alpha^{QS*}q^{QS*} > \beta^{PS*}w^{PS*}q^{PS*}$），电商在 QS 政策下的期望利润更高。

2. 农户种植面积和效用水平

比较分析不同补贴政策下的农户种植面积和效用水平，可以得到命题 6-17。

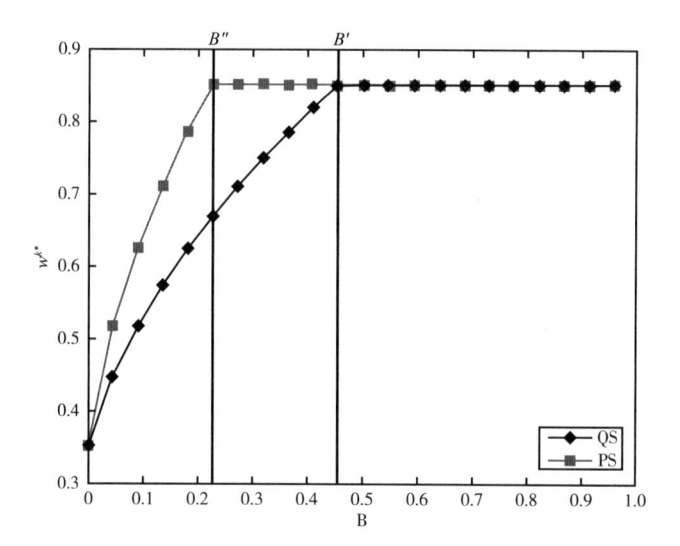

图 6-25 不同补贴政策下的电商收购价格

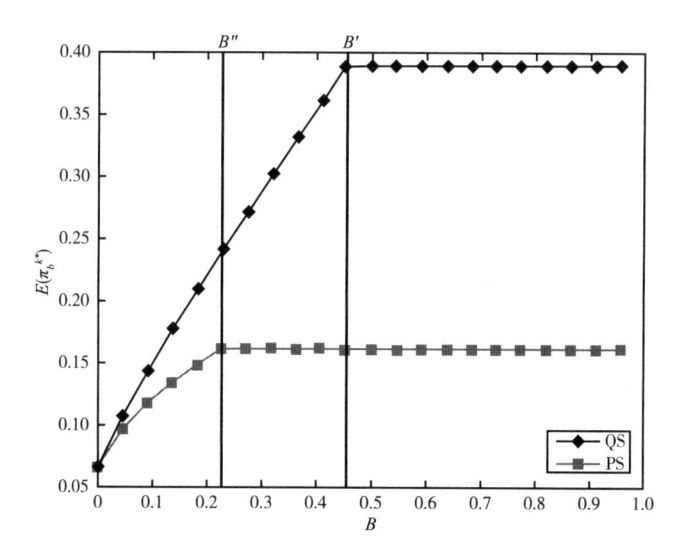

图 6-26 不同补贴政策下的电商期望利润水平

命题 6-17 当 $B < B'$ 时，$q^{PS*} > q^{QS*}$，$U_f^{PS*} > U_f^{QS*}$；当 $B \geqslant B'$ 时，$q^{PS*} = q^{QS*}$，$U_f^{PS*} = U_f^{QS*}$。

下面利用 MATLAB 进行数值仿真来描述命题 6-17，如图 6-27 和图 6-28 所示，参数取值与上文一致。

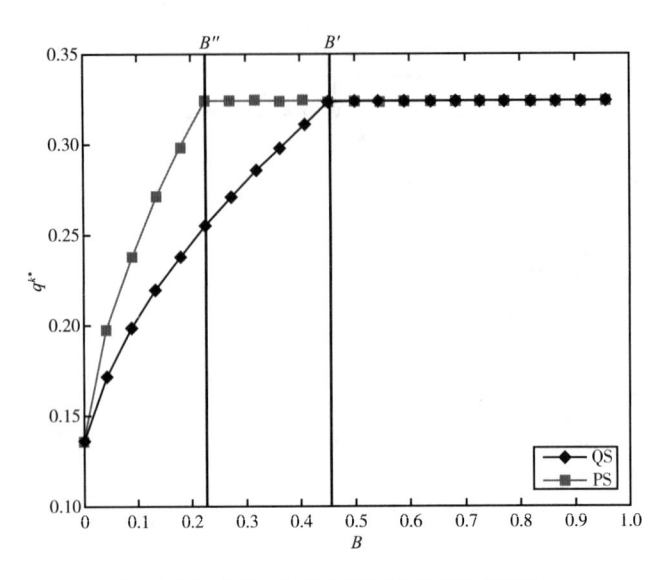

图 6-27 不同补贴政策下的农户种植面积

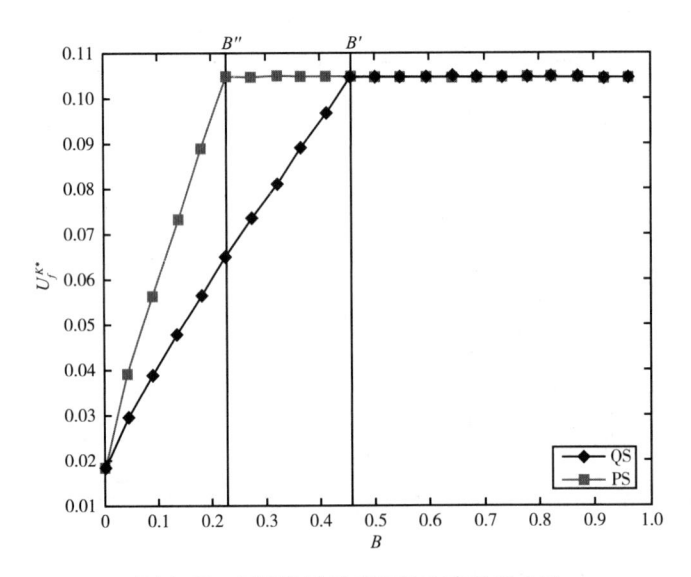

图 6-28 不同补贴政策下的农户效用水平

分析命题 6-17、图 6-27 和图 6-28 可以发现，当政府补贴预算相对有限时（$B < B'$），农户种植面积在 PS 政策下更大，效用水平也更高；当政府补贴预算相对宽裕时（$B \geq B'$），农户的种植面积和效用水平在两种补贴政策下都相同。这是因为当政府补贴预算相对有限时，电商在 QS 政策下的收购价格较低，

这将导致具有风险规避特征的农户缺少扩大种植面积的动力，效用水平也较低。反之，当政府补贴预算相对宽裕时，电商在两种补贴政策下的收购价格相同，这将使得农户种植面积和效用水平相同。

3. 期望社会福利水平

比较分析不同补贴政策下的期望社会福利水平，可以得到命题6-18。

命题 6-18 当 $B < B'$ 时，$E(SW^{PS*}) > E(SW^{QS*})$；当 $B \geq B'$ 时，$E(SW^{PS*}) = E(SW^{QS*})$。

下面利用MATLAB进行数值仿真来描述命题6-18，如图6-29所示，参数取值与上文一致。

分析命题6-18和图6-29可以发现，当政府补贴预算相对有限时（$B < B'$），期望社会福利水平在PS政策下更高；当政府补贴预算相对宽裕时（$B \geq B'$），期望社会福利水平在两种政策下相同。这意味着当补贴预算相对有限时，政府更应该选择PS政策；而当政府补贴预算相对宽裕时，两种补贴政策能够达到同样的效果。

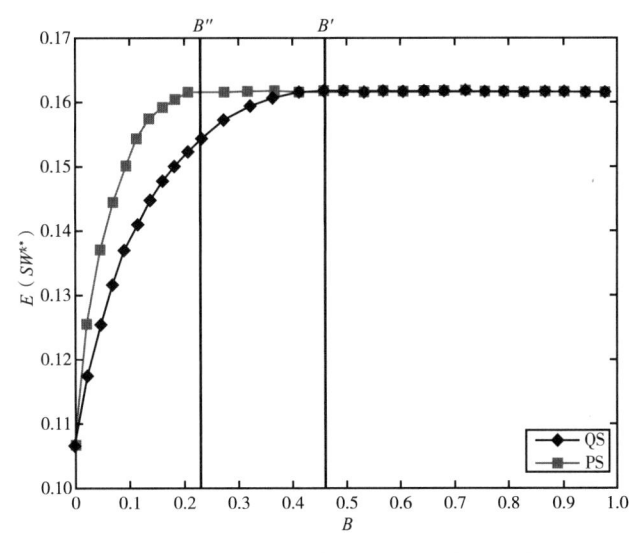

图 6-29 不同补贴政策下的期望社会福利水平

4. 政府补贴政策选择与农户风险厌恶程度的关系

下面通过数值仿真来进一步分析政府补贴政策选择与农户风险厌恶程度的关系（见图6-30），其中 η 取值分别为 0, 0.25, 0.5 和 0.75，其余参数取值与前文一致。分析图 6-30 可以得到一个有趣结论：随着农户风险厌恶程度增加，政府会更加倾向于选择按收购价补贴电商。这说明政府在制定补贴政策时应该关注农户风险厌恶程度的差异（例如，青年农户的风险厌恶程度较低，而老年农户的风险厌恶程度较高）。

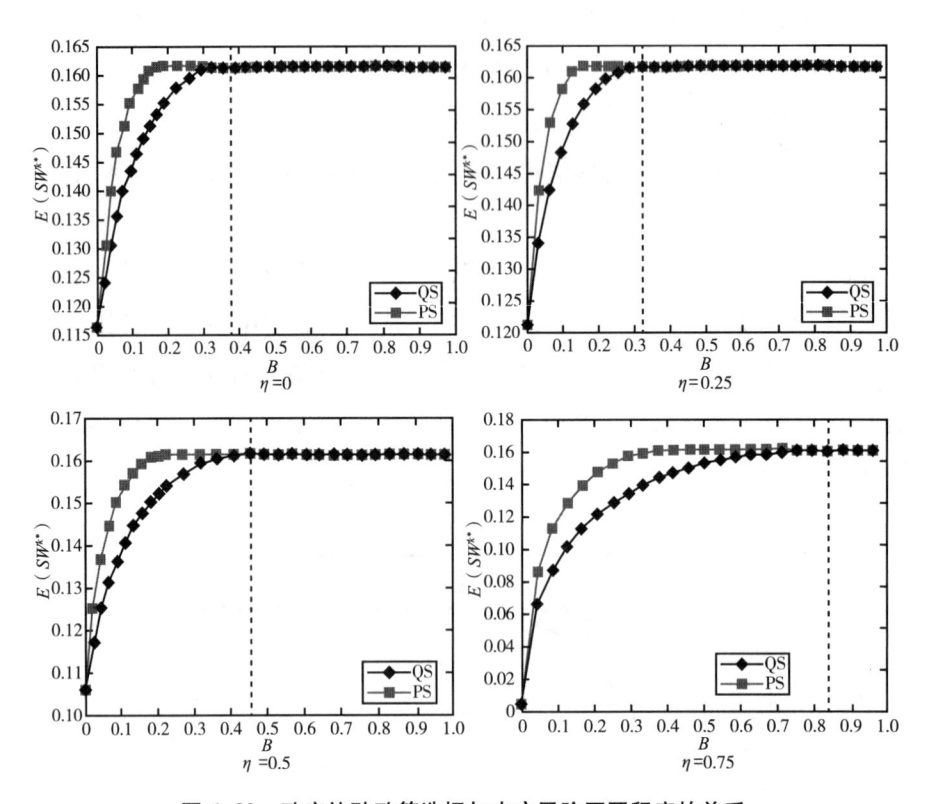

图 6-30 政府补贴政策选择与农户风险厌恶程度的关系

第五节　本章小结

农户的风险规避程度和对产出风险的厌恶程度是选择融资模式和对接模式的重要因素。当农户风险规避程度较高时，选择银行融资模式和"电商+合作社+农户"对接模式可以降低农户面临的风险。当农户风险规避程度较低时，选择电商融资模式和"电商+农户"对接模式可以提高农户的收益。政府补贴可对农户和电商的对接模式产生影响，降低合作社的管理成本，提升农户对未来收入的乐观预期。

从农产品电商供应链支持体系建设角度开展融资模式选择、政府最优补贴政策研究，以及基于"电商+农户"模式的农产品电商供应链定价决策研究，对于促进农产品电商供应链的协同发展、提高农户收入、推动乡村经济发展具有重要的实际意义。根据本章的研究结论，可以得到如下管理启示。

第一，电商助农不是一项短期的措施，而应该被看作促进农村经济发展的长期战略。政府、电商企业和农户需要共同关注电商助农的可持续性，制定长期规划和措施，以确保助农政策的连续性和稳定性。同时，要注重培养农户的技能和能力，提高他们的自主发展能力，使其能够持续从电商助农中获益。

第二，电商企业应积极履行社会责任，关注农产品质量、农民福利和环境保护等。电商企业应建立健全供应链管理体系，确保农产品的质量和安全，并与农户建立长期稳定的合作关系。

第三，政府、电商企业和农户之间的合作是实现电商助农目标的关键。政府在制定补贴政策时，应与电商企业和农户进行密切的沟通和协商，了解各方的需求和利益，寻求共识。政府应通过提供稳定可靠的政策环境和支持措施，激发电商企业和农户的积极性和创造力，形成政府、电商企业和农户三方共赢的局面。

第七章 基于社区支持农业（CSA）模式的农产品电商供应链运作策略

社区支持农业（Community Supported Agriculture，CSA）模式，是指城市社区消费者跳过中间流通环节，深度参与并引导农业生产者按照"生产有标准、过程可监控、质量可追溯"的"生态、健康、营养、安全"要求进行绿色生产和从田间到厨房的直接配送。[1] CSA模式作为农产品电商的一种特殊业态，旨在通过城乡社区的支持网络，促进农业健康生产和安全消费。CSA模式起源于瑞士，后来在日本得到发展，目前在欧洲、美洲、澳大利亚及亚洲都有了一定的发展，仅北美就有上千个CSA农场，为超过10万户家庭提供服务。目前，随着居民健康理念的进一步深化，CSA模式在我国得到了推广。例如，广东、山东、广西等地采用多种方式来吸引城市消费者参与到农事中来，如举办"玉米价格听证会""消费者见面会"等。[2]

在CSA模式的运作实践中，在种植季节之初，消费者预付给农民这一年种植的收益，与农民共同承担种植过程中的风险；在收获季节，由电商平台统一负责将当季蔬菜按时送到消费者家中。以艾维塔CSA菜园为例，它是深圳市艾维塔科技有限公司专业运营的CSA项目，农产品由艾维塔科技有限公司统一进行销售。[3] 艾维塔CSA菜园位于东部沿海地区大鹏生态创意园内，占地600亩，已种植蔬菜200亩，是深圳首家大型CSA项目。目前，艾维塔CSA菜园已将业务重心发展为蔬菜种植及配送、田间体验、生态养殖，以及其他生态农产品的宅配等，主要通过配送蔬菜（如家庭宅配、社区配送等）、体验式采摘以及现场活

---

[1] Antoinette P, Margaret G, "Farming alone: What's up with the C in community supported agriculture," *Agriculture and Human Values* 30 (2013): 85-100.
[2] 张庆文：《社区支持农业——从理念走向实践》，《农民日报》2009年4月4日。
[3] 通约智库：《深圳市艾维塔科技有限公司》，2017年11月23日。

第七章 基于社区支持农业（CSA）模式的农产品电商供应链运作策略

动（如农耕文化活动、生产体验活动、现场烹饪活动等）业务盈利，其中电商配送业务的营收约占其总收入的80%。基于CSA模式的农产品电商供应链不仅为消费者提供了直接获取高品质农产品的渠道，而且打破了传统农产品供应链中供需双方完全隔绝的状态，保证了供需双方的根本权益。

作为农业转型升级的驱动力量，中央和各级地方政府也出台了扶持CSA发展的政策，支持和鼓励共享农场的发展。然而，在实践中，CSA农场的发展仍然存在着一些难题。例如，生鲜农产品的易腐性对CSA农场的采摘、配送提出了更高的要求；在交易过程中，往往会出现农场不信任消费者（预订数量）、电商平台监管成本高昂等难题；CSA农场无法满足消费者多样化、差异化、个性化的需要。因此，对基于CSA模式的农产品电商供应链运作机制进行深入研究，并提出相应的优化策略，已经成为推动CSA模式健康发展的关键。

本章首先以采摘配送成本最小化和产品交付新鲜度最大化为决策目标，开展基于CSA模式的"采摘—配送"联合决策问题研究；其次针对直接对接和平台连接两种运营模式，构建消费者、电商平台和农场的三方博弈模型，深入研究运营模式的选择机理；接着探讨随着农场规模的扩大，分析套餐订购的农产品电商供应链运作决策；最后在对万家田园和青峰岭共享农场进行实地调研和资料收集的基础上，对共享农场"单一化"和"多元化"的经营模式进行比较分析。

第一节 基于CSA模式的"采摘—配送"联合决策研究

（一）问题描述

CSA农场凭借其本地化生产的优势，为社区居民提供了农产品的直采直配服务。农场每天根据客户订单需求采摘农产品，完成采摘后立刻分拣包装，并配送给客户。农产品直采直配服务最大程度地简化了农产品流通的中间环节，既能为当地居民提供新鲜健康的有机农产品，也能提升农产品供应链韧性和安全水平。但传统的CSA农场在提供农产品直采直配服务中，通常分别制定农产品的采摘决策和配送决策，无法有效控制运营成本和保障农产品新鲜度。

本节针对CSA模式的农产品电商供应链"采摘—配送"联合决策，构建了决策优化模型，设计了小规模算例求解，并将结果与CPLEX求解器所求结果进行对比，验证了所构建数学模型的正确性与所设计算法在求解中等规模和大规模算例上的高效性，然后再将所设计算法的中等规模、大规模算例求解结果与其他三种经典多目标智能算法所得结果进行对比，验证所设计算法的有效性。

考察单个 CSA 农场通过电商平台服务多个社区的情境，"采摘—配送"联合决策过程如图 7-1 所示。一个社区订单包含多种农产品，在 CSA 农场中，不同种类的农产品被分片种植。因此，为了提高采摘效率，CSA 农场按农产品种类进行采摘。在采摘阶段，CSA 农场拥有多个单位采摘能力不同的采摘团队。根据已确定的采摘品种和采摘量，CSA 农场决定采摘团队任务分配以及各采摘团队内的采摘顺序。在配送阶段，电商平台根据各社区的位置分布决定配送路线以及各路线上的服务顺序。不失一般性，一条路线上的配送应该发生在运输车辆装载完其所需的全部农产品之后。

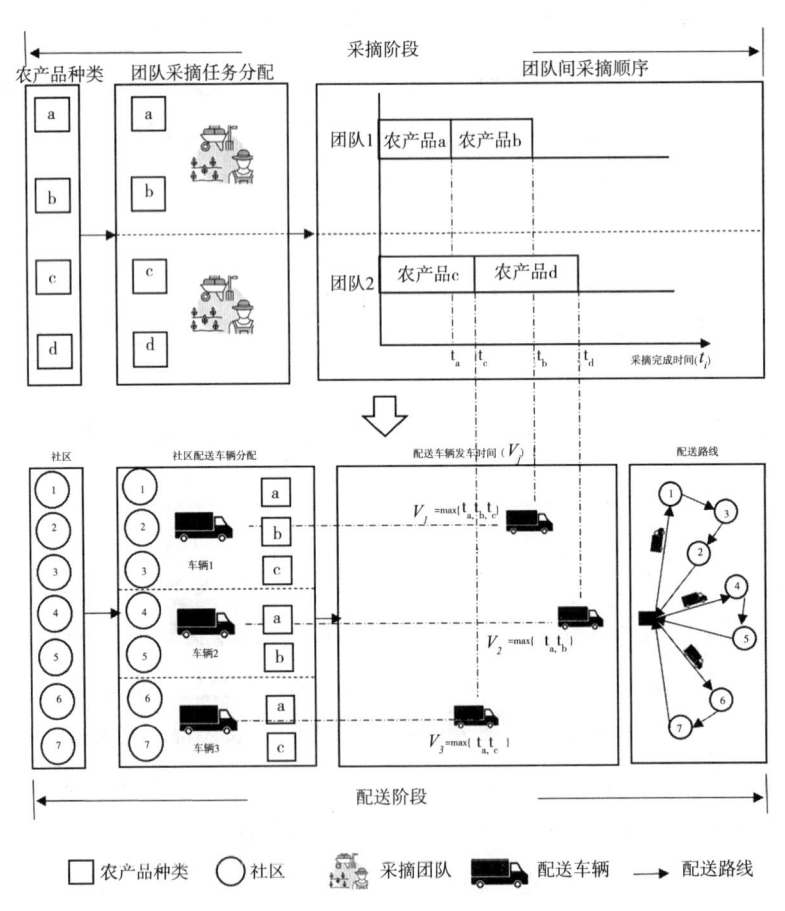

图 7-1 农产品"采摘—配送"联合决策过程

（二）模型构建

用 $J=\{0, 1, 2, \cdots, \omega\}$ 表示所有农产品的种类集合，其中 0 代表虚拟农产品，ω 为农产品种类数量。一般来说，农场种植的农产品主要为蔬菜。蔬菜在采摘后会随着时间推移而出现新鲜度受损和营养流失的现象。因此，本节将农场内的农产品分为新鲜度对时间敏感程度高和对时间敏感程度低两类。$J=J_1 \cup J_2$，其中 J_1 为新鲜度对时间敏感程度高的农产品集合，J_2 为新鲜度对时间敏感程度低的农产品集合，J_{1m} 为社区 m 订单中新鲜度对时间敏感程度高的生鲜农产品集合，J_{2m} 为社区 m 订单中新鲜度对时间敏感程度低的生鲜农产品集合。假设农产品的新鲜度函数为 $\theta(t)=C-e^{\beta t}$，其中，$\beta>0$，$0 \leqslant t \leqslant \ln C/\beta$。另外，$C$ 为常数；β 为衰减系数，β 值越大，则新鲜度衰减速度越快。若 J_1 中农产品的衰减系数为 β_1，J_2 中农产品的衰减系数为 β_2，则 $\beta_1>\beta_2$。

农产品"采摘—配送"联合决策模型的具体假设如下：①在采摘过程中，任何一个团队一次只能采摘一种农产品，同时任何一种农产品都只能被一个团队采摘；②在采摘过程中，农产品采摘优先级相同，任何一种农产品采摘过程不能中断；③每辆配送车辆均从农场出发，完成配送后返回农场；④一辆配送车辆可以为多个社区提供配送服务，但每个社区只能被配送一次；⑤配送车辆具有最大容量限制。

此外，定义参数和变量如下：

M：采摘团队集合，$M=\{1, 2, \cdots, \gamma\}$，式中，$\gamma$ 为采摘团队数量；

D：社区集合，$D=\{1, 2, \cdots, \varphi\}$，式中，$\varphi$ 为社区总个数；

N：农场和社区集合，$N=\{0\} \cup D$，0 代表农场；

K：车辆集合，$K=\{1, 2, \cdots, \delta\}$，式中，$\delta$ 为车辆数目；

i, j：农产品索引，其中 $i, j \in J$，且 $i \neq j$；

l：采摘团队索引，其中 $l \in M$；

m, n：社区索引，其中 $m, n \in N$，且 $m \neq n$；

k：车辆索引，其中 $k \in K$；

q_{mj}：社区 m 对农产品 j 的需求量；

U_{mj}：社区 m 对农产品 j 的需求关系，若社区 m 需要农产品 j 则值为 1，否则为 0；

G_j：农产品 j 的总需求量，$G_j = \sum_{m \in D} q_{mj}$，$\forall j \in J$；

t_{jl}：采摘团队 l 对农产品 j 的单位采摘时间；

p_{jl}：采摘团队 l 对农产品 j 的单位采摘成本；

d_{mn}：社区 m 到社区 n 的行驶距离；

v：车辆单位行驶速度；

λ：车辆单位里程费；

F：车辆使用的固定费用；

Q：车辆最大载重限制；

B：一个较大的正数；

X_{ijl}：$X_{ijl} \in \{0, 1\}$，如果团队 l 按照农产品 i 到农产品 j 的顺序采摘值为 1，否则为 0；

W_{mk}：$W_{mk} \in \{0, 1\}$，如果车辆 k 服务社区 m 值为 1，否则为 0；

Z_{mnk}：$Z_{mnk} \in \{0, 1\}$，如果车辆 k 按社区 m 到社区 n 的顺序配送值为 1，否则为 0；

r_i：辅助变量，用于消除采摘阶段的子回路；

u_m：辅助变量，用于消除配送阶段的子回路；

c_j：农产品 j 的采摘完成时间；

a_{mk}：车辆 k 到达社区 m 的时间。

1. 目标函数

$$min f_1 = \sum_{i \in J} \sum_{j \in J} \sum_{l \in M} p_{jl} \cdot G_j \cdot t_{jl} \cdot X_{ijl} + \sum_{m \in N} \sum_{n \in N} \sum_{k \in K} \lambda \cdot Z_{mnk} \cdot d_{mn} + F \cdot \sum_{k \in K} \sum_{n \in D} Z_{0nk} \tag{7-1}$$

式（7-1）表示最小化采摘成本和配送成本之和。其中采摘成本为采摘人员的工资，配送成本包括车辆的行驶费和固定使用费。

$$max f_2 = \sum_{m \in D} min \begin{Bmatrix} min[C - e_1^{\beta}(a_{mk} - c_j)], & min[C - e_2^{\beta}(a_{mk} - c_j)] \\ j \in J_{1m} & j \in J_{2m} \end{Bmatrix} \tag{7-2}$$

式（7-2）表示最大化所有社区收货时的农产品新鲜度之和。每个社区的订单涉及多种农产品，因此将每个社区订单中新鲜度最差的农产品的新鲜度作为该社区订单的总体新鲜度。

2. 约束条件

$$\sum_{j \in J \setminus \{0\}} X_{0jl} \leq 1, \forall l \in M \tag{7-3}$$

$$\sum_{j \in J} \sum_{l \in M} X_{ijl} = 1, \forall i \in M J \backslash \{0\} \qquad (7-4)$$

式（7-3）和式（7-4）表示在任何一个采摘团队中，虚拟产品之后都仅有一种产品，同时每个正在被采摘的农产品之后有且仅有一种农产品等待采摘。

$$\sum_{i \in J} X_{ijl} = \sum_{i \in J} X_{ijl}, \forall j \in J \backslash \{0\}, \forall l \in M \qquad (7-5)$$

式（7-5）定义某个采摘团队中，两种相邻农产品之间的顺序关系。

$$r_i - r_j + \omega \cdot X_{ijl} \leq \omega - 1, \forall i, j \in J \backslash \{0\}, \forall l \in M \qquad (7-6)$$

式（7-6）表示每种农产品只能由一个采摘团队采摘一次。

$$c_j \geq c_i + t_{jl} \cdot G_j - B \cdot (1 - X_{ijl}), \forall i \in J, \forall j \in J \backslash \{0\}, i \neq j, \forall l \in M \qquad (7-7)$$

式（7-7）表示每种农产品的采摘完成时间。

$$a_{0k} \geq c_j \geq - B \cdot (1 - W_{mk}) - B \cdot (1 - q_{mj}), \forall j \in J \backslash \{0\}, \forall m \in D, \forall k \in K \qquad (7-8)$$

式（7-8）表示每辆配送车辆从农场出发的时间。

$$\sum_{k \in K} W_{mk} = 1, \forall m \in D \qquad (7-9)$$

$$W_{nk} = \sum_{m \in N} Z_{mnk}, \forall n \in D, \forall k \in K \qquad (7-10)$$

式（7-9）和式（7-10）表示每个社区只能被一辆配送车辆访问一次。

$$\sum_{m \in D} \sum_{j \in J} q_{mj} \cdot W_{mk} \leq Q, \forall k \in K \qquad (7-11)$$

式（7-11）表示每辆车辆装载的待配送货物量不能超过车辆的最大容量限制。

$$\sum_{n \in D} Z_{0nk} = \sum_{m \in D} Z_{m0k} \leq 1, \forall k \in K \qquad (7-12)$$

式（7-12）表示配送车辆从农场出发，依次完成配送任务后返回农场。

$$\sum_{m \in N} Z_{mhk} - \sum_{n \in N} Z_{hnk} = 0, \forall h \in D, \forall k \in K \qquad (7-13)$$

式（7-13）表示流量平衡。

$$a_{nk} \geq a_{mk} + \frac{d_{mn}}{v} + B \cdot (1 - Z_{mnk}), \forall m \in N, \forall n \in D, \forall k \in K \qquad (7-14)$$

式（7-14）表示车辆到达社区 n 的时间。

$$u_m - u_n + \varphi \cdot Z_{mnk} \leqslant \varphi - 1, \forall m,n \in D, \forall k \in K \quad (7-15)$$

式（7-15）用于消除子回路。

$$X_{ijl}, W_{mk}, Z_{mnk} \in \{0,1\}, \forall i,j \in J, \forall i \in M, i \neq j, \forall m,n \in N, m \neq n, \forall k \in K \quad (7-16)$$

$$r_i, u_m, c_j, a_{mk} \geqslant 0, \forall i,j \in J, \forall m \in N, \forall k \in K \quad (7-17)$$

式（7-16）和式（7-17）表示变量属性。

(三) 算法设计

1. 结合邻域搜索的多目标多种群遗传算法设计

农产品"采摘—配送"联合决策包含了异速并行机调度和有容量限制的车辆路径规划两个关键部分，属于 NP-hard 问题[1]，求解相对来说比较复杂。此外，综合考虑采摘配送成本最小化和产品交付新鲜度最大化两个决策目标，问题属于多目标优化，要求求解时在合理时间内能找到尽可能多的帕累托最优解。进化算法是基于种群的智能优化方法，在一次搜索中能找到多个帕累托最优解，并通过反复迭代不断提高解的质量，该算法已经广泛应用于组合优化问题。[2] 因此，本节设计了一种结合邻域搜索的多目标多种群遗传算法（a multi-objective multi-population genetic algorithm with local search，MOPGA-LS）来求解该问题。经典遗传算法虽具有强大的全局搜索能力，但其局部搜索能力较差，易陷入"早熟"，且进行交叉时的个体选择随机，这一定程度上也影响了解的质量，降低了算法效率。本节通过快速非支配排序方法对种群进行层级划分，将种群划分为多个子种群，然后基于此改进了遗传操作，并融入邻域搜索（Local Search），实现算法性能的提升。

（1）解的表达

为体现团队间采摘任务分配、团队内采摘顺序安排、社区配送车辆分配以

---

[1] Wang X, Li Z, Chen Q, et al,"Meta-heuristics for unrelated parallel machines scheduling with random rework to minimize expected total weighted tardiness," *Computers & Industrial Engineering* 145（2020）：106505.

[2] Yang Y, Liu J, Tan S, et al,"A multi-objective differential evolutionary algorithm for constrained multi-objective optimization problems with low feasible ratio," *Applied Soft Computing* 80（2019）：42-56.

第七章　基于社区支持农业（CSA）模式的农产品电商供应链运作策略

及同线路社区配送顺序安排这四个决策，且方便个体的交叉和变异，本节采用整数编码，包含 a、b、c 三个部分。a 部分为所有农产品品种的自然数编码，排列顺序即采摘顺序；b 部分为 |M| 个和为 |J| 的自然数，表示每个团队负责采摘的品种数，其中 |M| 为采摘团队个数，|J| 为农产品品种数；c 部分为所有社区的自然数编码，表示社区的配送顺序，通过车辆利用率最大化原则生成。[1] 首先随机选择一个社区生成一条配送路径；随后在剩余社区中随机选择一个插入；如果某个社区加入任何一条现有路径都会导致该路径上运输车辆超载，则另派车开启一条新配送路径。重复上述操作直至所有的社区都被服务。

例如，假设有 7 种农产品、3 个采摘团队、8 个社区，社区需求量分别为 (2, 1, 6, 4, 3, 3, 5, 3)，其中每个社区的需求量为该社区对 7 种农产品的需求量之和，车辆最大载重限制为 10。若生成的品种采摘顺序、团队任务分配和社区配送顺序如图 7-2 所示，则 a、b 部分表示农产品 3、6 由团队 1 负责，采摘顺序为农产品 3→农产品 6；农产品 5、2、7 由团队 2 负责，采摘顺序为农产品 5→农产品 2→农产品 7；农产品 1、4 由团队 3 负责，采摘顺序为农产品 1→农产品 4；c 部分根据车辆载重约束，表示车辆 1 从农场出发，按社区 4→社区 7→社区 2 的顺序完成配送后返回农场；车辆 2 从农场出发，按社区 6→社区 5→社区 1 的顺序完成配送后返回农场；车辆 3 从农场出发，按社区 8→社区 3 的顺序完成配送后返回农场。

（2）种群初始化

初始种群多样化有助于增强算法的搜索能力，因此，本节通过敏感度优先规则和节约算法[2]两种启发式规则生成 1 个个体，剩余个体则随机生成。

①敏感度优先规则：CSA 农场内的农产品被分为新鲜度对时间敏感程度高（衰减速度为 β_1）和新鲜度对时间敏感程度低（衰减速度为 β_2）两类，故通过上述编码方式随机生成一个个体的 a、b 两部分后，可利用敏感度优先规则依次调整优化每个采摘团队内农产品的采摘顺序，如图 7-3 所示，具体步骤如下：

---

[1] Wang J, Zhou Y, Wang Y, "Multiobjective vehicle routing problems with simultaneous delivery and pickup and time windows: formulation, instances, and algorithms," *IEEE Transactions on Cybernetics* 46 (2015): 582-594.

[2] 郭放、黄志红、黄卫来：《考虑前置仓选址与服务策略的同时取送货车辆路径问题研究》，《系统工程理论与实践》2021 年第 4 期。

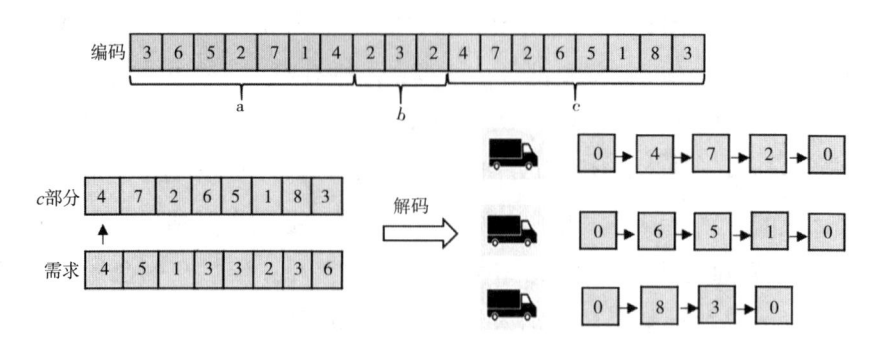

图 7-2 解的表达示例

Step1：按照团队顺序，循环执行步骤 Step2 到 Step4，直至所有团队的采摘顺序完成优化；

Step2：将该团队内待采摘农产品中衰减速度为 β_1 的农产品放入空集合 ϕ 中，并将其在原采摘序列中删除；

Step3：将集合 ϕ 中的所有农产品根据其采摘量升序排列；

Step4：该采摘团队在按原采摘顺序完成对衰减速度为 β_2 的农产品采摘后，再按集合 ϕ 中的排列顺序完成对衰减速度为 β_1 农产品的采摘。

②节约算法：在车辆具有最大载重限制的约束下生成总配送距离最短的初始解，具体步骤如下：

Step1：根据公式 $s_{mn}=d_{on}-d_{mn}$ 计算出社区之间的节约里程值，其中 0 为农场，m、n 为社区，d_{0m} 为农场到社区之间的行程距离，并将社区之间的节约里程值降序排列存入至列表 list 中；

Step2：按照列表 list 中的顺序，循环执行步骤 Step3，直至列表 list 为空；

Step3：将列表 list 中的第一个社区对（m，n）作为配送路线的初始节点（0-m-n-0），在列表 list 中依次查找与社区 m 或 n 有连接的社区，如果连接之后满足载重约束则将其加入该线路中，若无任何社区可以加入该线路中，则从列表 list 中删除包含该路径节点的所有社区对，并按照以上步骤重新生成一条路径。

（3）多种群构造

多目标优化问题包含多个相互冲突的目标，使其优化某个目标时，会不可避免地劣化其他的目标，故求解所得为一系列非支配解，即帕累托最优解。假设有

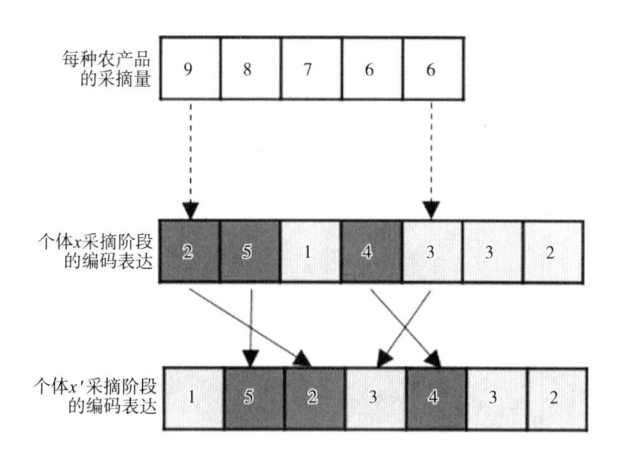

第七章 基于社区支持农业（CSA）模式的农产品电商供应链运作策略

图 7-3 敏感度优先规则

任意两个解集 S_1 和 S_2，其中 S_1 在所有目标上都优于 S_2，则称 S_1 支配 S_2。如果 S_1 不受其他解集支配，则称 S_1 为非支配解集（帕累托最优解集）。

快速非支配排序方法（Fast Non-dominated Sorting，FNS）是带精英策略的快速非支配排序遗传算法的重要组成部分，可以通过支配关系将种群分层。在快速非支配排序中，假设种群为 X，则 X 中的每个个体 x 都会被计算出两个参数 n_x 和 S_x，其中 n_x 是种群 X 中支配个体 x 的个体数量，S_x 是种群 X 中被个体 x 支配的个体集合。随后种群分层步骤如下：

Step1：找到种群中所有 $n_x=0$ 的个体，保存到集合 F_1 中；

Step2：对于当前集合 F_1 中的每个个体 i，其所支配的个体集合为 S_i，遍历 S_i 中的每个个体 i，执行 $n_{i'}=n_{i'}-1$，然后将 $n_{i'}=0$ 的个体 i' 保存到集合 H 中；

Step3：记 F_1 中得到的个体为第一个非支配层的个体，并以 H 作为当前集合，重复上述操作得到 F_2，F_3，…，直到整个种群完成分层。

本节综合考虑采摘配送成本最小化和产品交付新鲜度最大化两个目标，是多目标优化问题。在适应度计算中，第二个目标函数值用一个较大常数相减，使得总目标统一为最小化问题。故 MOPGA-LS 算法通过快速非支配排序方法，能将一个种群 P 划分为多个子种群（P_1，P_2，…，P_h），如图 7-4 所示，进而在种群 P 中执行全局搜索，在都是非支配解的子种群 P_1 中执行邻域搜索，从而更好地平衡种群多样性与种群质量，提升算法效率。此外，MOPGA-LS 算法利用多种群改进了交叉操作，使得精英个体能有更大的概率进行交叉，从而获得更高质量的解。

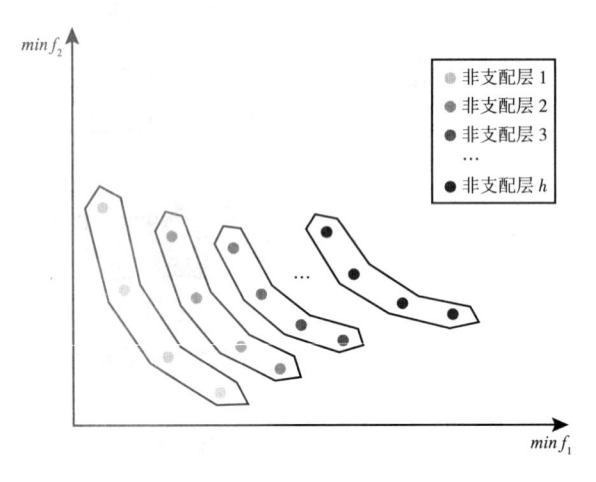

图 7-4 多种群构造

（4）改进的遗传操作

MOPGA-LS 算法设计选择、交叉、变异操作来进行种群更新。种群通过快速非支配排序后，种群内的每个个体都被计算出其非支配层级和拥挤度距离。故执行选择操作时，首先随机从种群中选择两个个体；其次，比较其非支配层数，层数较小的个体放入新种群，若非支配层数相同，则选择拥挤度较大的个体放入新种群；最后，重复上述操作，直到新种群规模达到原种群规模。

在通过选择操作得到的新种群中执行交叉操作，即两个父代个体的部分结构重组产成新个体的过程，具体步骤如下：

Step1：确定进行交叉的个体所在的非支配层数，即在 $[1,h]$ 中随机生成两个整数，两者比较，较小值即交叉个体所在的非支配层数，其中 h 为总的非支配层数量；

Step2：在确定的非支配层中随机选择一个个体作为交叉的父代个体之一；

Step3：重复 Step1 和 Step2 产生另一个交叉的父代个体；

Step4：两个个体进行交叉操作产生子代，交叉操作如图 7-5 所示。

完成交叉后，MOPGA-LS 算法以变异概率 P_m 选择个体实施变异操作，对被

选择个体 a、b、c 三部分的变异操作如下：

a 部分：随机选择一个位置上的农产品，将其插入到另一个随机位置；

b 部分：随机选择两个位置的团队负责采摘品种数，为负责较多品类采摘的团队减少 1 种农产品的采摘，为负责较少品类采摘的团队增加 1 种农产品的采摘；

c 部分：随机选择一个位置上的社区，将其插入到另一个随机位置。

最后根据精英保留策略更新种群 R，而后再次通过快速非支配排序将种群 R 划分成多个子种群（R_1，R_2，$\cdots$，R_n）。

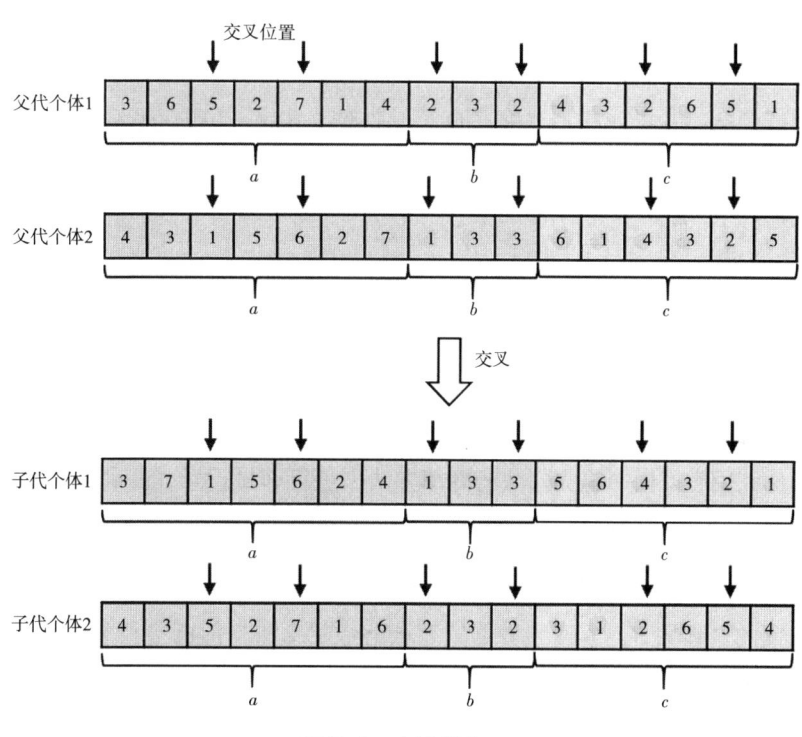

图 7-5　交叉操作

（5）结合模拟退火算法进化机制的邻域搜索

在完成上述遗传操作后，根据一定概率 P_l 对子种群 R_l 中的非支配个体进行邻域搜索。P_l 的大小由公式（7-18）确定：

$$P_l = \frac{\tau_l}{\tau} \quad (7-18)$$

其中 τ_t 为当前估值次数，τ 为最大估值次数。如果一个在 [0，1] 中随机生成的值小于 P_l，则执行邻域搜索。P_l 的设置使得算法早期侧重全局搜索，后期侧重邻域搜索，从而更好地分配算法资源，提高搜索效率。为避免邻域搜索陷入局部最优，本算法利用类似模拟退火算法的冷却过程。此外，为有效利用算法资源，仅对子种群 R_l 中的 S 个非支配个体执行邻域搜索。

为生成一个邻域解，本节根据问题特点设计了五种邻域结构，如图 7-6 所示：

（1）敏感度优先规则：用敏感度优先规则优化各采摘团队内的采摘顺序；

（2）2-Opt：在个体编码 c 部分随机选择一个基因段 $\{m, ..., n\}$，其中 m、n 为社区点，对该基因段进行反转，然后计算反转后配送路径的行驶总距离，若反转后的路径长度小于原路径长度，则保留 2-Opt 优化后的路径；

（3）采摘任务调整：在个体编码 b 部分上随机选择两个不同位置，然后交换两个位置上的负责采摘农产品数；

（4）采摘顺序调整：在个体编码 a 部分上随机选择两个不同位置，然后交换两个位置上的农产品；

（5）配送顺序调整：在个体编码 c 部分上随机选择一个位置上的社区，将其插入到另一个随机位置。

算法利用类似模拟退火方法的冷却方法来进行邻域搜索，并利用 Metropolis 准则[1]判断是否接受邻域解。操作步骤如下：

Step1：初始化参数值，包括初始温度 T_0、终止温度 T_F、冷却速率 α、进行邻域搜索的个体数 S、放回原种群的邻域解数量 Z、当前已进行邻域搜索的个体数 $s=0$，当前温度 $T=T_0$；

Step2：执行如下循环；

Step2.1：在非支配层 1 中随机选择一个初始解 x_0；

Step2.2：通过五种邻域操作生成初始解 x_0 的邻域解 x'，并根据 Metropolis 准则判断是否接受该邻域解，若接受则放入集合 ϕ；

Step2.3：$T = T \cdot \alpha$；

---

[1] Lin S W, Ying K C, "Minimizing makespan and total flowtime in permutation flowshops by a bi-objective multi-start simulated-annealing algorithm," *Computers & Operations Research* 40 (2013): 1625-1647.

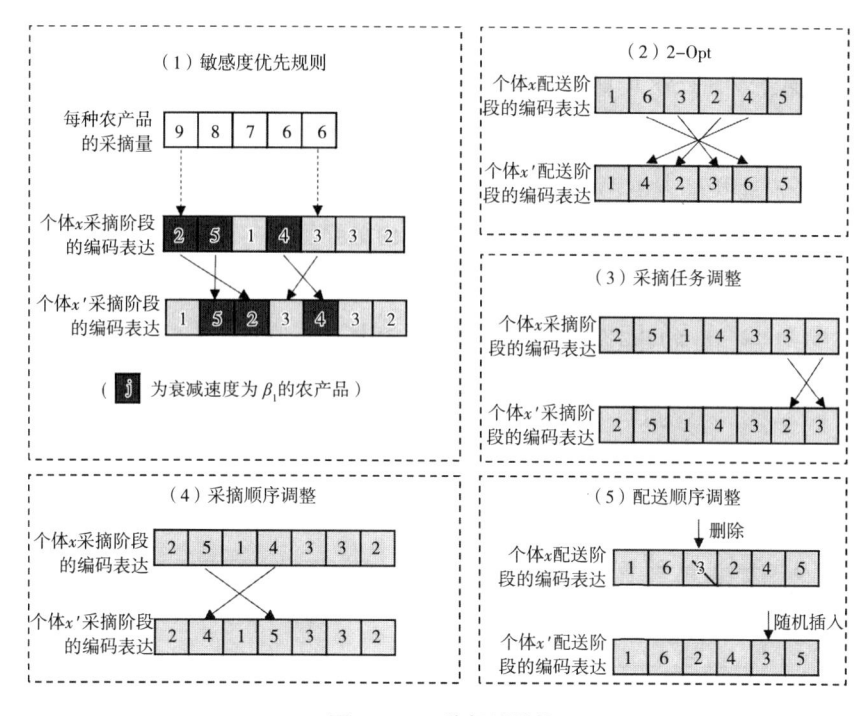

第七章 基于社区支持农业（CSA）模式的农产品电商供应链运作策略

图 7-6　五种邻域结构

Step2.4：重复 Step2.2 到 Step2.3，直到 $T<T_F$；

Step3：$s=s+1$；

Step4：若 $s>S$ 则输出集合，否则返回 Step2。

Step5：停止邻域搜索，在集合 ϕ 随机选择 Z 个邻域解放回原种群。

Metropolis 准则如下：

①若 $\Delta 1 \leqslant 0$，$\Delta 2 \leqslant 0$，则接受新解 x'；

②若 $\Delta 1 > 0$，$\Delta 2 \leqslant 0$，则当 $r<P_t$ 时，接受新解 x'；

③若 $\Delta 1 \leqslant 0$，$\Delta 2 > 0$，则当 $r<P_c$ 时，接受新解 x'；

④若 $\Delta 1 > 0$，$\Delta 2 > 0$，$\Delta 1/f(x') < \Delta 2/f_2(x')$，则当 $r<P_t$ 时，接受新解 x'；

⑤若 $\Delta 1 > 0$，$\Delta 2 > 0$，$\Delta 1/f_1(x') \geqslant \Delta 2/f_2(x')$，则当 $r<P_c$ 时，接受新解 x'。

其中父代个体 x 通过邻域搜索得到新解 x'，$\Delta 1 = f_1(x') - f_1(x)$，为 x' 和 x 的第一个目标函数之差；$\Delta 2 = f_2(x') - f_2(x)$，为 x' 和 x 的第二个目标函数之差。$P_c = exp(-\Delta 1/KT)$，$P_t = exp(-\Delta 2/KT)$，r 是从均匀分布中随机生成的数，波尔兹曼常数 $K=1$。

⑥算法终止条件

为了保证不同算法在算例计算时的公平性和实验结果的可对比性，本节采用估值次数作为算法终止条件，不同算例的估值次数设置为 $3×|M|×|J|×|D|$，其中$|M|$为采摘团队数量、$|J|$为农产品种类数、$|D|$为社区数量。算法终止后，输出种群中的非支配解作为最终解。

⑦算法流程

MOPGA-LS算法的流程图如图7-7所示，具体步骤如下：

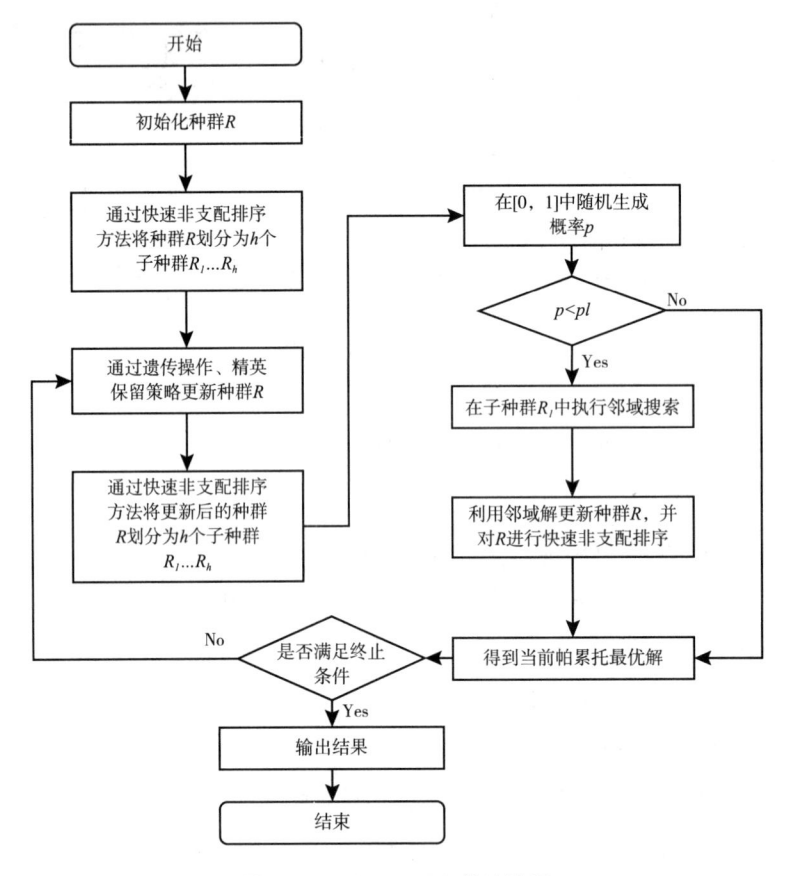

图7-7　MOPGA-LS算法流程

Step1：初始化种群规模、最大估值次数、交叉概率、变异概率以及邻域搜索部分中相关参数的参数值；

Step2：初始化种群，计算初始种群的目标函数值，并利用快速非支配排序

方法将初始种群划分为多个子种群;

Step3:执行改进的遗传操作,并通过精英保留策略更新种群;

Step4:利用快速非支配排序方法将更新后的种群划分为多个子种群;

Step5:根据概率执行邻域搜索;

Step6:达到最大估值次数后输出帕累托解集;否则则返回Step3。

2. 多目标算法评价指标

农产品"采摘—配送"联合决策属于多目标优化问题,所求解为帕累托最优解。因此本节选取超体积(Hypervolume,HV)指标[1]和反世代距离(Inverted Generational Distance,IGD)指标[2]作为算法性能的评价指标。

(1)超体积指标

HV指标可以评价算法求解所得的Pareto解集的分布性和收敛性。假设$f^* = (f_1^*, f_2^*)$为目标空间中的一个参考点,H为算法求解所得的Pareto解集,那么HV值即参考点f^*和Pareto解集围成的目标空间中所覆盖区域的体积,如图7-8所示。本节中参考点f^*被设置为(1,1),因此Pareto解集中H的值都需要进行0~1标准化。假设$h = (f_1, f_2)$是Pareto解集H的一个解,则其标准化方法如公式(7-19)确定,其中$F_{i,min}$和$F_{i,max}$分别为目标函数i($i \in \{1, 2\}$)在解集H中的最小值和最大值。HV值越大,则算法的性能越好。

$$f_i' = \frac{f_i - F_{i,min}}{F_{i,max} - F_{i,min}} \tag{7-19}$$

(2)反世代距离指标

IGD指标同样能够衡量算法求解所得的Pareto解集的分布性和收敛性。假设S^*是问题的最优解集,即真实Pareto前沿,S为算法求解所得的Pareto解集,s为S^*解集中的一个解,则$IGD(S, S^*)$为真实Pareto前沿S^*中每个解s到解集S的最短距离平均值,计算方法如公式(7-20)所示。IGD值越小,则算法的性能越好。

---

[1] Zitzler E, Thiele L, Laumanns M, et al, "Performance assessment of multiobjective optimizers: An analysis and review," *IEEE Transactions on evolutionary computation* 7 (2003): 117-132.

[2] Patel V K, Savsani V J, "A multi-objective improved teaching - learning based optimization algorithm (MO-ITLBO)," *Information Sciences* 357 (2016): 182-200.

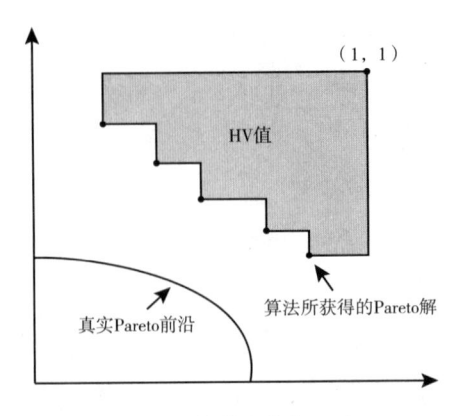

图 7-8 超体积指标示意

$$IGD(S,S^*) = \frac{1}{S^*}\sum_{s\in S^*} dist(s,S) \qquad (7-20)$$

但一般来说，实际求解过程中问题的真实 Pareto 前沿难以获得。因此，本节在实验过程中为获得某一算例的真实 Pareto 前沿，会将四种算法各跑 20 次后得到的解混合，再进行快速非支配排序，所得非支配解假设为该算例的真实 Pareto 前沿。

（四）算例分析

1. 算例生成

参考 Belo-Filho 等[1]、吴瑶和马祖军[2]的算例构造方式，通过修改有容量限制的车辆路径调度问题基准算例来生成一系列测试实例。有容量限制的车辆路径调度问题基准算例包含节点位置、车辆容量等信息，可以在 http://www.coin-or.org/SYMPHONY/branchandcut/VRP/data/index.htm.old 中获取。假设车辆单位里程费为 1 元/km，平均行驶速度为 30km/h，启用一辆车辆的固定成本为 150 元，每个社区对各类农产品的需求量服从 [0, 5] 的离散均匀分布。假设 CSA 农场最多拥有 5 个采摘团队，各采摘团队对各类农产品的单位采摘时间以及单位采摘成本如表 7-1 所示。表 7-2 是所有实例的特征。

---

[1] Belo-Filho M A F, Amorim P, Almada-Lobo B, "An adaptive large neighbourhood search for the operational integrated production and distribution problem of perishable products," *International Journal of Production Research* 53 (2015): 6040-6058.

[2] 吴瑶、马祖军：《时变路网下带时间窗的易腐食品生产—配送问题》，《系统工程理论与实践》2017 年第 1 期。

第七章　基于社区支持农业（CSA）模式的农产品电商供应链运作策略

表7-1　采摘团队信息

采摘团队	对各类农产品的单位采摘时间(h/kg)	对各类农产品的单位采摘成本(元/h)
1	均服从[0.001,0.005]的离散均匀分布	均为100
2	均服从[0.006,0.01]的离散均匀分布	均为90
3	均服从[0.011,0.015]的离散均匀分布	均为80
4	均服从[0.016,0.02]的离散均匀分布	均为70
5	均服从[0.021,0.025]的离散均匀分布	均为60

表7-2　实例特征

实例	采摘团队数量	新鲜度对时间敏感程度高的生鲜农产品种类数	新鲜度对时间敏感程度低的生鲜农产品种类数	社区数量
M2-J20-D20	2	10	10	20
M2-J30-D40	2	15	15	40
M3-J30-D40	3	15	15	40
M3-J40-D60	3	20	20	60
M4-J40-D60	4	20	20	60
M4-J50-D80	4	25	25	80
M5-J50-D80	5	25	25	80
M5-J60-D100	5	30	30	100

2. 参数设置

本节采用正交实验获得16个参数配置，以寻找MOPGA-LS的最佳参数组合。参数包括种群大小Q、进行邻域搜索的个体数量S、冷却速率α以及邻域解中放回原种群的个体数量Z。每个参数确定了四个水平，即$Q=\{50, 75, 100, 125\}$，$S=\{3, 6, 9, 12\}$，$\alpha=\{0.2, 0.4, 0.6, 0.8\}$，$Z=\{5, 10, 15, 20\}$。由此建立如表7-3所示的正交数组$L_{16}(4^4)$。表7-3中的16组参数组合依次被应用于MOPGA-LS以解决团队数量为3、产品种类为30、社区数量为40的算例。MOPGA-LS运行20次获得的超体积值作为响应值（Response Value，RV）来验证所有组合的结果。参数正交实验结果如表7-3所示，参数显著性排序如表7-4所示，参数变化趋势如图7-9所示，可以发现参数Q的取值对MOPGA-LS算法性能的影响最大，而参数α的取值对MOPGA-LS算法的性能影响很小，故较优的参数组合为$Q=75$，$\alpha=0.8$，$S=3$和$Z=10$。

表 7-3　MOPGA-LS 正交实验表

ID	Q	S	α	Z	RV
1	50	3	0.2	5	0.7743
2	50	6	0.4	10	0.7668
3	50	9	0.6	15	0.7512
4	50	12	0.8	20	0.7531
5	75	3	0.4	15	0.7704
6	75	6	0.2	20	0.7598
7	75	9	0.8	5	0.7775
8	75	12	0.6	10	0.7710
9	100	3	0.6	20	0.7420
10	100	6	0.8	15	0.7391
11	100	9	0.2	10	0.7332
12	100	12	0.4	5	0.7117
13	125	3	0.8	10	0.7205
14	125	6	0.6	5	0.6420
15	125	9	0.4	20	0.7093
16	125	12	0.2	15	0.6814

表 7-4　MOPGA-LS 各因素显著性排序

水平	Q	S	α	Z
1	0.7613	0.7518	0.7372	0.7264
2	0.7697	0.7269	0.7396	0.7479
3	0.7315	0.7428	0.7265	0.7355
4	0.6883	0.7293	0.7475	0.7411
显著性差值	0.0814	0.0249	0.0210	0.0215
排序	1	2	4	3

快速非支配排序遗传算法（NSGA-Ⅱ）、基于分解的多目标进化算法（MOEA/D）以及结合蜜蜂算法的基于分解的多目标进化算法（MOEA/D-BA）三种对比算法的最佳参数组合也通过正交实验获得。对于 NSGA-Ⅱ，具有三个关键参数，分别为种群规模、交叉概率和变异概率。NSGA-Ⅱ参数的三因素四水平正交实验结果如表 7-5 所示，参数变化趋势如图 7-10 所示，故 NSGA-Ⅱ较优的参数组合为种群规模为 50、交叉概率为 0.4 和变异概率为 0.6。对于 MOEA/D，具有三个关键参数，分别为种群规模、邻居规模和交叉概率。

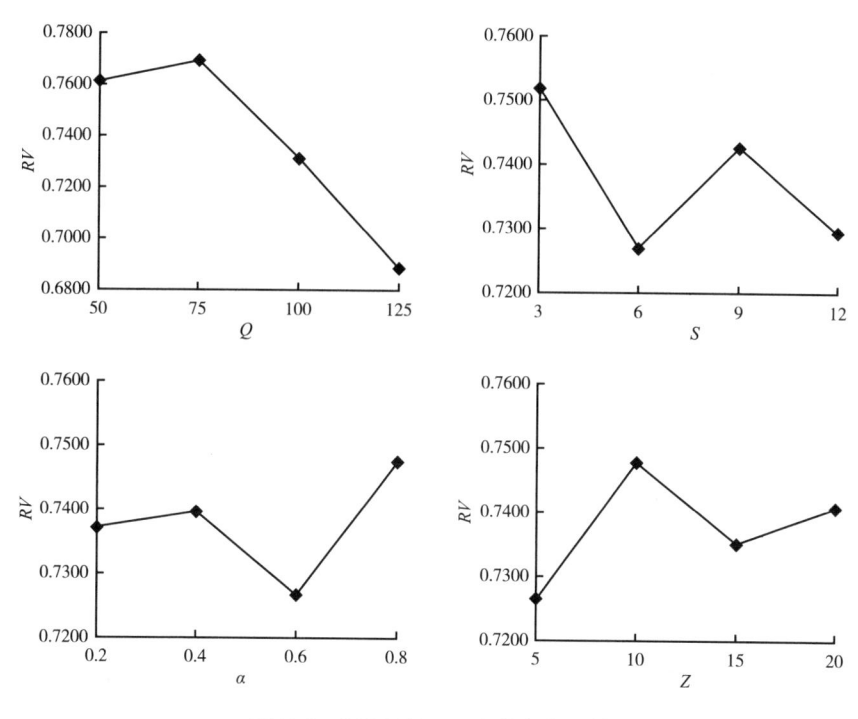

图 7-9　MOPGA-LS 参数变化趋势

MOEA/D 参数的三因素四水平正交实验结果如表 7-6 所示，参数变化趋势如图 7-11 所示，故 MOEA/D 较优的参数组合为种群规模为 125、邻居规模为 15 和交叉概率为 0.8。对于 MOEA/D-BA，具有三个关键参数，分别为种群规模、邻居规模和一个与雇佣蜂数量相关的参数。MOEA/D-BA 参数的三因素四水平正交实验结果如表 7-7 所示，参数变化趋势如图 7-12 所示，故 MOEA/D-BA 较优的参数组合为种群规模为 125、邻居规模为 10 和与雇佣蜂数量相关的参数为 0.6。

表 7-5　NSGA-Ⅱ正交实验表

ID	种群规模	交叉概率	变异概率	RV
1	50	0.2	0.8	0.9500
2	50	0.4	0.4	0.9601
3	50	0.8	0.6	0.9500
4	50	0.6	0.2	0.9410
5	75	0.4	0.2	0.9360
6	75	0.2	0.6	0.9296

续表

ID	种群规模	交叉概率	变异概率	RV
7	75	0.8	0.8	0.9461
8	75	0.6	0.4	0.9422
9	100	0.4	0.8	0.9215
10	100	0.2	0.4	0.9487
11	100	0.8	0.2	0.9370
12	100	0.6	0.6	0.9543
13	125	0.6	0.8	0.9178
14	125	0.2	0.2	0.9182
15	125	0.8	0.4	0.9138
16	125	0.4	0.6	0.9458

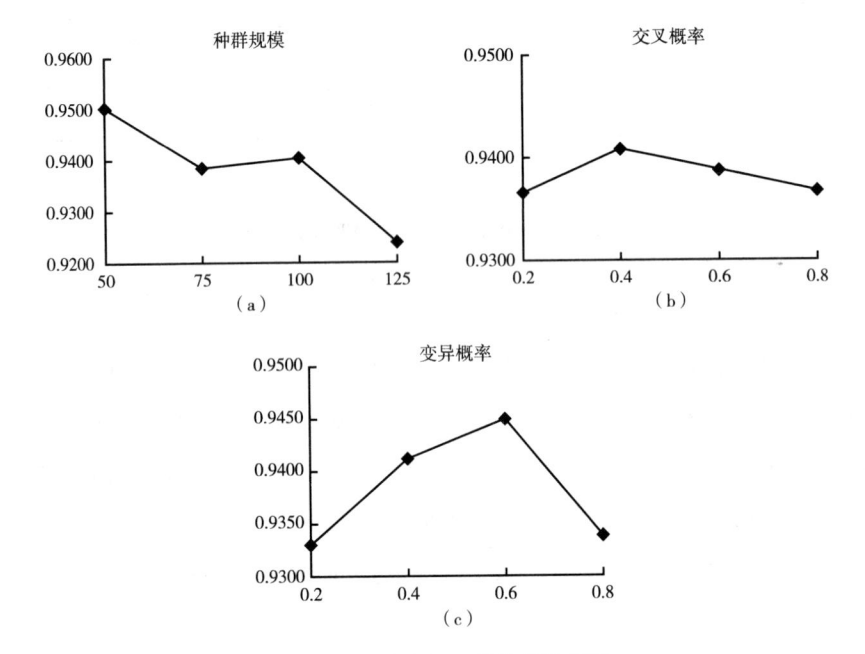

图 7-10 NSGA-Ⅱ 参数变化趋势

表 7-6 MOEA/D 正交实验表

ID	种群规模	邻居规模	交叉概率	RV
1	50	20	0.8	0.4539
2	50	10	0.4	0.4159
3	50	15	0.6	0.4509

第七章 基于社区支持农业（CSA）模式的农产品电商供应链运作策略

续表

ID	种群规模	邻居规模	交叉概率	RV
4	50	5	0.2	0.4633
5	75	20	0.2	0.4367
6	75	10	0.6	0.3976
7	75	15	0.4	0.4744
8	75	5	0.8	0.4285
9	100	10	0.2	0.4607
10	100	20	0.6	0.3628
11	100	5	0.4	0.4037
12	100	15	0.8	0.4785
13	125	5	0.6	0.4784
14	125	15	0.2	0.4720
15	125	20	0.4	0.4445
16	125	10	0.8	0.4968

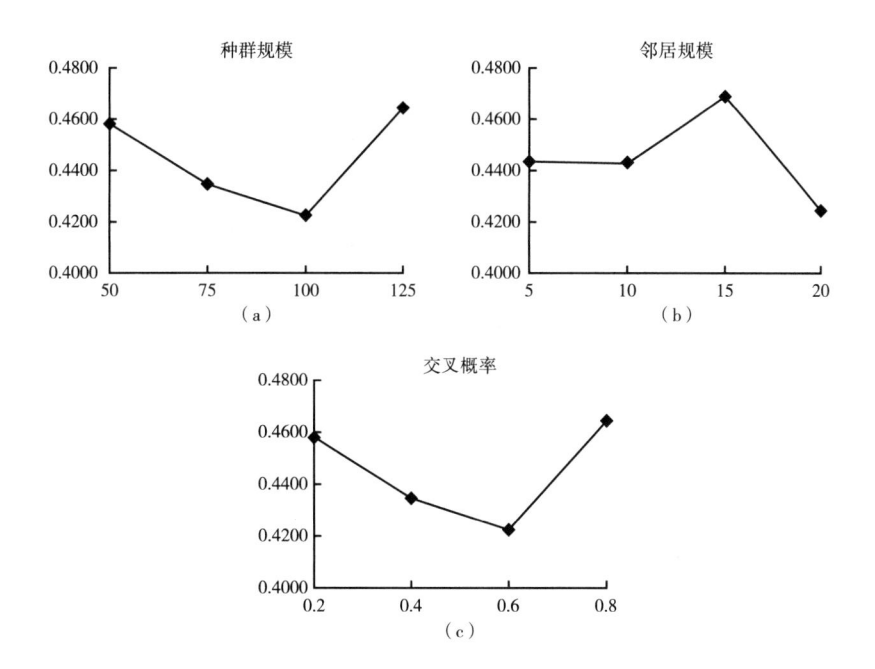

图 7-11 MOEA/D 参数变化趋势

表 7-7 MOEA/D-BA 正交实验表

ID	种群规模	邻居规模	与雇佣蜂数量相关的参数	RV
1	50	20	0.8	0.4062
2	50	10	0.4	0.3899
3	50	15	0.6	0.4082
4	50	5	0.2	0.3674
5	75	20	0.2	0.4275
6	75	10	0.6	0.4493
7	75	15	0.4	0.3991
8	75	5	0.8	0.3408
9	100	10	0.2	0.4485
10	100	20	0.6	0.4341
11	100	5	0.4	0.3554
12	100	15	0.8	0.4217
13	125	5	0.6	0.4270
14	125	15	0.2	0.4591
15	125	20	0.4	0.3556
16	125	10	0.8	0.4455

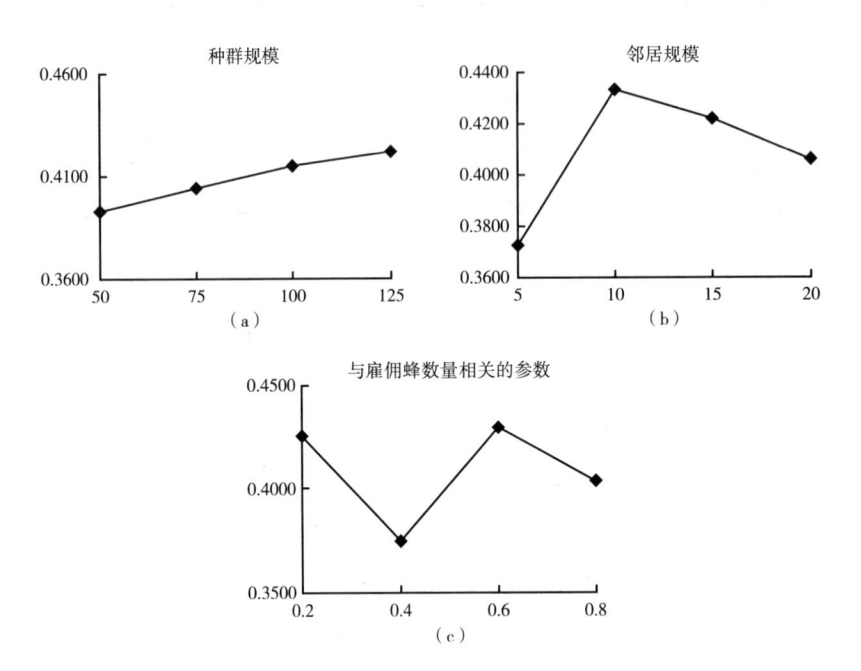

图 7-12 MOEA/D-BA 参数变化趋势

3. CPLEX 数值实验

本节将 MOPGA-LS 结果与 CPLEX 求解器结果进行对比，验证了所构建模型和

第七章 基于社区支持农业（CSA）模式的农产品电商供应链运作策略

算法在求解大规模问题上的有效性。由于第二个关于产品交付新鲜度的目标函数难以线性化，故在 CPLEX 求解过程中，对第二个目标函数进行离散线性化处理，具体如式（7-21）所示。

$$\begin{cases} maxf_2 = \sum_{m \in D} min \left\{ \min_{j \in J_{1m}} [C - e^{\beta_1(a_{mk} - c_j)}], \min_{j \in J_{2m}} [C - e^{\beta_2(a_{mk} - c_j)}] \right\} \to \\ maxf_2 = \sum_{m \in D} min \left\{ \min_{j \in J_{1m}} [C - e^{\beta_1 \cdot t}] \min_{j \in J_{2m}} [C - e^{\beta_2 \cdot t}] \right\} \\ t = \begin{cases} a_1 + \dfrac{b_1 - a_1}{2}, a_1 \leq t \leq b_1 \\ a_2 + \dfrac{b_2 - a_2}{2}, a_2 \leq t \leq b_2, \text{其中}[a_1, b_1], \cdots, [a_n, b_n] \text{为常数区间} \\ a_n + \dfrac{b_n - a_n}{2}, a_n \leq t \leq b_n \end{cases} \end{cases} \quad (7-21)$$

此外，由于农产品"采摘—配送"联合决策模型是双目标问题，故 CPLEX 求解过程中通过加权求和将双目标转化为单目标，其中目标函数一、目标函数二的加权系数均为 0.5。MOPGA-LS 运行 20 次所求得的非支配解加权后与 CPLEX 所得解进行比较。

一组具有 3 个采摘团队、8 种农产品、10 个社区的算例如表 7-8 和表 7-9 所示，车辆最大载重限制为 50。该组算例被划分为三个规模，如表 7-10 所示。通过计算，CPLEX 求解 3 个采摘团队、4 种农产品、6 个社区算例的计算时间约为 5 秒，求解其他两个算例时，计算时间均超过 2 小时。故当算例规模为 3 个采摘团队、4 种农产品、6 个社区时，CPLEX 可以求得最优解，而对于其他两组算例，CPLEX 在规定时间内只可以求得近似最优解。

在本节中，每个算例 CPLEX 的最大计算时间等于 MOPGA-LS 完成该算例计算所使用的时间。MOPGA-LS 与 CPLEX 的对比结果如表 7-10 所示，CPLEX 在算例 M3-J4-D6 中表现更优，而 MOPGA-LS 在其他两个规模较大的算例中表现更优。由此可见，农产品"采摘—配送"联合决策模型具有有效性。此外，通过实验可知，CPLEX 仅可以求得小规模算例的最优解，在求解中等规模和大规模算例时，难以在可控时间内求得最优解；而 MOPGA-LS 则可以在合理的时间内求得中等规模和大规模算例的 Pareto 最优解。因此，相比于 CPLEX，MOPGA-LS 在求解中等规模和大规模问题上能更具优势。

表 7-8 采摘信息

团队\采摘能力(h/kg)	产品1	产品2	产品3	产品4	产品5	产品6	产品7	产品8	单位采摘成本(元/h)
团队 1	0.001	0.003	0.005	0.004	0.003	0.005	0.001	0.005	100
团队 2	0.008	0.009	0.007	0.006	0.008	0.01	0.007	0.005	90
团队 3	0.011	0.01	0.013	0.015	0.015	0.011	0.012	0.012	80

表 7-9 需求信息

需求位置	产品1	产品2	产品3	产品4	产品5	产品6	产品7	产品8	坐标
农场	\	\	\	\	\	\	\	\	(61,37)
社区 1	3	3	5	5	2	1	0	2	(93,57)
社区 2	1	4	3	5	0	2	4	4	(15,67)
社区 3	1	1	5	1	0	3	5	0	(23,43)
社区 4	3	2	1	1	4	0	5	2	(53,5)
社区 5	3	5	3	1	2	5	3	0	(13,75)
社区 6	4	3	5	5	2	2	1	4	(29,73)
社区 7	2	5	0	0	1	4	3	1	(47,37)
社区 8	1	4	2	2	4	0	2	3	(23,71)
社区 9	5	1	4	1	0	0	0	0	(67,45)
社区 10	2	0	5	0	1	0	2	1	(21,49)

表 7-10 CPLEX 与 MOPGA-LS 运行结果对比

算例规模	CPLEX 结果	CPLEX 运行时间	MOPGA-LS 结果	MOPGA-LS 运行时间
M3-J4-D6	307.19	5s	307.76	17s
M3-J8-D10	837.40	>7200s	568.04	20s
M4-J8-D10	771.254	>7200s	480.98	19s

4. 多目标优化算法数值实验

本节选择快速非支配排序遗传算法（NSGA-Ⅱ）、基于分解的多目标进化算法（MOEA/D）以及结合蜜蜂算法的基于分解的多目标进化算法

第七章　基于社区支持农业（CSA）模式的农产品电商供应链运作策略

（MOEA/D-BA）作为对比算法。NSGA-Ⅱ[1]、MOEA/D[2]是经典的多目标进化算法，在求解调度问题、车辆路径规划问题等方面表现出良好的性能。MOEA/D-BA则是Gharaei等[3]提出用于求解产品从工厂到客户的两级供应链"生产—配送"联合决策问题的算法。

本节使用超体积（HV）指标和反向世代距离（IGD）指标两种综合指标来评价算法性能，并运用参数检验方法t检验和非参数检验方法u检验两种方法对两个指标进行比较。在0.05显著性水平下，符号"+"、"-"和"~"分别代表显著优于、显著劣于或相同于的统计结果，即当MOPGA-LS算法性能显著优于某种算法时，结果为"+"；当MOPGA-LS算法性能显著劣于某种算法时，结果为"-"；当MOPGA-LS算法性能与某种算法相同时，结果为"~"。每种算法针对每个算例的HV值和IGD值均为该算法针对该算例20次独立运算的结果平均值。

MOPGA-LS及其三种对比算法的HV指标结果如表7-11所示。研究结果表明，在绝大部分算例中，MOPGA-LS的综合性能要显著优于NSGA-Ⅱ、MOEA/D和MOEA/D-BA这三种对比算法。具体来看，根据t检验结果，8组32个测试算例中，MOPGA-LS在28个算例中性能显著优于NSGA-Ⅱ，其余4个算例中MOPGA-LS性能与NSGA-Ⅱ相当；并且MOPGA-LS在32个算例中性能均显著优于MOEA/D和MOEA/D-BA。根据u检验结果，8组32个测试算例中，MOPGA-LS在27个算例中性能显著优于NSGA-Ⅱ，其余5个算例中MOPGA-LS性能与NSGA-Ⅱ相当；且MOPGA-LS在32个算例中性能均显著优于MOEA/D和MOEA/D-BA。8个不同规模算例下MOPGA-LS、NSGA-Ⅱ、MOEA/D和MOEA/D-BA四种算法关于HV指标的箱线图如图7-13所示。

---

[1] Duan J, Wang J, "Energy-efficient scheduling for a flexible job shop with machine breakdowns considering machine idle time arrangement and machine speed level selection," *Computers & Industrial Engineering* 161（2021）：107677.

[2] Zhang W, Li H, Yang W, et al, "Hybrid multiobjective evolutionary algorithm considering combination timing for multi-type vehicle routing problem with time windows," *Computers & Industrial Engineering* 171（2022）：108435.

[3] Gharaei A, Jolai F, "A multi-agent approach to the integrated production scheduling and distribution problem in multi-factory supply chain," *Applied Soft Computing* 65（2018）：577-589.

表 7-11 HV 指标结果

算例特征	Ins.	MOPGA-LS 平均值	NSGA-Ⅱ 平均值	t-test	U-test	MOEA/D 平均值	t-test	U-test	MOEA/D-BA 平均值	t-test	U-test
M2-J20-D20	1	0.9025	0.8671	+	+	0.7092	+	+	0.1965	+	+
	2	0.8963	0.8455	+	+	0.7260	+	+	0.2107	+	+
	3	0.8962	0.7470	+	+	0.6230	+	+	0.2050	+	+
	4	0.9289	0.7911	+	+	0.6358	+	+	0.1965	+	+
M2-J30-D40	1	0.8981	0.7857	+	+	0.6746	+	+	0.2172	+	+
	2	0.8974	0.7503	+	+	0.6192	+	+	0.1759	+	+
	3	0.9550	0.8075	+	+	0.7168	+	+	0.1845	+	+
	4	0.8881	0.7648	+	+	0.6271	+	+	0.2136	+	+
M3-J30-D40	1	0.9558	0.8978	+	+	0.8235	+	+	0.3552	+	+
	2	0.9423	0.9018	+	+	0.8410	+	+	0.3850	+	+
	3	0.9284	0.8929	+	+	0.8311	+	+	0.1566	+	+
	4	0.9258	0.8638	+	+	0.8026	+	+	0.1772	+	+
M3-J40-D60	1	0.9451	0.9093	+	+	0.8689	+	+	0.1746	+	+
	2	0.9514	0.9287	+	+	0.8948	+	+	0.3135	+	+
	3	0.9653	0.9399	+	+	0.9072	+	+	0.1848	+	+
	4	0.9569	0.9336	+	+	0.8963	+	+	0.3169	+	+
M4-J40-D60	1	0.9842	0.9590	+	+	0.9339	+	+	0.1181	+	+
	2	0.9808	0.9678	+	+	0.9463	+	+	0.2780	+	+
	3	0.9835	0.9679	+	+	0.9478	+	+	0.1179	+	+
	4	0.9816	0.9613	+	+	0.9358	+	+	0.2762	+	+
M4-J50-D80	1	0.9904	0.9842	+	+	0.9725	+	+	0.1804	+	+
	2	0.9923	0.9884	+	+	0.9793	+	+	0.1857	+	+
	3	0.9917	0.9860	+	+	0.9762	+	+	0.1116	+	+
	4	0.9910	0.9851	+	+	0.9746	+	+	0.1121	+	+
M5-J50-D80	1	0.9944	0.9883	+	+	0.9799	+	+	0.1994	+	+
	2	0.9938	0.9867	+	+	0.9801	+	+	0.1083	+	+
	3	0.9949	0.9936	~	~	0.9889	+	+	0.1119	+	+
	4	0.9944	0.9863	+	+	0.9844	+	+	0.1092	+	+
M5-J60-D100	1	0.9920	0.9885	+	~	0.9845	+	+	0.1279	+	+
	2	0.9951	0.9944	~	~	0.9908	+	+	0.1268	+	+
	3	0.9956	0.9947	~	~	0.9915	+	+	0.1270	+	+
	4	0.9943	0.9936	~	~	0.9901	+	+	0.2052	+	+

MOPGA-LS 及其三种对比算法的 IGD 指标结果如表 7-12 所示。研究结果表明，MOPGA-LS 所求得的 Pareto 解相比于 NSGA-Ⅱ、MOEA/D 和 MOEA/D-BA

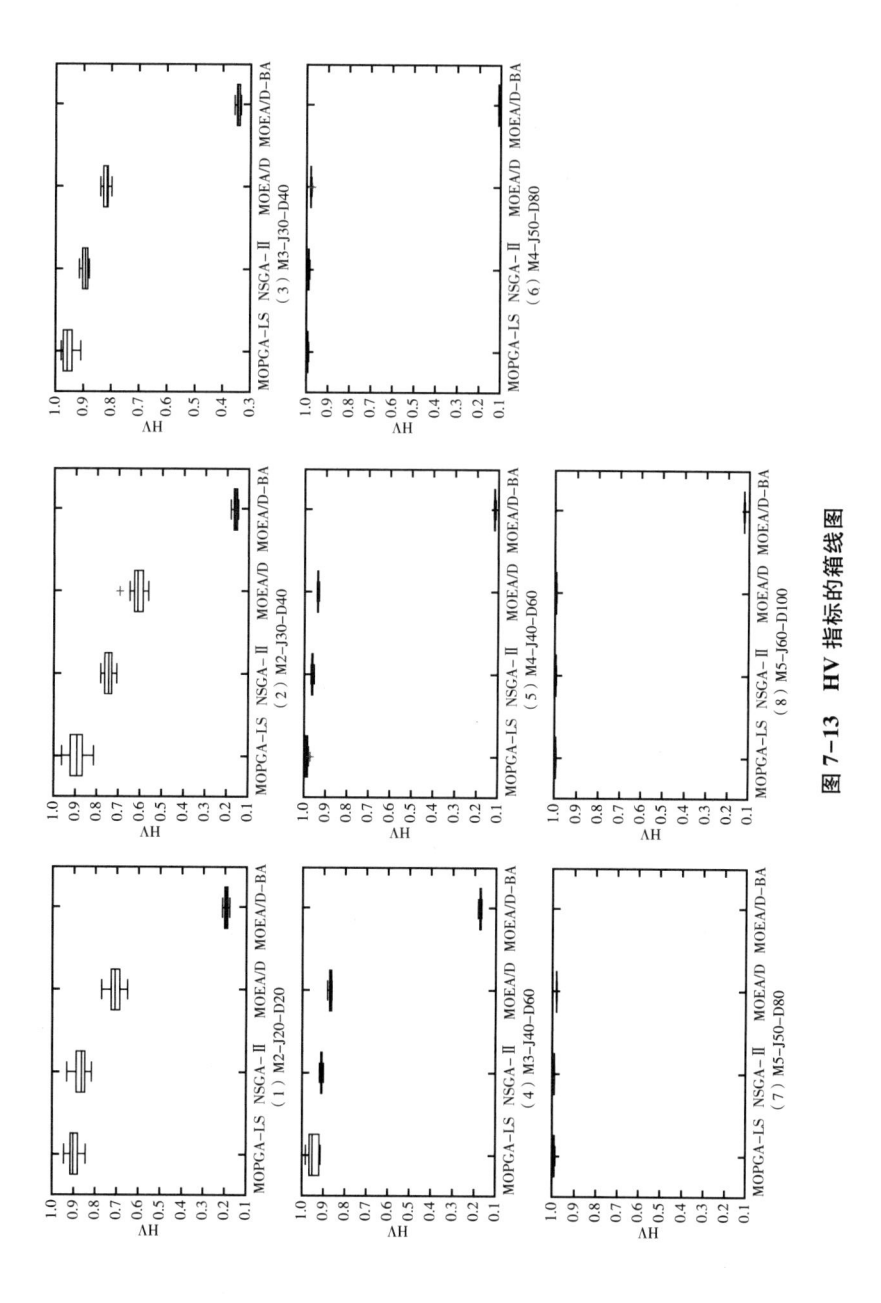

第七章 基于社区支持农业（CSA）模式的农产品电商供应链运作策略

图 7-13 HV 指标的箱线图

这三种对比算法要更加趋近于真实 Pareto 前沿。具体来看，根据 t 检验结果，8 组 32 个测试算例中，MOPGA-LS 在 32 个算例中所求得的 Pareto 解与 NSGA-Ⅱ、MOEA/D 和 MOEA/D-BA 所求得的 Pareto 解相比，更趋近于算例的真实 Pareto 前沿。根据 u 检验结果，8 组 32 个测试算例中，MOPGA-LS 性能同样均显著优于 NSGA-Ⅱ、MOEA/D 和 MOEA/D-BA。8 个不同规模算例下 MOPGA-LS、NSGA-Ⅱ、MOEA/D 和 MOEA/D-BA 四种算法关于 IGD 指标的箱线图如图 7-14 所示。

通过对上述 8 组 32 个测试算例的实验分析，可以验证 MOPGA-LS 在求解农产品"采摘—配送"联合决策模型上表现优异，可以在合理时间内有效求得一个趋近于模型真实 Pareto 前沿的解集，为 CSA 农场提供能同时满足采摘配送成本最小化和产品交付新鲜度最大化的运营方案。

表 7-12　IGD 指标结果

算例特征	Ins.	MOPGA-LS 平均值	NSGA-Ⅱ 平均值	t-test	U-test	MOEA/D 平均值	t-test	U-test	MOEA/D-BA 平均值	t-test	U-test
M2-J20-D20	1	0.1113	0.1931	+	+	0.7035	+	+	0.4493	+	+
	2	0.1231	0.3256	+	+	0.8105	+	+	0.6037	+	+
	3	0.1835	0.9014	+	+	1.6756	+	+	1.1924	+	+
	4	0.2830	0.3093	+	+	0.6614	+	+	0.5101	+	+
M2-J30-D40	1	0.1541	0.4488	+	+	0.9139	+	+	0.7899	+	+
	2	0.1511	0.6358	+	+	1.2209	+	+	0.9799	+	+
	3	0.1354	0.4292	+	+	0.6814	+	+	0.7185	+	+
	4	0.3099	0.7114	+	+	1.0881	+	+	1.1647	+	+
M3-J30-D40	1	0.0678	0.2347	+	+	0.5242	+	+	0.4527	+	+
	2	0.1557	0.3364	+	+	0.6253	+	+	0.6201	+	+
	3	0.0775	0.1632	+	+	0.3281	+	+	0.3093	+	+
	4	0.1423	0.4104	+	+	0.7467	+	+	0.7239	+	+
M3-J40-D60	1	0.0604	0.1639	+	+	0.3129	+	+	0.3109	+	+
	2	0.1706	0.4405	+	+	0.8525	ǀ	ǀ	0.8265	+	+
	3	0.1034	0.3151	+	+	0.6426	+	+	0.6259	+	+
	4	0.0628	0.1331	+	+	0.2711	+	+	0.2797	+	+

续表

算例特征	Ins.	MOPGA-LS 平均值	NSGA-Ⅱ 平均值	NSGA-Ⅱ t-test	NSGA-Ⅱ U-test	MOEA/D 平均值	MOEA/D t-test	MOEA/D U-test	MOEA/D-BA 平均值	MOEA/D-BA t-test	MOEA/D-BA U-test
M4-J40-D60	1	0.0284	0.1204	+	+	0.2581	+	+	0.2600	+	+
M4-J40-D60	2	0.0534	0.1184	+	+	0.2507	+	+	0.3003	+	+
M4-J40-D60	3	0.0424	0.1405	+	+	0.2848	+	+	0.2868	+	+
M4-J40-D60	4	0.0402	0.1116	+	+	0.2227	+	+	0.2289	+	+
M4-J50-D80	1	0.0304	0.0721	+	+	0.1745	+	+	0.1806	+	+
M4-J50-D80	2	0.0299	0.0711	+	+	0.1826	+	+	0.1791	+	+
M4-J50-D80	3	0.0246	0.0653	+	+	0.1563	+	+	0.1605	+	+
M4-J50-D80	4	0.0454	0.1140	+	+	0.2444	+	+	0.2924	+	+
M5-J50-D80	1	0.0205	0.0594	+	+	0.1647	+	+	0.1594	+	+
M5-J50-D80	2	0.0278	0.0652	+	+	0.2020	+	+	0.2071	+	+
M5-J50-D80	3	0.0320	0.0649	+	+	0.1962	+	+	0.2043	+	+
M5-J50-D80	4	0.0370	0.0782	+	+	0.2372	+	+	0.2260	+	+
M5-J60-D100	1	0.0179	0.0488	+	+	0.1304	+	+	0.1461	+	+
M5-J60-D100	2	0.0339	0.0614	+	+	0.2236	+	+	0.2091	+	+
M5-J60-D100	3	0.0190	0.0370	+	+	0.1379	+	+	0.1412	+	+
M5-J60-D100	4	0.0183	0.0355	+	+	0.1116	+	+	0.1191	+	+

本节综合考虑采摘配送成本最小化和产品交付新鲜度最大化两个决策目标，构建 CSA 农场农产品"采摘—配送"联合决策的混合整数规划模型，根据问题特点设计了一种结合邻域搜索的多目标多种群遗传算法进行求解。基于此，本节得到以下结论。

（1）用联合决策的方式对采摘环节和配送环节进行一体化优化，有利于 CSA 农场在降低成本的同时提升农产品新鲜度。

（2）结合邻域搜索的多目标多种群遗传算法融入了根据问题特点设计的解的编码和解码、启发式规则、种群初始化以及邻域结构设计等特殊策略，以及通过将改进的遗传操作与结合模拟退火算法进化机制的邻域搜索相结合，更好地平衡了全局搜索能力和局部搜索能力。

图 7-14 IGD 指标的箱线图

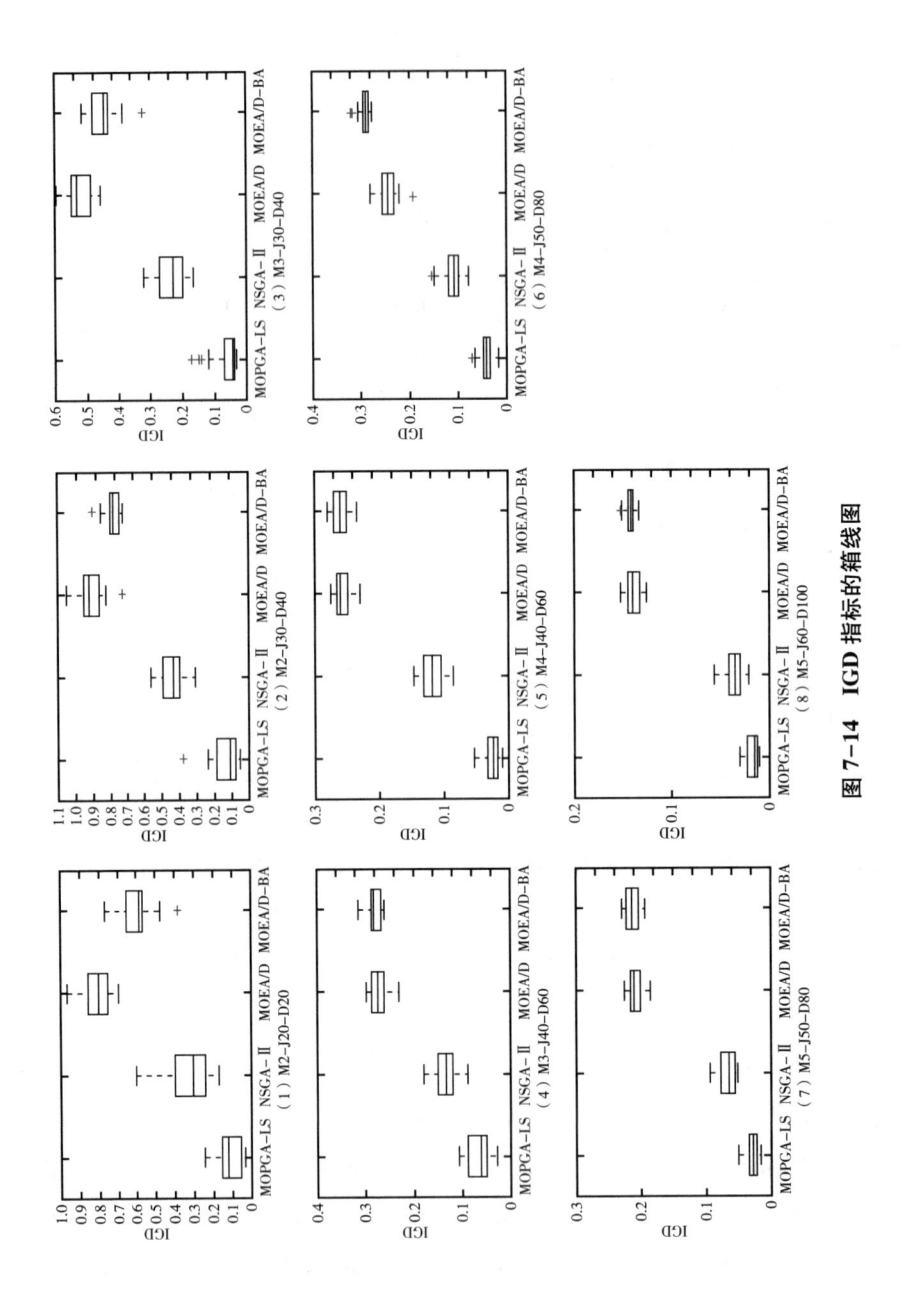

第二节 考虑平台介入的 CSA 模式运作决策研究

(一) 问题描述

近年来,基于 CSA 模式的农产品电商供应链逐渐形成了两种典型的运营模式:直接对接和平台连接。由于消费者和农场是不同类型的社会群体,双方参与 CSA 的目的、意愿和行为特征差别较大,供需的对接与匹配更有难度。从农场组织生产到消费者获取食物,需要经历较长的农产品生产周期,双方的信任危机更严重。因此互惠合作契约的设计显得尤为重要。

直接对接模式是指 CSA 农场和消费者直接签订预售订单,CSA 农场按照事先约定组织生产,消费者可参与生产或采摘过程,或选择定期配送到家。例如,分享收获农场、国仁绿色联盟等 CSA 项目采用的是直接对接模式。平台连接模式是指 CSA 农场和消费群体通过电商平台进行对接,消费者通过电商平台向 CSA 农场预订有机农产品,电商平台为入驻平台的 CSA 农场提供监管和配送服务,并收取一定比例的佣金,例如,丹麦的 Aarstiderne、美国的艾米农场、我国小毛驴生态农场、有机大使等 CSA 项目采用的是平台连接模式。

本节针对直接对接和平台连接两种主流的运营模式,构建包含消费者、电商和农场的三方博弈模型,深入研究基于 CSA 模式的农产品电商供应链运营决策问题。

(二) 模型构建

假设市场需求函数为 $D=\mu+\varepsilon$,其中,μ 为市场平均需求,ε 为需求的不确定性,其分布函数、密度函数分别为 $F(\cdot)$、$f(\cdot)$。借鉴 Yi 等的研究[1],假设 ε 服从均匀分布,即 $f(\varepsilon)=\dfrac{1}{2\gamma}$($-\gamma<\varepsilon<\gamma$)。销售价格 p 由市场决定,农户的单位生产成本为 c。一般来说,参与 CSA 项目的消费者都具有类似的偏好,都追求安全、健康、高质量的产品。因此,本节假设消费者是同质的。v 是单位产品的消费者效用,满足 $v>p>c>0$。电商平台提供的服务主要包括两部分:一是监管消费者的

---

[1] Yi Z, Wang Y, Chen Y-J, "Financing an Agricultural Supply Chain with a Capital-Constrained Smallholder Farmer in Developing Economies," *Production and Operations Management* 30 (2021): 2102-2121.

预订数量，为 CSA 农场提供更准确的需求预测；二是为 CSA 农场提供物流配送服务。由于电商平台积累了大量的销售信息、客户信息等数据，对消费者的需求预测往往更加准确。电商平台对消费者的需求量进行市场调查和研究，可以帮助 CSA 农场降低信息不对称带来的库存风险。同时，CSA 农场会向电商平台的服务支付费用，将自己的销售收入提一定比例 s 给电商平台。例如，有机大使 CSA 项目为入驻平台的农场提供监管和配送服务，并收取一定比例的佣金。消费者因谎报预订数量受到电商平台的罚款可表示为 $\lambda q\ (\hat{u}^P - \mu)$，其中 λ 是电商平台的单位惩罚系数，q 是电商平台的监管强度系数，也是消费者说谎被发现的概率。同时假设电商平台的单位服务成本为 k。

1. 直接对接模式

直接对接模式下的 CSA 项目是由农场和消费者组成的二级供应链，决策过程如下：

（1）预测消费者的需求量为 $D=\mu+\varepsilon$，在农场生产前，消费者向 CSA 农场下达预订数量 u，但消费者为了最大化自己的效用有可能夸大 u，下达的预订数量是 $\hat{u}^N$；

（2）农场收到 $\hat{u}^N$ 后，结合自己对 u 的预测值 u_0，形成对消费者的信任水平 T；然后根据 $\hat{u}^N$、u_0 和 T，形成自己认为的市场需求 $\mu_m^N = T\hat{u}^N + (1-T)\mu_0$；最后，根据 μ_m^N 确定产量 Q^N，投入生产；

（3）实际市场需求实现，农场完成生产，并将农产品配送给消费者。

2. 平台连接模式

平台连接模式下的 CSA 项目是由农场、电商平台和消费者组成的三级供应链，决策过程如下：

（1）消费群体观察到市场需求量为 $D=\mu+\varepsilon$，在农场生产前，消费者在电商平台上向农场下达预订数量 u，但消费者为了最大化自己的效用有可能夸大 u，在电商平台上下达的预订数量是 $\hat{u}^P$；

（2）农场收到 $\hat{u}^P$ 后，结合自己对 u 的预测值 u_0，形成对消费者的信任水平 T；然后根据 $\hat{u}^P$、u_0 和 T，形成自己认为的市场需求 $\mu_m^P = T\hat{u}^P + (1-T)\mu_0$；最后，根据 μ_m^P 确定产量 Q^P，投入生产；

（3）电商平台对消费者预订数量的真实性进行监管，决策电商平台的监管强度系数 q；

(4) 实际市场需求实现，农场完成生产，并将农产品配送给消费者。电商平台对消费者预订数量谎报部分罚款 $\lambda q(\hat{u}^P-\mu)$，并对农场补贴 $\lambda q(\hat{u}^P-\mu)$。

符号说明如下：

U_i^j：效用，上标 $j=N$、P，其中 N 表示直接对接模式，P 表示平台连接模式；下标 $i=m,p,c$ 分别代表农场、电商平台和消费者。P：零售价格。D：市场需求。c：CSA 农场单位产品的生产成本。s：电商平台的提成比例。Q：生产数量。上标 * 代表最优决策解。

①直接对接模式

农场的期望效用函数：

$$U_m^N = E\left\{p\,min[T\hat{u}^N + (1-T)\mu_0 + \varepsilon, Q^N] - cQ^N\right\} \tag{7-22}$$

消费者的期望效用函数：

$$U_c^N = E[(v-p)min(\mu+\varepsilon, Q^N)] \tag{7-23}$$

首先，消费者决策预订数量 $\hat{u}^N$；然后，CSA 农场决策生产数量 Q^N。采用逆推归纳法来分析上述博弈过程，可以得到命题 7-1。

命题 7-1 在直接对接模式下，Q^N 和 $\hat{u}^N$ 最优解分别为

$$Q^{N*} = \mu + \gamma$$

$$\hat{u}^{N*} = \frac{2\gamma - \left[(1-T)\mu_0 + 2\gamma\left(\frac{p-c}{p}\right) - \mu\right]}{T}$$

②平台连接模式

CSA 农场的期望效用函数：

$$U_m^P = E\left\{(1-s)p\,min[T\hat{u}^P + (1-T)\mu_0 + \varepsilon, Q^P] - cQ^P\right\} + \lambda q(\hat{u}^P - \mu) \tag{7-24}$$

电商平台的期望效用函数：

$$U_p^P = E[sp\,min(q\mu+\varepsilon, Q^P)] - \frac{1}{2}kq^2 \tag{7-25}$$

消费者的期望效用函数：

$$U_c^P = E[(v-p)min(\mu+\varepsilon, Q^P)] - \lambda q(\hat{u}^P - \mu) \tag{7-26}$$

首先，消费者决策预订数量 $\hat{\mu}^P$；然后，农场决策生产数量 Q^P；最后，电商平台决策监管强度系数 q。采用逆推归纳法来分析上述博弈过程，可以得到命题 7-2。

命题 7-2 在平台连接模式下，q、Q^P 和 $\hat{\mu}^P$ 最优解分别为

$$q^* = \frac{sp\mu(Q^P + \gamma)}{2k\gamma + sp\mu^2}$$

$$Q^{P*} = T\hat{\mu}^P + (1-T)\mu_0 + 2\gamma \left[\frac{(1-s)p - c + \frac{sp\mu\lambda(\hat{\mu}^P - \mu)}{2k\gamma + sp\mu^2}}{(1-s)p} \right] - \gamma$$

$$\hat{\mu}^{P*} = \frac{\frac{(v-p)(2k\gamma + sp\mu^2)}{2\gamma}\left\{2\gamma + \mu - \left[(1-T)\mu_0 + \frac{(1-s)p - c - \frac{sp\mu^2\gamma}{2k\gamma + sp\mu^2}}{2\gamma(1-s)p}\right]\right\} - sp\mu^2\gamma}{\frac{(v-p)(2k\gamma + sp\mu^2)}{2\gamma} - sp\mu\gamma}$$

进一步分析 q^*、Q^{P*} 和 $\hat{\mu}^{P*}$ 的表达式，可以得到推论 7-1 和推论 7-2。

推论 7-1 q^* 是关于 Q^P 的增函数；Q^{P*} 是关于 $\hat{\mu}^P$ 的增函数。

推论 7-1 说明，农场生产较大的产量意味着电商平台也可以获得更多的利润分成，这会促使电商平台更加严格地审查消费者预订数量的真实性。消费者的预订数量较大，意味着农场需要更多的生产才能满足市场需求。

推论 7-2 当 $\gamma \leqslant \dfrac{(v-p)(2k\gamma + sp\mu^2)}{2\gamma sp\mu}$ 时，$\hat{\mu}^{P*}$ 是关于 T 的增函数；

当 $\gamma \geqslant \dfrac{(v-p)(2k\gamma + sp\mu^2)}{2\gamma sp\mu}$ 时，$\hat{\mu}^{P*}$ 是关于 T 的减函数。

推论 7-2 说明，当电商平台的单位惩罚系数低于某一阈值时，消费者的最优预订数量会随着 CSA 农场对消费者的信任水平的提高而增加；当电商平台的单位惩罚系数高于某一阈值时，消费者的最优预订数量会随着 CSA 农场对消费者的信任水平的提高而减少。这意味着，消费者会权衡谎报订单数量带来的利弊，当电商平台的惩罚足够大时，能够限制消费者的谎报行为。

（三）算例分析

本节使用 Matlab 语言进行编程，通过数值仿真比较不同运营模式下的农场计划生产数量和消费者预订数量，并进一步分析农场和消费者的运营模式偏好，

第七章 基于社区支持农业（CSA）模式的农产品电商供应链运作策略

如图 7-15 和图 7-16 所示。借鉴 Yi 等的参数设置[1]，各参数取值设定如下：$v=3$，$p=2$，$c=1$，$\mu=100$，$\mu_0=100$，$\gamma=10$，$s=0.25$，$\lambda=5$，$k=0.5$。

从图 7-15 能够看出，在直接对接模式下，农场的生产计划不随着农场信任水平的变化而变化。在平台连接模式下，农场的生产计划随着农场的信任水平的提高先减少后增加，变化速度先慢后快。平台连接模式下农场的生产计划量大部分情况低于直接对接模式，但当农场的信任水平高于某一阈值时，平台连接模式下的农场生产计划量高于直接对接模式。这是因为当农场的信任水平较低时，平台连接模式有利于缓解双方的信任危机，从而农场的生产计划量也会减少，更接近准确的市场状况。当农场的信任水平很高时，预订数量的放大效应增强，平台连接模式下的农场生产计划量也会相应增加。

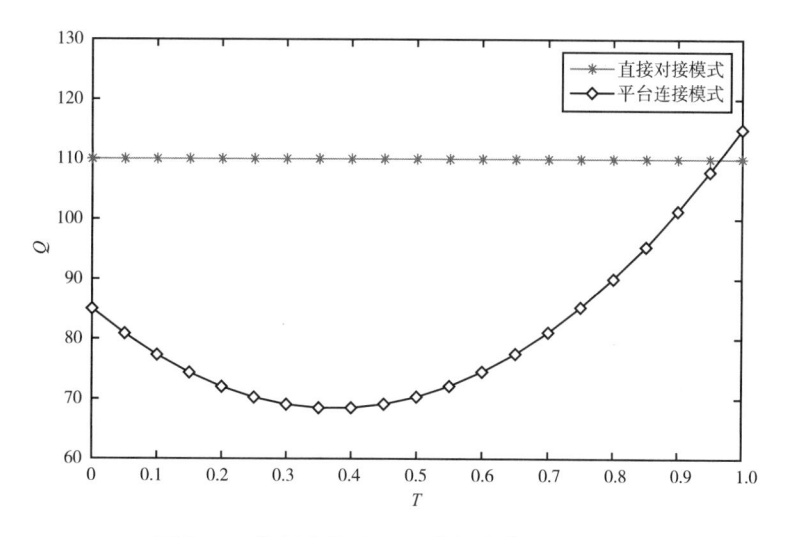

图 7-15 信任水平对 CSA 农场生产计划的影响

从图 7-16 能够看出，在直接对接模式下，消费者的预订数量随着农场信任水平的提高而减少，下降速度先快后慢最后趋向平稳。在平台连接模式下，消费者的预订数量随着农场的信任水平的提高而增加。平台连接模式下消费者预订数量大部分情况少于直接对接模式，但当农场的信任水平高于某一阈值时，平台连

---

[1] Yi Z, Wang Y, Chen Y-J, "Financing an agricultural supply chain with a capital-constrained smallholder farmer in developing economies," *Production and Operations Management* 30 (2021): 2102-2121.

接模式下的消费者预订数量多于直接对接模式。这是因为当农场的信任水平较低时,平台连接模式有利于缓解双方的信任危机,消费者也会降低谎报预订数量的意愿。当农场的信任水平很高时,直接对接模式下消费者则没有必要谎报预订数量。

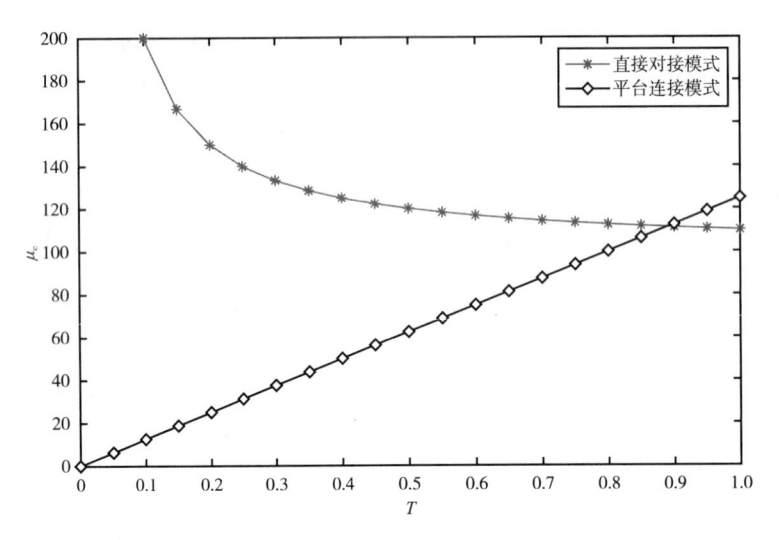

图 7-16　信任水平对消费群体预订数量的影响

从图 7-17 能够看出,如果电商平台的单位惩罚系数低于某一阈值,农场会一直愿意选择直接对接模式。如果电商平台的单位惩罚系数高于某一阈值,农场会在综合考虑其信任水平以及电商平台的单位惩罚系数的基础上,选择不同运营模式。此外,随着电商平台的单位惩罚系数的不断提高,CSA 农场选择平台连接模式的区域不断增大,愿意选择直接对接模式的区域不断减小。原因在于如果电商平台的单位惩罚系数处于较高水平,农场倾向于选择平台连接模式,通过借助电商平台大数据分析预测手段,准确监控消费者的预订数量,即便消费者故意夸大了预订数量,农场也可以通过电商平台来约束消费群体的谎报行为。

从图 7-18 可以看出,如果农场对消费者的信任水平高于某一阈值,消费者会一直愿意选择直接对接模式。如果农场对消费者的信任水平低于某一阈值,消费者会在综合考虑农场的信任水平以及电商平台的单位惩罚系数的基础上,选择不同运营模式。此外,随着农场对消费者的信任水平不断提高,消费者选择直接对接模式的区域不断增大,选择平台连接模式的区域不断减小。原因在于如果农

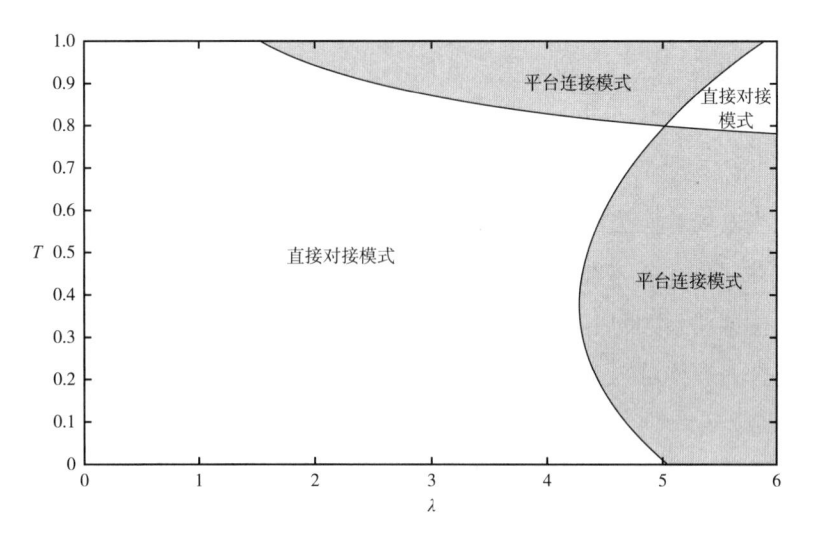

第七章 基于社区支持农业（CSA）模式的农产品电商供应链运作策略

图 7-17 信任水平和单位惩罚系数对 CSA 农场模式选择的影响

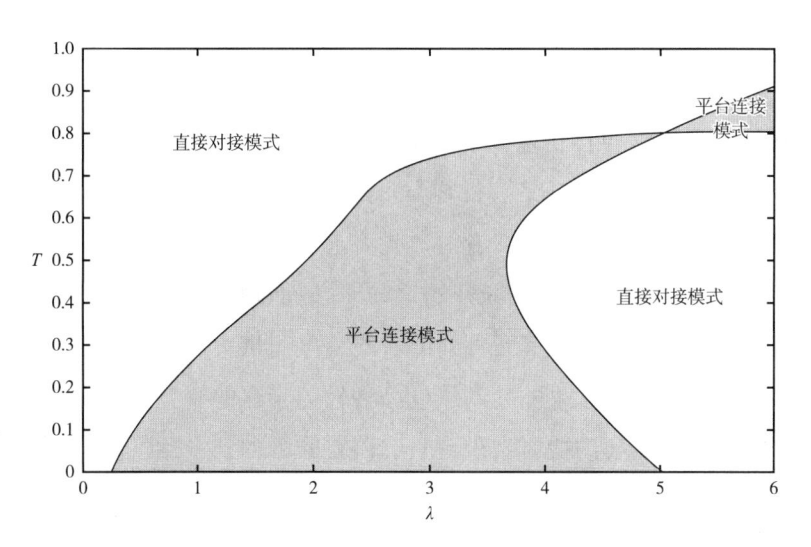

图 7-18 信任水平和单位惩罚系数对消费群体期望利润的影响

场对消费者的信任水平较高，消费者更倾向于选择直接对接模式，一方面，可以避开电商平台复杂的监管手续，避免个人信息泄露；另一方面，还可以免除电商平台抽取的佣金，更好保障自己的利益。

本节主要研究了平台介入前后 CSA 农场的运营模式选择，刻画了直接对接模式和平台连接模式的特征，探讨了在农场的信任和平台监管等因素综合作用下，CSA 项目参与主体的运营模式偏好，得到以下结论。

（1）当电商平台的单位惩罚系数低于某一阈值时，农场将始终选择直接对接模式。

（2）当农场对消费者的信任水平高于某一阈值时，农场将始终选择直接对接模式；当农场对消费者的信任水平很高时，直接对接模式会增加双方的利润。

（3）农场和消费者在选择运营模式时的倾向性会出现较大的偏离。随着电商平台单位惩罚系数的不断提高，农场倾向于选择平台连接模式，而消费者却可能更愿意选择直接对接模式。

第三节　考虑套餐订购的 CSA 模式运作决策研究

（一）问题描述

随着人民生活水平的提高，单个 CSA 农场供应的单一品种农产品已经不能满足市民多样化、差异化、个性化的需要。但现阶段，CSA 农场发展尚未完善，消费者很难根据自己的喜好自由选择。例如，消费者对于蔬菜的偏好不同，且蔬菜种类繁多（有叶菜、根茎类、瓜类、鲜豆类等），只有推出不同的农产品组合才能更好地满足消费者差异化需求，而单个农场的农作物难以涵盖全部种类。因此，多个 CSA 农场开始合作，共同推出品种多样的标准套餐供消费者订购。本节讨论考虑套餐订购的农产品电商供应链运作决策，具体探讨由供应品种单一的蔬菜水果发展到供应品种较为丰富的套餐，订购方式和之前有何区别；价格折扣契约能否实现套餐订购方式下的农产品供应链协调；信任因素如何影响套餐订购方式下的农产品供应链价格折扣契约选择；电商平台的物流配送成本会对各博弈主体的利益产生什么影响；等等。

本节考虑多个 CSA 农场合作推出品种多样的标准套餐供消费者订购的场景。表 7-13 和表 7-14 所示为分享收获农场[1]和西安田客 CSA 农场[2]的套餐设计。

---

[1]　《"社区支持农业"中国实验》，《中国证券报》2013 年 3 月 15 日。
[2]　田客 CSA 有机农场：《西安田客 CSA 农场 2016 年会员招募开始了》，2015 年 12 月 23 日。

第七章 基于社区支持农业（CSA）模式的农产品电商供应链运作策略

表7-13 分享收获农场2013年的套餐设计

项目	套餐种类	每周配送量	配送频率	配送次数	份额菜金	送菜方式	备注
全年配送份额	蔬菜八斤份	≥8斤	每周1次	49次	5880元	配送到家	
	蔬菜十二斤份	≥12斤	每周2次	98次	9408元	配送到家	每次6斤
	鸡蛋份额	10枚/次	每周1次	49次	1225元	随蔬菜配送	
	猪肉份额	3斤/次	每周1次	25次	3750元	随蔬菜配送	
	散养鸡份额	1只/次	每月1次	12次	1800元	随蔬菜配送	

表7-14 西安田客CSA农场2016年会员招募的一种套餐设计

自选套餐	收费标准	蔬菜价格	鸡蛋价格	备注
甲	3000元	12元/斤	2.5元/枚	一次选购8斤蔬菜或者订单超过200元起配，不足的话加收20元配送费
乙	6000元	10元/斤		

（二）模型构建

两个CSA农场和一个电商平台组成农产品供应链，如图7-19所示。两家农场各自生产电商平台标准套餐所需的单品，例如一家农场生产蔬菜，一家农场生产鸡蛋。假设两个单品的比例是1:1，这一假设不影响分析过程和结果。农产品生产周期长，两个农场必须在一个生产周期开始时提前做好生产计划。由于电商平台的位置更接近消费者，拥有更多的消费者数据，因此电商平台可以观察到实际需求，而两个农场则不能。在第一阶段，电商平台向两个CSA农场下达预订订单。为了促使两个农场准备更多的产能并确保充足的供应，电商平台有动机虚增预订订单。收到预订订单后，两个农场会根据它们的信任程度做出生产计划。生产周期结束，电商平台根据实际市场需求和农场的生产能力下达最终订单，并将两个单品搭配成标准套餐配送给消费者。

农场i收到电商平台的预订订单后，提前决策自己的生产计划K_i。农场i需要为每单位的生产计划支付单位产能准备成本c_{K_i}，用于生产周期前平整土地、购买种子、雇佣人工劳作等。另外，农场i的单位生产成本为c_i，用于生产周期中灌溉排水、除草施肥等。生产周期结束后，电商平台以单位有机单品批发价格w_i从农场i采购单品。最后，电商平台将单品搭配成标准套餐以套餐销售价格p配送给消费者。各决策主体之间的博弈顺序如图7-20所示。决策顺序如下：①CSA农场和电商平台都可以观察到历史平均需求$\bar{\mu}$，电商平台预测到市场的基

319

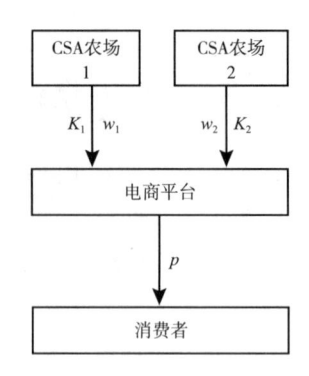

图 7-19 套餐订购方式下的农产品供应链结构
（两个农场的情形）

本情况 μ；②为了保证供应充足，电商平台有动机多报预订数量，向 CSA 农场 i 下达预定数量 μ_M；③CSA 农场 i 根据预订数量 μ_M 和历史平均需求 $\bar{\mu}$ 以及自身的信任水平 T_i，形成对市场需求的判断 $D_i = T_i\mu_M + (1-T_i)\bar{\mu} + \varepsilon$。然后，CSA 农场 i 确定自己的生产计划 K_i。

图 7-20 套餐订购方式下 CSA 各主体的博弈顺序

本节假设价格和成本因素都是外生的。农产品具有易腐烂、保质期短、损失大等特点，对物流的温度和及时性要求很高，电商平台需要建立一个具有较强支持性的冷链物流配送系统。近些年，众多生鲜电商平台都建立了自己的冷链物流配送体系。一般来说，在农产品物流配送过程中，除担负常温配送成本之外，还有冷链物流成本，以防止农产品的损耗。为了更好地描述电商平台的物流成本，本节把物流成本划分成两部分：固定的常温配送成本 c_{fi} 和可变的冷链物流成本 $c_{vi}\min(D, K_1, K_2)$。固定的常温配送成本是指购买物流车辆、建设前置仓、雇佣配送员工等成本，与配送的农产品数量无关；可变的冷链物流成本是指在有机农产品加工、包装等过程中产生的一些材料成本，通常与农产品数量呈正相关关系。

假设农产品的需求 $D = \mu + \varepsilon$，由确定的市场基本情况 μ 和不确定的市场随机

第七章 基于社区支持农业（CSA）模式的农产品电商供应链运作策略

需求 ε 组成。市场随机需求 ε 的均值为 0，其累积分布函数为 $F(\cdot)$，概率密度函数为 $f(\cdot)$。[1] CSA 农场和电商平台都知道市场随机需求 ε 的分布，但是只有电商平台知道市场随机需求 ε 的实现。历史平均需求为 $\bar{\mu}$，这是农产品供应链的公共信息。因为农场 i 的信任水平决定了农场对电商平台预订数量的相信程度，本节用 T_i（$0<T_i<1$）表示农场 i 的信任水平。[2] 农场通过决策最优生产计划 K_i^* 实现期望利润 Π_{si} 的最大化，电商平台通过决策最优预订数量 μ_M^* 以实现期望利润 Π_M 的最大化。

电商平台认为的市场需求：

$$D = \mu + \varepsilon \tag{7-27}$$

CSA 农场认为的市场需求：

$$D_i = T_i \mu_M + (1 - T_i)\bar{\mu} + \varepsilon \tag{7-28}$$

电商平台的期望利润函数：

$$\Pi_{si} = (w_i - c_i) E\min(D_i, K_i) - c_{k_i} K_i \tag{7-29}$$

农场 i 的期望利润函数：

$$\Pi_M = (p - w_1 - w_2 - c_{v1} - c_{v2}) E\min(D, K_1, K_2) - c_{f1} - c_{f2} \tag{7-30}$$

采用逆推归纳法求解 $\dfrac{\partial \Pi_{si}}{\partial K_i} = 0$，可以得到命题 7-3。

命题 7-3 农场 i 的最优生产计划为 $K_i^* = T_i \mu_M + (1 - T_i)\bar{\mu} + F^{-1}\left(\dfrac{w_i - c_i - c_{k_i}}{w_i - c_i}\right)$。

命题 7-3 说明，在分散决策情形下，农场的最优生产计划会随着电商平台预订数量的增加而增加。如果电商平台的预订数量过高，而农场非常信任电商平台（的预订数量），那么 CSA 农场将制定更高的生产计划，准备更多的产能，并可能遭受农产品生产过剩、资金链断裂的困扰。因此，CSA 农场不应盲目地信任电商平台（的预订数量），而应提前了解电商平台的历史交易声誉，并应通过

---

[1] Scheele L M, Thonemann U W, Slikker M, "Designing incentive systems for truthful forecast information sharing within a firm," *Management Science* 64 (2017): 3690-3713.

[2] Özalp Ö, Zheng Y, "Trust in forecast information sharing," *Management Science* 57 (2011): 1111-1137.

调查分析获得更多的市场需求信息。此外，农场对电商平台预订数量的信任以及成本结构的差异可能会导致农场单品无法搭配成标准套餐。即使农场对电商平台的信任水平不同，只要不同农场的成本结构满足一定关系，也有可能实现不同单品的供应匹配。电商平台应建立良好的品牌声誉和可信赖的企业形象，并清晰了解不同农场的成本结构。

由于电商平台和农场之间的交易遵循斯塔克伯格博弈，电商平台首先确定其预订数量，然后农场会根据电商平台的预订数量来决定生产计划。由此，得到推论 7-3 和推论 7-4 来说明当给定 μ_M 和 T_i 情况下的供应链状态。

推论 7-3 只有当 $T_I \geq 1 - \dfrac{F^{-1}\left(\dfrac{w_i - c_i - c_{K_i}}{w_i - c_i}\right)}{\mu_M - \bar{\mu}}$ 时，电商平台的预订数量可以被满足。

推论 7-3 说明，由于不完全信任，农场根据电商平台的预订数量和历史市场需求的经验来决定自身的生产计划。在预订数量较少的情况下，农场的信任水平直接与其最优生产计划相关。但是，农场的信任水平不会影响电商平台预订数量的履行状态。推论 7-3 指出了 CSA 农场的生产计划比电商平台大得多的情况。由于已实现的需求被认为是预订数量，因此电商平台在和农场的交易中有可能故意利用这种优势，以保证农场单品供应充足。在以下分析中，本节提出价格折扣来作为协调策略。

推论 7-4 给定 $\mu_M \geq \bar{\mu}$ 的情况下，当 $\mu_M < \dfrac{\bar{\mu} - (1 - T_i)\bar{\mu}}{T_i}$ 时，农场 i 的期望利润随着信任水平的提高而增加；当 $\mu_M > \dfrac{\bar{\mu} - (1 - T_i)\bar{\mu}}{T_i}$ 时，农场 i 的期望利润随着信任水平的提高而减少。

推论 7-4 表明，农场的不信任会导致错误判断，影响生产计划决策并进而导致实际收入损失。当电商平台的预订数量低于某一阈值时，农场的期望利润会随着农场信任水平的提高而增加；当电商平台的预订数量高于某一阈值时，随着农场信任水平的提高，农场的期望利润会减少。

同时，推论 7-4 表明，由于农场的期望利润与农场认为的市场需求一致，而且农场认为的市场需求主要取决于电商平台的预订数量、历史平均需求和信任

第七章 基于社区支持农业（CSA）模式的农产品电商供应链运作策略

水平，实际上是对上述预测信息的加权判断。如果电商平台的预订数量多于历史平均需求，并且农场相信电商平台（的预订数量），则农场的市场需求判断将趋向于电商平台的预订数量，并且农场的期望利润不会改变。这反映了农场决策过程的有限理性。跟电商平台相比，农场获取信息的方式、手段和渠道都比较匮乏，农场只能根据有限的市场信息做出生产计划的判断。

推论 7-5 当 $\mu_M < \dfrac{\mu - (1-T_i)\bar{\mu}}{T_i}$ 时，农场 i 实际的利润水平高于预估的期望利润水平；当 $\mu_M > \dfrac{\mu - (1-T_i)\bar{\mu}}{T_i}$ 时，农场 i 实际的利润水平低于预估的期望利润水平。

推论 7-5 表明，当电商平台的预订数量低于某一阈值时，农场实际的利润高于其预估的期望利润，这是因为电商平台在汇报预定数量时夸大程度相对较低，农场对电商平台预订数量的信任将有利于制定合理的生产计划。当电商平台的预订数量高于某一阈值时，农场实际的利润会低于预估期望利润。这是因为电商平台在汇报预订数量时选择夸大需求甚至极度偏离真实的市场需求时，农场对电商平台的信任将误导其做不切实际的生产计划。虽然在 CSA 项目实践中无法避免农场和电商平台之间的信息不对称现象，但是农场应通过与电商平台的合作获取更多的市场信息。电商平台拥有更多的消费者交易数据，可以观察到准确的市场状况，但是为了规避农场的产出中断风险，获得最大的利润，有可能不愿意帮助 CSA 农场了解准确的市场状况，并且可能会报告虚假的预订数量误导农场。因此，套餐订购方式的顺利推行需要设计合适的契约，加强电商平台与农场之间的合作与交流。一方面，电商平台应积极与农场共享市场信息，帮助农场了解消费者的需求状况；另一方面，农场不仅可以通过邀请消费者到农场来参观体验进行线下沟通，传播有机理念和农耕文化；还可以通过微信、电话、电子邮件、农场简报等媒介进行线上沟通，及时得到消费者的反馈。

命题 7-3 和推论 7-5 证明，CSA 农场的不信任将导致农场和电商平台双方的利润下降。当农场完全忽视电商平台的预订数量时，即不将其作为生产计划的决策依据，若当电商平台如实汇报准确的市场状况，农场计划生产量将下降，电商平台会面临标准套餐的单品短缺问题。反之，当农场完全信任电商平台（的预订数量）时，若电商平台夸大预订数量，农场将计划生产更多并可能面临单品过剩问题。因此，信任水平和市场状况都会影响农产品供应链的运作效率，分散决策无法实现供应链整体最优。如果电商平台希望预订数量得到履行，应该进行一定的利益分享以消除农场对制定充足的生产计划的顾虑。下一步将设计适当的契约来改善供应链绩效。

双重边际效应对供应链决策至关重要，这可能引起农场的"误解"，从而导致供应链交易的效率低下和交易成员的信任危机。[1] 为了激励农场制定充足的生产计划并防止标准套餐供应短缺，本节设计了一种价格折扣契约以优化供应链合作伙伴的运作策略。契约的主要条款体现在：电商平台承诺帮助农场将未能搭配成标准套餐的单品以折扣价格 b_i 出售给消费者（$b_i<w_i$）。

价格折扣契约下电商平台的期望利润函数：

$$\prod{}_M^b = (p - w_1 - w_2 - c_{v1} - c_{v2})Emin(D, K_1^b, K_2^b) \\ - b_1[K_1^b - D]^+ - b_2[K_2^b - D]^+ - c_{f1} - c_{f2} \tag{7-31}$$

价格折扣契约下农场 i 的期望利润函数：

$$\prod{}_{si}^b = (w_i - c_i)Emin(D_i, K_I^b) - C_{k_i}K_i^b + b_i(K_i^b - D_i)^+ \tag{7-32}$$

令 $\widetilde{\prod}_{si} = (w_i - c_i) Emin(D_i, K_i^b)$

$$\widetilde{\prod}_M = (p - w_1 - w_2 - c_{v1} - c_{v2})Emin(D, K_1^b, K_2^b) - c_{f1} - c_{f2} \tag{7-33}$$

只有当价格折扣契约中的期望利润不低于分散决策模式中的期望利润时，农场才会选择接受价格折扣契约。将 $\prod_{si}^b \geqslant \prod_{si}$ 作为农场的参与条件，得到 b_i

$\geqslant \dfrac{\widetilde{\prod}_{si} - \prod_{si}}{[K_i^b - D_i]^+}$。

只有当价格折扣契约中的期望利润不低于分散决策模式中的期望利润时，电商平台才会选择接受价格折扣契约。因此，$\prod_M^b \geqslant \prod_M$。将此约束作为电商平台的参与条件可以得：

$$b_i[K_1^b - D] + b_2[K_2^b - D]^+ \leqslant \prod{}_M - \widetilde{\prod}_M$$

---

[1] 曹裕、李业梅、万光羽：《基于消费者效用的生鲜农产品供应链生鲜度激励机制研究》，《中国管理科学》2018 年第 2 期。

第七章 基于社区支持农业（CSA）模式的农产品电商供应链运作策略

综上所述，双方接受价格折扣契约的期望利润均不低于分散决策模式的条件为 $b_i \geq \dfrac{\widetilde{\Pi}_{si} - \Pi_{si}}{(K_i^b - D_i)^+}$，$b_1(K_1^b - D)^+ + b_2(K_2^b - D)^+ \leq \Pi_M - \widetilde{\Pi}_M$。

K_i^{b*} 表示 $\max(\Pi_{si}^b)$ 的最优解，采用逆推归纳法求解 $\dfrac{\partial \Pi_{si}^{b*}}{\partial K_i^{b*}} = 0$，可以得到命题7-4。

命题7-4 价格折扣契约下农场 i 的最优生产计划为

$$K_i^{b*} = T_i \mu_M^b + (1 - T_i)\bar{\mu} + F^{-1}\left(\dfrac{w_i - c_i - c_{k_i}}{w_i - c_i - b_i}\right)。$$

命题7-4表明，在价格折扣契约下，农场的最佳生产计划要比分散决策情况下受到更多因素的影响。研究发现，价格折扣契约下农场的最佳生产能力不仅随着电商平台最优预订数量的增加而增加，而且随着折扣价格的提高而增加。因此，电商平台将平衡预订数量和折扣价格来调整农场的最佳生产计划，从而实现履行预订数量的目标。当电商平台决定最佳预订数量时，会将农场之间的生产计划进行比较，因为电商平台搭配成标准套餐的数量取决于农场之间最小生产计划。因此，电商平台需要在下达预订数量之前，基于相关影响因素（如供应商关系、折扣价格等）来预测和比较多个农场的生产计划。

比较 K_i^* 和 K_i^{b*}，可以得到推论7-6。

推论7-6 给定相同的预订数量，价格折扣契约下农场的生产计划要高于分散决策情况下的生产计划。

推论7-6表明，当电商平台在价格折扣契约下的预订数量等于分散决策情况下的预订数量时，农场在价格折扣契约下的生产计划提升，这表明折扣价格鼓励了农场制定更高的生产计划。同时，电商平台在向农场提供价格折扣契约、消除农场生产过剩顾虑的同时，还应努力提供准确和真实的预订数量。例如，美国生鲜电商 Local Harvest 是连接 CSA 农场和消费者的平台。它为 CSA 农场提供农场管理软件 CSAware，增加了信息透明度，极大地提升了农场制定生产计划的效率，为农场日常管理和会员管理提供了便利。[1]

---

[1] 中国电子商务研究中心：《【海外案例】LocalHarvest：农产品电商小而美之路》，2021年10月21日。

(三) 算例分析

为了探究信任水平对供应链决策的影响以及价格折扣契约对供应链建议改善的程度，本节在实验中建立了4种方案。本节参数取值设置如下：
$p=18$，$w_1=8$，$w_2=6$，$c_1=2$，$c_2=1$，$c_{k_1}=4$，$c_{k_2}=2$，$\varepsilon \sim U(0, 20)$，$\mu=120$，$\bar{\mu}=100$，取值符合前文所述的约束。

1. 信任水平的影响

图7-21表明，在价格折扣契约下，电商平台的最优期望利润随农场信任水平的提高而增加。在分散决策的情况下，电商平台的最优期望利润是一个恒定值。此外，电商平台在价格折扣合同下的最优期望利润并不总是比分散决策情况下要高。例如，当农场的信任水平低于某一阈值时，价格折扣契约将无法发挥作用。当农场的信任水平趋于零时，电商平台提供的任何信息（包括价格折扣合同）都会被农场视为无效信息，导致电商平台在价格折扣契约下的最优期望利润更低。因此，在农场的信任水平趋于零的情形下，电商平台应通过多次交易来努力重建农场对其的信任并保持良好的关系。

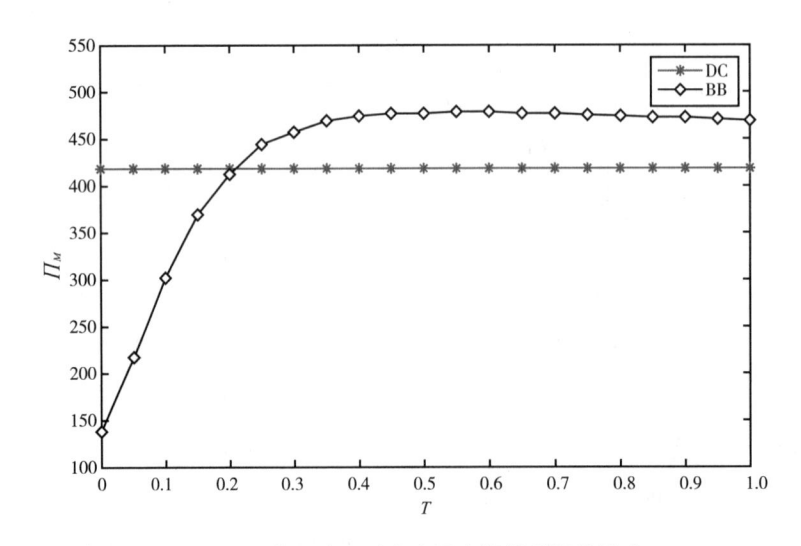

图7-21 信任水平对电商平台期望利润的影响

图7-22表明，在价格折扣契约下，当农场i的信任水平低于某一阈值时，农场i的最优期望利润随着信任水平的提高而增加。当农场i的信任水平高于某一阈值时，农场i的最优期望利润会随着信任水平的提高而减少。此外，在分散

决策情况下，农场 i 的最优期望利润是一个恒定值。在价格折扣合同下，农场 i 的期望利润并不总是高于分散决策情况下的期望利润。如果农场 i 的信任水平较高或较低，而农场 i 非常依赖电商平台（的预订数量）来制定生产计划，则电商平台无须提供价格折扣契约作为风险担保。

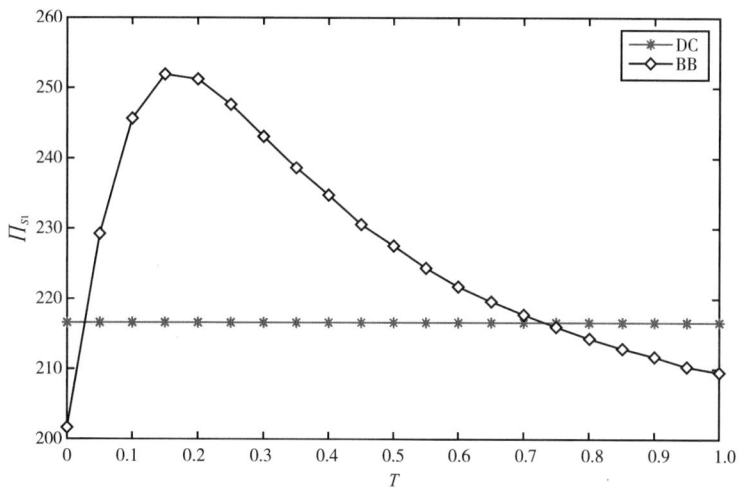

图 7-22 信任水平对 CSA 农场期望利润的影响

图 7-23 表明，农场 1 的期望折扣价格随着农场 1 信任水平的提高而降低；随着农场 2 信任水平的提高而提高。这是因为当农场 1 的信任水平很高时，农场 1 认为生产过剩的可能性很低，不需要电商平台为生产计划的可能过剩提供经济担保，农场 1 的期望折扣价格就很低。反之，当农场 2 的信任水平很高时，农场 1 担心电商平台和农场 2 共谋欺骗自己，农场 1 的期望折扣价格就很高。这表明电商平台应当厘清折扣价格随信任水平的变化逻辑，根据实际情况来选择适当的折扣价格。

图 7-24 表明，无论是在分散决策情况下还是在价格折扣契约下，电商平台的利润水平都会随着单位冷链物流成本的增加而下降。因此，电商平台一方面可以采取措施促进与第三方冷链物流公司和运输部门的合作，降低冷链物流成本；另一方面，可以利用物联网、保鲜等技术手段的推广，降低冷链物流的人力成本。这些措施可以有效降低冷链物流成本，让消费者享受到优质平价的服务。

2. 价格折扣契约的效果

图 7-25 表明，电商平台对价格折扣契约的选择意愿随着农场信任水平的提高而提高，更高信任水平将激励农场制定更充足的生产计划并实现更高的收益。

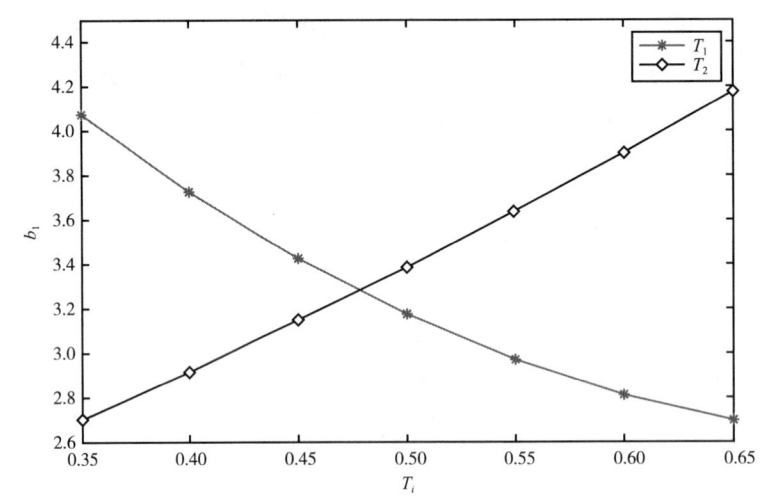

图 7-23　信任水平对 CSA 农场 1 期望折扣价格的影响

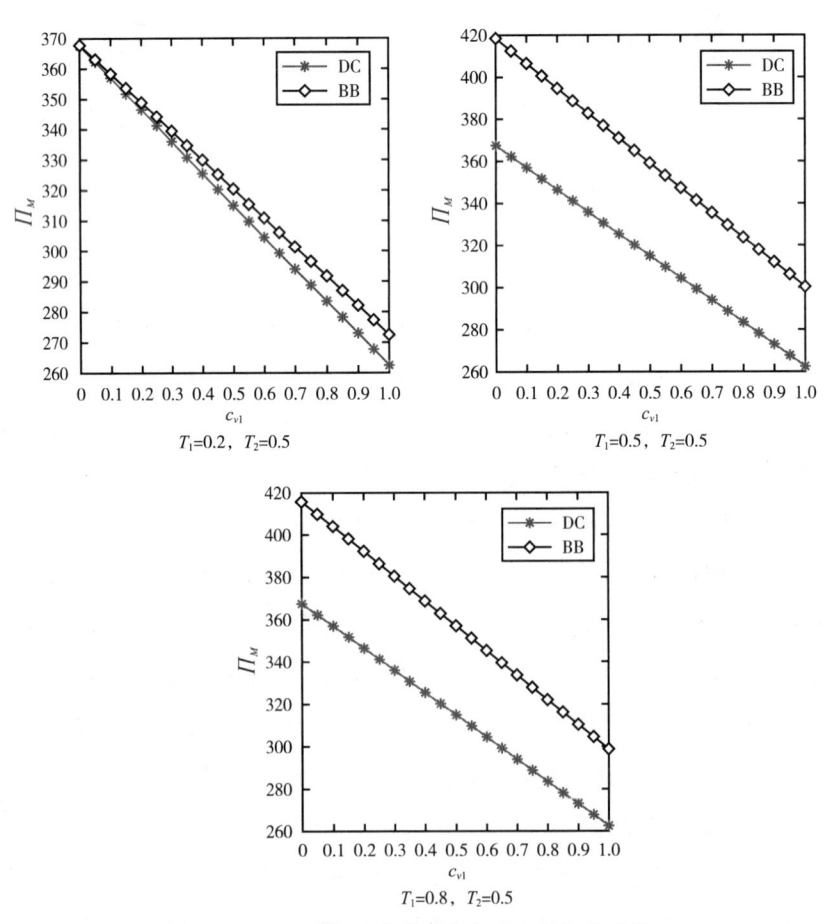

$T_1=0.2$，$T_2=0.5$

$T_1=0.5$，$T_2=0.5$

$T_1=0.8$，$T_2=0.5$

图 7-24　冷链物流成本对电商平台利润的影响

因此，电商平台无须担心单品供应短缺和中断，愿意提供更高的折扣价格帮助农场处理过剩的单品。随着信任水平的提高，电商平台倾向于选择价格折扣契约。

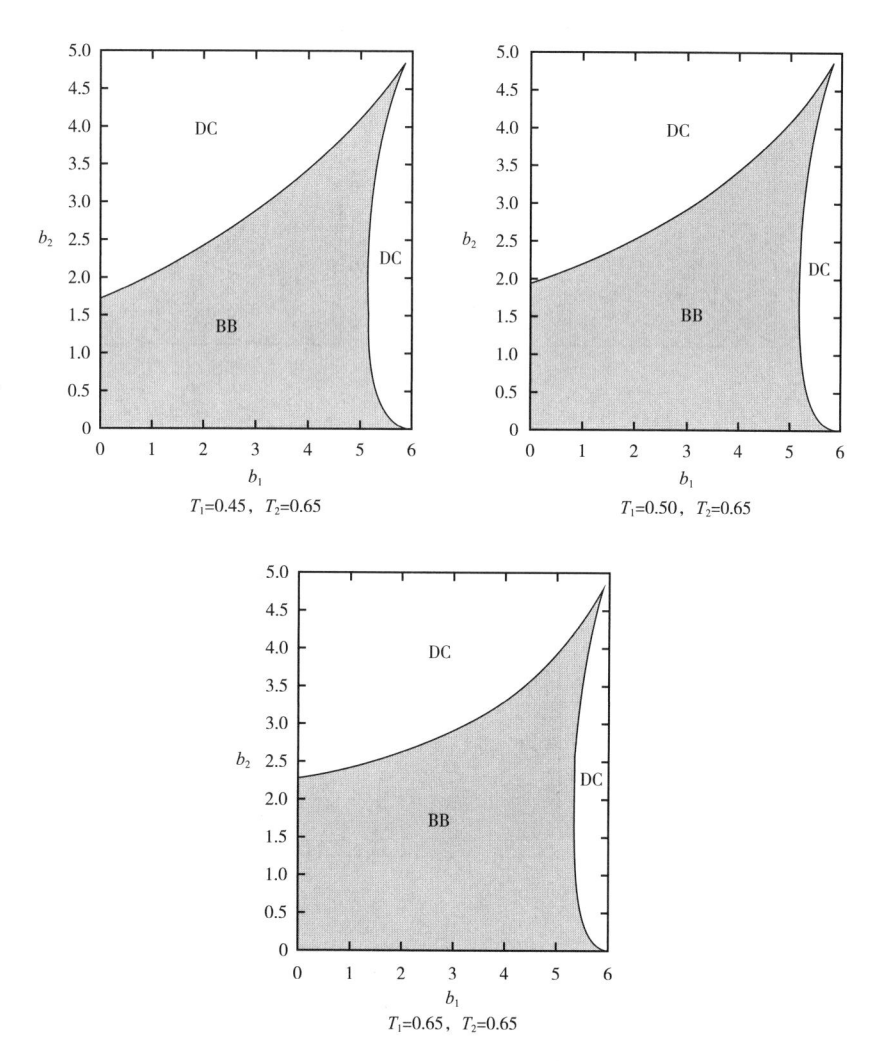

图 7-25 信任水平对电商平台价格折扣契约选择意愿的影响

图 7-26 表明，农场对价格折扣契约的采纳意愿随信任水平的提高而降低。在农场的生产过程中，更高信任水平将激励农场在制定生产计划时更加相信电商平台的预订数量。因此，农场 i 认为电商平台不需要为生产过程中的预订数量提供价格折扣契约。随着信任水平的提高，农场采纳价格折扣的意愿将会下降。

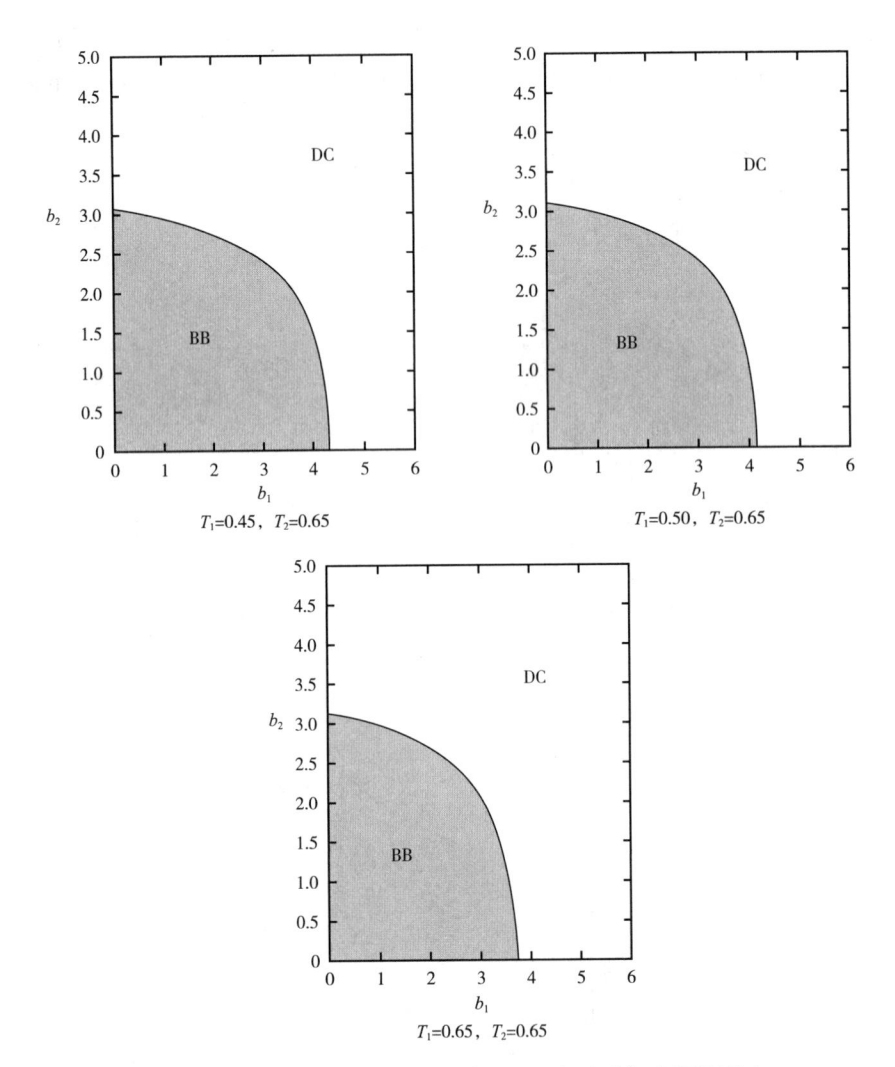

图 7-26　信任水平对 CSA 农场价格折扣契约选择意愿的影响

图 7-27 表明，一方面，当折扣价格低于某一阈值时，电商平台和农场都愿意选择价格折扣契约，双方能达成共同协议。另一方面，当折扣价格高于一定阈值时，双方不愿意签订价格折扣契约，供应链整体都不签订价格折扣合同并能达成共同协议。此外，存在着一个特定区域，在该区域中，供应链各决策主体选择不同的模式并且无法达成协议，例如电商平台愿意选择价格折扣契约（或分散决策模式），而 CSA 农场却愿意选择分散决策模式（或价格折扣契约）。

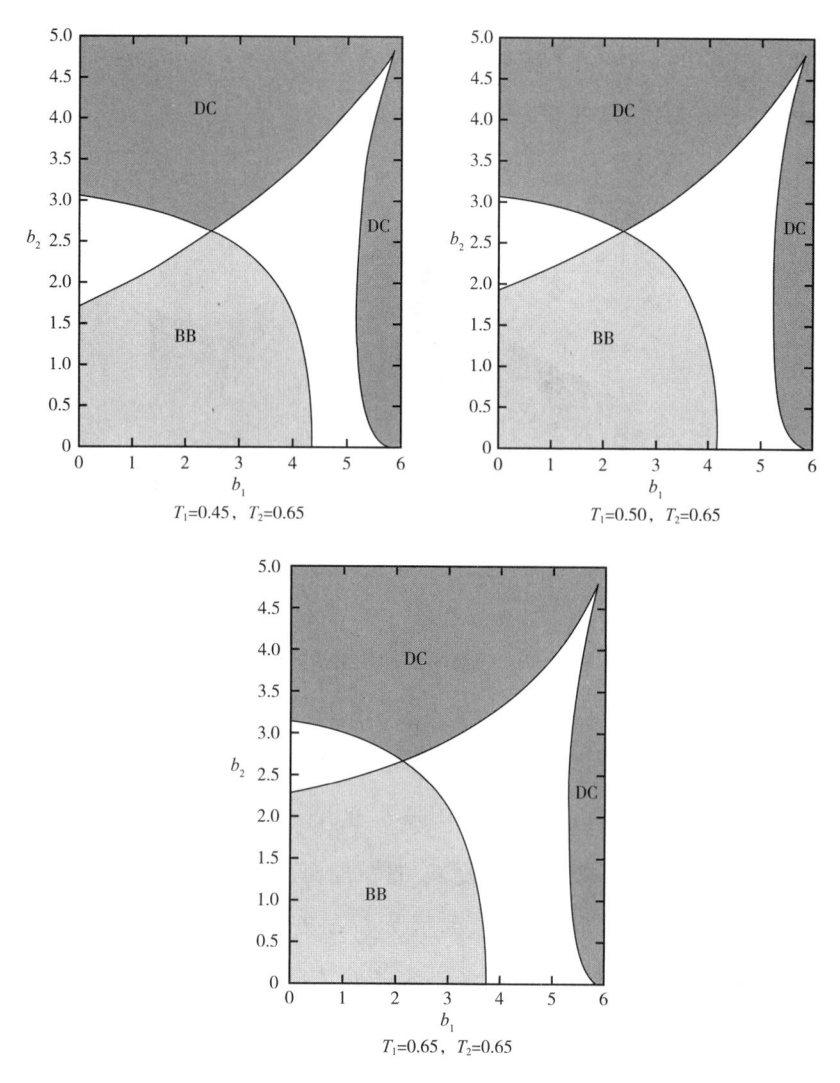

图 7-27 信任水平对供应链整体价格折扣契约选择意愿的影响

3. 折扣价格的设置

本节通过数值仿真分析电商平台和 CSA 农场期望利润得到帕累托改进的折扣价格的可行范围。

图 7-28 表明,农场 2 的折扣价格为零时,电商平台的期望利润随着 b_1 的增加而增加;当农场 1 的折扣价格为零时,电商平台的期望利润随着 b_2 的增加而减少。当 b_1 和 b_2 最大时,电商平台的期望利润也最大。这是因为不同农场之间

的成本结构存在差异以及折扣价格对农场的影响不同，电商平台在价格折扣合同下的期望利润并不总是更高。因此，电商平台需要精准了解农场的成本结构，从而为不同农场提供有针对性的价格折扣契约。

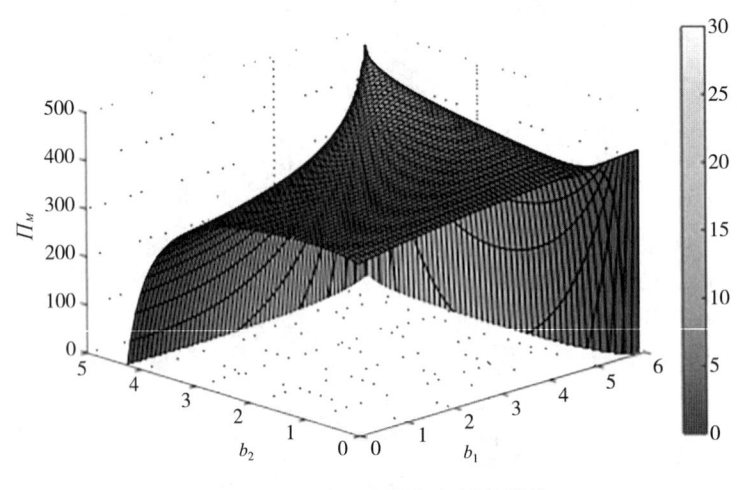

图 7-28　电商平台的期望折扣价格

图 7-29 表明，农场 i 的期望折扣价格是较高的 b_1 和较高的 b_2。当农场 2 的折扣价格为零时，农场 i 的期望利润随 b_1 的增加而减少，当 CSA 农场 1 的折扣价格为零时，农场 i 的期望利润随 b_2 的增加而减少。当 b_1 和 b_2 最大时，农场 1 的期望利润无法达到最大。这是因为折扣价格将影响农场的生产计划决策，而农场 1 在制定其最佳生产计划时将考虑农场 2 的生产计划。因此，农场之间应该建立更为实用的合作机制，从而在与电商平台的谈判中获得更加有利地位。

4. 模型拓展

本节将农场的数量扩展为 n。图 7-30 展示了套餐订购方式下基于 CSA 模式的农产品电商供应链结构（n 个农场的情形）。

分散决策模式下电商平台的期望利润函数：

$$\prod\nolimits_{M}^{nd} = \left(p - \sum_{n=1}^{i} w_n - \sum_{n=1}^{i} c_{vn}\right) E\min(D, K_1, K_2, \cdots, K_i) - \sum_{n=1}^{i} c_{fn}$$

分散决策模式下 CSA 农场 i 的期望利润函数：

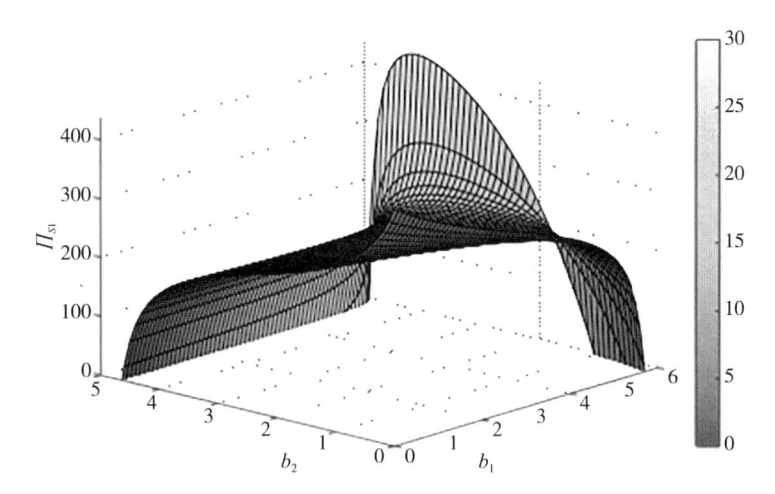

图 7-29 农场 i 的期望折扣价格

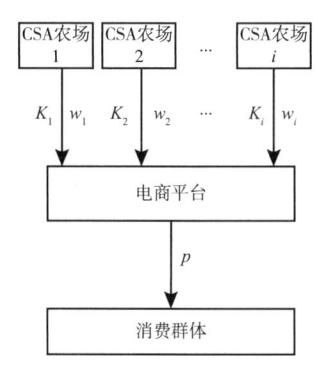

图 7-30 套餐订购方式下基于 CSA 模式的农产品电商供应链结构
（n 个农场的情形）

$$\prod_{Si}^{nd} = (w_i - c_i) E min(D_i, K_i) - c_{k_i} K_i$$

价格折扣契约下电商平台的期望利润函数：

$$\prod_{M}^{nd} = \left(p - \sum_{n=1}^{i} w_n - \sum_{n=1}^{i} c_{vn}\right) E min(D, K_1^b, K_2^b, \cdots, K_i^b) - \sum_{n=1}^{i} b_n (K_n^b - D_n)^+ - \sum_{n=1}^{i} c_{fn}$$

价格折扣契约下农场 i 的期望利润函数：

$$\prod_{Si}^{nd} = (w_i - c_i) E min(D_i, K_i^b) - c_{k_i} K_i^b + b_i (K_i^b - D_i)^+$$

分析图 7-31 可以发现，电商平台的期望利润随着农场数量的增加而下降。这一变化的影响机制是复杂的。随着 CSA 农场数量的增加，供应链供需之间的匹配变得越来越复杂，在分散决策的情况下，可能造成电商平台更大的利润损失，上下游之间以及农场之间的利益摩擦将相应增加。因此，电商平台需要主动帮助解决纠纷，减少多农场竞争带来的双重边际效应。

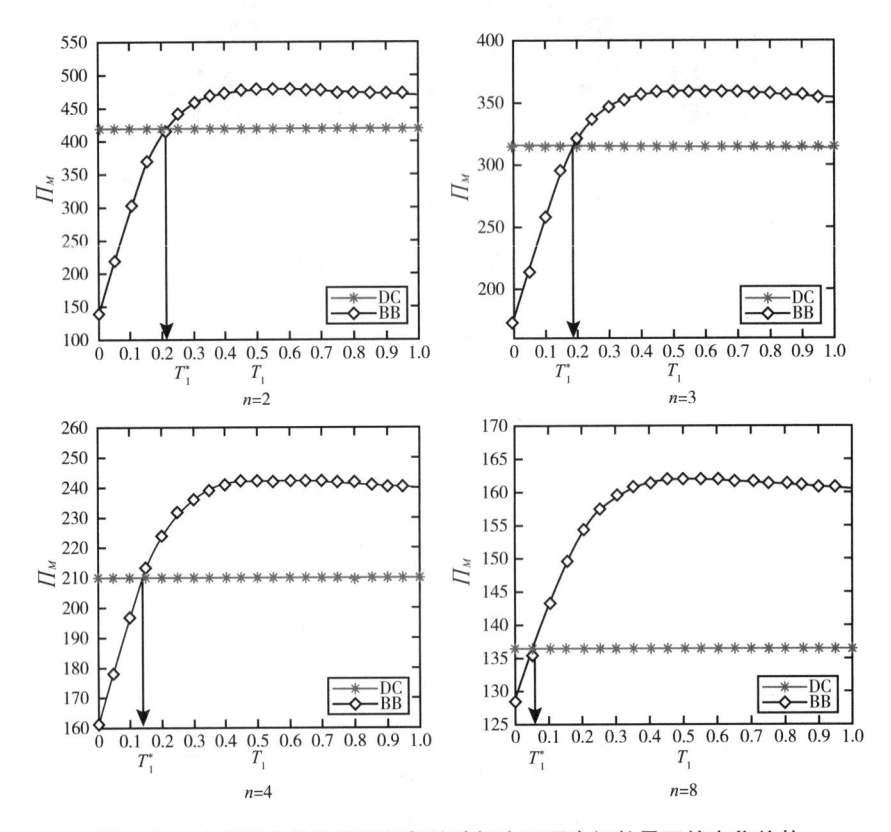

图 7-31　电商平台的价格折扣契约选择在不同农场数量下的变化趋势

电商平台选择价格折扣契约的信任范围随着农场数量的增加而扩大。随着农场数量的增加，供应链主体之间的信任问题变得越来越严重，电商平台对价格折扣契约的需求也变得紧迫。电商平台应向农场提供平等互利的价格折扣合同，以帮助 CSA 农场建立信心、信任和赢得信誉。

此外，农场数量的增加使价格折扣契约的改善效果更加显著。因此，电商平台需要借助自己的技术优势、信息优势和渠道优势等，设计更符合双方利益的合作机制，吸引更多的 CSA 农场加入。因此，当农场数量增加时，电商平台应采

第七章　基于社区支持农业（CSA）模式的农产品电商供应链运作策略

取行动增强与农场的相互信任，促进更加透明和畅通的信息共享。国际社区支持农业联盟（URGENCI）联合主席石嫣表示，CSA联盟的构建过程中，已经在考虑使用区块链作为信用背书，利用区块链技术去中心化、透明、安全的特性，可以帮助共享农场与电商平台增强相互信任。[1]

本节深入分析信任机制影响下CSA农场、电商平台和消费群体等行为变化逻辑，系统研究不同情形下各参与主体的选择偏好，研究得出以下结论。

（1）当农场对电商平台的信任水平较高时，农场的生产计划都可以满足电商平台的预订数量，搭配成标准套餐销售给消费者，电商平台无须采取措施去激励农场完成预订数量。

（2）无论是在分散决策情形还是在价格折扣契约情形下，电商平台的利润都会随着单位冷链物流成本的增加而下降，套餐订购方式下的电商平台需要加强智能化、节能型冷链物流的建设，通过降低冷链物流成本来获得更大的利润空间。

（3）信任水平和折扣价格都会对农场和电商平台价格折扣契约选择意愿产生影响，电商平台可以提前调查研究CSA农场的选择意愿，从而更有针对性地提出农场愿意接受的协调契约。

（4）随着农场数量的增加，供应链主体之间的信任问题变得严重，电商平台对价格折扣合同的需求也变得紧迫，价格折扣契约的协调效果会更加显著。

第四节　基于共享农场的CSA模式组织经营策略选择研究

（一）问题描述

目前，共享农场的发展已经成为共享经济领域的新业态。事实上，共享农场就是通过土地认领、托管代种等形式，将消费者吸引到农场参与农产品种植与收获活动，以此减弱买卖双方的信息不对称性，增强消费者体验感、参与感以及信任感的一种农场经营方式。继2024年中央一号文件提出支持农户发展特色种养、手工作坊、林下经济等家庭经营项目后，党的二十届三中全会也强调，城乡融合发展是中国式现代化的必然要求，必须全面提高城乡规划、建设、治理融合水

---

[1]　孙媛媛：《社区支持农业助力乡村振兴》，中国小康网，2022年12月29日。

平，促进城乡要素平等交换、双向流动，缩小城乡差别，促进城乡共同繁荣发展。在政府政策和市场需求的双重驱动下，我国各地涌现一大批共享农场。截至2021年7月，仅海南省就已经形成了180家共享农场试点[1]，海南省农业农村厅报告显示，目前海南省已经形成了69家省级共享农庄。随着共享农场的不断发展与实践，逐渐出现了两种典型模式——"单一化"模式和"多元化"模式。

在CSA模式下，"单一化"与"多元化"模式是两种比较典型的共享农场经营模式，对这种共享农场组织经营模式的选择进行分析，有助于CSA模式下农产品电商供应链的高效运作。因此，本节以万家田园和青峰岭共享农场为例，在实地调研和资料收集的基础上，对共享农场"单一化"和"多元化"的经营模式进行探讨。结合权变理论的相关观点并联系共享农场的实际运作提出针对共享农场内外部环境的VTES分析框架，分析造成经营模式差异化的原因。

(二) 研究设计

1. 研究方法

本节探讨两种典型的共享农场经营模式（"单一化"和"多元化"模式），尝试给出共享农场选择不同经营模式的判别依据。本节采用案例研究的方法。案例研究能够帮助研究者从实际现象出发，通过对某种现象的具体表现进行实证性描述，来阐明不同个体与事物之间的逻辑与规律，并从有代表性的案例中抽取理论关系，构筑理论模型，从而回答如何以及为什么的问题。案例研究方法可以分为单案例与多案例两大类。为了更深层次观察不同情形下发生的活动，提高相关研究结论、因果关系的准确性与普适性，本节选择双案例比较分析方法。

2. 案例选取

通过对万家田园、有机大使、合肥青峰岭共享农场以及无锡天蓝地绿农场等数家共享农场进行实地调研，并对北京小毛驴市民农园、广州艾米农场等进行公开资料整理分析后，依据共享农场生产的农产品是否对接外部市场的原则，将共享农场经营模式分为两大类——"单一化"模式与"多元化"模式，其中"单一化"模式是指共享农场所规划的闲置土地、农业机械等资源全部参与共享，生产出来的农产品只提供给参与共享的消费者，并不销往外部市场；而"多元化"模式是指共享农场所拥有的土地、机械等资源将部分参与共享模式，农场

---

[1]《我省已创建共享农庄试点180家》，《海南日报》2021年7月11日。

第七章 基于社区支持农业（CSA）模式的农产品电商供应链运作策略

产出的农副产品除了要满足参与共享的消费者外，还会进入外部市场，同时获得共享运营和外部营收两方面的利润。

本节最终选择万家田园和青峰岭共享农场分别作为"单一化"模式与"多元化"模式的案例对象。万家田园始终坚持以精品土地共享作为主打业务，农场运营模式也是围绕土地共享展开，并不存在对接外部市场，而青峰岭共享农场则是同时运作共享模式与产品外销模式，两家农场分别严格隶属于上述两种不同的模式，在经营模式上存在明显差异，符合极化类型选择情形。万家田园和青峰岭共享农场分别处于江苏省无锡市和安徽省合肥市，两家农场在各自所在地区均具有一定的市场影响力，且目前的经营态势良好，未来发展前景光明，保证了研究的有效性。这两家农场均已实际运营一段时间，保证了资料的可得性和完整性。

3. 基本分析框架

为了更好地分析"单一化"模式与"多元化"模式的差异，本节将在共享内容、盈利模式、产品流通以及战略规划四个领域对案例农场进行深入对比研究（见图7-32）。同时，通过调查访谈并结合案例分析，本研究总结出形成万家田园与青峰岭共享农场经营模式差异的4个内外部条件，分别是环境特点、技术条件、农场规模以及经营理念。

4. 资料收集与分析

为了保证所收集资料的可靠性，同时提高研究的信度和效度，本研究遵循三角验证法，采用多种方式进行资料的收集，并力求这些资料可以印证同一个研究结论。资料收集的具体方法如下。①半结构化访谈。参与访谈的人员包括农场主、共享农场生产负责人、销售负责人、农民以及消费者，基本涵盖了共享农场不同层级的员工。访谈内容包括共享农场运营、生产以及消费评价等。访谈时间控制在30~60min，访谈形式包括面对面访谈和线上交流。由此获得了案例农场研究所需的一手资料。②实地观察。通过与共享农场达成共识，获得了进入农场进行实地考察的权限，对共享农场的经营模式与运营机制进行了更加真实、直接的了解，进一步丰富了本节的研究资料。③公开资料收集。通过公开渠道，如公众号、官方微博、新闻报道、政府报告等途径收集案例农场研究所需资料。

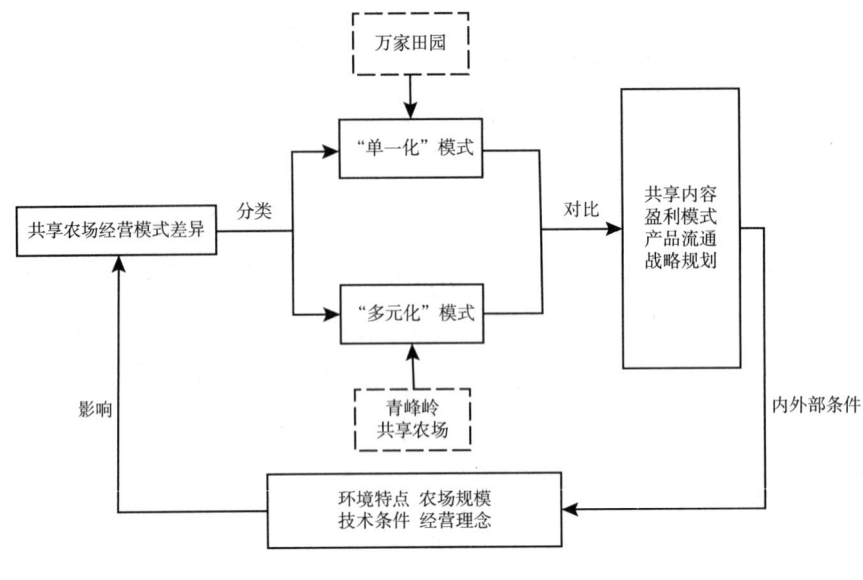

图 7-32　研究框架

（三）案例比较：共享内容、盈利模式、产品流通与战略规划

本部分从共享内容、盈利模式、产品流通以及战略规划四个方面对万家田园和青峰岭共享农场的经营模式进行系统分析（见图 7-33 和图 7-34），其中共享内容即可共享的农场资源，主要分析土地、农机、劳动力、房屋等要素；盈利模式则包括对土地出租、实践游学以及产品售卖等方面的研究；产品流通着重考虑本地与外地消费者对农产品流通方式的影响；战略规划则反映共享农场未来的发展方向以及建设规划。万家田园和青峰岭共享农场在上述四个领域的表现各有特点。

1. 万家田园

（1）共享内容。万家田园走了一条"小而美"的共享路线，将土地共享和自然教育作为其主打共享业务，秉持打造一种田园社区的经营理念。农场所拥有的土地资源除了用于道路规划、植被种植等，剩余土地被合理划分为土地共享区域和实践游学区域。万家田园致力于体验经济的建设，尤其重视用户参与土地共享过程中的自我体验。由于城市用户没有种植经验、种植技术等，为了避免土地荒芜以及无收获的现象，在将土地租赁给城市用户后，万家田园农场并不是放任用户自行管理，而是将用户每一次的劳作时间、劳

第七章 基于社区支持农业（CSA）模式的农产品电商供应链运作策略

作内容进行精细设计，使用户每一次到农场劳作都能获得不一样的种植体验。此做法提高了用户的黏性和参与共享的频率，使得农场资源得到最大化利用；对于城市用户而言，这种共享体验设计除了帮助其减少时间成本外，还最大限度上解决了种植过程中的信息不对称问题。同时，万家田园积极开展自然教育活动，通过教育合作项目、永续农业设计项目和自然教育示范基地项目，实现青少年、成年人员专业技能、环保意识和价值观培养，塑造了良好的品牌形象。

（2）盈利模式。当前农场利润主要是基于共享内容所得，包括土地共享产生的田园租赁与服务费用、自然教育产生的种植体验及培训费用。2020年万家田园一期项目土地共享区域入驻用户约100户，平均每户的租赁面积在50平方米，每平方米的租赁费用定在24元左右，除此之外如果用户无法及时打理田地也可选择将田地委托给农场工作者代为种植，此服务也为农场带来额外的收入。同年，万家田园基于无锡市教育局、无锡职业技术教育学会以及无锡二十多所院校的优势资源，和K12教育机构、中小学校、特长类的教育机构合作，培养孩子的自然素养，同时为各个学校、机构提供品牌输出服务，当前自然教育的收费标准为30元/人，为农场带来了可观的收入。

（3）产品流通。农场的经营模式为"单一化"模式，农场并没有对接外部市场以转销、代销的形式对外出售农产品。同时，由于参与共享模式的用户群体为本地消费者，在综合考虑配送距离、配送成本以及农产品的易损易腐性等因素后，万家田园共享土地所得农产品的流通方式为用户到农场进行采摘收获，然后自行将农产品带回。对于万家田园而言，此种产品流通方式除了可以帮助农场节省雇用第三方物流产生的成本外，还能避免农场自行配送所产生的规模不经济问题；对于用户而言，自行采摘收获的模式不仅可以获得更多的种植体验，还可根据自身食用需求合理安排采摘收获计划。

（4）战略规划。农场制定了"三步走"的战略规划，第一步是利用有限的土地资源开展田园土地租赁和自然教育项目，并与社区和政府合作将这一片田园打造成自然教育实践基地、省助残增收基地等；第二步是寻找无锡中高端小区周边村里的闲置土地，并在市、街道等相关单位的指导下，和相关村进行深度合作，整合更多的土地，引导更多人参与到共享农场模式中来；第三步是力争三年内在无锡、苏州、常州三个城市拿地800亩，实现三市土地租赁，并组建市级线上果蔬交易平台、引导用户线上交易。以村为商户单位，为城市社区提供真正新鲜、无公害的果蔬产品，最终获得忠实用户1.6万人、意向客户4.8万人。

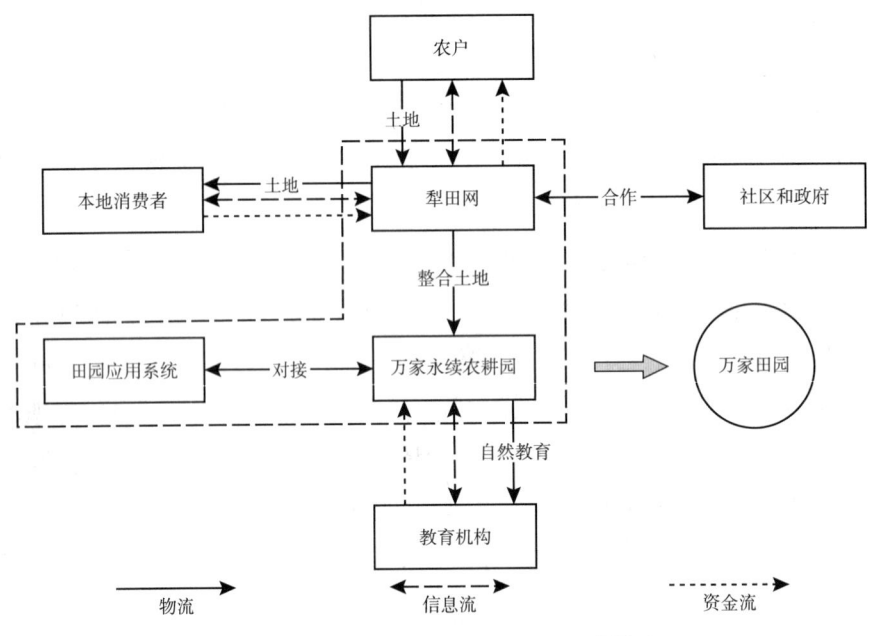

图 7-33 万家田园的"单一化"经营模式

2. 青峰岭共享农场

（1）共享内容。与万家田园共享模式不同，青峰岭共享农场走了一条"大而全"的共享路线，努力打造一种田园综合体。依据共享对象的不同，青峰岭共享农场的共享模式可以划分为两类：针对农户的共享和针对消费者的共享。为了满足消费者多样化、个性化的农业共享需求，青峰岭共享农场已能够提供家禽家畜认领认养、托管代种、民宿、农产品线上线下交易等共享产品和服务，这种"大而全"的共享模式使得农场范围经济效应突出。在针对农户的共享方面，青峰岭共享农场具有特色的共享方式为农机共享和农产品流通共享。农机共享是指农场将拥有的农用机械以共享方式提供给当地农户使用；而农产品流通共享是指与农户共享农产品物流和农产品销售渠道。无论是农机共享还是农产品流通共享都是以"以物易物"的方式进行的，这里的"以物易物"是指农户需通过在收获季向农场提供事先商定数量的果蔬，以获得参与共享的权力。对于农户而言，这两种共享方式不仅可以避免高昂的农用机械购置成本，

第七章 基于社区支持农业（CSA）模式的农产品电商供应链运作策略

保证农业生产的连续性，又可以帮助他们破解农产品供大于求、销路难的困境；对于农场而言，此共享模式不仅可以提高农机设备、物流设施的综合利用率，降低空载率，帮助共享农场实现规模化生产与运输，还可以获得额外的农产品供给来源，得到可观的收益。

（2）盈利模式。共享模式和农产品销售收入是农场收入的两大支柱。其中，共享模式带来的收入来自土地租赁、自然教育培训、果蔬采摘、家畜家禽领养、民宿休闲等方面，与万家田园相比，青峰岭共享农场在共享模式上的收入来源更加丰富。农产品销售收入是农场收入的一大部分，为了拓宽销路，农场选择将农产品线上线下同时销售，采取了双渠道的销售模式。线下销售主要是指向当地的大型超市供货（如永辉超市）；线上销售主要是针对外地的消费者，其中包括一些零散的客户和企业。而为了满足不同消费者对农产品质量的多样化要求，针对高收入人群，青峰岭共享农场特意推出一种精品果蔬[1]。精品果蔬不仅品相和卖相好、销售价格高，还可以帮助农场获得更大的竞争力。

（3）产品流通。参与共享模式的本地消费者可以选择农产品自摘自取，也可以选择由农场外包的第三方物流进行农产品同城配送，但是物流费用需要消费者承担。由于农场具备物流运输的基本条件，对于具有连续性、大批量的超市订单，农场选择自行配送的方式供货。针对外地消费者的长途运输，农场将农产品流通外包给专业的第三方物流公司，同时为了保证果蔬的新鲜度和口感，所有的长距离运输也要实现次日达。对于农场而言，针对不同模式、不同类型的消费者选择不同的产品流通方式可以帮助农场形成规模订单，获得规模效应，同时又最大限度地保证了农产品的新鲜度。

（4）战略规划。目前，青峰岭共享农场借助政府的资金支持，正在努力完善农场道路、景观等基础公共设施，致力于将农场打造成集现代农业、旅游休闲以及田园社区于一体的田园综合体，努力做到让消费者到共享农场有特色美食可吃、有乡村民宿可住、有便捷交通可行、有优美景致去游、有土特产品可购、有好的项目去娱。青峰岭共享农场未来将继续坚持"1+N"的发展战略，即确定以共享农场为发展主题，整合设施农业、生态旅游、农产品加工、养生度假等产

---

[1] 所谓精品果蔬是指把绿色等级为AA的果蔬按照重量、大小等进行进一步分类甄别，以此获得具有质量无偏性和统一标准的果蔬。

业，实现多元化产业融合发展，构建一个多业并举、有效增值的田园综合体，逐步增强整体经济实力和抗风险能力。

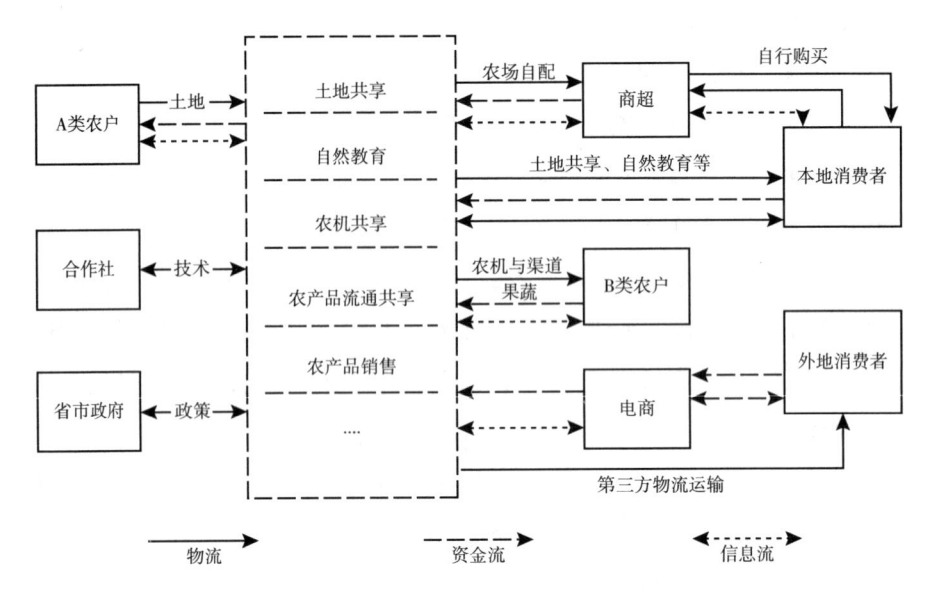

图 7-34 青峰岭共享农场的"多元化"经营模式

3. 综合对比分析

通过上述分析可知，万家田园和青峰岭共享农场在经营模式上存在明显的差异（见表 7-15）。万家田园作为"单一化"模式的代表，选择"小而精"的发展模式，将土地共享作为主要经营内容，通过良好的种植体验设计，获取体验经济带来的优势；而青峰岭共享农场作为"多元化"模式的代表，依托土地资源优势选择了"大而全"的发展道路，推出更多更全面的农业共享内容，可满足不同消费者多样化、个性化的农业共享需求，获得范围经济和规模经济带来的优势，同时将除共享之外的土地留作种植精品果蔬，获取额外营收，抵御风险能力更强。

表 7-15 万家田园和青峰岭共享农场的经营模式对比

项目		万家田园	青峰岭
经营模式		"单一化"模式	"多元化"模式
竞争优势		体验经济	范围经济、规模经济
共享内容	土地共享	可用土地的65%用于共享	可用土地的10%用于共享

续表

项目		万家田园	青峰岭
共享内容	自然教育	主要针对青少年实践游学	青少年自然教育与成人团建
	农机共享	普通小型农具的共享	大型农用机械的共享
	农产品流通共享	暂无	物流与农产品销售渠道共享
	其他共享	暂无	房屋共享等
盈利模式	土地租赁	占比约80%	占比约8%
	自然教育	占比约20%	占比约5%
	农产品销售	暂无	占比约70%
	其他方式	暂无	占比约17%
产品流通	本地消费者	消费者采摘并取回	消费者采摘并取回、第三方物流配送、农场自有物流配送
	外地消费者	暂无	第三方物流配送
战略规则		绿色无公害果蔬生产基地、自然教育基地、共享农业示范基地	田园综合体、"1+N"模式

（四）内外部条件比较分析

万家田园和青峰岭共享农场在共享内容、盈利模式、产品流通以及战略规划方面存在较大的差异。那么究竟是什么因素的影响导致出现这两种不同的共享农场经营模式呢？基于组织社会学的相关理论，结合现有研究并配合调研访谈，本研究发现造成差异的原因主要是农场不同的内外部条件。权变理论认为，组织的最佳结构取决于一个组织具体的环境条件、技术、目标和规模等。[1] 万家田园和青峰岭共享农场作为社会组织的一份子，必然要受到这四部分因素的影响。因此，本部分结合权变理论与共享农场实际运作方式提出针对共享农场内外部环境的VTES分析框架（见图7-35），即从经营理念（Value）、技术条件（Technology）、环境特点（Environment）以及农场规模（Scale）四个方面入手，分析共享农场内外部条件对经营模式差异化的影响。

1. 经营理念

经营理念也即农场主价值观，往往对共享农场的发展方向具有重要的引导作用。万家田园是一个基于土地可持续发展理念的共享农场。农场秉承永续农业的

---

[1] 左文明、黄枫璇、毕凌燕：《分享经济背景下价值共创行为的影响因素——以网约车为例》，《南开管理评论》2020年第5期。

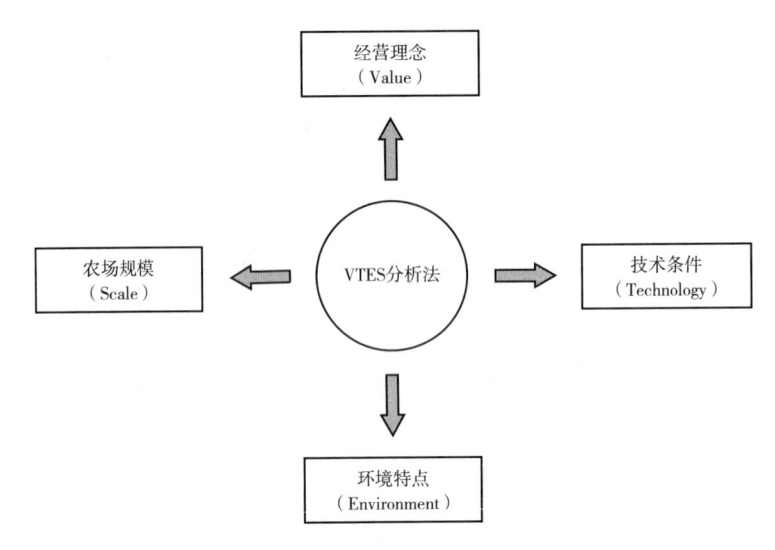

图 7-35　VTES 分析框架

经营理念，致力于让"生活回归自然、教育回归自然、农业回归自然"，以传统农耕文化构建零售新场景。万家田园在经营模式设计时更加注重农产品生产种植过程中消费者的参与和互动，注重帮助青少年等城市用户形成环境保护意识，实现都市人的田园梦和健康生活理念。万家田园的经营理念引导万家田园形成"小而精"的"单一化"经营模式。青峰岭共享农场是一个兼顾"吃、住、行、游、购、娱"的田园综合体，将旅游作为农场建设的切入点，吸引消费者参与共享项目，通过丰富的经营内容满足消费者各方面的需求，获得范围经济带来的丰厚收益。青峰岭共享农场秉承"质量兴农、绿色兴农、品牌强农"的理念，在生产富硒蔬菜、瓜果等功能性绿色农产品的同时，希望通过产地直销的方式解决生鲜农产品在供应链各级批发市场层层加价的问题，以较低的价格让广大消费者享受到有机、健康的生鲜农产品。青峰岭共享农场的经营理念引导青峰岭共享农场形成"大而全"的"多元化"经营模式。基于以上分析，提出：

命题 7-5　共享农场经营理念对经营模式的选择具有导向作用。

2. 技术条件

随着"互联网+农业"、大数据时代与物联网技术的快速兴起，技术条件对共享农场的发展起到了关键作用。对于共享农场而言，农场管理水平和农业科学技术水平是技术条件的两大重要体现。

首先，分析农场管理水平对共享农场经营模式的影响。2022年，万家田园运营团队主要有8人，均为本科及以上学历，专业涉及生物化学、生态学、IT、环境艺术等，农场管理结构呈扁平状，农场内部并未形成严格的科层制关系。青峰岭共享农场运营团队约有60人，其中很大一部分人长期从事农业相关工作，在农场运作方面有着成熟的经验，农场自上而下管理结构呈现金字塔状，各部门之间已经有了明确的分工，农场内部科层制关系已经初见雏形，在运作管理方面也已经形成规模化和流程化。同时，青峰岭共享农场注重员工理论与实践知识的培养，已经协助培养新型职业农民60余人，保证了农场种植技术的不断优化和发展。由此可见，良好的组织分工与成熟的种植技术共同保证了青峰岭共享农场"多元化"经营模式的有效性与高效性。而对于万家田园而言，在运营资源和管理结构的双重影响下"单一化"模式可以扬长避短，通过"小而精"增加用户黏性、获得收益报酬。

其次，分析农业科学技术水平对共享农场经营模式的影响。万家田园通过线上平台"犁田网"整合农村零散土地，实现了土地上线，充分满足城市用户线上土地认领的需求。同时，万家田园致力于为用户与农场搭建桥梁，通过开发社区化的绿色农业可持续发展与应用技术体系，不仅帮助用户连接农场，实现了实时视频监测、远程浇灌和田园社区互动交流等，还达到了提升土壤肥力、降低作物病虫害的目的。作为中国科学技术大学的产学研基地，青峰岭共享农场与中国科学技术大学合作共同研发出高质量的富硒果蔬，帮助农场提高了蔬果种植技术，获得市场竞争优势。同时，为了实现智能化种植与生产，青峰岭共享农场积极引进物联网技术，实现实时土壤灌溉和果蔬生长状态监测，无人机播种等高新农业技术在农场应用也已成为常态。万家田园所具备的技术均是为了给用户提供良好的种植、体验环境。而青峰岭共享农场所拥有的种植技术多是为了实现农场规模化生产和获得市场竞争优势。基于以上分析，提出：

命题7-6 共享农场管理水平和农业科学技术水平对经营模式的选择具有重要影响。

3. 环境特点

组织不是一个封闭的系统，它受到所处环境的影响。对于共享农场而言，政策环境和市场环境是两个影响最大的环境因素。

首先，分析政策环境对共享农场经营模式的影响。万家田园在规划发展过程中得到社区和政府较多的支持，通过军嶂社区的美丽乡村计划，和军嶂社区组建农村合作社，共同进行土地的规划设计。万家田园负责在土地上实施自然建筑、田园设计、种植床设计等规划，社区和政府负责道路、网络等设施建设。在政府指导下，把万家田园军嶂社区共享农场打造成了自然教育实践基地、社区党建基地等。合肥青峰岭有机富硒果蔬专业合作社是青峰岭共享农场的发展依托，在共享农场建设之前，其生产的有机蔬果已经颇具规模，但在基础设施建设方面存在很大的缺陷。在青峰岭共享农场投入建设之后，政府给予了大量的资金支持用于道路交通等基础设施规划，该规划设计方案明确将用 3~5 年时间，将青峰岭区域打造成以江淮民俗为特色、以江淮特色田园景观和生态环境为突出亮点，集精品民宿、田园休闲、研学教育、亲子娱乐、拓展培训等功能于一体的江淮乡居田园度假综合体。由此可见，在不同政策的指导与支持下，万家田园更注重发展自然实践教育，而青峰岭共享农场则更重视将农场建设成多功能的田园综合体。

其次，分析市场环境对共享农场经营模式的影响。万家田园位于无锡市滨湖区，该区人口密度相对较小、居住分散，若在农场发展蔬菜种植零售模式则必然会面对相对分散的消费者，在配送过程中不可避免地会产生蔬菜损耗和规模不经济现象，增加蔬菜的单位成本和共享农场运营成本。青峰岭共享农场位于合肥市，该市人口基数较大且密度较大，蔬菜作为具有需求刚性的产品，每天的消费需求巨大，并且共享农场通过与永辉超市达成长期订单合同，保证共享农场订单的稳定性。由此可见，在不同市场环境的影响下，为了规避规模不经济带来的成本增加现象，万家田园放弃蔬菜销售模式；而由于具有稳定的需求订单和庞大的消费者群体，青峰岭共享农场则选择这一经营模式。基于以上分析，提出：

命题 7-7　政策环境和市场环境共同影响共享农场经营模式的选择。

4. 农场规模

对于共享农场而言，农场拥有的土地规模、地理位置以及品牌声誉等基础条件直接决定了共享农场的经营模式和发展思路。万家田园军嶂社区共享农场共计占地 80 亩，于 2018 年 10 月开园，是万家田园第一个自然环保农场，位于山水城、雪浪山附近，距离市政府仅十公里。该农场致力于发展成为城市农业基地和自然实践基地，以关爱自然、模仿自然为核心，构建微生态系统，为用户提供良好的种植、体验环境。农场可容纳 1500 户城市家庭入园种植，并提供日接纳 300 人次的自然实践项目。作为永续农业设计和自然教育示范基地，万家田园被

第七章 基于社区支持农业（CSA）模式的农产品电商供应链运作策略

无锡市政府授予无锡自然教育示范基地、无锡市山水城助残联盟党建基地等荣誉称号。万家田园受制于土地面积，若选择"多元化"的经营模式必然会因为无法实现规模化生产而产生规模不经济的问题。同时，共享农场地理位置的优势，为消费者避免了长距离的通行成本，使得消费者可以随时参与农场的共享项目，为农场带来强有力的消费者黏性。截至 2023 年 4 月，万家田园共享农场土地亩均产出从原来的 1 万元增至 5 万元。目前，这片土地正在挖掘更多元的价值，开拓乡村新业态。青峰岭共享农场位于合肥市长丰县青峰岭，于 2017 年 12 月开园，距离市政府大约 40 公里。农场拥有 2000 余亩的土地，该土地被合理分成了蔬果种植区、养殖区、共享区以及休闲区。青峰岭共享农场依托原有的青峰岭有机富硒果蔬专业合作社而建，该合作社成立于 2009 年，是安徽省农产品质量安全促进会首批副会长单位，合作社基地农产品已通过国家绿色认证，并取得"青峰岭"商标注册，合作社基地成为农业农村部我国 24 个农药零增长基地之一和国家级健康示范养殖场，先后获得合肥市农民专业合作社示范社、安徽省农民专业合作社示范社等荣誉称号。青峰岭共享农场是原有合作社的继承和发展，得益于广阔的土地面积，农场可以实现多功能并举的经营，依托原有的种植技术和"青峰岭"品牌在业内的良好口碑，农场在保证果蔬质量的同时，可以获得稳定的销路，实现了生产销售的一体化与流程化，避免产销脱节导致的生鲜农产品大量积压和损耗的问题。因此，青峰岭共享农场"多元化"的经营模式成为必然。据人民网报道，目前青峰岭共享农场每年可以吸引 30 万人次进村休闲消费，年产值达 2000 万元，还带动了 136 户农户共同发展。基于以上分析，提出：

命题 7-8 共享农场规模对经营模式的选择具有决定性作用。

基于上述分析，万家田园和青峰岭共享农场的内外部条件对比如表 7-16 所示。

表 7-16 两个农场的内外部条件对比

项目		万家田园	青峰岭
环境特点	政策环境	与地方政府合作共建农场	获得大量资金支持、与省市政府共建农场
	市场环境	消费者分布较分散、人口密度小	消费者分布相对集中、人口密度大
技术条件	农场管理水平	扁平状、亲密型	金字塔状、科层制
	农业科学技术水平	科技水平有待提高	已实现农业新技术的使用

续表

项目	万家田园	青峰岭
农场规模	农场规模较小、80亩可用土地面积、距离消费者较近	农场规模较大、2000余亩可用面积、良好的业内品牌口碑
经营理念	"生活回归自然、教育回归自然、农业回归自然"	"质量兴农、绿色兴农、品牌强农"

共享经济的迅速崛起带动了共享农场的发展，共享农场不仅能够解决供需之间信息不对称和信任危机问题，还能够带动农业农民增产增收。共享农场作为一种新生的事物，应该充分考虑环境特点、技术条件、农场规模以及经营理念等内外部影响因素，选择适合自身的经营模式。

（1）共享农场经营理念对运作模式的选择具有导向作用，"小而精"的经营理念会倾向于选择"单一化"共享农场模式，"大而全"的经营理念则会偏向于"多元化"共享农场模式。

（2）共享农场管理水平和农业科学技术水平对运作模式的选择具有重要影响，"单一化"共享农场模式依赖于人工作业，而"多元化"共享农场模式则需要借助农业机械、无人机等技术实现规模化播种。

（3）政策环境和市场环境共同影响共享农场运作模式的选择，政策环境影响共享农场的资金来源、抗风险能力，市场环境包括当地的物价水平、消费水平关系到需求量。

（4）共享农场规模对运作模式的选择具有决定性作用，土地规模、地理位置等基础条件直接决定了共享农场的运作模式和发展思路。

第五节　本章小结

CSA模式在推广有机农产品及健康生活方式的同时，能够促进城乡互动，将农业生产与社区居民需要直接挂钩，避免了生产的盲目性；能够增加农民收入，改善居民的生活条件，从而形成良性循环。本章研究了CSA模式下的农产品电商供应链。具体地，构建CSA农场农产品"采摘—配送"联合决策的混合整数规划模型，分析农产品时间敏感度对联合决策的影响；针对直接对接和平台

第七章 基于社区支持农业（CSA）模式的农产品电商供应链运作策略

连接两种主流运营模式，研究运营模式的选择机理；考虑在分散决策和折扣契约情形下，信任机制对消费者选择偏好的影响；最后以万家田园和青峰岭共享农场为案例，对共享农场"单一化"和"多元化"的经营模式进行探讨。

根据本章的研究结论，可以得到如下管理启示。

第一，CSA 农场在发展过程中易存在经营管理不善、产品不符合标准、消费者服务满意度低等问题，导致其发展受限。一方面，农场可以与消费群体通过举办农业生产、农场参观和农作体验等活动，建立密切的互信关系；另一方面，农场应向消费者提供关于农作物生长、家畜饲养过程和使用的农药或肥料等信息，提供高质量、安全的产品，促进与用户间的合作互信。

第二，电商平台应促进信息共享，帮助农产品实现增值，提升 CSA 农场与电商平台的互信水平；建立完善的服务体系，提高服务水平，做好售后服务，为用户提供满意的服务体验；加大冷链物流的智能化、节能型设备投入，加强智慧物流建设；电商平台要与上下游协调，实现农产品电商供应链的健康发展。

第三，政府应以市场调研分析为参考依据，以建立推动 CSA 发展的社会化服务体系为目标，以合理布局、科学发展为宗旨，以正确处理好与市场、社会关系，建立完善的发展机制，协同推进农产品电商供应链发展为指导思想，发挥宏观微观环境营造作用，积极宣传引导，整合多方资源，形成发展合力。

第八章　结论与展望

第一节　研究结论

农产品电商通过构建完善的农产品电商供应链体系，极大地拓宽了农产品的销售范围，提升了农产品的附加值，为农民带来了实实在在的经济效益。更为重要的是，农产品电商不仅仅创新了农产品的交易方式，更促进了城乡之间的要素流动与融合。工业品得以顺利下乡，农产品能够便捷进城，打破了城乡之间的壁垒，为农业供给侧结构性改革注入了新的活力。此外，农产品电商的发展还为农民提供了更多的就业机会和创业平台。许多农民通过电商平台开展创业活动，不仅实现了个人价值的提升，也为乡村经济的发展注入了新的活力。[1]

农产品电商供应链管理是运营管理、博弈论、运筹学、农业经济管理等多学科交叉的研究领域。本书围绕农产品电商供应链如何高效运作这一关键问题，综合运用案例研究、问卷调查、实证分析、智能算法、博弈建模、运筹优化等方法，立足农户、电商、消费者等多维视角，从生产、配送、营销、支持体系等多个层面开展系统研究。研究提出，应推进农产品在生产、组织、管理、加工、流通、储运、销售、营销、品牌、服务等环节的互联网化，提升全要素生产率，优化资源配置，促进农业全产业链数字化转型，以线上线下融合为重点，推动农业现代化发展。本书得到的研究结论能够辅助农产品电商供应链优化运营决策，为推动农产品电商供应链持续健康发展提供相关建议。

全面建设社会主义现代化国家，以中国式现代化全面推进中华民族伟大复兴，最艰巨最繁重的任务仍然在农村。世界百年未有之大变局加速演进，我国发

---

[1] 胡美华：《农村电商发展助力乡村振兴》，光明网，2024年3月25日。

展进入战略机遇和风险挑战并存、不确定难预料因素增多的时期，守好"三农"基本盘至关重要，关系到社会稳定、关系到广大农民群众的福祉。农产品电商凭借其独特的市场优势与创新驱动，正在重塑乡村经济格局，不仅为农民带来了实际的经济效益，也为实现乡村振兴开辟了全新的路径。尽管当前仍面临诸多挑战，但在政策扶持与科技进步的双重驱动下，农产品电商势必成为推动我国农业农村现代化转型的关键力量。展望未来，随着更多创新型商业模式的不断涌现，农产品电商必将迎来更多的发展机遇与更广阔的市场空间。

第二节 研究展望

农产品电商的发展为优化农业资源配置、提高产业效率，以及实现农业产业集约化、市场化和数字化管理提供了全新的方式和方法。通过不断探索和应用前沿科技，创新业务模式，能够提升农产品电商供应链的透明度、灵活性和效率，推动行业向智能化、绿色化、高效化方向发展。因此，本书提出未来可能的几个研究方向。

首先，智能技术将广泛应用于农产品电商供应链运作。通过传感器、卫星遥感等收集土壤、气候、水分等数据，利用图像识别技术和机器学习算法，对农作物的生长状态进行监测，能够识别作物的生长阶段、判断植株的健康状况、预测作物的产量等，进而实现精准种植与自动化种植和管理。此外，利用智能技术和大数据能够更精准分析市场供求关系、成本变化、竞争对手价格等，对农产品的价格进行预测，帮助企业制定合理的销售策略。随着智能技术在农产品电商供应链中的广泛应用，农产品从生产环节到销售环节将逐步实现全流程信息化，推动农业现代化发展。

其次，农产品电商供应链新业态新模式将不断涌现。直播电商、社区团购、生鲜电商、跨境电商、订单农业、众筹农业等新业态新模式的蓬勃发展，向学术界提出了许多新的研究课题。例如，结合大数据的定制化服务，农产品电商供应链可以通过分解和细化生产流程，实现小批量多频次出货，提供多样的产品组合，从而满足消费者个性化需求。通过大数据分析消费者的购买行为和偏好，供应链可以准确预测需求，优化生产计划，降低库存成本。同时，利用大数据分析结果，可以优化物流配送路线和运输方式，提高运输效率，降低成本，减少时间浪费。

最后，在农产品电商供应链上做足"补链、强链、串链"文章。农民是农业和农村发展的主体，也是农产品供应链发展的重要力量。目前我国仍有部分农村地区的生产、配送、营销等关键环节发展滞后，未来应立足于国家持续推进的助农战略，结合全面深化改革的系统部署，从大力提升组织化程度、着力推动品牌化发展、完善物流基础设施网络等维度"补链、强链、串链"，加快农产品电商供应链体系建设。

参考文献

艾瑞咨询：《2019中国生鲜电商行业商业模式与用户画像分析报告》，2019年3月22日。

艾瑞咨询：《2023年中国直播电商行业研究报告》，2024年2月29日。

艾瑞咨询：《2024年中国虚拟数字人产业发展白皮书》，2024年4月19日。

安璐、宁涛、宋旭东、王佳玉：《碳税机制下的生鲜农产品冷链配送路径优化研究》，《大连交通大学学报》2022年第1期。

《2024小毛驴农场冬季温室暖棚菜地认养，等你来当"地主"!》，北京小毛驴菜园微信公众号，2024年9月11日。

宾厚、张路行、王素杰、王欢芳：《基于改进多目标遗传算法的农村低碳物流配送路径优化》，《中国农业大学学报》2023年第7期。

财政部办公厅、商务部办公厅、国务院扶贫办综合司：《关于做好2020年电子商务进农村综合示范工作的通知》，2020年5月26日。

曹裕、李业梅、万光羽：《基于消费者效用的生鲜农产品供应链生鲜度激励机制研究》，《中国管理科学》2018年第2期。

曾艳红：《服饰：文化的一种载体及传播媒介》，《丝绸》2013年第1期。

陈妮：《时间窗约束下农产品物流配送路径优化研究》，《自动化技术与应用》2024年第2期。

陈淑童、王长军：《考虑产品互斥和时效的多冷链产品车辆路径建模与仿真》，《东华大学学报》（自然科学版）2018年第6期。

陈卫平：《社区支持农业（CSA）消费者对生产者信任的建立：消费者社交媒体参与的作用》，《中国农村经济》2015年第6期。

城口县商务委员会：《城口县电子商务进农村综合示范创建（升级版）实施

方案》，2021年8月9日。

楚雄彝族自治州商务局：《云南武定：搭建农产品电商供应链 多举措推动农产品出滇——武定县电子商务进农村助力农产品上行典型案例》，2022年5月27日。

崔玉泉、刘冰洁、刘聪、曲晶晶：《新型订单农业合作模式的优化模型分析》，《中国管理科学》2020年第12期。

邓红星、周洁、胡翼：《考虑碳排放的生鲜农产品冷链物流配送路径优化模型》，《重庆理工大学学报》（自然科学）2023年第2期。

丁立言、张铎主编《物流系统工程》，清华大学出版社，2000。

丁秋雷、胡祥培、姜洋：《基于前景理论的物流配送干扰管理模型研究》，《管理科学学报》2014年第11期。

丁秋雷、胡祥培、姜洋、阮俊虎：《考虑新鲜度的农产品冷链物流配送受扰恢复模型》，《系统工程理论与实践》2021年第3期。

丁正平：《双渠道供应链线上线下定价策略及协调契约研究》，博士学位论文，合肥工业大学，2015年。

樊盛涛：《农业与互联网丨调研观察：电商正在深度参与农业产业变革》，澎湃新闻，2023年7月11日。

范厚明、杨翔、李荡、李阳、刘鹏程、吴嘉鑫：《基于生鲜品多中心联合配送的半开放式车辆路径问题》，《计算机集成制造系统》2019年第1期。

冯颖、高龙天、陈苏雨、张炎治：《收购价格机制对不同组织模式下订单农业供应链运作的影响》，《系统工程》2021年第6期。

伏红勇：《社区支持农业"产—销"互动中的信任问题——基于信任博弈的分析》，《西南政法大学学报》2017年第5期。

葛显龙、苗国庆、谭柏川：《开放式污染路径问题优化建模与算法研究》，《工业工程与管理》2015年第4期。

付伟：《推动乡村产业新业态不断涌现》，《光明日报》2024年2月6日。

广州市增城区农业农村局：《增城区2020年蔬菜瓜果收购、贮藏应急补贴方案》，2020年6月18日。

郭放、黄志红、黄卫来：《考虑前置仓选址与服务策略的同时取送货车辆路径问题研究》，《系统工程理论与实践》2021年第4期。

《我省已创建共享农庄试点 180 家》，《海南日报》2021 年 7 月 11 日。

何有世、马腾飞：《B2C 环境下生鲜农产品物流配送路径优化研究》，《商业经济研究》2017 年第 5 期。

胡美华：《农村电商发展助力乡村振兴》，光明网，2024 年 3 月 25 日。

胡颖：《利益共享契约下农产品双渠道供应链博弈分析》，《商业经济研究》2018 年第 3 期。

胡振华、舒行钢：《基于知识图谱的社区团购媒体舆论情感倾向分析》，《财经理论与实践》2021 年第 2 期。

虎遵会、廖琴、任奕：《云南宁洱：订单农业搭乘电商平台 产销两旺》，人民网，2020 年 7 月 2 日。

黄建辉、林强：《保证保险和产出不确定下订单农业供应链融资中的政府补贴机制》，《中国管理科学》2019 年第 3 期。

冀巨海、张璇：《考虑取送作业的生鲜农产品配送路径优化模型与算法》，《系统科学学报》2019 年第 1 期。

贾兆红、王少贵、刘闯：《多模式下的车辆和无人机联合配送模型与优化算法》，《控制与决策》2024 年第 7 期。

江雨燕、尹莉、王付宇：《多配送中心半开放式冷链物流配送路径优化》，《复杂系统与复杂性科学》2023 年第 2 期。

《中共中央 国务院关于保持土地承包关系稳定并长久不变的意见》，《经济日报》2019 年 11 月 29 日。

兰建义、时启超、冯中伟、赫蒙蒙：《生鲜电商供应链企业社会责任分担策略选择研究》，《中国管理科学》2022 年第 1 期。

李春发、米新新、崔鑫：《基于双曲正切函数改进蚁群算法的冷链物流配送路径优化》，《公路交通科技》2023 年第 12 期。

李进、傅培华、李修琳：《低碳环境下的车辆路径问题及禁忌搜索算法研究》，《中国管理科学》2015 年第 10 期。

李军涛、刘明月、刘朋飞：《生鲜农产品多车型冷链物流车辆路径优化》，《中国农业大学学报》2021 年第 7 期。

李美娆、曲丽丽：《新型农业经营主体融资约束纾解机制的演化博弈研究——基于农业供应链金融视角的讨论》，《金融理论与实践》2023 年第 9 期。

李琪、李欣、魏修建：《整合SOR和承诺信任理论的消费者社区团购研究》，《西安交通大学学报》（社会科学版）2020年第2期。

李雪佳：《嘉绒藏族旅游纪念品品牌化设计的地域文化研究》，硕士学位论文，西南交通大学，2016。

李治：《坚守在"社区团购宇宙中心"——社区团购品牌知花知果创始人蔡世龙专访》，《湖南日报》2022年10月13日。

联合国环境规划署：《可持续交通，可持续发展》，2021年10月。

林强、陈亮君、林晓刚：《"质量—价格"竞争下生鲜电商销售模式选择研究》，《运筹与管理》2023年第2期。

林强、付文慧、王永健：《"公司+农户"型订单农业供应链内部融资决策》，《系统工程理论与实践》2021年第5期。

林强、叶飞：《"公司+农户"型订单农业供应链的Nash协商模型》，《系统工程理论与实践》2014年第7期。

林志炳、李钰雯、陈莫凡：《双渠道供应链中的直播营销策略研究》，《系统科学与数学》2023年第10期。

凌六一、郭晓龙、胡中菊、梁樑：《基于随机产出与随机需求的农产品供应链风险共担合同》，《中国管理科学》2013年第2期。

刘承昌、韩芳、梁建：《民族地区农民专业合作社参与农村社会治理研究——基于昌吉州58家合作社的问卷调查》，《湖北农业科学》2020年第11期。

刘凤军、孟陆、陈斯允、段坤：《网红直播对消费者购买意愿的影响及其机制研究》，《管理学报》2020年第1期。

刘鲁浩、谢家平、梁玲、张广思：《基于品种和土地改良的"社会企业+农户"契约农业合作机制及定价决策研究》，《管理评论》2021年第8期。

刘遗志、胡争艳、汤定娜：《多渠道零售环境下消费者在线渠道迁徙意愿研究——基于SOR理论模型视角》，《大连理工大学学报》（社会科学版）2022年第1期。

六安市裕安区人民政府办公室：《裕安区实施国家级电子商务进农村综合示范项目资金管理使用修订方案》，2019年10月11日。

罗嗣卿、刘璐：《改进K-means算法对大兴安岭蓝莓干销售预测的应用》，《黑龙江大学自然科学学报》2017年第2期。

马歆：《细菌群体趋药性算法在农产品配送车辆调度中的应用》，《安徽农业科学》2011年第36期。

毛彩菊、王丽稳：《社区支持农业中的信任机制探赜》，《决策与信息》2023年第2期。

内蒙古电子商务促进会：《内蒙古2022年电子商务大数据平台数据通报》，2023年1月23日。

宁波市奉化区农业农村局：《关于印发宁波市奉化区本地农产品临时收购补助资金管理办法及实施方案的通知》，2022年9月4日。

《农产品现代流通体系的现状、问题和政策建议》，《农村工作通讯》2022年8月17日。

《全力以赴抗灾夺丰收——农业农村系统抓好灾后农业恢复生产综述》，《农民日报》2023年9月11日。

农业农村部：《"十四五"全国农产品产地市场体系发展规划》，2022年3月1日。

农业农村部信息中心、中国国际电子商务中心：《2021全国县域数字农业农村电子商务发展报告》，2021年9月。

彭良军、刘亚威、邹梓琛、刘名武：《考虑主播声望的直播供应链协调契约选择研究》，《计算机工程与应用》2023年第11期。

浦徐进、金德龙：《生鲜农产品供应链的运作效率比较：单一"农超对接"vs.双渠道》，《中国管理科学》2017年第1期。

商务部：《商务部等9部门关于推动农村电商高质量发展的实施意见》，2024年3月5日。

商务部电子商务和信息化司：《2023年中国网络零售市场发展报告》，2024年1月31日。

邵举平、曹倩、沈敏燕、孙延安：《生鲜农产品配送中带时窗的VRP模型与算法》，《工业工程与管理》2015年第20期。

邵腾伟、吕秀梅：《基于消费者主权的生鲜电商消费体验设置》，《中国管理科学》2018年第8期。

沈皓月：《基于社区团购经济模型的经济均衡分析》，《中国产经》2020年第7期。

沈文蒨、孙江明：《基于CSA平台的美国农产品电子商务模式》，《世界农业》2016年第4期。

石嫣、程存旺、雷鹏：《生态型都市农业发展与城市中等收入群体兴起相关性分析——基于"小毛驴市民农园"社区支持农业（CSA）运作的参与式研究》，《贵州社会科学》2011年第2期。

史立刚、彭红军、丛静：《资金约束下订单农业供应链内外部融资策略研究》，《运筹与管理》2020年第4期。

舒琨、邵晓峰：《多渠道零售商的产品投放渠道策略研究》，《上海管理科学》2020年第6期。

《回归长沙，兴盛优选的深耕战略与创新旅程，重筑社区团购新格局》，搜狐网，2024年9月21日。

《人工智能赋能生鲜零售：京东七鲜与前置仓的创新融合》，搜狐网，2024年11月1日。

孙明明、张辰彦、林国龙、丁一：《生鲜农产品冷链物流配送问题及其路径优化》，《江苏农业科学》2017年第11期。

孙媛媛：《社区支持农业助力乡村振兴》，中国小康网，2022年12月29日。

谭思、陈卫平：《如何建立社区支持农业中的消费者信任——惠州四季分享有机农场的个案研究》，《中国农业大学学报》（社会科学版）2018年第4期。

唐国峰：《丰都："电商+合作社+农户"模式 助力乡村振兴》，华龙网，2023年2月16日。

唐润、李倩倩、彭洋洋：《考虑质量损失的生鲜农产品双渠道市场出清策略研究》，《系统工程理论与实践》2018年第10期。

唐亚冰：《广东农村电商市场规模5年扩大近3倍 有效支撑乡村振兴》，《南方日报》2023年10月28日。

《叮咚买菜多次盈利，美团、京东加码，这次前置仓又行了?》，腾讯网，2024年11月8日。

田客CSA有机农场：《西安田客CSA农场2016年会员招募开始了》，2015年12月23日。

通约智库：《深圳市艾维塔科技有限公司》，2017年11月23日。

《从"卖菜"到"种菜"叮咚买菜深入源头推动绿色农业发展》，头条南阳，2021年3月2日。

万骁乐、王茜、孟庆春、杜元伟：《生产规模不经济性条件下考虑消费者偏好的智慧供应链扶贫模型研究》，《中国管理科学》2020年第2期。

汪涛、潘郁、潘芳、朱晓峰：《基于改进人工蜂群算法的生鲜农产品配送路径优化》，《广东农业科学》2018年第10期。

汪旭晖、张其林：《基于线上线下融合的农产品流通模式研究——农产品O2O框架及趋势》，《北京工商大学学报》（社会科学版）2014年第3期。

王常伟、顾海英：《逆向选择、信号发送与我国绿色食品认证机制的效果分析》，《软科学》2012年第10期。

王虹、孙玉玲：《生鲜农产品供应链全渠道运营模式分析》，《工业工程》2019年第6期。

王建华、布玉婷、王舒：《消费者生鲜农产品购买渠道迁徙意愿及其影响机理》，《南京农业大学学报》（社会科学版）2022年第2期。

王玖河、安聪琢、郭田宇：《时变路网下电动冷藏车配送路径优化研究》，《工业工程》2022年第4期。

王玉：《中国传统服饰文化认同量表的构建》，硕士学位论文，北京服装学院，2015。

网经社电子商务研究中心：《2021年度中国社区团购市场数据报告》，2022年3月1日。

网经社电子商务研究中心：《2023年度中国生鲜电商&社区团购市场数据报告》，2024年4月23日。

《阿里巴巴与极飞科技在"盒马村"里做了啥？》，网易新闻，2020年5月27日。

韦素雪：《广西电商企业与贫困村合作社签约 助贫困户增收》，中国新闻网，2020年8月12日。

《由1万元增至5万元，无锡这片"金地"挖掘多元价值开拓乡村新业态》，无锡新传媒，2023年4月24日。

吴瑶、马祖军：《时变路网下带时间窗的易腐食品生产—配送问题》，《系统工程理论与实践》2017年第1期。

武小旭、兰洪杰、时开萍、宋雨珊：《蚁群启发的社区团购买手推荐制的供应商优化》，《物流技术》2020年第3期。

夏文汇、张霞、夏乾尹：《城市生鲜农产品电商冷链物流配送模式及协同机制》，《江苏农业科学》2019年第4期。

谢识予：《经济博弈论（第三版）》，复旦大学出版社，2007。

辛香君：《山东栖霞市苹果专业合作社发展调查研究》，硕士学位论文，烟台大学，2019。

《京东荣获2022国家发改委乡村振兴优秀典型案例》，新华财经，2023年1月6日。

新华社：《安徽：电商经营主体收购贫困村农产品将获补助》，2019年7月26日。

新华社：《中共中央 国务院关于学习运用"千村示范、万村整治"工程经验有力有效推进乡村全面振兴的意见》，2024年2月3日。

《京东自建植物工厂，开创国内电商先河》，新华社客户端，2018年12月6日。

《电商进村助扶贫 农民增收奔小康》，新华网，2020年8月26日。

《美团优选"农鲜直采"加速农产品上行》，新华网，2020年12月16日。

《农村电商平台签约包销，农产品再也不用烂地里》，新快网，2020年4月27日。

邢鹏、尤浩宇、樊玉臣：《考虑平台营销努力的直播电商服务供应链质量努力策略》，《控制与决策》2022年第1期。

熊浩、陈锦怡、鄢慧丽、郭昊颖：《考虑主播特征的直播带货双渠道供应链定价与协调》，《管理工程学报》2023年第4期。

徐鹏：《过度自信视角下线上农产品供应链金融激励契约研究》，《管理工程学报》2020年第4期。

徐震南、陈可、郭晓凌等：《"声"临其境：营销沟通中的方言积极效应》，《南开管理评论》2023年第1期。

薛丽柯、姚雨辰、姜方桃：《我国农产品供应链存在的问题及对策》，《当代经济》2014年第1期。

饶卫振、金淳、王新华、刘锋：《考虑道路坡度因素的低碳VRP问题模型与求解策略》，《系统工程理论与实践》2014年第8期。

杨波：《我国城市居民加入"社区支持农业"的动机与影响因素的实证研

究——基于中西方国家对比的视角》,《中国农村观察》2014年第2期。

叶飞、林强、李怡娜:《基于CVaR的"公司+农户"型订单农业供应链协调契约机制》,《系统工程理论与实践》2011年第3期。

叶飞、王吉璞:《产出不确定条件下"公司+农户"型订单农业供应链协商模型研究》,《运筹与管理》2017年第7期。

叶壮:《聊城莘县:电商扶贫合作社促农增收》,东方新闻,2011年3月23日。

易海燕、章圳琰:《基于新鲜度损耗的社区团购电商配送中心选址研究》,《交通运输工程与信息学报》2020年第2期。

永安市工业和信息化局:《永安市工业和信息化局永安市财政局关于做好永安市国家级电子商务进农村综合示范专项资金申报工作的通知(征求意见稿)》,2022年3月30日。

余星、张卫国、刘勇军:《基于农业保险的农产品供应链补贴机制研究》,《管理学报》2017年第10期。

余星、张卫国、刘勇军:《基于相对浮动价和政府补贴的订单农业协调机制研究》,《管理工程学报》2020年第3期。

岳柳青、刘咏梅、朱桂菊:《零售商主导的生鲜双渠道供应链协调契约研究》,《软科学》2016年第8期。

《寻访"行业小巨人"｜绿鲜达:从土地到餐桌"生鲜使者"让更多人吃上放心蔬菜》,云南网,2023年10月10日。

张成龙:《西安阎良区26亩蔬菜大棚被大雪压倒 菜农损失30多万元》,《华商报》2018年1月5日。

张立胜、陆娟、吴芳、孟悦:《认证标识对农产品品牌信任的影响路径分析》,《技术经济》2010年第4期。

张庆文:《社区支持农业——从理念走向实践》,《农民日报》2009年4月4日。

赵岗:《【脱贫攻坚看云龙】深山里有了电商 十方福农民合作联社打造互利共赢平台》,云南网,2020年10月21日。

中共中央办公厅、国务院办公厅:《数字乡村发展战略纲要》,2019年5月16日。

《我国出台措施大力推动农产品流通体系建设》，中国产业经济信息网，2010年6月23日。

中国电子商务研究中心：《【海外案例】LocalHarvest：农产品电商小而美之路》，2021年10月21日。

中国国际电子商务中心：《中国农村电子商务发展报告（2021—2022）》，2022年9月。

中国计量科学研究院、中国海关科学技术研究中心等：《直播电商行业高质量发展报告（2022—2023年度）》，2023年9月。

《电商平台联动农户，打造苏宁特色扶贫模式》，中国经济网，2019年5月27日。

《首届"盒马村"大会召开 日喀则青稞盒马村等6家盒马村授牌成立》，中国经济网，2023年7月20日。

中国连锁经营协会、"第三只眼看零售"：《2019社区生鲜调研报告》，2019年11月9日。

中国食品（农产品）安全电商研究院、北京工商大学商业经济研究所：《2023中国农产品电商发展报告》，2023年3月15日。

中国食品（农产品）安全电商研究院：《2020中国农产品电商发展报告》，2020年3月15日。

《"社区支持农业"中国实验》，《中国证券报》2013年3月15日。

《商务部介绍10月我国电子商务发展情况》，中国政府网，2023年11月18日。

中华人民共和国财政部：《关于开展2021年电子商务进农村综合示范工作的通知》，2021年5月11日。

Akkaya D, Bimpikis K, Lee H, "Government interventions to promote agricultural innovation," *Manufacturing & Service Operations Management* 23 (2021): 437-452.

Alizamir S, Iravani F, Mamani F, "An analysis of price vs. revenue protection: Government subsidies in the agriculture industry," *Management Science* 65 (2019): 32-49.

An J, Cho S-H, Tang C S, "Aggregating Smallholder Farmers in Emerging

Economies," *Production and Operations Management* 24 (2015): 1414-1429.

Anders S M, Souza Monteiro D M, Rouviere E: Objectiveness in the market for third-party certification: Does market structure matter? (paper represented at the International Marketing and International Trade of Quality Food Products, Bologna, Italy, March 2007), pp. 651-663.

Anderson E, Monjardino M, "Contract design in agriculture supply chains with random yield," *European Journal of Operational Research* 277 (2019): 1072-1082.

Antoinette P, Margaret G, "Farming alone: What's up with the C in community supported agriculture," *Agriculture and Human Values* 30 (2013): 85-100.

Arai K, Barakbah A R, "Hierarchical K-means: an algorithm for centroids initialization for K-means," *Reports of the faculty of science & engineering* 36 (2007): 25-31.

Auriol E, Schilizzi S G M, "Quality signaling through certification in developing countries," *Journal of Development Economics* 116 (2015): 105-121.

Baksi S, Bose P, "Credence goods, efficient labelling policies, and regulatory enforcement," *Environmental & Resource Economics* 37 (2007): 411-430.

Bartneck C., Kulić D., Croft E., Zoghbi S, "Measurement instruments for the anthropomorphism, animacy, likeability, perceived intelligence, and perceived safety of robots," *International Journal of Social Robotics* 1 (2009): 71-81.

Batra R, Ramaswamy V, Alden D L, Steenkamp J E M, Ramachander S, "Effects of brand local and nonlocal origin on consumer attitudes in developing countries," *Journal of Consumer Psychology* 9 (2000): 83-95.

Belo-Filho M A F, Amorim P, Almada-Lobo B, "An adaptive large neighbourhood search for the operational integrated production and distribution problem of perishable products," *International Journal of Production Research* 53 (2015): 6040-6058.

Bhatnagar A, Syam S S, "Allocating a hybrid retailer's assortment across retail stores: Bricks-and-mortar vs online," *Journal of Business Research* 67 (2014): 1293-1302.

Borger B D, Fosgerau M, "The trade-off between money and travel time: A test of the theory of reference-dependent preferences," *Journal of Urban Economics* 1 (2008): 101-115.

Boyabatli O, Nguyen J, Wang T, "Capacity management in agricultural commodity processing and application in the palm industry," *Manufacturing & Service Operations Management* 19 (2017): 551-567.

Brown C, S Miller, "The impact of local markets: A review of research on farmers' markets and community supported agriculture," *The American Journal of Agricultural Economics* 90 (2008): 1296-1302.

Bullnheimer B, Hartl R F, Strauss C, "An improved Ant System algorithm for the Vehicle Routing Problem," *Annals of Operations Research* 89 (1999): 319-328.

Busalim A H, Ghabban F, "Customer engagement behaviour on social commerce platforms: An empirical study," *Technology in Society* 64 (2021): 1-17.

Busalim A H, Ghabban F, Hussin A R C, "Customer engagement behaviour on social commerce platforms: An empirical study," *Technology in Society* 64 (2021): 101437

Butler B S, Travis D, Riding C: Community or market? The implications of alternative institutional logics for IT use in CSA programs, (paper represented at the 20th Americas conference on information systems, Savannah, Georgia, 2014).

Cang Y M, Wang D C, "A comparative study on the online shopping willingness of fresh agricultural products between experienced consumers and potential consumers," *Sustainable Computing: Informatics and Systems* 30 (2021): 100493.

Cardozo R N, "An experimental study of customer effort, expectation, and satisfaction," *Journal of Marketing Research* 2 (1965): 244-249.

Chen J, Chen Y-J, "The impact of contract farming on agricultural product supply in developing economies," *Production and Operations Management* 30 (2021): 2395-2419.

Chen X, Shen J, and Wei S, "What reduces product uncertainty in live streaming e-commerce? From a signal consistency perspective," *Journal of Retailing and Consumer Services* 74 (2023): 103441

Curtis K, Ward R, Allen K, Slocum S, "Impacts of community supported agriculture program participation on consumer food purchases and dietary choice," *Journal of Food Distribution Research* 44 (2013): 42-51.

Deb K, Pratap A, Agarwal S, Meyarivan T, "A fast and elitist multiobjective genetic algorithm: NSGA-II," *IEEE Transactions on Evolutionary Computation*, 6 (2002): 182-197.

Duan J, Wang J, "Energy-efficient scheduling for a flexible job shop with machine breakdowns considering machine idle time arrangement and machine speed level selection," *Computers & Industrial Engineering* 161 (2021): 107677.

Fei M, Tan H, Peng X, et al, "Promoting or attenuating? An eye-tracking study on the role of social cues in e-commerce livestreaming," *Decision Support Systems* 142 (2021): 1-10.

Gui L, Tang C. S, Yin S, "Improving microretailer and consumer welfare in developing economies: Replenishment strategies and market entries," *Manufacturing & Service Operations Management* 21 (2019): 231-250.

Hallikainen H, Laukkanen T, "National culture and consumer trust in e-commerce," *International Journal of Information Management* 38 (2018): 97-106.

Hamdan B, Diabat A, "Robust design of blood supply chains under risk of disruptions using Lagrangian relaxation," *Transportation Research Part E-Logistics and Transportation Review* 134 (2020): 101764.

Hew J J, Leong L Y, Tan G W H, et al, "Mobile social tourism shopping: A dual-stage analysis of a multi-mediation model," *Tourism Management* 66 (2018): 121-139.

Hjorth K, Fosgerau M, "Using prospect theory to investigate the low marginal value of travel time for small time changes," *Transportation Research Part B-Methodological* 46 (2012): 917-932.

Hofstede G, *Culture's consequences: international differences in Work-Related Values* (Sage, 1983) 625.

Holland John H, *Adaptation In Natural And Artificial Systems* (Ann Arbor: University of Michigan Press, 1975)

Hsu C-I, Hung S-F, Li H-C, "Vehicle routing problem with time-windows for perishable food delivery," *Journal of Food Engineering* 80 (2007): 465-475.

Hsu S Y, Chang C C, Lin T T, "Triple bottom line model and food safety in organic food and conventional food in affecting perceived value and purchase intentions," *British Food Journal* 121 (2018): 333-346.

Hsu V N, Lai G, Liang G, "Agricultural partnership for dairy farming," *Production and Operations Management* 28 (2019): 3042-3059.

Hu H, Ma F, "Human-like bots are not humans: The weakness of sensory language for virtual streamers in livestream commerce," *Journal of Retailing and Consumer Services* 75 (2023): 103541.

Huang Y, "Influence of cultural differences on the establishment of consumer trust in a socialized cross-border E-Commerce", *Mobile Information Systems* 5 (2022): 9952335.

Iyer G, Singh S, "Voluntary product safety certification," *Management Science* 64 (2017): 695-714.

Jabali O, Van Woensel T, de Kok A G, "Analysis of Travel Times and CO_2 Emissions in Time-Dependent Vehicle Routing," *Production and Operations Management* 21 (2012): 1060-1074.

Jabir E, Panicker V V, Sridharan R, "Design and development of a hybrid ant colony-variable neighbourhood search algorithm for a multi-depot green vehicle routing problem," *Transportation Research Part D-Transport and Environment* 57 (2017): 422-457.

Jerome McCarthy, *Basic Marketing: Applications in Basic Marketing* (Richard D Irwin, 1985)

Karaboga D, Basturk B, "A powerful and efficient algorithm for numerical function optimization: artificial bee colony (ABC) algorithm," *Journal of Global Optimization* 39 (2007): 459-471.

Kaswengi J, Lambey-Checchin C, "How logistics service quality and product quality matter in the retailer-customer relationship of food drive-throughs: the role of perceived convenience," *International Journal of Physical Distribution & Logistics Management* 50 (2019): 535-555.

Kazaz B, Webster S, "The impact of yield-dependent trading costs on pricing and production planning under supply uncertainty," *Manufacturing & Service Operations Management* 13 (2011): 404-417.

Kraft T, Valdes L, Zheng Y, "Motivating supplier social responsibility under incomplete visibility," *Manufacturing & Service Operations Management* 22 (2020): 1268-1286.

Kumar R S, Kondapaneni K, Dixit V, et al, "Multi-objective modeling of production and pollution routing problem with time window: A self-learning particle swarm optimization approach," *Computers & Industrial Engineering* 99 (2016): 29-40.

Lee H L, Tang C S, "Socially and environmentally responsible value chain innovations: new operations management research opportunities," *Management Science* 64 (2018): 983-996.

Liao C, Chen Y, Tang C S, "Information provision policies for improving farmer welfare in developing countries: heterogeneous farmers and market selection," *Manufacturing & Service Operations Management* 21 (2019): 254-270.

Lin S W, Ying K C, "Minimizing makespan and total flowtime in permutation flowshops by a bi-objective multi-start simulated-annealing algorithm," *Computers & Operations Research* 40 (2013): 1625-1647.

Liu L, Su B, Liu Y, "Distribution route optimization model based on multi-objective for food cold chain logistics from a low-carbon perspective," *Fresenius Environmental Bulletin* 30 (2021): 1538-1549.

Liu Z, Yang J, Ling L, "Exploring the influence of live streaming in mobile commerce on adoption intention from a social presence perspective," *International Journal of Mobile Human Computer Interaction* 12 (2020): 53-71.

Livingston M, Roberts M J, Zhang Y, "Optimal sequential plantings of corn and soybeans under price uncertainty," *American Journal of Agricultural Economics* 97 (2015): 855-878.

Lu B, Chen Z, "Live streaming commerce and consumers' purchase intention: An uncertainty reduction perspective," *Information & Management* 58 (2021): 103509.

Lu B, Fan W, Zhou M, "Social presence, trust, and social commerce purchase intention: An empirical research," *Computers in Human Behavior* 56 (2016): 225-237.

Mcnabb M E, Weir J D, Hill R R, et al, "Testing local search move operators on the vehicle routing problem with split deliveries and time windows," *Computers & Operations Research* C (2015): 93-109.

Nagarajan M, Bassok Y, "A bargaining framework in supply chains: The assembly problem," *Management science* 54 (2008): 1482-1496.

Niu B, Jin D, Pu X, "Coordination of channel members' efforts and utilities in contract farming operations," *European Journal of Operational Research* 255 (2016): 869-883.

Niu Y, Yang Z, Chen P, Xiao J, "Optimizing the green open vehicle routing problem with time windows by minimizing comprehensive routing cost," *Journal of Cleaner Production* 171 (2018): 962-971.

Osvald A, Stirn L Z, "A vehicle routing algorithm for the distribution of fresh vegetables and similar perishable food," *Journal of Food Engineering* 85 (2008): 285-295.

Özalp Ö, Zheng Y, "Trust in forecast information sharing," *Management science* 57 (2011): 1111-1137.

Pan Y, "Optimization model of cold chain logistics common distribution path for fresh agricultural products under the perspective of low carbon," *Fresenius Environmental Bulletin* 30 (2021): 3445-3455.

Panda S, Modak N M, Cárdenas-Barrón L E, "Coordinating a socially responsible closed-loop supply chain with product recycling," *International Journal of Production Economics* 188 (2017): 11-21.

Patel V K, Savsani V J, "A multi-objective improved teaching-learning based optimization algorithm (MO-ITLBO)," *Information Sciences* 357 (2016): 182-200.

Peng H, Pang T, "Optimal strategies for a three-level contract-farming supply chain with subsidy," *International Journal of Production Economics* 216 (2019): 274-286.

Peyrache E, Quesada L, Intermediaries, "Credibilivy and incentives to collude,"

Journal of Economics and Management Strategy 20 (2011): 234-250.

Poonthalir G, Nadarajan R, "A fuel efficient green vehicle routing problem with varying speed constraint (F-GVRP)," *Expert Systems with Applications* 100 (2018): 131-144.

Qi X, Tian X, Ploeger A, "Exploring Chinese consumers' online purchase intentions toward certified food products during the COVID-19 pandemic," *Foods* 10 (2021): 2729.

Qian T Y, Matz R, Luo L, et al, "Gamification for value creation and viewer engagement in gamified livestreaming services: The moderating role of gender in esports," *Journal of Business Research* 145 (2022): 482-494.

Qian X, Oisen T L, "Operational and Financial Decisions Within Proportional Investment Cooperatives," *Manufacturing & Service Operations Management* 22 (2022): 546-561.

Sahin B, Yilmaz H, Ust Y, Guneri AF, Gulsun B, "An approach for analyzing transportation costs and a case study," *European Journal of Operational Research* 193 (2009): 1-11.

Scheele L M, Thonemann U W, Slikker M, "Designing incentive systems for truthful forecast information sharing within a firm," *Management Science* 64 (2017): 3690-3713.

Shin Y, Noone B M, Robson S K, "An exploration of the effects of photograph content, photograph source, and price on consumers' online travel booking intentions," *Journal of Travel Research* 59 (2020): 120-139.

Stigler G J, "The economics of information," *Journal of Political Economy* 69 (1961): 213-225.

Strausz R, "Honest certification and the threat of capture," *International Journal of Industrial Organization* 23 (2005): 45-62.

Stützle T, Hoos H H, *MAX-MIN Ant system* (Future Generation Computer Systems, 2000).

Sun Y, Yen G G, Yi Z, "IGD Indicator-based evolutionary algorithm for many-objective optimization problems," *IEEE Transactions on Evolutionary Computation* 23

(2018): 173-187.

Suzuki, Yoshinori, "A dual-objective metaheuristic approach to solve practical pollution routing problem," *International Journal of Production Economics* 176 (2016): 143-153.

Tang R, Yang L, "Financing strategy in fresh product supply chains under e-commerce environment," *Electronic Commerce Research and Applications* 39 (2020): 100911.

Theophilus O, Dulebenets M A, Pasha J, Lau Y, Fathollahi-Fard A M, Mazaheri A, "Truck scheduling optimization at a cold-chain cross-docking terminal with product perishability considerations," *Computers & Industrial Engineering* 156 (2021): 107240.

Tiwari K V, Sharma S K, "An optimization model for vehicle routing problem in last-mile delivery," *Expert Systems with Applications* 222 (2023): 119789.

Tsang Y P, Wu C H, Lam H Y, "Integrating Internet of things and multi-temperature delivery planning for perishable food E-commerce logistics: A model and application," *International Journal of Production Research* 59 (2021): 1534-1556.

Wang J, Zhou Y, Wang Y, "Multiobjective vehicle routing problems with simultaneous delivery and pickup and time windows: formulation, instances, and algorithms," *IEEE Transactions on Cybernetics* 46 (2015): 582-594.

Wang W, Li G, Cheng T, "Channel selection in a supply chain with a multi-channel retailer: The role of channel operating costs," *International Journal of Production Economics* 173 (2016): 54-65.

Wang X, Li Z, Chen Q, et al, "Meta-heuristics for unrelated parallel machines scheduling with random rework to minimize expected total weighted tardiness," *Computers & Industrial Engineering* 145 (2020): 106505.

Wang X, Sun S, "Optimal decisions for contract farming under weather risk," *Discrete Dynamics in Nature and Society* 1 (2022).

Wongkitrungrueng A, Assarut N, "The role of live streaming in building consumer trust and engagement with social commerce sellers," *Journal of Business Research* 117 (2020): 543-556.

Wu R, Liu J, Chen S, et al, "The effect of E-commerce virtual live streamer socialness on consumers' experiential value: an empirical study based on Chinese E-commerce live streaming studios," *Journal of Research in Interactive Marketing* 17 (2023): 714-733.

Wu Y, "Empirical analysis of factors influencing consumers' satisfaction in online shopping agricultural products in China," *Journal of Electronic Commerce in Organizations* 16 (2018): 64-77.

Xiao S, Chen Y, Tang C, "Knowledge sharing and learning among smallholders in developing economies: implications, incentives, and reward mechanisms," *Operations Research* 68 (2020): 435-452.

Xiao Y, Konak A, "The heterogeneous green vehicle routing and scheduling problem with time-varying traffic congestion," *Transportation Research Part E-Logistics and Transportation Review* 88 (2016): 146-166.

Xiao Y, ZhaoQ, Kaku I, et al, "Development of a fuel consumption optimization model for the capacitated vehicle muting problem," *Computers & Operations Research* 39 (2012): 1419-1531.

Yang L, Dong S Z, "Rebate strategy to stimulate online customer reviews," *International Journal of Production Economics* 204 (2018): 99-107.

Yang Y, Liu J, Tan S, et al, "A multi-objective differential evolutionary algorithm for constrained multi-objective optimization problems with low feasible ratio," *Applied Soft Computing* 80 (2019): 42-56.

Ye F, Cai Z, Chen Y J, et al, "Subsidize farmers or bioenergy producer? The design of a government subsidy program for a bioenergy supply chain," *Naval Research Logistics* 68 (2021): 1082-1097.

Yi Z, Wang Y, Chen Y-J, "Financing an agricultural supply chain with a capital-constrained smallholder farmer in developing economies," *Production and Operations Management* 30 (2021): 2102-2121.

Yousefikhoshbakht M, Dolatnejad A, Didehvar F, Rahmati F, "Modified column generation to solve the heterogeneous fixed fleet open vehicle routing problem," *Journal of Engineering* 3 (2016): 1-12.

Yu X, Zhou Y, Liu X, "The two-echelon multi-objective location routing problem inspired by realistic waste collection applications: The composable model and a metaheuristic algorithm," *Applied Soft Computing* 94 (2020): 106477.

Zhai M, Chen Y, "How do relational bonds affect user engagement in e-commerce livestreaming? The mediating role of trust," *Journal of Retailing and Consumer Services* 71 (2023): 103239.

Zhang N Q, Li N H, "MOEA/D: A multiobjective evolutionary algorithm based on decomposition," *IEEE Transactions on Evolutionary Computation* 11 (2007): 712-731.

Zhang T, Tang Z, Han Z, "Optimal online channel structure for multinational firms considering live streaming shopping," *Electronic Commerce Research and Applications* 56 (2022): 101198.

Zhang W, Li H, Yang W, et al, "Hybrid multiobjective evolutionary algorithm considering combination timing for multi-type vehicle routing problem with time windows," *Computers & Industrial Engineering* 171 (2022): 108435.

Zhang Y, You L, Lee D, "Integrating climate prediction and regionalization into an agro-economic model to guide agricultural planning," *Climatic Change* 158 (2020): 435-451.

Zhao X F, Deng S L, Zhou Y, "The impact of reference effects on online purchase intention of agricultural products," *Internet Research* 27 (2017): 233-255.

Zheng Q, Zhang R H, Wang H, "What factors affect Chinese consumers' online grocery shopping? Product attributes, E-vendor characteristics and consumer perceptions," *China Agricultural Economic Review* 12 (2020): 193-213.

Zhu Q, Zuo R, Liu S, Zhang F, "Online dynamic group-buying community analysis based on high frequency time series simulation," *Electronic Commerce Research* 20 (2020): 81-118.

Zitzler E, Thiele L, Laumanns M, et al, "Performance assessment of multiobjective optimizers: An analysis and review," *IEEE Transactions on Evolutionary Computation* 7 (2003): 117-132.

后　记

2023年我国农产品网络零售额高达5870.3亿元，比上年增长12.5%，呈现出东中西部竞相发展、各类农产品加速覆盖的良好态势。目前，我国已经成为世界第一大农产品电商国。电商平台不仅可以为农产品提供更广阔的市场，还可以赋能整个农产品供应链的运作优化，提高农产品流通效率。为了梳理我国农产品电商供应链的创新举措和生动实践，我们历时三年完成了《农产品电商供应链管理：理论模型和实践创新》的研究与撰写工作。本书受到国家自然科学基金面上项目"'社区支持农业'共享平台的运作机理与优化策略研究"（项目编号：71371086）、国家自然科学基金面上项目"农村电商主导的直采直销供应链运作机理和优化策略研究"（项目编号：72271109）等课题的资助，在前期完成的学术论文、调研报告和商业案例基础上修改完善而成的。鉴于我国农产品电商供应链的新模式和新场景正在不断涌现，本书不仅进行了理论探讨，还特别强调总结梳理产业的创新实践。通过深入调研我国不同地区和电商企业的农产品供应链发展实践，对案例进行详细整理和经验提炼，力争使研究结论兼具理论意义和实践价值。

本书是团队共同努力的成果。十分感谢为本书的研究、撰写、出版而作出努力的所有成员。感谢岳振兴、王执杰、李秀峰、李云龙、赖德凌、郭瑞、柴敬怡、王艺苗、徐宇辰、王雪、张熠璐等同学卓有成效的前期研究工作，感谢刘家政、李素馨、孟婷婷、孟颖、肖仪、蒋玉坤、曹雨馨等同学参与搜集资料并协助书稿撰写。感谢社会科学文献出版社的各位领导和员工，尤其要感谢本书的责任编辑吴云苓女士，他们工作严谨认真、专业细致，没有他们的辛勤汗水，本书不会这么顺利付梓出版。

我们在研究过程中参考了大量的文献资料，并尽可能地在文中一一列出，但也难免会有疏忽或遗漏。研究团队对被引用文献的国内外作者表示感谢。

习近平总书记强调，要把产业振兴作为乡村振兴的重中之重。[1] 促进农产品供应链进步和创新是现代农业发展的重要支撑，更是乡村产业振兴的关键所在。电商赋予农产品供应链数智化转型新的内涵，塑造了适应新质生产力的生产关系，打通了束缚新质生产力发展的堵点、卡点。在未来一段时期，我们将继续探索，不断开拓，努力为我国乡村产业结构优化升级、乡村产业体系完善协同和乡村产业链提质增效建言献策。

2025 年 3 月 10 日

---

〔1〕《产业振兴是乡村振兴的重中之重》，光明网，2024 年 5 月 28 日。

图书在版编目（CIP）数据

农产品电商供应链管理：理论模型和实践创新／浦徐进，丁军飞著．--北京：社会科学文献出版社，2025.3．--（食品安全与国家战略治理系列研究丛书）．
ISBN 978-7-5228-4092-5

Ⅰ．F724.72

中国国家版本馆 CIP 数据核字第 20247PN897 号

食品安全与国家战略治理系列研究丛书
农产品电商供应链管理：理论模型和实践创新

著　　者／浦徐进　丁军飞

出 版 人／冀祥德
责任编辑／吴云苓
责任印制／岳　阳

出　　版／社会科学文献出版社·皮书分社（010）59367127
　　　　　　地址：北京市北三环中路甲 29 号院华龙大厦　邮编：100029
　　　　　　网址：www.ssap.com.cn
发　　行／社会科学文献出版社（010）59367028
印　　装／三河市尚艺印装有限公司

规　　格／开　本：787mm×1092mm　1/16
　　　　　　印　张：24　字　数：416 千字
版　　次／2025 年 3 月第 1 版　2025 年 3 月第 1 次印刷
书　　号／ISBN 978-7-5228-4092-5
定　　价／128.00 元

读者服务电话：4008918866

▲ 版权所有 翻印必究